長く愛される事業をつくる
共感起業大全

ウェルビーイング起業家
中島幸志

自由国民社

はじめに

▼ビジネスと社会性の両立は可能か

今から約20年前、28歳だった私は当時、世界最大手のＩＴ企業から出資を受け、音楽配信で世界を目指したベンチャー企業の代表でした。

初めての経営で右往左往しながら資本主義の荒波を乗り越えようと無我夢中で進む日々。しかし、その後まもなく起きたＩＴバブルの煽りを受け、会社はアメリカのベンチャーに買収されることとなりました。

20代で経験した人生のどん底。

「もうビジネスの世界に戻ることはないだろう」と失意の日々をおくる中、私は買収された会社の仕事でサンフランシスコを訪れます。

その滞在中、私はふいにある映像を目にしました。

それは、ディスカバリーストアに映し出されていた、途上国の過酷な状況を伝える映像でした。

銃で監視をされるなか、強制労働で働かされる鉱山の採掘現場。

灼熱の道を素足で荷物を運び続ける、無表情の子どもたち。

栄養失調の子どもを見守ることしかできない大人たちの、絶望的なまなざし…。

ニュース番組で目にするものとは違う空気感、そしてリアリティ。

自分が今いる場所とのギャップに、言葉にならない感情が湧きあがります。この違和感はいったい何なのだろうか。

世界の現状をこの目で確かめてみたい。

その映像がきっかけとなり、私はその1年後、地球1周の旅に出ました。


旅先での経験は、私の人生観を大きく変えました。

同じ時代、同じ地球に暮らす私たちの間に、生まれた場所が違うだけで大きな格差が生まれていること。

「経済のしわ寄せ」が世界のあらゆる場所に点在していることを、痛烈に感じたのです。


そして、旅を終えた時、私の考え方は大きく変わっていました。

「この現状を経済やビジネスがつくりだしているなら、それはビジネスによって取り戻せるのではないだろうか。もう一度、ビジネスに理想を求めてみよう。営利事業と社会性が両立できることを証明してみせよう」と。

▼共感起業とは何か

それから、私にとって新しいチャレンジが始まりました。

事業と社会性の両立にこだわり、スタートアップからＮＰＯ、ローカルからグローバルまで、過去30年で関わった起業と組織の経営は30社以上。支援してきた起業家は、５００人を越えました。

また、金銭価値が評価基準のほとんどを占めるビジネスの世界で、教育や人材育成、心理や感情を取り扱う事業、また社会の課題解決などの事業に長年関わってきたことも、私を特徴づける要素かもしれません。

稼ぐことばかりが目的となった社会の価値観では、「社会をより良くしたい」という想いが「それはビジネスではない」と否定されてしまう傾向にあります。支援者として起業家と向き合うなか、周りからの声で自分のやりたいことを諦めてしまう起業家たちにもたくさん出会ってきました。

自分が大切にしたいことを追求でき、社会も起業家も幸せになれるビジネスは、どうしたらつくれるのか。

私にとっての1つの答え、それが「共感起業」です。

近年、SNSやマーケティング業界では、共感が声高に叫ばれるようになっています。しかし、「共感をつくること」がビジネスの目的になっている違和感は今も拭いきれません。

共感を得ることが大切なことには変わりありません。しかし、共感を支えていくこともビジネスの大きな役割の1つです。

みんなからの応援にビジネスで応え、その結果またビジネスが応援される。共感をめぐる循環の中で、ビジネスは持続可能に成長していくのです。

先の見えない時代の潮流にあって、社会課題も様々に多様化して変化しています。SDGs、エシカル、ウェルビーイングといった考え方の浸透もあり、起業家が本当にやりたいことを実践できる環境が整ってきました。

すべての人に、アクションを起こすチャンスが広がっています。

既存の社会の価値観に翻弄されることなく、自分にとって大切なことを大切にしていきたいと願う起業家たちに、私自身の経験をベースにした理論と実践法をぜひ活用してほしいと願い、この本を書きました。

▼自分も社会も大切にするビジネスを

執筆にあたっては、次のようなことに留意しています。読み進めながら、共感起業について考えを深めるヒントにしてください。

本書では、「共感＝価値観の共有によって生まれる感情」と定義しています。

共感起業とは、自分の価値観を、社会や顧客の価値観に繋げていくこと。

その意味で、この本はあなた自身の価値観を掘り下げ、自分の人生をどう生きるか？　を問いかけるものです。起業家だけではなく、社会のために何かしたい、自分らしいキャリアで生きていきたいと考えるすべての人に、この本を手にとってもらいたいと思っています。

近年注目を集める「社会起業家」「ソーシャルビジネス」といった言葉は、本書ではあえて使っていません。

自分の価値観を通じ、社会の価値観に目を向けることで、ビジネスは自然と形づくられていきます。NPOもスタートアップも、目指す理想や進むペースに合わせた選択肢の1つ。あらゆるビジネスは社会課題解決のために存在すると言っても過言ではなく、共感起業はこれまでの社会の価値観をアップデートする手法でもあると思っています。

起業とは、どんな人にも、その可能性が開かれている生き方の1つです。

社会は、あなたを待っています。
そして起業家は、仲間になってくれるあなたからの応援を、心から待ち望んでいます。

一度きりの人生をどう生きるのか？　自分自身の幸せ、社会の幸せ、そして未来の幸せをつくっていく共感起業を、今ここから一緒に始めていきましょう。

目次　共感起業大全

2章●歴史的事業をつくる「共感」の見つけ方

4章● 「共感」を軸に事業をデザインする……261

5章●「共感」でビジネスを軌道に乗せる

6章●起業家から経営者へのマインドをチェンジする

第1章

起業家に必要な「共感」とは何か？

ビジネスは「共感」から始めよう

あなたは、どんなビジネスを考えていますか？　そのビジネスで、どんなことを叶えたいですか？

いまでは、ひとり起業からスタートアップ、社会起業家、事業承継など、様々なスタイルがあります。そんな中で、もしあなたが、生涯をかけた、やりがいのあるビジネスをしていきたい、という想いがあれば、ぜひ**感情**に**意識**を向け、**共感**を学ぶことから始めてみませんか？

すでに起業しているという方も、ビジネスを共感から見直すことで、再成長できるチャンスを掴むことができるはずです。

あなたの思い描くビジネスで、誰かが幸せになったり、社会が良くなったり、そんな世界が実現できたなら、嬉しくありませんか？

共感とは、「大切にしたい価値観を、ともに感じる」こと。

あなたの起業への想いと、社会が求める価値観とを重ね合わせることで、ビジネスが共感によって支えられ成長していくのです。

もちろんそうしたいけれど、両立するのは難しいのでは？　やりたいことを仕事にするなんて、そんな甘くないのでは？

たしかに、ビジネスがうまくいくかどうかは、様々な要因が関わってきます。しかし私は、どんな起業家の想いも、**共感に意識を向けていけば、必ずあなたの思い描く形のビジネスは実現できると考えています。**

なぜ私が、自信を持ってビジネスの鍵を握るのが**共感**だといえるのか。

それは私自身が経験した数多くの起業と経営、そしてたくさんの起業家を支援してきた経験から、確信しているからです。

共感とは？

共感について知る

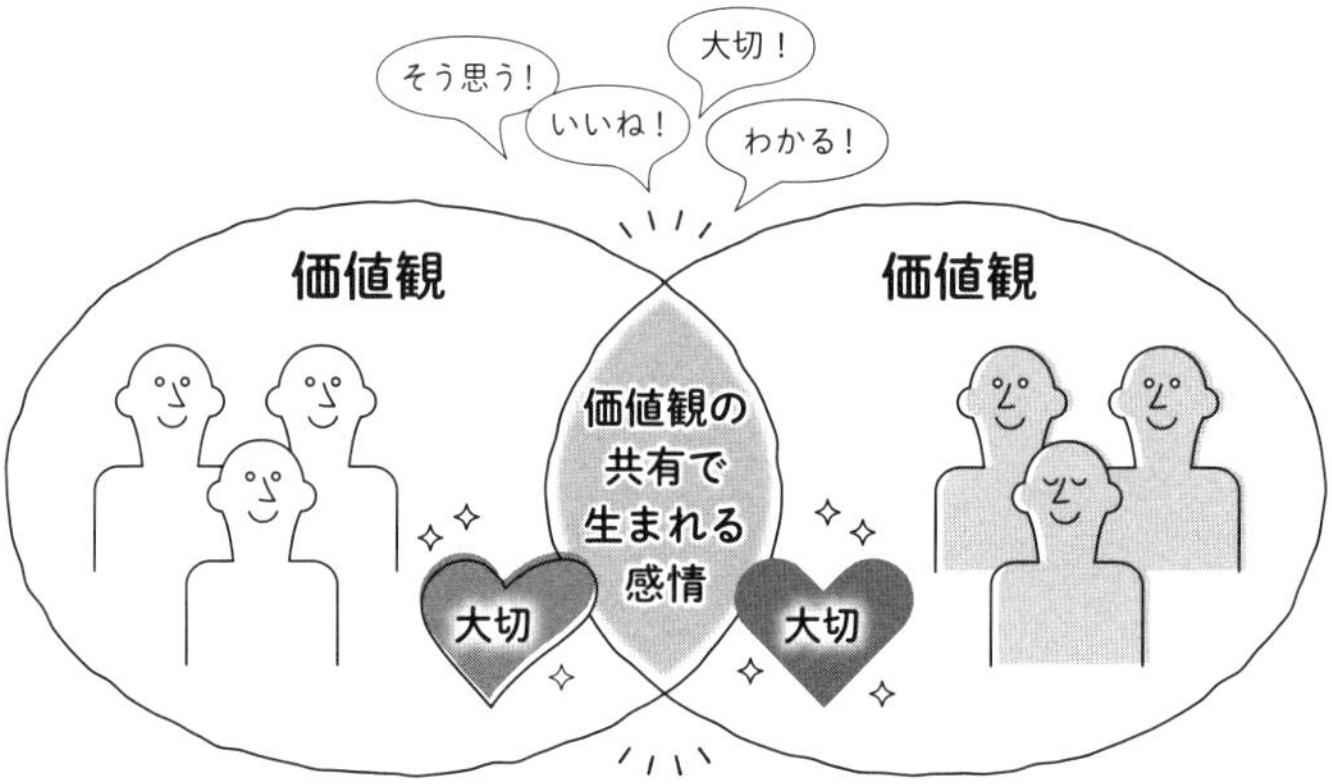

その理由の一つひとつは、本書の中でお話ししているわけですが、１つ言えることは、**ビジネスを生み出すのも共感で、ビジネスを支えるのも共感**だということです。

ただ最近では、一見社会に良さそうなことを「共感」という言葉で関心を集めるマーケティングの手段だと勘違いをされたり、また、ＳＮＳの「いいね」のような軽いイメージを持っている人も多いようです。

でも、共感とは価値観の共有ですから、ブランドと顧客との関係性はもちろん、スタッフや取引先、社会やこれからの顧客を含む、**ビジネスを取り巻くすべての人との関係の質に大きく影響します。**

それはすなわち、事業の持続性や成長性を大きく左右させるものであり、軽率に扱うとむしろ反感というしっぺ返しにあうようなものでもあるのです。

いま巷にある多くの起業本の内容は、結果的にビジネスとは呼べない規模の個人事業、法人化していても個人商店で終わるスモールビジネス／マイクロビジネスがほとんどです。もちろんそのようなスタイルも起業の１つではありますがせっかく起業するのですから、あなたの想いを社会の想いと重ねて、ビジネスとして広げていくことを目指しませんか？

そこでまず大切なのは、**あなた自身が自分の想いに向き合う**ことです。そしてその想いを、みんなと分かち合うことです。

ひとり起業には気楽さもありますが、想いを共有し、ビジネスを通じて一緒に叶えていくことのほうが、もっと楽しく無限の可能性が広がっていきます。そして、１人では決して達成することができないような、社会的な価値や、成果を生み出すことができるはずです。

損得で始めるより、共感で始めよう

顧客に支持され続けることは、ビジネスにおいて重要な鍵になります。

たとえば、関係が損得で始まると、損得で離れます。

「お金の切れ目は、縁の切れ目」という言葉がありますよね。メリットがなくなれば離れるという関係なのです。


ですから顧客との関係も早くて、安くて、便利なものということだけで繋がっていれば、他と比較して他社が優位であれば顧客は目移りすれば、離れていくのです。

クーポンや割引で繋がれば、一瞬の嬉しさを顧客に提供できますが、メリットがないと思われたら買われなくなってしまいます。また、買った翌日に割引になっていたら、何だか損したような気持ちになった

始まり方で、繋がり方が、変わる

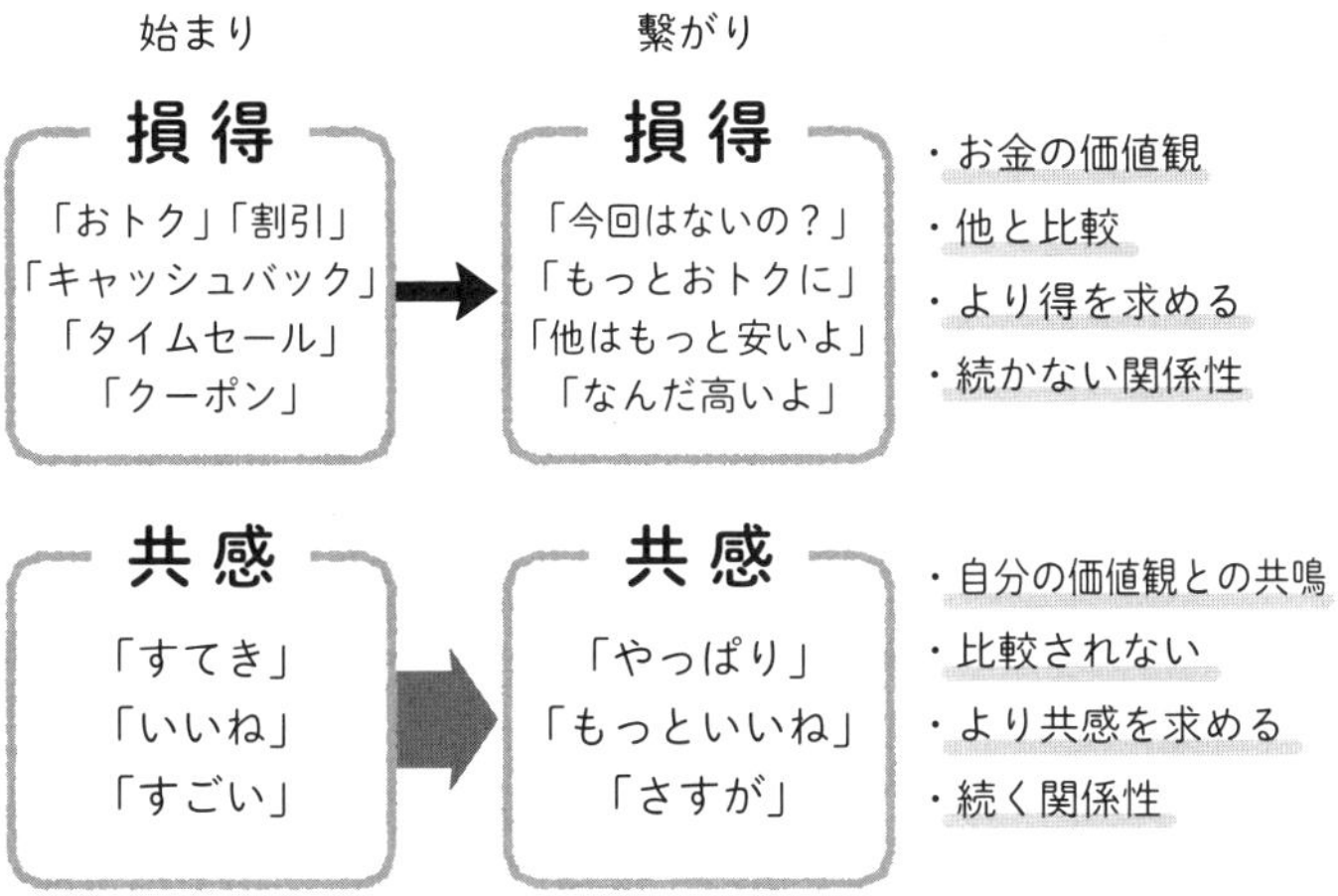

りしますよね。

どんな人であっても、やはり私たちは、お金や数字などの「損得」で差を見せられると、いろいろな気持ちが揺れ動いてしまう生き物なのです。

一方、「損得」だけでは測りきれない「共感」で始まるとどうでしょうか。

理由はわからないけれど、気になる商品や、自分が大切にしたい想いやメッセージが表されていると、何かの縁を感じたりするものです。さらに、その商品についての背景や物語を聞くことによって、自分の価値観と重ね合わせられる部分に**「共感」**し、繋がりを感じることができます。

それは、商品やサービスそのものというより、そこにある物語に参加する、というイメージに近いかもしれません。

すると、特別な物として、使うシーンを自分で決めるなど、想いが上乗せされて使われることになります。

そして、商品に愛着が生まれ、長く使うために修理や使い方の工夫をしながら、長い時間を共有していきます。もちろんその時間を共有した分だけさらに思い出が増え、多くの写真などに映りこんで、その人の人生の一部を演出していくものになります。

私たちがビジネスで提供する商品やサービスは、本来、こんな物語があって良いと思うのです。

お金という損得の価値観か、物語に共鳴する自分の価値観か。

始まりは、とても大切です。

key word●ウェルビーイング

より良い社会をつくろう

より良い社会を目指すビジネスキーワードは、日を追って増えています。

- ソーシャル
- ウェルネス
- ウェルフェア
- エシカル
- フェアトレード
- サステイナブル

「カタカナ用語が多いな」と感じるかもしれませんが、こういった考え方が日本特有ではないという証拠でもあるのです。社会を大きな視野で捉えることは、地球全体で考えていくということでもあります。ですから、その大きな循環の中で、一つひとつの影響が連鎖して、様々な幸せや経済も生まれ、一方で社会の課題をも生み出しているのです。

ＳＤＧｓが２０１５年に誕生し、ゴールとなる２０３０年の折り返し地点を過ぎました。

２０２２年の調査では認知率が86％もありますから、10人に9人くらいは知っている、つまり日本人の大半が聞いたことのある単語になったといえます。調査が始まった２０１８年では14・8％、第２回目が16％でしたが、２０２０年1月の第3回調査では29・1％と伸び、２０２１年1月の第4回調査では54・2％と過半数を超えて、そしてたった1年で30％以上の伸びとなったのです（「ＳＤＧｓの認知度はどのくらい？　知ったきっかけや内容の浸透度を分析」URL：https://the-owner.jp/archives/11276）。

ＳＤＧｓは国連による世界の取り組みであり、世界中に通用する考え方という捉え方ができます。**世界共通語**で**共通認識がある**ということは、**世界中に共感をする人がいて、世界すべてがビジネスの対象になる**ということでもあるのです。

そしてもう1つ、ＳＤＧｓの普及とともに注目されている考え方がウェルビーイング（Well-being）です。

Well-being
すべてが、より良い状態

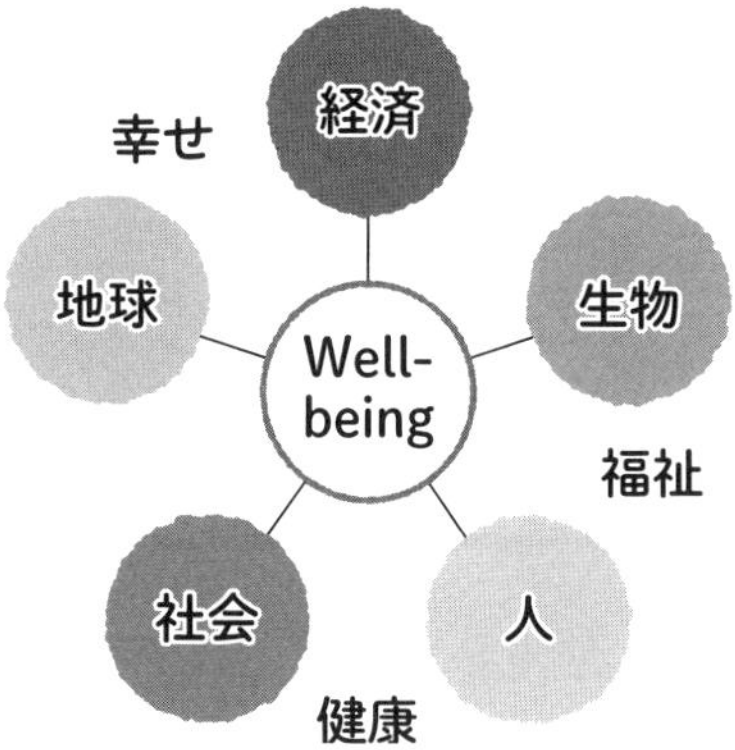

ウェルビーイング研究の第一人者である慶応の前野隆司教授の著書『ウェルビーイング』（日本経済新聞出版）によると、健康、幸せ、福祉を包含した概念で、「心身が健康で、社会的にも満たされた状態」という意味です。

電通の２０２２年の調査では、ウェルビーイングの認知度はまだ20％程度ですが、その一方で６割の人が概念に共感すると答えています（「電通、「第16回ウェルネス１万人調査」を実施」URL：https://www.dentsu.co.jp/news/release/2022/1215-010571.html）。

一方、ラフールが行ったZ世代への調査では、認知度が55％という結果も出ており、約８割の人が賛同し、７割の人が仕事を選ぶ参考にしていると回答をしています（「Z世代、55％が「ウェルビーイング」を認知」URL：https://ampmedia.jp/2022/05/26/lafool-well-being/）。

ですからビジネスの現場でも、目的を「人がより幸せに

生きるために良い社会をつくる」ことにすることが重要で、働く組織や環境においてもウェルビーイングに取り組むことが、これからのビジネスにおいて必須条件となりつつあります。

これまで、私自身が社会的なテーマとなる事業を説明する時に、説明が冗長になりとても苦労していました。言っていることが当たり前すぎて響かなかったり、時には怪しく映ることもありました。しかし、このウェルビーイングという言葉に出会ってから、スッキリと伝えられるようになりました。なぜなら、幸福に研究や裏付けが証明され、そして誰もが幸せを求めることを堂々と宣言し、それを受け入れてもらえる時代になったからです。

key word●共感の力

共感が伝播する、ビジネスの物語

起業も共感から始まっています。

「この商品やサービスの生まれた背景は何か?」「どんな人が、どんな想いで始めたのか?」「このブランドは、どんな未来をつくっていくのか?」

あなたも、お気に入りのブランドが見つかったら、きっと知りたくなることでしょう。

どんな物語で始まり、どんな未来を迎えるのか。

あなたの琴線に触れた関心が、深めるための探求をはじめます。

共感が伝播する、ビジネスの物語

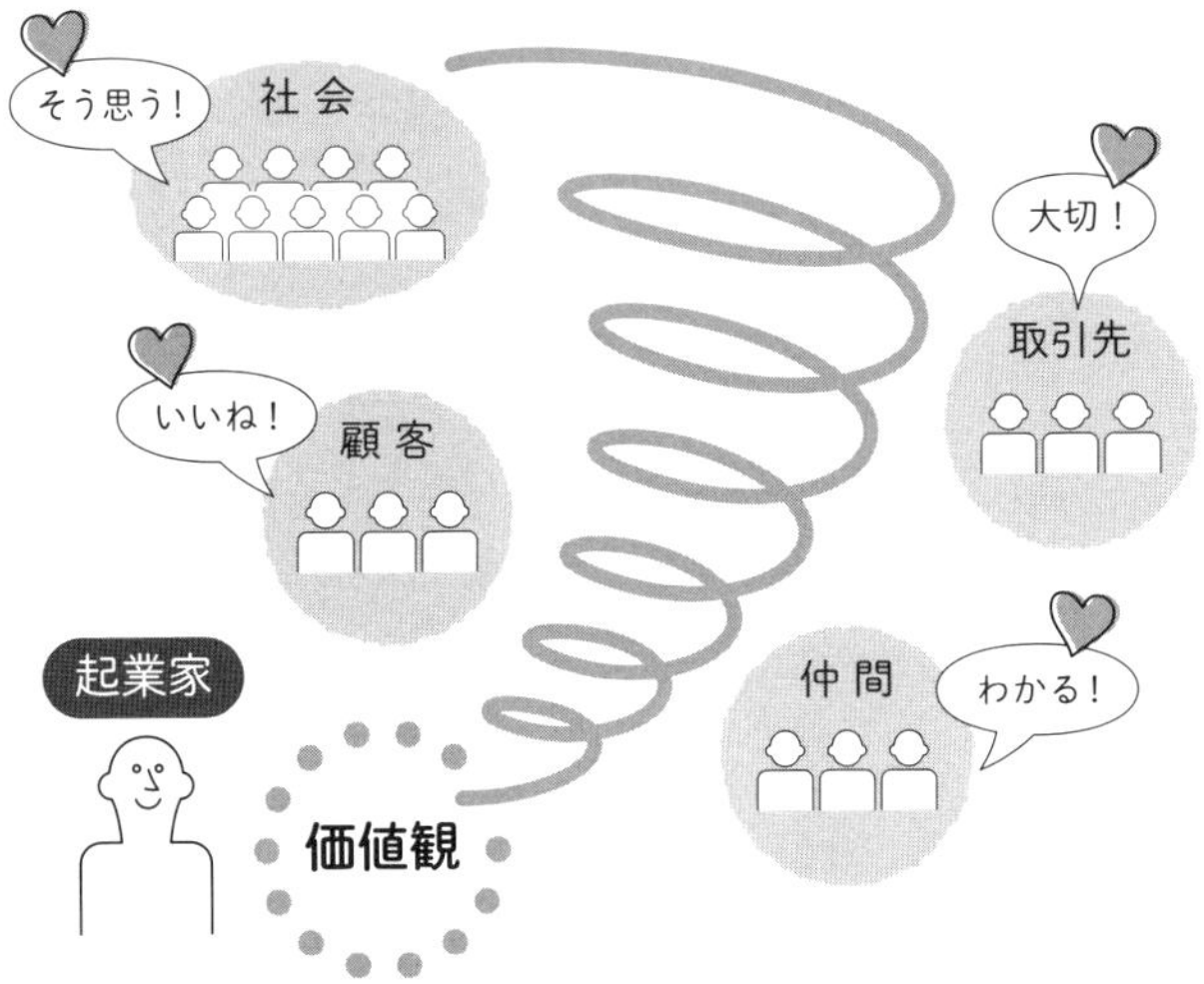

価値観の共有で共感が始まる

最初の起業は、音楽が好きでミュージシャンだった私の想いに始まり、スタートアップ/ベンチャーとして日本初の音楽配信を実現しました。音楽を愛するミュージシャンに後押しされ、インターネットを通じて音楽を開放していくということに共感を得て実現をすることができたのです。

次の起業では、本から学んだたくさんのことを身につけたいという思いから、携帯電話で本のダイジェストをユーザーに送るサービスをつくりました。10万人のユーザーとなり、数億円のビジネスになりました。本を買ってもなかなか読み切れない、実践できないという人たちの共感でビジネスが支えられたのです。

そして、同時期に日本の多様性の低さを窮屈に感じ、共感する仲間たちとNPO法人を立ち上げます。

日本の同調圧力に悶々とする若者が集まって、個性の違いを1つの力に変えていくことを実証してみせようと100人が100日でミュージカルの公演にチャレンジするプログラムを実施しました。若者のチャレンジに心をうたれ、舞台を見た人が感動し、共感が伝播し、結果的に約7000人が参加し22万人もの人が見に来てくれることになりました。

これらは私が経験した起業の一例ですが、いずれの場合も自分の中にある価値観をたよりに、仲間たちとの共感が形になっていきました。仲間や社会の想いを乗せてビジネスという形で社会に伝えていく、というプロセスです。

私が何度も起業する中で気づいたことは、いろいろなビジネスの手法はあるものの、**共感の力に事業を乗せていくほうが、無理がなく成長ができて、みんなの想いを実現できる**ということです。

自分の想いの実現だけに留まらず、仲間や社会の想いを実現していくほうが、想像した以上に、より素敵なビジネスの物語を描くことができるということを実感しています。

ビジネスの役割と共感

ビジネスは、たくさんの人との関わりで成り立っています。顧客、スタッフ、取引先、すべての人の想いが重なり合い、1つの共感の物語が生まれます。

「長く使い続けたい」「もう一度使いたい、人に勧めたい」「長く働きたい」「長く支えたい、ブランドが永遠に残って欲しい」

そんな人の想いが重なって、愛着が生まれ、ファンになってくれます。ファンはファンを引き寄せます。人は、楽しそうな場所に集まります。楽しく見えると、人が集まり、共感で繋がり、ファンの輪が広がっていくのです。

共感を支えるビジネス
ビジネスを支える共感

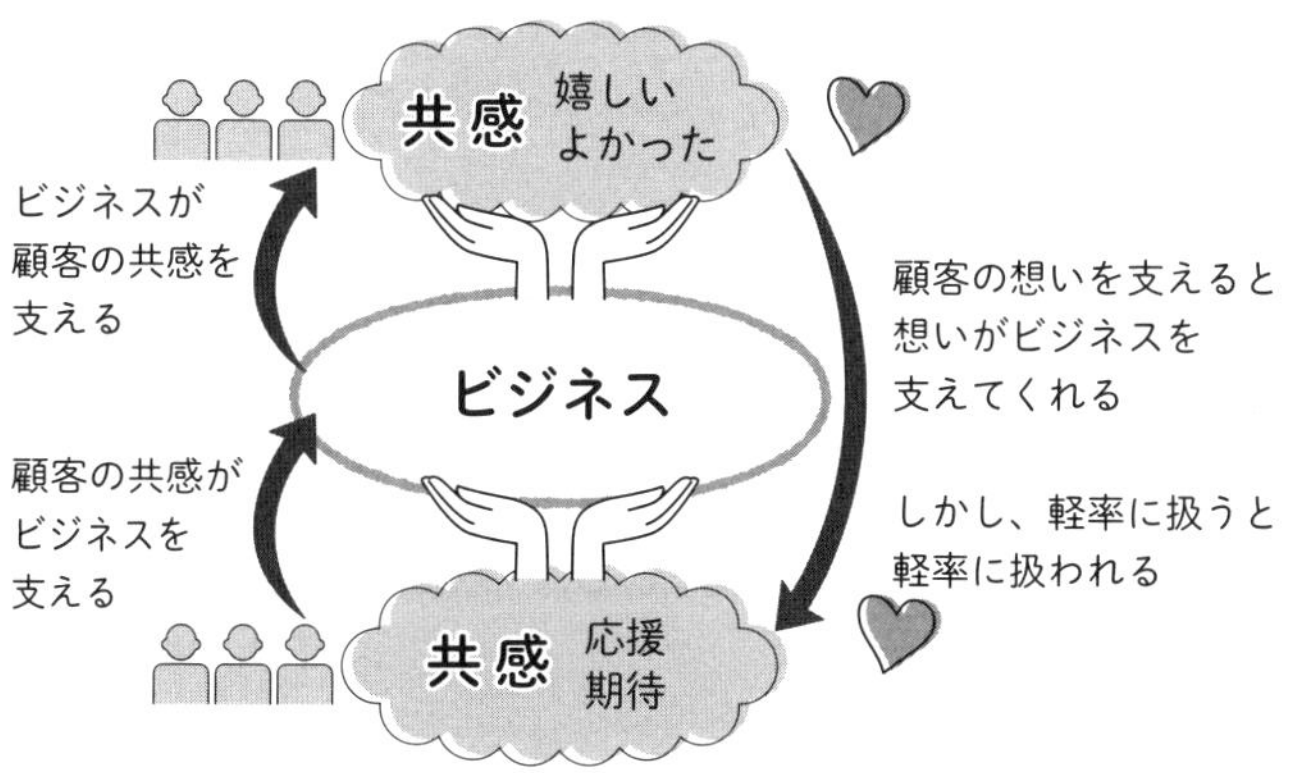

ビジネスは、知ってもらい、興味が生まれることで始まります。ですから、広告やマーケティングなどを行い、様々な手段で関係を作ろうとします。しかし最近では、いろいろな形で注目をさせ、何とかして引き込んで巻き込んで、何としてでも…そこに共感が手段として使われる、強引な手法が溢れています。

だから共感疲れが起きたり、反動で炎上したりするのではないでしょうか。

もちろんこうしたマーケティングのすべてを否定するつもりはありませんし、効果的な手法もきっとたくさんあるでしょう。

ただ私は、ビジネスというお金を稼ぐため**に共感を利用（人の気持ちを利用）**するのではなく、ビジネスは人生が豊かになる共感の物語を支える役割（人の気持ちを育む役割としてのビジネス）ではないかと考えています。

ただモノを売りたい、サービスを売りたい、お金に変えたい…というブランドがあったら、自分ではなく自分の財布にしか興味がないのでは？　と気持ちが冷めてしまいます。それよりも、この想いをみんなと共有したい、一緒に社会を良くしていきたいといった、お互いを尊重しあって**仲間になりたい**という心の繋がりに、結果的にお金というものが交換の役割として登場してくるはずです。

共感を支えることが、**ビジネスの役割であり、ビジネスを支えるのも、共感**なのです。

key word●プルチック　感情の輪

共感が生まれる感情は、複雑な組み合わせ

感情は、一言で言えば「気持ち」。私たちが生きている間、ずっとこの「気持ち」が動いています。

もちろんほとんどの時間は感情に対して無意識です。好きとか嫌いとか、嬉しいとか悲しいとか、いろいろな感情が瞬間的に切り替わっていきますが、その一つひとつに意識を向けている人はいません。

感情といえば、「喜怒哀楽」という言葉が浮かぶかと思います。

でも、感情がこの４つだけだと思っている人は、いないと思います。

感情の研究ではいろいろな理論がありますが、わかりやすく整理したものの１つに、アメリカの心理学者ロバート・プルチック博士が提唱した**「感情の輪」**があります。

プルチックの**感情の輪**では、喜び、受容、恐怖、驚き、悲しみ、嫌悪、怒り、期待という8つの一次感情（純粋感情）があり、それらを複合した8つの二次感情（混合感情）、それを複合した…という形で三次元であわらされる理論です。

次ページの図表ではわかりやすく二層までの表示にしています。一次感情は純粋でシンプルな感情そのもので、身体にも反応として出てきますが、二次感情は行動に結びつく感情で、実際に言葉や動作に繋がります。

たとえば、攻撃心は、期待と怒りが混合しています。

期待に対する落胆が怒りとなって、攻撃という行動に結びついています。愛は、喜びと受容の感情が入っています。喜びとそれを受け入れる受容によって育まれていきます。

もちろん単純な2つの足し算でもありませんが、ただこの理論からわかるのは、感情は複数の感情が混ざりあって生まれているという点です。たとえば、怒りという感情で責められていると感じた時に、もしかしたら期待の感情があったのかもしれない、と受けとめることができます。感情は複雑に絡み合っていますから、一つひとつを紐解いていくことで解決していく可能性を見つけることも可能なのです。

感情の種類と組み合わせ

プルチック　感情の輪

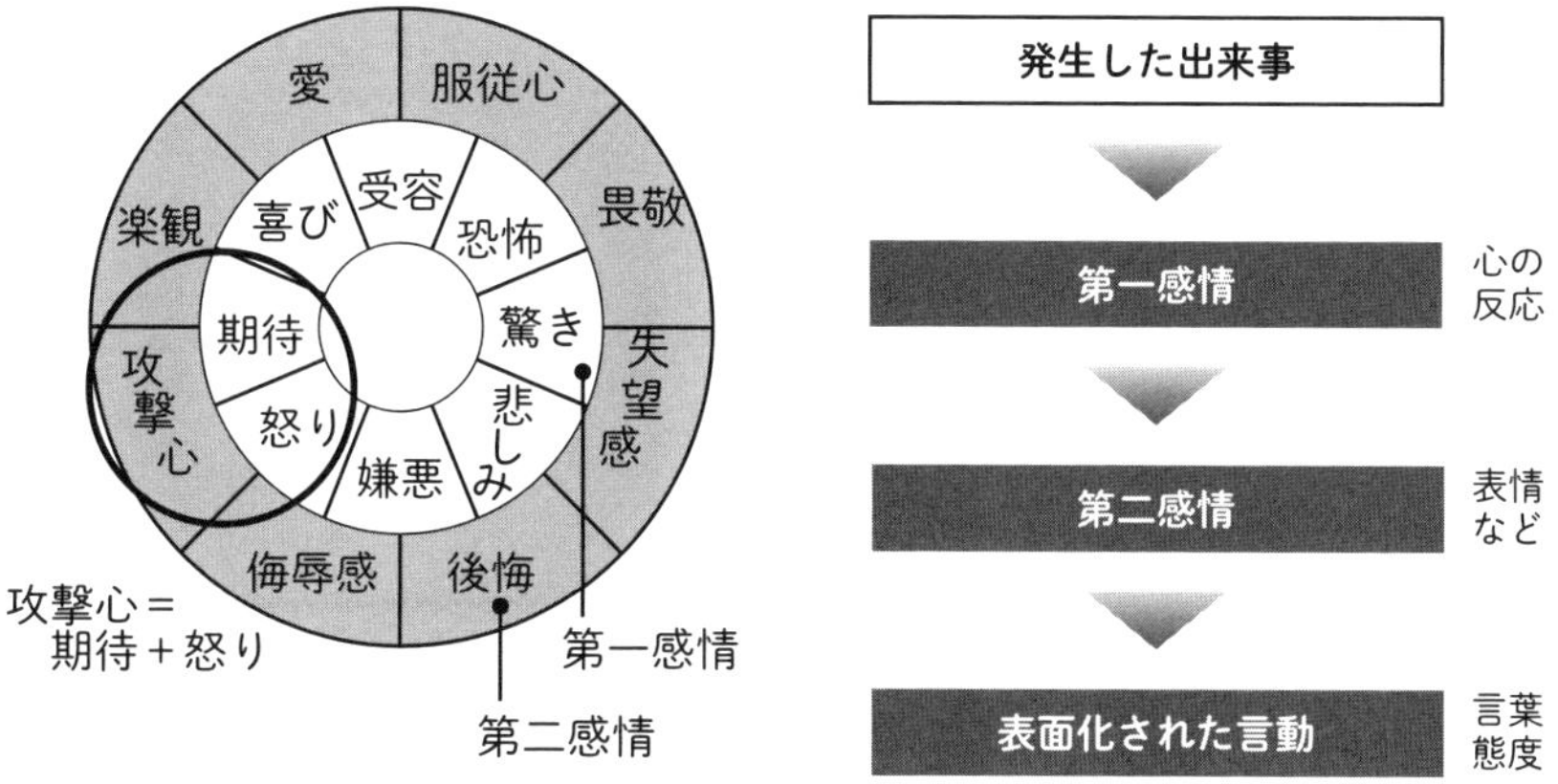

『ＥＱトレーニング』（高山直著　日本経済新聞出版）をもとに、著者作成

　また、８大感情のうち、ポジティブな感情は、喜びと期待、ネガティブな感情は、悲しみ、嫌悪、恐怖、怒りです。そして中立にあるのが、驚き、受容です。つまり、ネガティブな感情のほうが種類が多いということです。

　動物にも感情があると言われていますが、人間は**感情の動物**といわれるほど豊かな感情を持っています。きっと、動物から人間に進化をする過程で、様々な不安を克服してきたのでしょう。ですからきっと、ネガティブな感情というセンサーを働かせることによって、身を守りつつ、喜びや期待を抱きながら今日に至ったのだと考えられます。

共感という言葉の種類

共感という言葉を意味的な側面から考えてみましょう。

■英語で3種類の単語

日本語でも共感という言葉の定義は難しいですが、英語でのニュアンスを参考にしながら共感についての理解を深めていきましょう。

・empathy（エンパシー）

共感、感情移入。

empathyは、いわゆる一般的な共感を意味します。同じ感情を持つという意味で幅広い意味で使われます。

共感に近い言葉

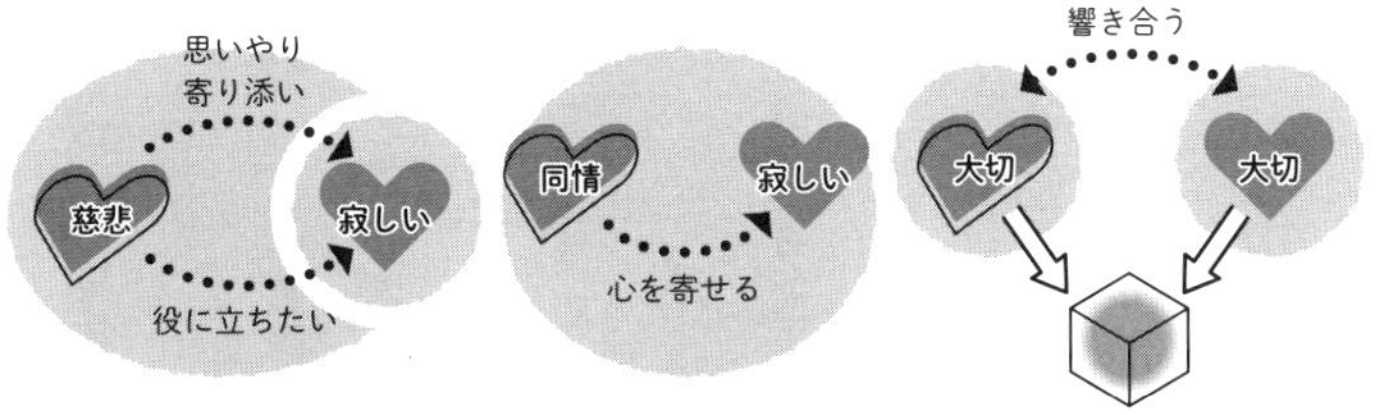

empathy
エンパシー
共感
価値観の共有によって
心が響き合う

sympathy
シンパシー
同情
相手の心に
感情を寄せる

compassion
コンパッション
慈悲・労り
相手を思いやり、寄り添い
役に立とうとする

・sympathy（シンパシー）

同情、思いやり、あわれみ、同情心、弔慰《ちょうい》、弔問、悔やみ、悔やみ状、同感、共鳴

sympathyは、相手が持っている悲しみに寄り添い同じ悲しみを共有するという場合に使われます。自分自身に自発的に沸いた感情というより、相手の感情が移って同じ感情になる、というものです。可哀想と思うような、悲しみなどの場合に使われます。

・compassion（コンパッション）

慈悲、同情、深い哀れみ、思いやり

compassionは、日本語ではsympathyと同じ言葉になってしまいますが、表現の難しい言葉の1つです。

ジョアン・ハリファックスの著書『Compassion』（英治出版）では、「人が生まれつき持つ、自分や相手を深く理解し、役に立ちたいという純粋な思い」と定義しています。私はこれを真の「思いやり」という言葉の意味ではないかと思います。

強さと思いやりの二面性を持ち、利他性、共感、誠実、敬意、関与の5つの要素が関係しているといい、それらには正の側面と負の側面があるとしています。

本書では、起業家が顧客や仲間、社会との価値観の共有によって生まれる感情という意味で共感という言葉を使っています。

ですから、empathyという単語が最も近く、compassionの要素も一部含まれていると考えています。

一方、sympathyは同情であり、当事者に対してたとえば「かわいそう」という感情を抱くことを意味します。これがビジネスにおいて活用できるものだとは考えない方がいいでしょう。「同情ビジネス」などと言われてしまうように、それを受ける側にとっても負担が生じます。

たとえば寄付箱を目の前に差し出されたら入れるしかない、入れないことによって罪悪感を植え付けられるというような光景はとても辛く感じます。

また、ニュアンスとしてわかりにくいcompassionは、社会的な事業を担っていくような起業家にとって姿勢や心持ちという点では最も合致するところでもあります。

共感の元である感情の面では、compassionという部分が必要になってきます。しかし、どんな感情にも正と負の要素を持ち合わせていますから、過度になりすぎることによる弊害をどのように自身でコントロールしていくかが大切になります。

感動と感銘と共感

共感を考える際に重要となる、感動と感銘はどう違うのでしょうか。

感動とは、
物事や他の人間からの発言や行為から深く強く心を揺り動かされることです。

書家・詩人相田みつをさんの言葉に、「感動とは感じて動くと書くんだなぁ」というものがあります。

英語でも「感動する」という動詞はbe movedです。

深く心が動いた、という感情の動きのことです。感情が大きく動いたということで、感情が何かわかる

感情に似た言葉

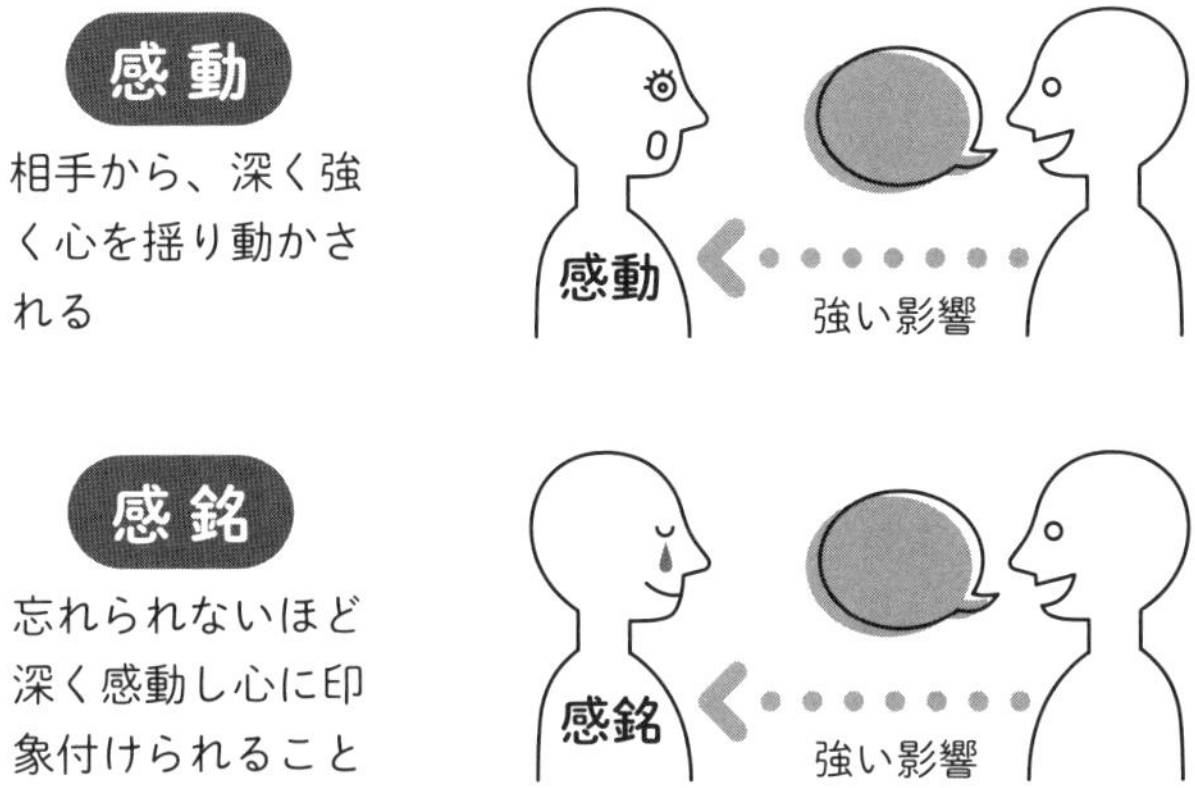
感動
相手から、深く強く心を揺り動かされる
感動
強い影響
感銘
忘れられないほど深く感動し心に印象付けられること
感銘
強い影響

ような形で表れたということになるかと思います。

特にポジティブな面で使われますし、誰かに伝える時に使う言葉です。

感動したからといって、それに共感しているかは別です。感情が動いた、という事実を、それも誰かに伝えるための言葉なので、改めてそれを共感に変えていく必要があります。

自分から心が動いて相手との感情を共有できれば、それは共感に繋がっていくでしょう。映画監督や脚本家、その主人公に共感するのであって、感動は「動いた」という事実です。エンターテイメント、ですね。

感動は人に伝える動機には繋がります。感動したことを人に伝えたくなる、そこで気持ちを共有するという行動に出るのです。**感動は共感のための動機になるので、感動することは良いことですね。**

一方、感銘とは、忘れられないほど深く感じること。心に深く刻みつけて忘れないこと。「深い――を受ける」「お話にいたく――しました」などと使われますね。

感銘は感動を丁寧に伝える場面で使われます。特に目上の人などに使う丁寧語で、「感動しました」というフラットな感じではなく、受け身としてありがたく感動をいただきました、というようなニュアンス。

いずれの場合も、相手と自分との感情の繋がりであり、寄り添うことには変わりありません。

key word●情動的共感　認知的共感

「心の共感」「頭の共感」のバランス

共感というと、みなさんが想像するのはきっと「心の共感」です。

相手から見ると、心の状態を汲み取ることができ、寄り添って自分のことのように感じ、喜んだり、悲しんだりして、気持ちが一体になっているかのような感情の共有です。心の底から自分事のように、相手の感情を受け取るという感覚で、本書ではわかりやすくこれを「心の共感」と呼んでいます。

相手が泣いている時に、悲しみが自分に移ってしまい一緒に泣いてしまう、そんな状況です。専門用語では、これを**情動的共感**（情動的理解）といいます。

一方で、相手の感情を頭で理解することもあります。相手がどのように感じているか、どのような背景で感情が生まれているか、どのようなことをすればその感情を共有したり解決できるか、本書ではわかりやすくこれを「頭の共感」と呼んでいます。

たとえば相手が泣いている時に、その悲しみを理解したい時に一緒に泣いていていては、なかなか解決しないこともあります。

状況を観察し、感情を想像し理解しようとする頭の共感、これを専門用語では**認知的共感**（認知的理解）といいます。


この2つの共感は、両方とも大切です。


心の共感が強い場合、感情そのものに心が包まれてしまいます。

心に寄り添うことができても、その状況を客観的に見て、解決に導くことがなかなか難しくなります。

もちろん、課題や問題の当事者が実際に見ているものや感じているものを自分の中に映し、実際に心を動かすことは大切です。

しかし、状況を解決するために、課題を見つけたり、状況を整理するといった、客観的な整理を行うことが難しくなります。共感というよりも、同情という側面に陥りやすくなります。

一方で「頭の共感」が強すぎる場合、問題や課題の本質を理解することができず、状況分析や因果関係を理屈だけで考えてしまい、想像／仮説の世界で終わってしまうことがあります。実態や実感を伴わない、

心の共感、頭の共感

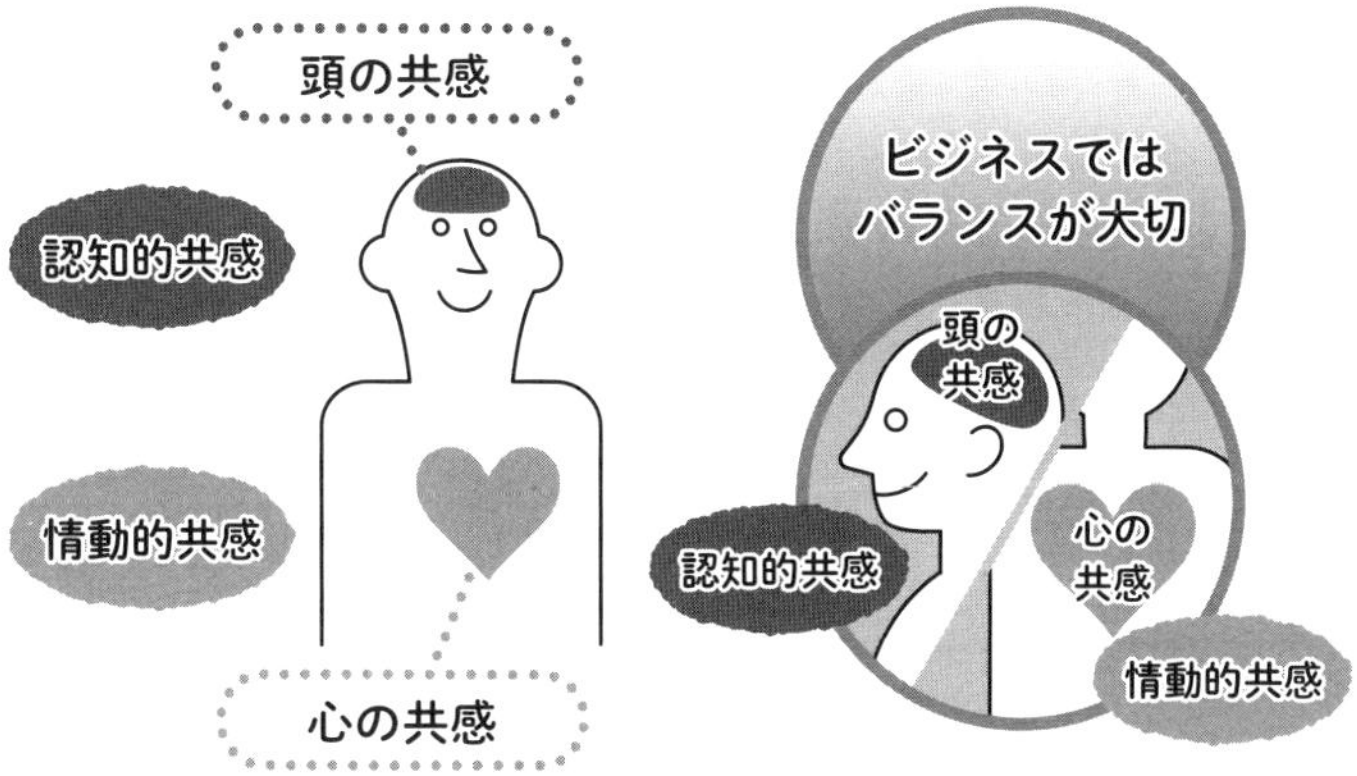

**心で感じる共感と
頭で理解する共感がある**

当事者不在の課題解決になりかねません。

特に、ビジネスに長けている人が社会課題解に取り組む場合、外側から表面的に見える問題だけを捉えて、「この人が困っていることは、これだ」と決めつけてしまうことがあります。どうしても自分の知識や経験という色眼鏡で物事を見てしまうので、自分が理解できる範囲での結論が優先されていきます。

頭の共感が強すぎると、実際に起きていることが何か、どういった状況から感情が生まれているのか、本当に困っていることやその解決の優先順位はどうなっているのかなど、課題の本質に近づくことができません。

心と頭の２つの共感は、それぞれに、半分ずつ持っている位のバランスが大切です。実際に自分がどちらに寄っているのかも含めて、現在地をしっかりと把握しておく必要があります。

ビジネス側から社会課題を事業のテーマにする場合、どうしても「頭の共感」が優先されがちです。当事者の心の解決が置き去りにされたり、社会課題を利用しているように見えたり、一見良さそうなことをしている空気感に飲まれ、本当の意味で解決することからほど遠いビジネスで終わってしまうケースもたくさんあります。

一方で、社会問題などの現場が基点となる場合には、当事者と接する機会も多いことから、「心の共感」が優先になりがちです。当事者の状況を理解しすぎると、心とは最も縁遠い補償金との結びつけが難しくなったり、たとえ結び付けられてもうまく噛み合わないこともあります。

起業家やビジネスの現場で携わる人は、この頭と心の共感スイッチをうまく自分の中で切り替えていくことが大切です。「状況に入りすぎない」「客観的になりすぎない」ようにしながら、当事者に寄り添い、解決に導く最も良い選択肢を見つける理解者となることが大切です。

ビジネスにおいての共感や思いやりは、時に厳しくもあることが重要です。私たちは問題や課題を解決するために行動をしているのです。もちろん、時間もリソースも限られています。寄り添うことは大切ですが、私たちの役割として、本質的な課題解決という目的を達成するためには、最善の選択をしていくことが必要です。

key word●共感的理解　アクティブリスニング　リアクション

共感は、リアクションがあるから深まる

みなさんは、相手が自分に共感してくれたと、どんな時にわかりますか？

たとえばあなたの話す相手が、自分の言っていることを上の空で聞いていたり、顔も表情を変えず、目も合わせない、微動だにしない状態だったら、どのように感じますか？

きっと、自分のことに関心がないとか、共感できないなど、心の距離が遠くなっていくのを感じて、あなたは、話すのをやめてしまうでしょう。

これ以上話をしても、たぶん相手には伝わらない、心を動かしてはくれないだろうと、諦めるからです。

一方で、相手が自分のほうを向き、目を合わせながら、ウンウンとうなずいてくれたとしたら、あなたはどう感じますか？「相手が聞いてくれている」「理解してくれているかもしれない」「もっと話しても

大丈夫かな」そんなふうに、あなたはどんどん心を開いていくことになるでしょう。このリアクションを本書では**共感のリアクション**と呼ぶことにします。

感情や心は、なかなか見えません。

ですから私たちは、相手の表情や発言、態度など、見たり聞いたりして感じ取れる状態を手がかりに、心の距離を感じていくのです。そこで必要となるのが、**相手の気持ちになって感情を受けとめようとする共感のリアクション**です。

あなたがこれからビジネスをしていく時、誰かの気持ちに寄り添いたい、共感したい、あるいは共感されたいと思ったら、あなた自身の心が動いた、そのことを共感のリアクションとして行動に出していく必要があるのです。

私が地球一周をして帰ってきて、2社目のベンチャーを起業した時、経営における人間関係に悩んでいた時期があります。

そんな時に出会ったのが、日本メンタルヘルス協会の衛藤先生でした。吉本風心理学とも言われるほど楽しく心理学を学べる内容で、私はこの出会いから、心に興味を持ち探求することになります。

なぜ共感が伝わるのか？

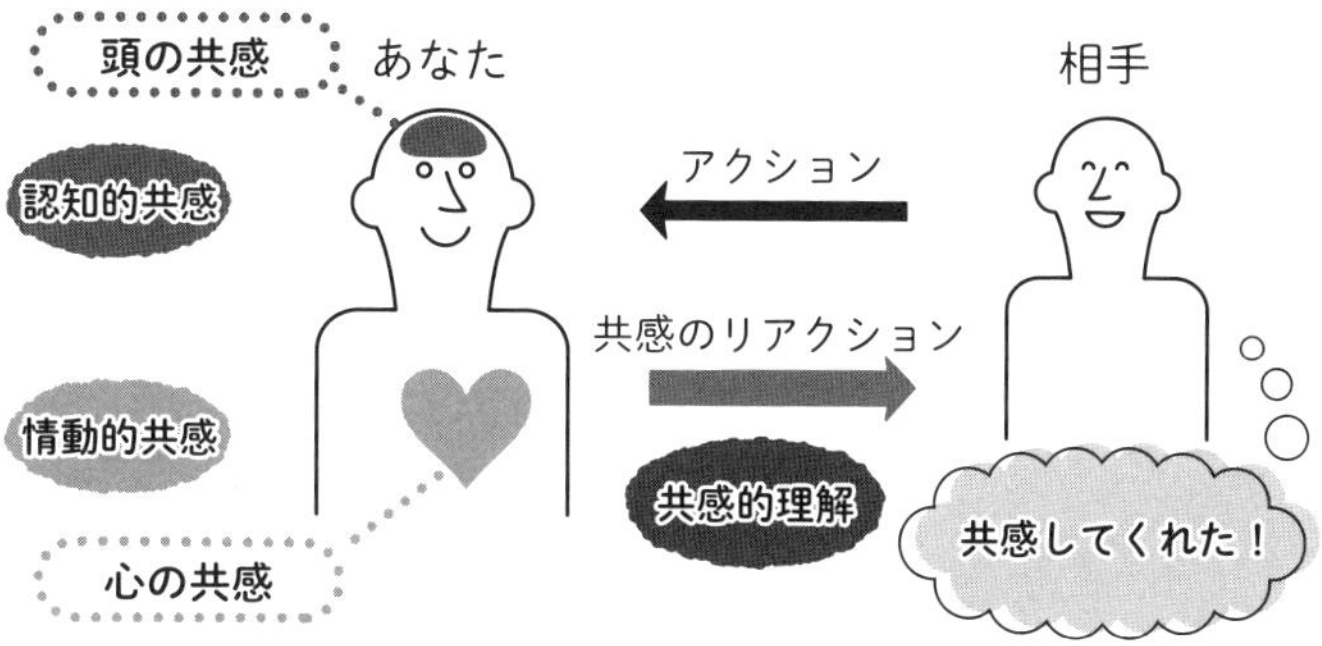

言葉	態度
・そう感じたんだね	・うなずく
・なるほど	・前のめりの姿勢
・理解できるよ	・目を見る

共感は、感情の動きなので見えにくい
言葉や態度で表すと、伝わりやすい

メンタルヘルス協会で学ぶ最初の講座が、アクティブリスニングと呼ばれるものです。「相手の言っていることをちゃんと受けとめよう」という当たり前のことではありますが、多くの場合でちゃんと受けとめていないか、受けとめていると相手は思っていないということに、私もハッとさせられました。

アクティブリスニングは、相手の気持ちを汲み、言ったことを繰り返したりまとめるといった、**能動的な聞き方**のことです。

つまり、**自分が受けとめたということが相手に伝わらないと、相手は伝わったという実感が持てない**ということです。

多くの場合、心の中で理解をしても、それをあえて表に出さないつまりリアクションがないことも多いのです。ですから、自分が理解しているということを表現するためにも、言葉や態度で表して伝えることで、相手にとって伝わったと認識できるのです。

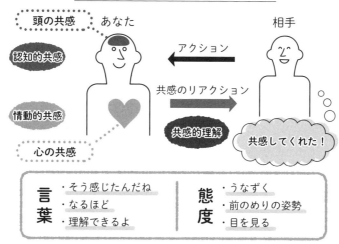

特にオンラインの場合、空気感が伝わりませんし、1人ぼっちですから、話をしている人は孤独を感じます。画面に映る小さな情報の中で、自分の話の反応を評価していかなければなりません。ですから、かなりオーバーな頷きをしたり、表情を大きく動かすことをしていかないと、気持ちはなかなか伝わらないのです。

もちろん話の内容に、賛成や同意ができないこともあるでしょう。でも、話を受けとめたということは伝わったほうが良いと思いますし、共感しているならなおさら、言葉や表情、リアクションとともに表現をしていくことが大切になります。

key word●北風と太陽　反感

心を扱う時の心得

共感や感情を大切にしたいという人は、言葉の使い方を選びます。

言葉の持つエネルギーや、使い方、文脈などに細心の注意を払っていかなければなりません。乱暴に扱えば、その反動は非常に大きな形で「反感」となって返ってくるでしょう。

たとえばよく聞く「巻き込む」という言葉。あなたは巻き込まれたいですか？

巻き込むという言葉で、自分の気持ちを蔑ろにされたような気持ちになる人もいるのではないでしょうか。

また「人の心を動かす」という表現。

共感と反感

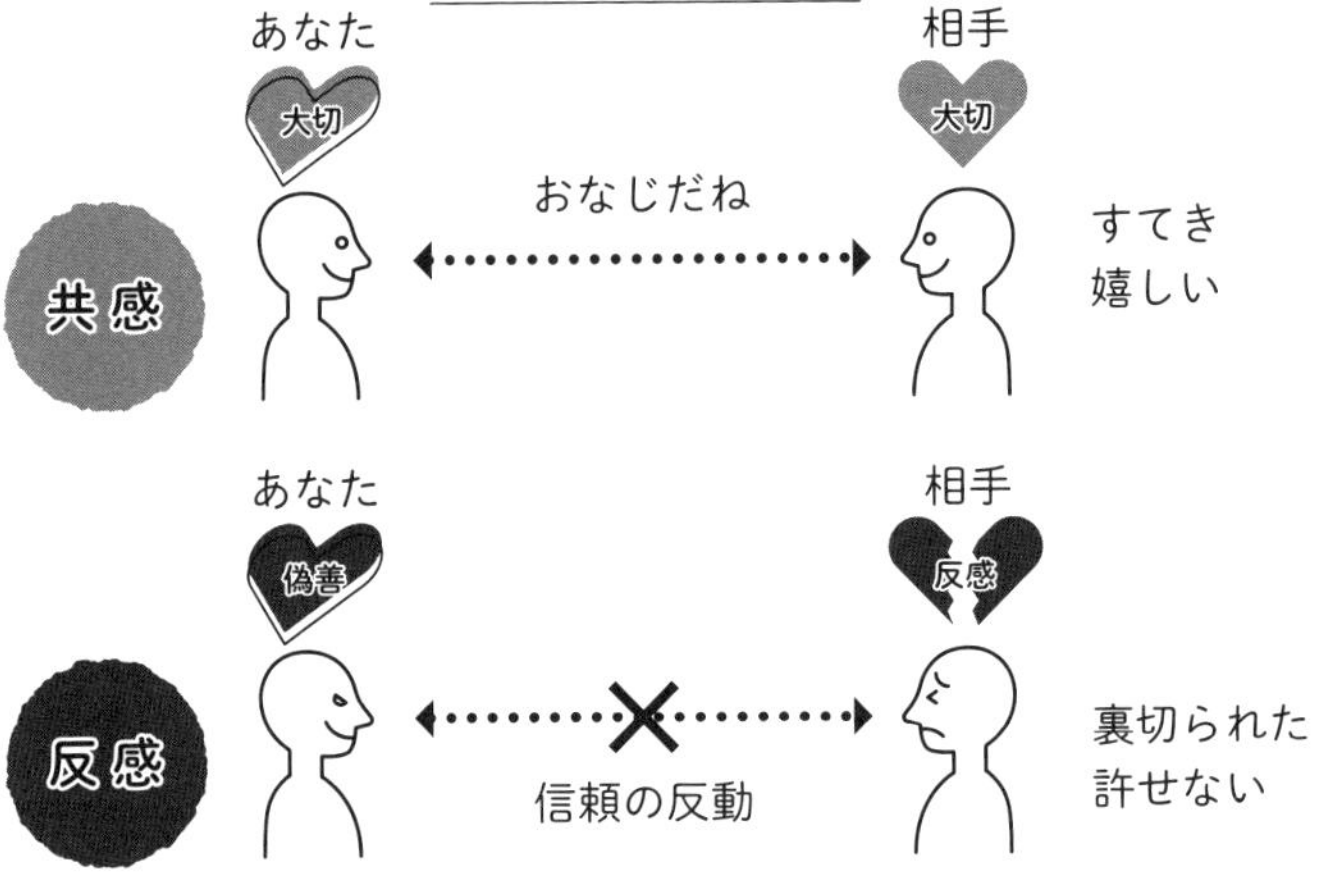

共感している分だけ、信頼の反動は大きい

心を恣意的に動かす言葉は、相手の気持ちを自分の思い通りにするような印象もあります。心は自発的に動くものなので、動かそうとする姿勢に反発を感じることもあります。

共感させる、という表現もまた、強引さを感じます。

共感もまた、悪意のある使い方をすれば〝詐欺〟にさえ使えるでしょうね。究極はオレオレ詐欺や結婚詐欺師でしょうか。共感したフリを徹底的にすれば人は騙されることもあるのです。

人は心に対して敏感です。

「共感が生まれる感情は、複雑な組み合わせ」の項で説明した「感情の輪」にもあるように、期待と怒りの複合感情が「攻撃」です。

落胆を感じる要因は、たとえば誠実さがないことだったり悪意を感じるような場合など、様々な期待に対する反動

北風と太陽の法則

です。

ビジネスですから、もちろんファンになってもらいたい気持ちもありますし、できるだけたくさんという焦りもでてくるでしょう。

でも、心は、北風と太陽で言うなら太陽。

北風で強引にこじ開けても一瞬開いてもすぐに閉じてしまうのです。

ビジネスは人と人との、長い関係づくりです。

私たちが心のどこかで思っていることは言葉に出てしまいますから、一つひとつ丁寧に言葉を扱っていきましょう。

共感が育まれる5つのステップ

共感といっても、人によって印象が異なります。そして日々の小さな共感から、人生を変えてしまうような共感まで、そしてみなさんの中にある共感のイメージも様々です。

わかりやすいのはSNSの「いいね」だと思いますが、どのような心の動きから、「いいね」が付けられるのでしょうか。

最近では、「いいね」というマークも、親指を立てるものから、それ以外の感情を絵文字などで示せるようになりました。

そして共感をマークで表すということだけではなく、自分の感情を言葉にして伝えたり、こうしたアクションを通じて心に寄り添ったり、同じ感情を受け取ったそして共感したということを示すことになります。こうした1つの自己表現を通じて、同じ仲間であるという連帯感を表す行動でもあるのです。

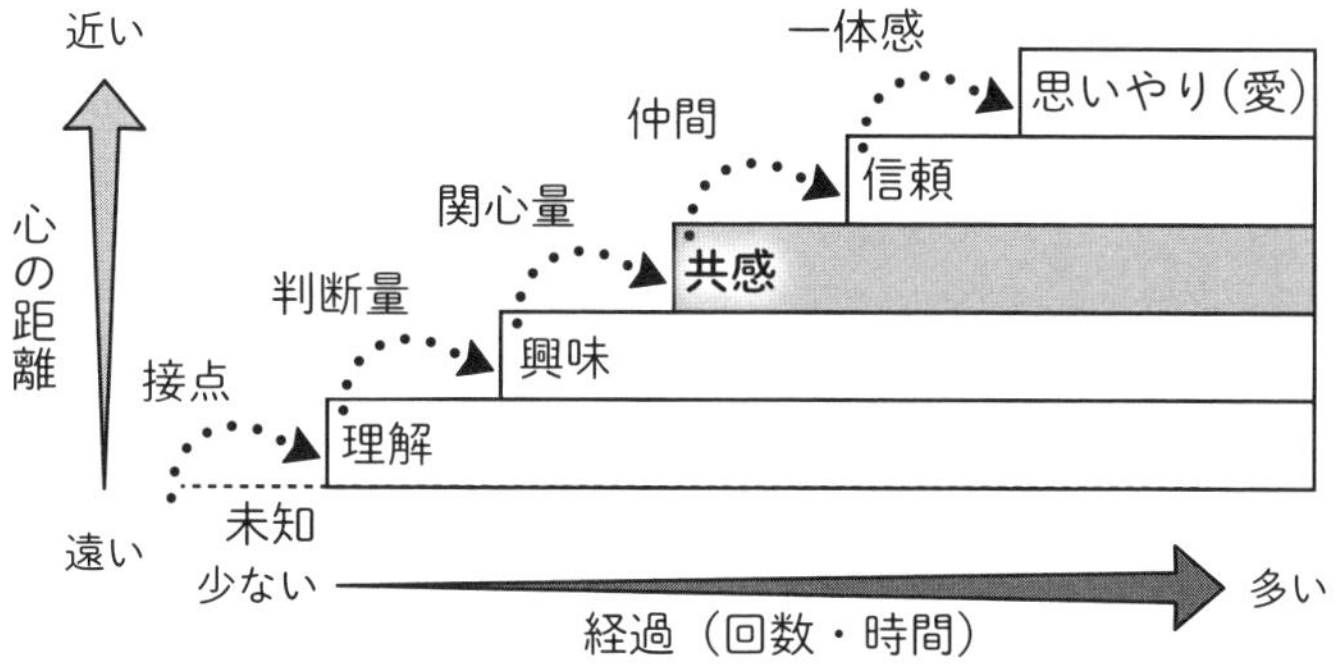

共感は関係性の通過点

このように、繋がりから共感が生まれて、そこから様々な形で繋がりを深めていく、そこにはいくつかの段階があります。これを本書では、**「共感が育まれる5つのステップ」**と呼んでいます。

■ステップ１：理解

共感までの道のりの最初は、理解をしてもらうことが最初のステップです。

何を言っているのかわからなければ、心を動かしようもありません。

相手が聞こうとしているのか、聞ける状態なのかによっても大きく状況が変わるでしょう。また、使っている単語がそもそもわかるものなのか、前提となる知識があるのかと言ったことも重要です。自分がわかることは相手もわかるだろうという思い込みで話をすると伝わりません。

そもそも同じ土俵に立っていない、同じ景色を見ていないという**食い違い**があることで、理解にすら至らないということが多いのです。

■ステップ2：興味

理解ができると、自分の中で受容（受けとめる）することができ、自分の感情が反応しはじめます。そこで、何か心が惹かれる、親近感がある、気になるなどの「興味」に移っていきます。興味は、自分の過去の出来事や感情体験で培われた記憶に触れることでおこりますから、人それぞれに興味の湧き方が異なります。

そして、興味がつづくと、「気になる」だけではなく「気にかける」ようになり、もっと知りたいと心が動きはじめ、惹かれる原因を探す探究心が湧いてくるのです。

ただ、興味はそれほどではないけれども関心はあるということもありえます。つまり自分の心が惹かれている理由を見つけたい（心の理解）という気持ちから生まれた興味と、不足している情報を埋めたい（頭の理解）という関心との違いです。

ですから、「興味があります」と言われたら感情が動いていることが多く、「関心があります」と言われたら、心があまり動いていない可能性があります。

共感に結び付けていく場合には、興味が湧くことが前提ではないかと思います。

■ステップ３：共感

興味という何かに惹かれる状態では、原因がわからないことが多いものです。

この段階では、まだ惹かれている全貌がわかっておらず、一定の距離感がある状態です。まだ少し遠い距離感も、縮めていきたいという想いが感じられます。

自己の価値観を表現することの１つとして、たとえば共感しているアーティストのＴシャツを着たり、好きなブランドのバッグを持ったりすることがあります。これは、感情を共有する楽しみをつくったり、自身の想いを確認することの１つです。好きな音楽を一緒に聞いたり、カラオケで歌ったり、アーティストやファン同士でお揃いの服を着てライブに行くなど、自分だけでは表現しきれない価値観を表し、共有され認め合うことによって自分の価値観を肯定的に受けとめることができ、共感が育まれていきます。

■ステップ４：信頼

自分の価値観との重なりの部分が多くなることで、不安が取り除かれていきます、そして信用から信頼へと変わっていきます。

信用を簡単に説明すると、たとえば、仕事をして給料が支払われるのは、雇用契約書を交わした契約であるからです。条件つきの関係であり、完全に身を委ねることができない契約の関係です。一方信頼とは、たとえば家族のように、「縁が切れることはない」という安全な前提がある状態です。

つまり、信頼とは安心が担保されている関係性です。信頼関係が築かれると、さらに自分の中に相手の価値観を取り込む量が増えるとともに、自分の中の価値観や感情を出しても大丈夫という関係が生まれ、繋がりが太くなっていきます。この段階になると、相手のために何かをしたい、応援したいという気持ちが強くなり、自分の信頼をもとに応援や推奨をするなど、自分の枠を越えていく活動も表れてきます。

■ステップ5：愛（思いやり）

信頼が深まり愛着が生まれると、愛や思いやりが生まれます。

信頼ではまだそれぞれに距離感がありますが、価値観の共有がさらに進むことで一体感を感じ、自分が相手の一部を担っている「オーナー」のような感覚さえ生まれてきます。

仮に何か危機が訪れたとしても、家族のような自分と一体の繋がりですから、自分が支えなければ、という意志さえ芽生えてくることがあります。

たとえば、コロナ渦などで危機に陥った店舗などが、こうしたファンによって支えられることがありました。実際に、存在がなくなっては困るというような、自分事として支えていくような現象がたくさん起こりました。ファンが連帯感を持って支えてくれる、そんな信頼を超えた関係性です。

大きな信頼を委ねられ、もはや「存在」していることそのものが価値になっていく。

「なくてはならない」という状況は、比較されることはなく、唯一無二の存在です。ファンにとってその存在が、自分の想いを託せるものであり、希望や夢にもなるのです。

あなたには、愛してやまないブランドや企業などはありますか？

このように共感と信頼をこえた愛や思いやりとも呼ぶべきものを感じてもらうことこそが、究極のゴールではないかと思います。あなたのビジネスがどんな人とどんな関係によって、どんな姿を目指すのか。

共感起業で目指すべき姿を描いていきましょう。

脳の共感特性

■脳の思考特性と共感

私たちには、知識や経験による価値観と、その一方で、脳の思考特性によって感じる価値観があります。たとえば、次の4つの話し方があった場合、それぞれに正反対の感じ方が存在しますが、あなたはどちらと感じますか?

A．**理路整然と話す**

端的でわかりやすい　⇕　話に無駄がなくつまらない

B．**話の順番を飛ばさず1から順序立てて話す**

途中が省略されずに安心できる　⇕　結論までが遠くて飽きる

C．フィーリングで話す

感覚的でわかりやすい　⇕　話がフワっとしていて不安になる

D．面白いコンセプトを話す

ワクワクする　⇕　空想の話で現実味を感じない

あなたの考えと、そうでない考えをする人がいるのは想像ができますよね。説明を1からキッチリ飛ばさず話をしたい相手の話も、結論から聞きたい人にとっては、「結論ばかりが気になって…」と、途中の話が全く耳に入っていないということが多くあります。

つまり、あなたの聞きたいアプローチで相手に話をしても、相手が聞きたいポイントや順序ではないということもあるのです。実際に周りの人に聞いてみてください。きっと自分とは違う考えをする人も多いはずです。

また別の例で考えてみましょう。

たとえば仕事で机の上が整理整頓されている人と、書類が積まれたままの人がいますよね。これは、①

どちらが心地良いか（あるいは悪いか）、あるいは、②何か別の快（思考）が優先されることで、机の整理が後回しになっているか、ということです。

整頓されている状態はきっと誰もが良いと思います。でも、整頓されていない状態を不快に感じる人と、あまり感じにくい人がいるのが現実です。

なぜこれほどまでに捉え方が変わるのでしょうか。

これは脳の思考に癖があり、自分にとって理解がしやすいものに反応しやすくなるからと言われています。こういった脳の反応特性をまとめたものが『ハーマンモデル』（ネッドハーマン著　東洋経済新報社）です。

この脳の思考特性は、先天性３割、後天性７割と言われており、私たちの生まれながらに持っている特性はあれど、育った環境で大きく変わると言われています。育つ過程の違いの中で、脳が反応し感情とともに行動が繰り返されていく経験において、自分が快と感じる基準（ある側面での感性）が育ち、その結果が、価値観として表れていきます。本来の理論では脳優位性という表現ですが、脳が得意（価値）と捉えやすい反応特性を持っていることから、共感という文脈で活用するために仮に**脳の共感特性**と名付けました。

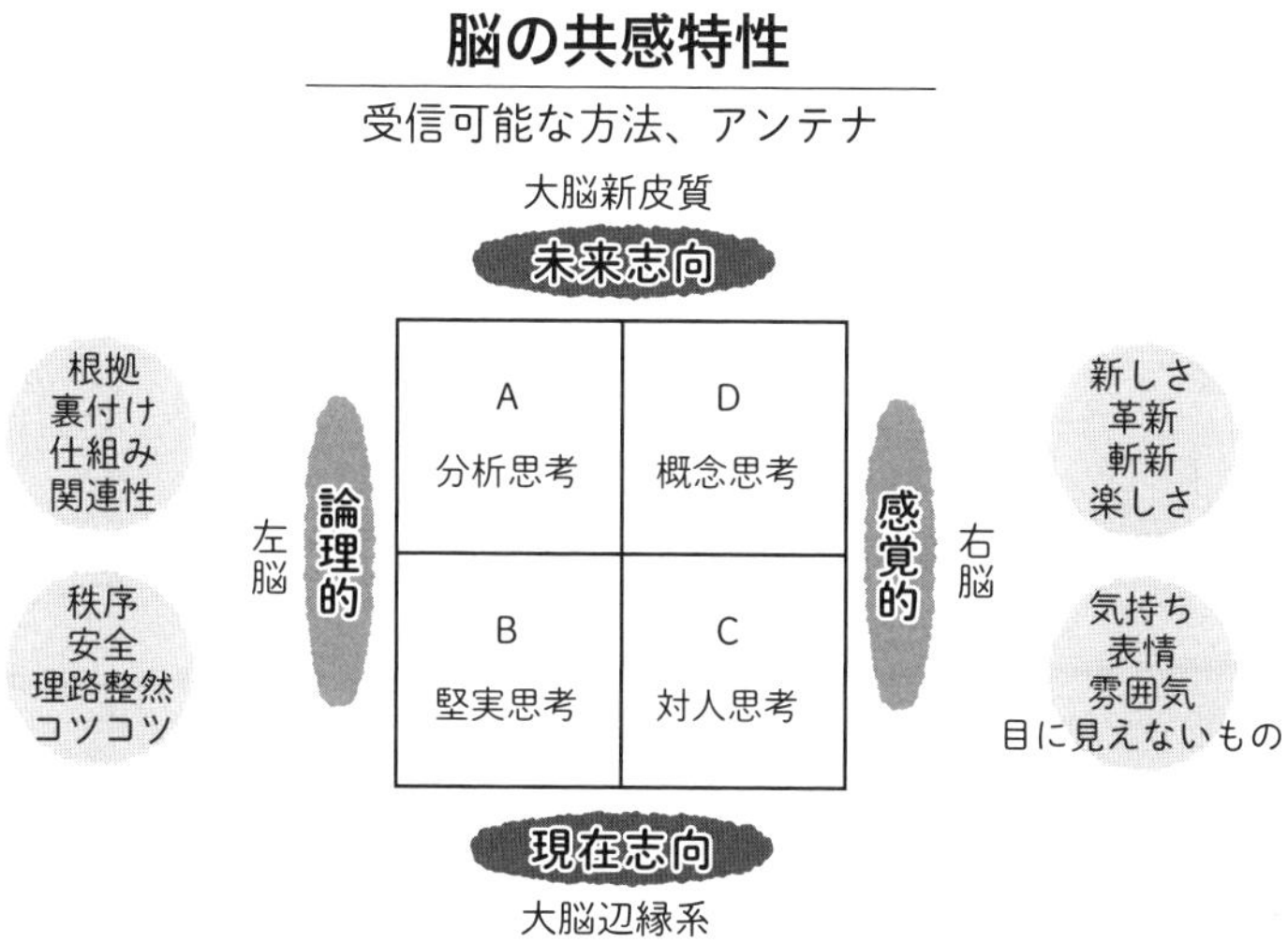

共感する思考特性は、一人ひとり異なる

右脳や左脳に関する話は会話にも出てくることがありますが、左脳は論理的な計算脳、右脳は感覚的な芸術脳なんて言われることもありますよね。実際の情報処理は、左脳がシリアル（直列的）、右脳がパラレル（並列的）に捉えています。これはアメリカの神経心理学者ロジャー・スペリーという人が提唱した理論です。

人間が爬虫類から動物、そして霊長類へと枝分かれする中で脳が進化し、未来を予測できるように脳が発達したとも言われています（最近では前頭葉が大切なんて言われることもありますね）。大脳辺縁系が現在を、大脳新皮質が未来として捉えるとされています。これは、「三位一体脳モデル」と言われているものでアメリカの神経科学者ポール・マクリーンという人が提唱した理論です。

これらの２つの理論を合わせ、脳の左脳と右脳、大脳辺縁系と大脳新皮質とに分けて４つの特性で分類し、上下左右の4つの領域（A、B、C、D）に分けたものがハーマンモデル理論となります。ゼネラル・エレクトリック社に勤務していたネッド・ハーマンが提唱したものになります。

シンプルに4つなのでわかりやすく、私も実感する経験が何度もあったことから、いろいろなシーンで活用しています。

■脳の共感特性の特徴

A　分析思考：分析・効率・関連性

B　堅実思考：管理・安全・秩序

C　対人思考：対人・感覚・気持ち

D　概念思考：創造・革新・自由

脳の共感特性はこのようなキーワードに反応します。たとえば旅行をする場合、あなたはどんな計画をしますか？

A．限られた予算と日数で、可能な限り**効率的**で有意義となる計画の立案

B．定番ポイントを、立てたスケジュールで**確実**に回れる、安全な計画の立案

C．どんな**人と出会えるか**、**一緒に行く人とどんな気持ちで楽しめる**かを優先させた計画の立案

D．これまで行ったことがない場所や、行き当たりばったりなど、**冒険的**なワクワク感のある計画の立案

きっと、どのケースにも多少共感するところがあるでしょう。ですから、どれか1つを選ぶというよりも、優先順位をつけるという感じになるでしょう。

これは旅行の例ですが、仕事の業務だと考えた場合も同様です。

自分にとってはこのやり方が1番やりやすい、考えやすい、最適だと考えることも、相手にとっては全く違う選択になることがあります。目的は同じであっても、優先したいこと、気になること、が違うのです。

誰もが、同じ感覚の人だけで話をしたいと思うかもしれません。

でも、旅行でも途中で渋滞が起こったり、天候が変わったりなど、ハプニングはつきものです。そんな時に、最適なルートをさがしてくれるカーナビのような分析をしてくれる人がいたり、大丈夫と落ち着かせてくれたり、故障を直せたり、自分とは異なる視点を持った多様なメンバーがいることによって、その状況を乗り越えることができるのです。

実際に私が経営していた会社でも、こんなことがありました。

携帯電話向けのモバイルコンテンツサービスを提供していた頃、いつも業務スケジュールが遅れてしまうという課題がありました。役員がこの理論をもとにした診断を実施したところ、「B堅実思考を持つ人がいない」という結果が出たのです。ちょうどその頃に採用活動をしていたので、候補者に診断を行いBに該当する特性が強いことがわかり採用をしたところ、なんとスケジュールの遅延が一切なくなったのです。

これにはとてもビックリしました。ルールを作ったり、やり方を工夫してもうまくいかなかったのに、ちゃんと計画通りに動くのですから。

それ以来、私はこの理論に惚れ込み、この理論を元に脳の特性の診断を展開する会社を起業したほどです。

この理論はたった4つの特性で考えられるので、コミュニケーションやプレゼンテーション、業務フローなどにおいても応用ができます。本書の中でも実際に事例で取りあげていきますので、ぜひ活用してみてください。

起業家自身もこの脳の特性を知っておくと、自分が共感できるポイントに気づけたり、あるいは相手の特性に応じて伝え方を工夫することで、受け取りやすい共感ポイントを増やすこともできるのです。

私たちの脳は、思考性（考え方、気になるポイント）が似ているということで、同じ**価値観**を持っていると感じ、共感することができるのです。

key word●感情体験

同じ共感でも、感じ方が違う

「共感」というと、同じ感情や想いを抱いているような感じがしてしまいますが、そうとも限りません。むしろほとんどの場合で、重なる部分やプロセス、想像していることも違うことが多いのです。

たとえば、「おいしいね！」と共感をしても、甘くておいしい、見た目がおいしい、香りがおいしいなど、いろいろな「おいしい」があります。このような感情は一緒でも、理由や感じ方は当然ながら違うのです。

実は共感とは、お互いが同じ感情を持っていると感じている状態なのです。

その理由やプロセスが全く異なっているということをちゃんと理解をしておくと、共通の感情を持つ人を増やすことができるかもしれません。

たとえば、ゴミがたくさん捨てられている状況を見て、ゴミがなくなるといいよね、ということに共感をしたとします。

- ゴミ拾いをした時にたくさんのゴミを拾ってきれいになった体験
- 幼少期に海岸のゴミで怪我をした人をみた体験
- テレビでカメがゴミを食べてしまっているシーンの映像を見てショックを受けた経験
- このままいくと海の生き物よりゴミの量が上回るというデータを知った経験

ゴミがなくなって欲しいという共感の背景には、それぞれに持っている知識や感情体験から生まれた価値観などをもとに、それぞれのストーリーが生まれています。

そしてさらに、他の人の共感や体験をお互いが共有していくことで、さらに自分の想いを深めていくきっかけにもなります。

ビジネスにおいては、共感したからといって、あなたが共感したことが全部伝わるわけでもなく、相手のことを全部受けとめられるわけでもありません。共感には様々な形があって、なんとなく曖昧に同じ感情を共有しているが、それぞれに違っている、ということを前提にコミュニケーションをとっていくということが大切です。

すべての共感にはグラデーションがあって、深い共感から浅い共感まで様々です。ですから、解釈が違うことは当たり前ですから、共感には正解も間違いもありません。人それぞれの価値観はすべてが肯定されるべきですから、その違いを感じ、いろいろな価値観があることを楽しんでいくことも大切な視点の1つです。

key word●VUCA（ブーカ）

正解のない時代、人が頼りにする共感

現代は、予測不可能な時代に突入し、正解がなくなったと言われています。

最近では、変動制（Volatility）、不確実性（Uncertainty）、複雑性（Complexity）、曖昧性（Ambiguity）が複雑に絡み合った現象をこの頭文字をとってＶＵＣＡ（ブーカ）と呼ぶことが増えてきました。

実はこれ、１９９０年代に軍事用語として誕生した言葉なのです。つまり、現代は戦争中ともとれる、想定外の繰り返しであることから、予測不可能だと言われているのです。

社会がＶＵＣＡのようだと言われるのは、これまでの知識や技術が通用しにくい世の中になったということです。過去のデータは陳腐化し、役に立たず、これまでのノウハウが活かされず、過去からの推測も

VUCA

Volatility（変動性・不安定さ）
テクノロジーの急激な進化
経済サイクルの短期化

Uncertainty（不確実性・不確定さ）
気候変動、災害、地政学的リスク

Complexity（複雑性）
デジタル技術の進化
輸送・移動手段の発達
企業のグローバル／ボーダレス化

Ambiguity（曖昧性・不明確さ）
成功パターンが成り立たない
確率論が通用しない

「想定外」の繰り返し

意味をもたなくなってしまっている、そんな状態です。そんな時代だからこそ、私たちにとっての生きるためのロールモデルも減り、誰かに憧れるといった表現も少なくなっています。

山口周さんの著書『ニュータイプの時代』（ダイヤモンド）では、ＶＵＣＡの時代には、問題の希少化と、正解がコモディティ化（変わり映えのしない一般化）すると書かれています。つまり、これまでは問題の解ける人が高く評価されてきましたが、正解は調べればすぐに見つけられる時代です。ＡＩは過去の情報から一般的な答えを出させることが最も得意です。ですから現代は、経験、予測、最適化というこれまで頼ってきたことの多くに価値がなくなるという時代であり、これからの私たちは、問題の発見と解決をする能力が必要であるということなのです。

では、何を頼りにするのか？

それは、自分の感性、そこから生まれる美意識を頼りにしていくことで、あらゆる本質を突き詰めていくことができるのです。

人や社会の価値観、そして感情がどのような状態か、それをキャッチできるセンサーが磨かれていることが不可欠です。

検索が広告で埋め尽くされ、メディアの情報が偏り、何が正しく自然な状態なのかはわからなくなってきています。さらに、コロナ禍によって、人と人との距離が離され、感覚が強制的に使えないケースも起きました。

また、Z世代のように、生まれた時からインターネットに繋がりSNSがあって当然の環境では、情報が溢れていることもあり、むしろ人の感覚や感情を頼りにしているとも言われています。写真や映像といったビジュアルが中心ですし、長く保存される情報よりもその場を楽しむためにすぐに消える投稿を楽しむ傾向さえあります。技術の進化などでツールが大きく変わったとしても、やはり人との親近感や温もり、繋がりや連帯感などは変わらないものでもあります。

むしろ、感覚的な情報の必要性が再認識され、信憑性を人の感覚や共感を頼りにする傾向がより強くなっていく、そんな時代でもあるのです。

key word●起業スタイル

共感はあらゆる起業スタイルに必要

ビジネスに共感が必要だということは、多くの人は気づいているはずです。しかし、どんな場面でどのように共感が活きてくるのかについては、あまり意識が向けられていません。ビジネスは、単にモノが売れれば共感されているわけでもありませんし、数を増やせば儲かるというものでもありません。

すでに起業をしている人も、これから起業する人も、共感に意識を向けていくためにはどうするべきか？

ひとり起業から、事業拡大、スタートアップやグローバル展開までスケールに関わらず、またＮＰＯや社会起業家などにおいても共感が鍵となります。

起業フェーズとスタイル

共感によって顧客に支えられる一方で、共感によって事業性を犠牲にしてしまうこともあります。また、事業の継続性のために、組織や取引先との共感も重要です。

私が連続起業家として何度も起業にチャレンジできたのは、共感をベースにできたからです。どんな場面で共感が必要になってくるか、そんなシーンをイメージして、本書の使い方の参考にしてください。

key word●ひとり起業

──共感はすべての起業スタイルに必要──
ひとり起業／個人事業主／フリーランス

ひとり起業やフリーランスであっても、共感は不可欠です。起業家は1人であったとしても、繋がりがあってこそ仕事ができるのです。

また、自分以外に代わりがきかないということは、会社組織よりも、個人がブランドの顔になるため、代替がききません。コントロールがしやすい反面、ほんの少しの言動が大きな影響へと繋がる危険性もあります。それだけ個人に対しての共感に委ねられているということなのです。

また、ひとり起業家・社長であったとしても、様々な人との関係性でビジネスができていると思います。アシスタントやエージェントや仕事の依頼主などと関わる必要があり、1人で完結することはありません。そんなサポートしていただいている方々を、「お手伝いの外注」や「ただのアシスタント」として考えるのではなく共感して取り組めるチームとして捉えていく必要があります。

あるいは、仲間で1つのチームをつくり、仕事を受注するケースもあるでしょう。そうした時にも、お互いを尊重し共感し合えることで、次の仕事に繋がったり、大きな活動へと発展することも多くあります。

ひとり起業は普段人との関わりが少ないことから、悩みを抱えてしまうことも多いでしょう。

こうした場合の解決の1つが、自分のスタンスやスタイルを発信していくことです。自分に共感してもらえる顧客に、自分を選んでもらえるよう、事前にポリシーを伝えておくということです。もちろん自分のスタンスやスタイルをわかってもらえないと選んでもらえないのでその分間口が狭くなるかもしれませんが、理解や共感をベースにした人だけが繋がってくれるので、仕事を通じた食い違いやトラブルなどを未然に防ぐことができます。そして、同じ価値観で共感ができることで、大きな仕事に恵まれたり、仲間が増えて組織に発展していくことにも繋がります。

仕事の新しいやりがいに結び付けていくこともまた、共感をベースにすると大きな可能性があるのです。

key word●ヒト　モノ　カネ

事業拡大

――共感はすべての起業スタイルに必要――

事業の拡大期は、あらゆる障壁との戦いです。うまくいっていても、うまくいかなくても、それぞれに対応が必要になってきます。組織や人材面でのヒト、商品やサービス面などのモノ、そして資金面などのカネなど、様々な面で悩みごとが多くなるフェーズです。

そんな中でも、事業を成長させていくためのキーワードは共感です。事業の軸がブレそうになっても、経営理念などの見直しなどが不可欠になってきます。

ヒト（人材）の面では、空中分解を起こしてしまいがちなのもこの時期です。数人の会社であれば通じ合えたものも、人数が多くなってくると、それぞれが拡大解釈をしていくことが増えてきます。

このフェーズでは、事業を多面的に考えていかなくてはいけない状況が増えることもあり、そのためには組織における人材の多様性が求められます。組織は成果を発揮するためにお互いがうまく機能し合える仲間でなければなりません。お互いの能力が発揮できないいわゆる「仲良しグループ」になってしまうこともあり、組織の管理面や営業面など、組織を形成し再現可能な仕組みとして確立していくことが必要です。

モノ（事業）の面でも、売上などが頭打ちになったり、想定外のトラブルも多く出てきます。

特にビジネスの初期と成長期では、想定した顧客像が変わることもあります。そうした中で、商品単価を変えたり、商品のバリエーションを増やしていく過程において、価値観やそれに伴う共感ポイントも大きく変わってきます。また、顧客から見たブランドへの印象も変化していきますから、方針が揺らぐようなことも多くあります。

こうした中で、理念の再設定、リ・ブランディングなど、新しいステージに向けて整え直していくことも不可欠になってきます。

お金の面でも、未来に期待することは信頼がベースとなる中で、共感は欠かせないものとなるでしょう。

融資や投資においても、たとえ金融機関などであっても担当者とは人と人であり、事業や人柄への理解や共感が不可欠です。

事業拡大のフェーズは、まだ結果が出ていない中での関係性ですから、人から人への信頼で繋がっていくことばかりです。ですから、起業家が持つ価値観がとても大切ですし、それに共感ができるかということはとても大きなウェイトを占めることになるでしょう。

key word●スタートアップ

――共感はすべての起業スタイルに必要―― スタートアップ

スタートアップは、事業を短期間で急成長させる時の起業スタイルです。

急成長するということは、それだけコンフリクト（衝突や葛藤）の多い状況が増えます。私もスタートアップを何度か経験をしていますが、とにかくあらゆる対応に追われ続けます。

どこよりも早く、どこよりも遠くに…。

そんなすごいスピードで急成長をしていくので、まず時間がありません。ですから、開発が追いつかない、不完全であるが故にトラブルなども多発し、想定しきれない対応に追われることが多くあります。

そのことによって、人材確保ができない、お金が足りないということも起こってきますが、何よりも、社内の人の気持ちが追いつかない、心が追いつかないということが多くの場合に起こります。

この場合にも、共感と信頼をベースにしていくことで、多少のことがあってもそれぞれの中で肯定的な解釈を生み出し、乗り切ることもできるでしょう。

当初は起業家個人の想いがベースとなりますが、それを組織としての想い＝ビジョンやミッションを一緒につくって掲げていくことで、自分たちの想いが反映された組織であるという自覚とともに、企業が成長していくことも大切です。

そして、商品やサービスもまた、顧客との共感がベースでなければ、一気に広がることもありません。口コミなどの共感を得られれば、単に大々的な広告を打ったり、認知を広げるための大規模な資金に頼ったりしなくても済みます。

また、スタートアップは、いろいろなピッチや交流会など、出会いと繋がりで成長していく傾向にあります。こうした場での印象的なプレゼンテーションによって、多くの人の共感を得て急成長をしていくことになります。特にスタートアップは、急速に共感を集めるため、顧客との信頼関係が不安定なまま進むことがあります。**だからこそ、表層的な共感を集めたり、共感を軽視したり、軽々しく扱うことで、炎上して一気に終焉を迎えるスタートアップも多くあります。**最近は、社会課題がテーマになるスタートアップもありますが、目的と手段を間違えると、一気に人が覚めてしまう危険性をはらんでいることもあり、注意が必要です。

key word●異文化コミュニケーション　アイスブレイク

―共感はすべての起業スタイルに必要―　グローバル起業

日本人同士での共感は、文化や風習などお互いの共通理解の部分が多く、難しいといえど阿吽の呼吸で伝わったり、また察したりできることが多くあります。

しかしこれが、外国あるいは英語圏でのコミュニケーションとなると、そうもいきません。価値観も異なるので、共感に対しての感じ方も大きく異なります。

英語コミュニケーショントレーナーの河野木綿子さんは、日本の外資で働くたくさんの日本人のコミュニケーションサポートをする中で、言語が違うことや言葉の選び方が違うことはもちろん、文化背景やそれに伴う価値観が違うことを考慮しなければ、気持ちを伝えることはできないと言っています。

そもそも英語圏でのコミュニケーションには、日本のように「察する文化」がほとんどありません。日本人同士であれば「なんとなく気持ちを察してよ。わかってよ」という空気感があり、結論を言いすぎず、断定せず、感情にできるだけ触れない文化があるといいます。ですから、最終的な答えやお願いを曖昧にする傾向もあるようです。日本の控えめな姿勢や相手を尊重する文化としては良い面もありますが、英語圏でのコミュニケーションでは、思っている感情も具体的なお願いも、言語にしなければ伝わらないのです。

たとえば日本での不祥事やお詫びの会見では、非常に長ったらしい「お詫び」ばかりが繰り返されます。「皆様には大変なご心配とご迷惑をおかけしましたこと、深くお詫び申し上げます。この度のことは、信頼を著しく失墜させる極めて許しがたい行為であります。今後は皆様の期待に応えられるよう誠心誠意努めて参ります」などとにかく低姿勢を維持し、原因や状況などの事実、今後の具体的な対応などは曖昧なままにお詫びを繰り返すばかりです。

日本には、「言葉より態度で示せ」というような風潮があります。

究極は土下座をしたり坊主にしたりすれば許してもらえるかもしれないし、時代劇では切腹さえしています。しかし当然ながら、文化の違う英語圏では全く通じませんし、最近では態度で示すだけでは、日本人でも共感を得ることは難しくなってきています。

また、プレゼンも大きく異なります。

日本のプレゼンは「説明」が目的になっています。承認を得るための説得材料を永遠と細かい文字にまとめてきます。ただ、その割には最終的にお願いを言わないことが多いのではないでしょうか。相手からすれば一体、何をしてほしいのかわからない、ということも多いようです。

一方、英語圏でのプレゼンは、「共感や同意」が目的になっています。相手の感情をゆさぶって、まずOKをもらう。「こういうのあったらいいと思いませんか?」という提案から始まり、「それいいね、やろう」という共感や同意をもらい、そこから具体的な「コンプライアンス、お金、継続性」などに移ります。

実際に河野さんが外資系企業で働いていた時も、こんな提案型のプレゼンをして、3年予定のプロジェクトを5ヵ月で達成したこともあるそうです。それは、みんなの共感が得られて、みんな応援して協力してくれたことにあったそうです。

また日本では、「職場に感情を持ち込むな」という文化がまだ残っているところもあります。

英語圏では感情表現をメールで書いてきますし、ミーティングもいきなり本題に入らず、「あなたにお会いできて嬉しいです。ワクワクしています。今日はどこから来ましたか?」というようなスモールトーク（世間話）をして、お互いの共通点を探したり、温度感やテンションを合わせることも、自然にみんながやっています。

グローバル起業や英語圏を含むコミュニケーションにおいては、私たちが当たり前に思っている習慣や価値観を少し見直しながら、共感を生み出していくことが必要になってきます。

――共感はすべての起業スタイルに必要―― NPO／NGO／ボランティア団体

NPOやNGO、またボランティア団体は、共感の集まりで成り立っている面があります。彼らは社会の様々な課題に対応したり、社会を彩るような活動をすることによって、私たちの暮らしがより良いものになることを目指しています。多くの人の困りごとを解決することにより、共感や期待が大きくなる組織です。しかし、ビジネスという面での実現性との乖離などにも注意を払う必要があります。

多くのNPOは、社会性が重視されることから、事業との両立について不安を抱えていることが多いです。そして補助金や助成金などに頼っているケースも多くあります。

安定した利益を確保することができず、雇用の継続や事業の継続性が不安定になったりすることもしばしばあります。

そのため価値観は理解できても、共感して協働するには少し怖い、そんな声もよく聞きます。期待より不安のほうが大きくなってしまうのです。

また、スタッフも「心の共感」が強くなる傾向にあり、同質な人が集まりやすくなります。また、創業者のカリスマ化、属人的な共感関係に依存してしまう傾向も多くあります。同質な人といるだけでは課題を見つけることが難しくなります。

私も長年ＮＰＯを経営していますが、意識をしないと同質の人が集まってしまうため、意識的に異質な人との接点をつくるようにしています。

ＮＰＯやＮＧＯは、多くのそして多様な弱い立場の人の支えとなる事業が多いこともあり、事業の持続性を担保していくことは重要なミッションです。ですから、多様な価値観とそれらを理解する共感を大切にして運営するために異質な人を採用したりして、多様性を確保しておくことが必要です。

―共感はすべての起業スタイルに必要―

地域起業／地方移住起業

いま日本は、地方創生などの国の施策により、地方への移住が進められています。

たとえば、地域おこし協力隊のような形で、地方への移住・定住をすすめ、その中で生まれる新しい感覚を取り入れたビジネスの創造をする人もいます。また、地元企業に勤めたり、地元を活性化したい、特有の産業を残していきたいなど、地域の魅力を引き出して地域に産業を生み出したり、伝統産業を継承していくような取り組みも盛んになってきています。

こうしたビジネスや地域との繋がりを重視する取り組みにおいて、共感は不可欠といっても過言ではないでしょう。

まず、地域に住む人は、地域への愛着があります。長く住んでいて、地元愛があります。地域でのビジネスをする時、地域の人たちとの繋がりは最も重要ですし、その地元愛に対しての共感も不可欠です。地元の人が地域に持つ共感は最高値であると考え、その地元愛を上回ることはできないという謙虚な気持ちを持つことが大切です。

地元愛に対しての共感は地域住民にとってはもちろん嬉しいことです。自分なりにその共感を整理して、しっかりとした視点で伝えるということも大切になってきます。

お互いに歩み寄り、心の距離感を近づけていくことが重要になってきます。謙虚に心の距離を近づける努力は、必ず共感という形で良い成果を生み出すことができるはずです。

また、地域の魅力を発信するビジネスは、地域外の人に共感してもらうことによって、ファンを増やしていくことができます。観光や移住などの人の交流によって関係人口が増え、共感の輪が大きくなっていくことでしょう。

―共感はすべての起業スタイルに必要―
社内起業家／イントラプレナー

起業家といっても、企業の中で事業を進める社内起業家と呼ばれる人たちがいます。

こういった人を起業家（アントレプレナー）に対して、イントラプレナーと呼び、予算や意思決定を独立させて社内ベンチャーを運用する取り組みです。

その多くは、新規事業開発であったり、社内のビジネスコンテストなどを通じたプロジェクトであり、事業部やカンパニー制、子会社など様々な形態があります。大きな組織の中で新しい事業をすることはなかなか困難ですから、既存の枠組みではない形で社内ベンチャー制度を作って取り組むことがあります。ただ、いずれにしても社内であることから、一部門のように扱われてしまうケースもあるため、実態としては意思決定の自由度は低いことも多いのが現状です。

そんな中で、どう事業を進めていったら良いかという点でも、やはり共感を頼りにしていくことで進みやすくなることは多くあります。

まずは社内でどのように仲間をつくるかという点です。なぜなら、好きなことをやることができてうらやましいというやっかみがあったり、先行投資というコストが目に付くのでお荷物に扱われるなど、他部門から冷たい視線を浴びることも多くあります。

ただ、実際には会社の中でもやりがいを求めていたり、将来独立をしたいなどと考える人たちはいます。そうした人たちをうまく仲間にしたり、取引先などの外部から応援してもらうような形で、共感の輪をつくっていくことが大切です。やはり理解者が多いほうが良いですから、外部から評価してくれる仲間の存在は大きなものです。

また、社内ベンチャーとはいえ、企業の上層部を納得させて進まなければならないはずです。その大きな壁を乗り越えるのも共感であったりします。

現代は会社としても社会の一員としての役割を担う上で、社会からの共感を受けることが必要になっている時代です。ステークホルダーからの要望に対して既存のビジネスでは答えにくいものをこうした新規事業によって取り組んでいるという名目をつくりたいという隠れたニーズもあります。また、会社として新しいことへ取り組んでいる姿勢は、採用したい人材からも好感を得られます。

そうした会社の思惑をうまく利用して、社会の共感を味方につけて推進していくことも1つの方法です。

会社の意思決定者も、メンバーがしっかり考えたことだからと、自分の想いを重ね合わせることだってあります。

key word●事業承継　伝統産業　ＭＢＯ　サーチファンド

――共感はすべての起業スタイルに必要――
第二創業、事業承継

最近では、事業承継や第二創業といった形が増えています。これは、高齢化や経営者の若返りなどによる世代交代、会社や事業の合併や売却／ＭＢＯ（経営者による自社の買収）などによって、新しい時代や市場にフィットする事業のコンセプトを作り直し再スタートさせる、そんな新しい形の起業が増えつつあります。

起業はゼロから作り上げる苦労がありますが、すでに事業が稼働している中で、また組織や取引先などの関係性がある中で受け継ぐということは、違った課題や苦労があります。

特に、創業者などから引き受ける場合などは、人間関係を重視したビジネスも多く、信頼関係で成り立っているケースも多くあります。新しい経営者で同じ関係が作れるかといえば、そっくりそのままというわけにもいきません。また同じことをすれば良いわけでもなく、一方で新しいことをしすぎることもリスクと感じるでしょう。ですが、温故知新という言葉にもあるように、古いことを新しい視点から見直して、新しい姿に変えていくことが求められています。

ただ実際には、変化を受け入れられないメンバーの抵抗にあうこともよくあります。ですから、新しい価値観に共感してくれるメンバーと良い関係を築き新しいステージを描いていかなくてはなりません。どうしても周囲の声に揺さぶられることが多いのも第二創業の経営者の辛いところですが、引き継ぐというより新しく起業/創業をするという観点をもち、新しい価値観で再スタートし共感を得ていくことが大切です。

私自身も、創業から10年経営した組織を、10歳下の世代に引き継ぎました。創業から10年というのは、とにかく走り抜けることに重きを置いて、勢いで成長し拡大することができます。まだまだ走りはじめの団体では、できるだけ外の人への共感を広げる活動を中心にしていた気がします。

しかし10年という月日が経つと、顧客や組織に関わる人の世代が変わり、また社会や経済やライフスタイルも変わることもあり、創業当時の想いや勢いだけで走り抜けることが難しくなってきます。

世代を交代する理由の1つは、その時代をリアルに生きる人が当事者となって時代感覚を捉えて共感を集める必要があるからです。

私は起業家として、自分が残るのではなく、ビジネスを残し続けるということが大切だと思っています。起業家には寿命がありますが、事業は永遠に残り続けることができます。

第二創業も事業承継も、起業家としてのスタンスなしでは新しいスタートを切ることはできません。また最近では、サーチファンドと呼ばれる新しい事業承継が登場しています。これまでは、株式を取得したあとに経営者を見つけるということが一般的でしたが、経営者候補が主導して、魅力的な中小企業を事業承継していくという人材ファーストの新しい事業承継の形として注目が高まっています。

―共感はすべての起業スタイルに必要―
連続起業家

シリアルアントレプレナーやパラレルアントレプレナーといった連続起業家は、起業を何度も繰り返していくスタイルです。一回でも大変なのになぜ？　と思うかもしれません。ビジネスをしていく中で新しい起業テーマが見つかったり、事業のフェーズで創業者が退任したりなど、いろいろなケースがあります。

私自身も数十の起業をしていますが、最初の頃の起業は、自分が思い描く世界を実現したいという感覚でした。志半ばで会社が買収された後の地球一周から、起業のテーマが社会的なものに変わりました。一旦変わると、関わる人もガラリと変わり、次々に社会課題の現状に触れる機会が増え、多くの人の想いを実現したり支援していく形にスタイルが大きく変わっていきました。

すべての社会課題を１人が解決することなど到底できません。ですから、自分で何とかするというよりも、多くの起業家や想いのある人に頼って、みんなの力で事業をしようという発想に変わっていきました。

ですから、起業家１人に共感するのではなく、みんなの想いをテーマにしたビジネスをプロデュースし、共感する人たちの想いをまとめる役割こそが起業だと捉えるようになっていきました。そして、起業家個人が主役ではなく、関わるみんなが主役になっていけば、事業も組織も自然と成長していくという現象が生まれ、現在に至っています。

たぶん、このようなスタイルでなければ、複数の起業や連続起業など、きっとできないでしょう。誰にも平等に時間は与えられていますし、時間は有限です。

共感できる仲間がいれば、事業はうまくいくし、組織もうまくいくし、資金もあつまるという実体験のもとに本書を書いています。１人ですべてをやろうと思うとうまくいきません。

最初から個人に依存しすぎないビジネスモデルをつくり、組織やビジネスへの信頼や共感を高めていくことに意識を向け、自身の役割に期限を決めて全力を尽くしていけば、ビジネスが社会や未来に残っていきます。

社会を味方につけるということは、多くの人を味方につけるということです。社会の価値観にどのように自身の価値観を重ね合わせていけるか、そして、みんなが共感をして関われるポイントを作っていくことが、ビジネスでもあると思います。

自分自身のビジネスでの経験や成長とともに、自分のテーマや役割も変わっていきます。意識は徐々に社会への課題解決に向かい、子育てなどの経験から教育に向かっているようにも思います。本当の意味でのライフワークを見つけていくために、起業をし続けているのだと思います。

そして、もちろん現場も好きですが、多くの起業家を支えることはもっと好きです。なぜなら、自分では感じ取れない多くの社会の価値や起業のテーマに出会い、共感できることが広がっていくことは楽しみでもあります。

これから自分がどんなテーマに出会い、どんな起業をしていくか、とっても楽しみでなりません。

第2章

歴史的事業をつくる「共感」の見つけ方

時代がビジネスを生み出す

「ビジネスのテーマが見つからない」
「起業のアイデアが湧かない」
ということを耳にします。

社会を見渡せば、すでにビジネスがたくさんあります。ビジネスができる領域は、残っているのだろうか。いまさら参入しても、既存ビジネスの牙城は崩せるのだろうか。

ビジネスについて調べれば調べるほど、不安に駆られることがあります。

でも心配しないでください。**あらゆるビジネスは、時代の変化とともに、移り変わっていくのです。**

たとえば、インターネットが誕生したのは、たった30年前です。その間、数え切れないほどのビジネスが生まれました。

また、ＳＤＧｓの概念が広がり、経済成長の捉え方が変わる中で、「ただ稼げればいい。ビジネスが成長すればいい」という社会ではなくなりました。

世界のリーダーが集まる世界経済フォーラムは、毎年1月に経済レポートを発刊しています。１２００人以上の世界の有識者やリーダーに調査を行い、経済や社会、環境や技術から生まれる今後10年で発生する可能性が高いリスクを分析したものです。

２０２３年のグローバルリスク報告書では1位から4位で気候変動や自然災害、異常気象や生態系の崩壊などの経済的リスクが高いという報告となっています。

そのほか、天然資源の危機や社会の分断、対立も10位以内に入っています（「第18回グローバルリスク報告書　2023年版」URL：https://www3.weforum.org/docs/WEF_Global_Risks_Report_2023_JP.pdf）。

この報告書のサマリーには次のようなことが書かれています。

「２０２３年の年頭に世界が直面したのは、不気味なほど旧知でありながら全く新たなリスクである。インフレ、生活費危機、貿易戦争、新興国市場からの資金流出、大規模な社会不安、地経学上の対立、核戦争の脅威など、現世代のビジネスリーダーたちや公共政策立案者にとっては、ほぼ未経験の「旧来の」リスクが再来している。こうしたリスクは、持続不可能な債務、新たな低成長時代の到来、世界的な投資の少なさと脱グローバリズム、数十年にわたり進歩が続いた人類の進歩の後退、デュアルユース（民間と軍用）技術の急速で制約のない開発、世界の平均気温上昇を1.5℃に抑制する可能性が縮小する中での気候変動の影響と目標に伴う圧力といった、グローバルなリスク環境における比較的新しい展開によって増幅している。これらの動きが集束することで、２０２０年代は特異で不透明かつ激動の時代になると考えられる」

つまり、昔から言われているリスクでありながら、経験したことのない新しいリスクが生まれていて、全く予想ができないということです。

特に、低成長、低投資、脱グローバリズム、人類進歩の後退など、経済成長が当たり前の時代に生まれた人にとっては信じられないことであるものの、実際に世界人口の推移や資源の限界が見えている中で、定常経済さえも囁かされています。

予想ができない社会や経済ということは、今のビジネスや過去の知見は通用しないことを意味しています。

時代がどんどん移り変わっていく中で、既存のビジネスは社会に適応させるための軌道修正や転換に戸惑うことでしょう。ですから、現代で市場のリーダーであったとしても、それが続くとは限らないのです。

新しいビジネステーマに最適化して新たに始めることのほうが良い場合もあるのです。

社会が常に変化し続ける中で、むしろ変わらずに在り続けることのほうが難しいのです。

あなたが生まれてから今日までの間にも、社会が大きく変わっていますよね。

社会のテーマが変わると、人の気持ちも大きく変わります。

そして価値観が大きく変わっていくのです。

その時代を象徴する、いろいろなテーマに合わせて、常に新しいビジネスが生まれていくのです。

つまり、すべての瞬間がチャンスなのです。

価値観が変わって、時代を生きる人が変わるということは、共感も変わるのです。

誰にとっても、起業するタイミングは、いつでもそこにあるのです。

ここから数十年の間、特に社会的なテーマが大きく変わっていく中で、起業家と社会の価値観を重ね合わせ、変わるもの・変わらないものに対して共感を生み出していくことで、ビジネスにおいて大きなチャンスになるのではないかと思います。

日本に限らず、私たちが生きる社会を広く、そして遠くを見渡しましょう。そして、歴史をつくる、彩る、そんな一端を、起業家として担っていきましょう。

keyword●真善美

3つの共感視点から起業のテーマを見つける

自分自身が「ハッと」させられるような、自分の心にずっと残り続けて、自分の生き方まで変えてしまったような、体験はありますか？

私は30歳の時、世界を旅する中で、「当たり前に生きていることが、こんなに尊いものなのか」と感じた経験があります。生まれた場所の違いだけで、こんなに人生が違ってしまうのかと不条理に感じました。そんな出会いがたくさんあり、ビジネスで社会を変えていこうという強い想いが芽生えました。

自分の生き方さえも変えてしまうほどの感情の揺れが起こるのは、自分の中にあるモヤモヤした思い、それが大切にしたい価値観と重なった時ではないでしょうか。

この価値観は説明が難しい言葉ですが、大きく3つのことが関わっていると言われています。

真：普遍性、本質
善：倫理観、意志
美：美しさ、感性

起業のテーマは、きっと自分が生涯をかけてでも追い続けたいテーマだと思います。

ですから、自分の価値観と繋がっていることは、とても大切です。そうでなければ、困難は乗り越えることはできませんし、マネーゲームに翻弄されてしまうことでしょう。

この3つの視点を用いると、私たちがビジネスで突き詰めていくべき価値観についての整理ができます。

哲学者のプラトンは人の能力として「知・情・意」と整理し、その後にカントが「真・善・美」という整理をしました。

これは、近代日本の経済の父と言われている渋沢栄一、京セラを創業しＪＡＬを再生した稲盛和夫など、他にも多くの歴史に残る事業を成し遂げた人たちが大切にしてきた言葉や考え方であると言われています。

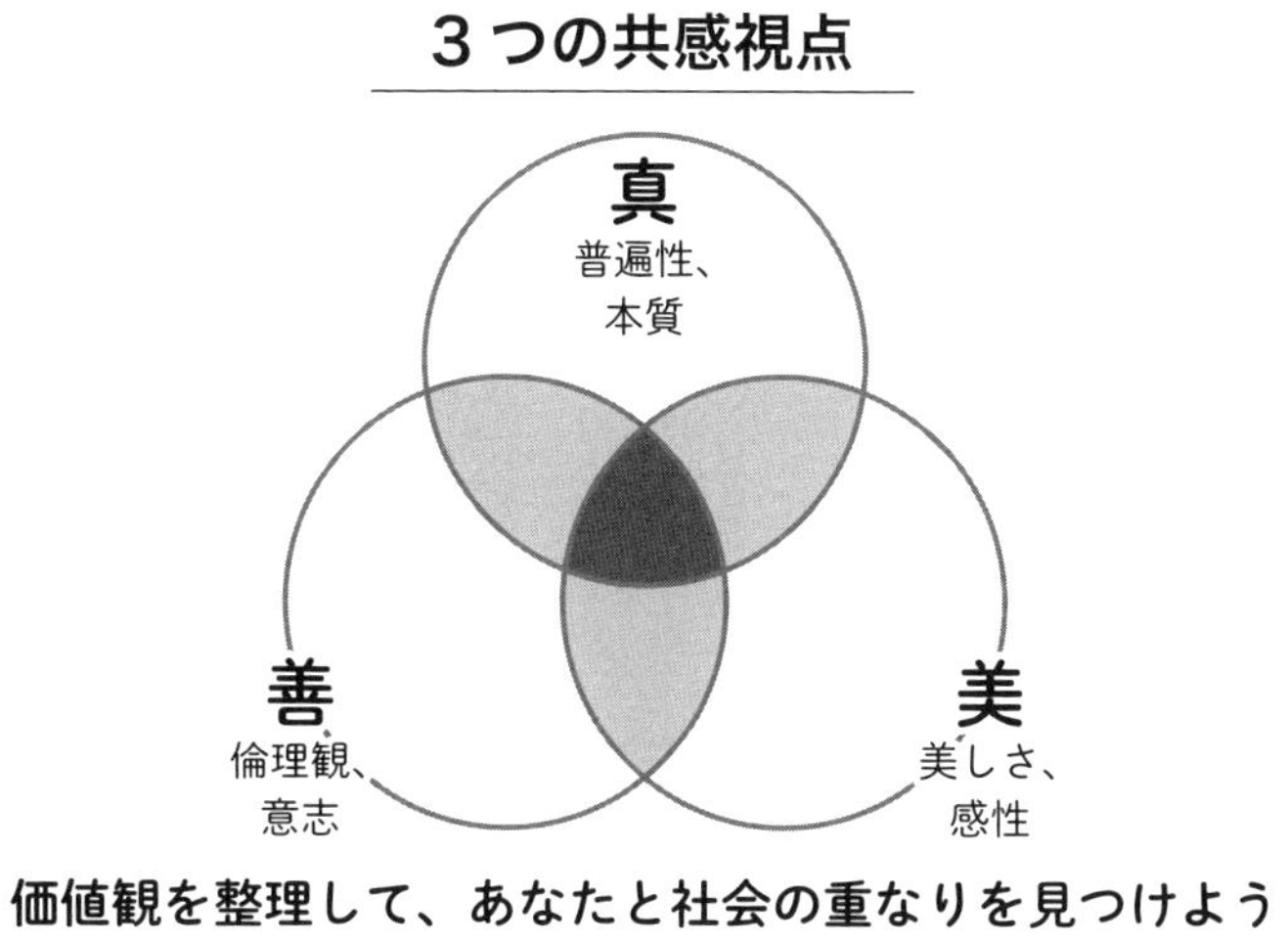

価値観を整理して、あなたと社会の重なりを見つけよう

共感とは、価値観の共有ですから、この大切にしたい価値観を整理していくことで、共感の本質を理解し、起業する意味やテーマを見つけることができます。

本書ではこれを「3つの共感視点」と呼んでいます。起業家が持つ価値観、そして社会の価値観、それらの重なる部分が共感となってビジネスが形づくられていきます。

私たちが目指したい社会に向けて、一緒に共感の重なりを見つけていきましょう。

真：「普遍性（そもそも）」への共感からビジネステーマを見つける

社会が便利になる中で、いろいろと変わっていったモノやコトがたくさんあります。そんな中で自然の姿、社会の姿、人との関係、健康や安全など、普遍的なこと、当たり前のことがたくさんあります。

この当たり前を、当たり前と感じられないことが多くなってきたように思います。

全国でフェアトレードショップを展開するシサム工房の水野さんも、原点はアフリカの小さな国での体験でした。世界を旅する中で訪れた、南アフリカ共和国に四方を囲まれたレソト王国という国に行った時のことです。

「普遍性（そもそも）への共感」

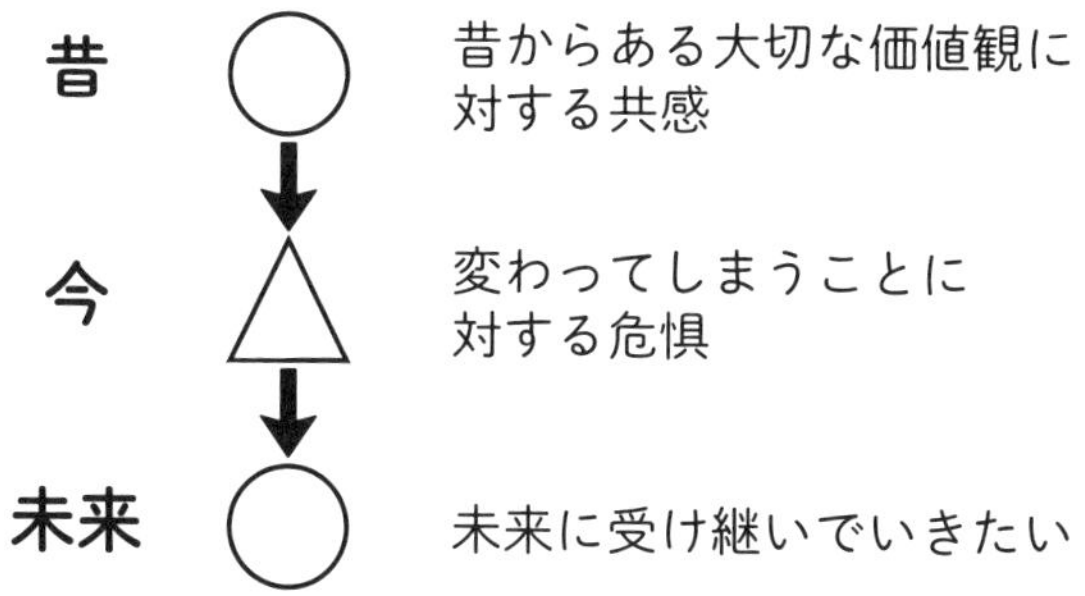

あなたが大切にしていることは？	例	
	人	大切にしたい心、考え方、アナログ感
	社会	文化、伝統、地域経済、人の繋がり
	地球	自然環境、生物多様性、美しい景観

先進国に住む私たちができることで、何か困っていることを解決したい、そんな気持ちで意気込み訪れたものの、かえって村の人たちに助けられたといいます。どうしても近代文明の発達している国から行くと援助という考えを持ち込みがちですが、むしろ、その村にある「僕らが失ってしまった当たり前の暮らしや幸せに学ことのほうが多い」と感じた経験が、現在の活動の根底にあるそうです。

その後帰国し、フェアトレードショップをはじめます。

そして、お買いものは投票だ「What you buy is what you vote.」というスローガンを掲げ、「お買いものの力で思いやりに満ちた社会をつくる担い手となる」というメッセージに繋がったということです。

「お買いもの」という当たり前のことを当たり前にしていく、その原点は、遠い国でも当たり前の暮らしに触れた体験があったからだといいます。

私たちにとっての普通や当たり前と思えるようなことに気づくことは、少し離れて外側から客観的に見てみたり、何かが少し変わってしまって違和感を感じたりするなど、いろいろな機会を自分に作ってみることも必要です。

そうした、私たちの日常で感じる「大切にしたい」「残したい」「変わってほしくない」「取り戻したい」と感じる気持ち。それは、本来の姿やあるべき姿という普遍さという真に対する価値観、「そもそも」に共感しているからです。

私たちが安くて早くて便利さに溢れる暮らしの中で、やはりそこに違和感を感じ、「そもそも」という価値観への関心が高くなってきました。

- 私たちだけが豊かになって、地球が汚れていくことを放置していいのだろうか
- 生まれた場所が違うだけで、これほどの格差があっていいのだろうか
- 心身ともに健康であるということはどういう状態なのだろうか
- 人の幸福とは、何だろうか
- お金は便利だけれど、貧困が生まれるのはなぜだろうか
- 性別というのは本来どういう意味を持っているのだろうか

やってみよう

	当たり前になっていることの背景を調べてみる
	気になる言葉の語源を探してみる
	本や辞典などで意味を調べる
	子どもの教科書を借りて読んでみる
	あなたが大切に思うことを話してみる
	商品の誕生した背景や、開発秘話を調べてみる
	伝統や文化などの資料や施設を訪ねてみる
	自分が生まれた年の新聞を読んでみる
	ひと昔前のアナログ感を味わってみる
	自分が大切にしてずっと使っているものを探す。同じように他人にも聞いてみる
	自然の中に浸る機会をつくる

そんな、「そもそも」をたどっていくと、きっとたくさんの意見や考え方に出会うことになるでしょう。またそうした知識を得ながら、自分なりに何が本来の姿なのだろうかと探求していくことになります。

知り、考え、活用していくことで、自分なりの真を見つけていくことで、あなたの価値観の芯（軸）が見つかってきます。

ぜひ、あなたが「そもそも」と思える普遍さへの価値について、探求してみてください。

善：「倫理観（なんとかしたい）」への共感から起業のテーマを見つける

・サービスが使いにくい
・ワンオペ育児が大変
・スーパーまで遠くて大変
・両親が高齢ドライバーで心配だ

など、私たちが暮らす日々の中で生まれる不満、不便に思うこと、理不尽に感じること、あってはならないようなことを、解決ができないだろうか？　と感じることがあると思います。

この「なんとかしたい」と感じる価値観が、課題を解決し、より良い状態を目指すアイデアを見つけ、ビジネスに繋がるきっかけになります。

この倫理観は、エシカル（ethical）と呼ばれ、国や自治体でも消費者庁などを通じてエシカル消費に関連するビジネスが広がっています。ゴミの問題、社会の問題、地球環境の問題などに関わるものや、フェアトレードやＳＤＧｓもその１つになります。

ここで目指したい姿には、良い状態と善い状態の２つがあります。

良い：課題当事者にとってよいこと、今と比較して喜びや満足が引き出されること
善い：みんなにとってよいこと、道徳的に倫理に反していないこと

つまり、ビジネスを通じて当事者の問題が解決し満足をするという「良い状態」、その解決の方法や改善した状態が道徳的に正しいという「善い状態」の両方を目指すということです。

これまでの経済優先の考え方では、お金を払ってくれる当事者にとっての「良い」ばかりにフォーカスが当たっていました。その一方で生み出される、地球環境などに始まる様々な環境問題と呼ばれる代償が、山積みになり先送りされてきました。

当事者にとっては良かったかもしれませんが、私たちにとっては都合が悪く善い状態ではありません。

これからは、すべての人にとって善い状態を目指すために、倫理的にも「善い」という価値観を大切に

する時代に移っています。

「MOTTAINAI」は、環境分野で初のノーベル平和賞を受賞したケニア人女性、ワンガリ・マータイさんが初来日した時、「もったいない」という言葉の価値観に共感したことがきっかけとなり、世界に広がった日本語です。

この「MOTTAINAI」は、単にゴミの削減や再利用、リサイクルということだけではなく、かけがえのない地球資源に対する尊敬の念が込められている言葉です。

もったいないと感じる、惜しい・残念・悲しいといった気持ちから「なんとかしたい」という共感が生まれ様々なビジネスが生まれました。

たとえば、注文毎に生産をする受注生産や、賞味期限の近い商品を提供して販売するフードドライブ、フードロス削減に特化した通販、生産ででるゴミから生まれるアップサイクルの商品など、最近ではサーキュラーエコノミーと呼ばれる循環経済づくりにも注目が集まっています。

また、社会課題をテーマにした映画を見ることもオススメします。

cinemo（シネモ）という、社会課題・ＳＤＧｓをテーマとした映画だけを配給するユナイテッドピー

「倫理観（なんとかしたい）への共感」

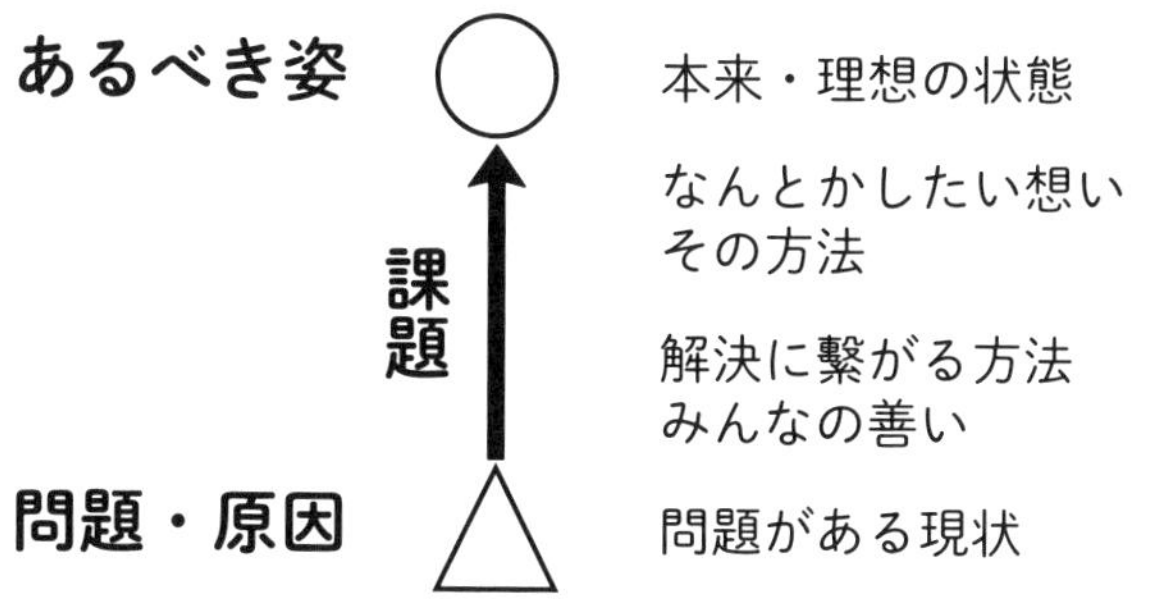

あなたが「なんとかしたい」と思うことは？	例　人	障がい、差別、ダイバーシティ、国籍・性別
	社会	貧困、飢餓、多文化共生、教育格差
	地球	地球温暖化、ゴミ、海洋汚染、森林破壊

プル株式会社が運営するサービスで、全国で自主上映会を運営することのできる仕組みです。社会課題をもっと社会に認識してほしいという活動から、全国各地で上映会が開催されています。

プラスチックの海洋汚染をテーマにした「プラスチックの海」、ファッション業界の裏側を描いた「ザ・トゥルー・コスト～ファストファッション　真の代償～」、チョコレートのカカオ農家の実態に迫る「バレンタイン一揆」、フードロスをテーマにした「もったいないキッチン」など、様々な社会的な映画を見ることができます。

あなたが持つ価値観に対して、「なんとかしたい」という想い（意志）が生まれるような機会に触れ、ビジネスのきっかけを見つけていきましょう。

美：「美しさ（感性）」の共感から起業のテーマを見つける

「美しさ」ということは、説明がしにくいものです。

美しさにはそれぞれの人の中に基準があり、その感覚の基準は感性とも呼ばれています。その感性が持つ価値観によって、私たちの心持ちや生まれてくる行動が美意識とも呼ばれます。感性は、それぞれの人が生まれ育った環境や感情が影響していますから、他人には理解することが難しく比較がしにくいものでもあります。

感性というと、一般的には、クリエイティブな面での美的なバランスや、みんなが良いと感じる美しさ、時にはセンスという言葉で表されることが多いかと思います。ですから、それと比べると自分にはその表現力がないということから、美しさを語ることへのためらい、自信のなさや劣等感がでてしまいがちです。でもそれは本来の感性という意味ではなく、優劣はないのです。

もしあなたが、大好きなアーティストがつくる音楽や絵画に対して他人に「こっちのほうが美しい、素晴らしい」と言われても、きっと心が揺ぐことはありませんよね。誰にもわからないその感覚は、他人と比較されるものではありませんし、感性の良し悪しが判断されるものではないことは、誰もが知っているのです。

だから、あなた自身の感覚や感性を大切にして、そして信じてください。

ビジネスにおいては、たとえば、屋号や会社名、製品やサービスの名前、会社のロゴなどには、きっとあなたの感性が表れることでしょう。

名刺1つとっても、いろいろな特徴がありますよね。ビジネスの顔となって残っていくものですから、想いやこだわりが込められたストーリーが必ずあるはずです。

まず、自分が美しいと思うものを大切にしていきましょう。

あなたの感性（美意識）がビジネスにおける判断となり、ビジョンとして描かれていくことになります。**ビジョンとは、誰もまだ見ぬ未来の姿です。**つまり感性（美意識）はその見えない世界を描く能力として、世界の経営者が注目をしているのです。

『世界のエリートはなぜ「美意識」を鍛えるのか？』（光文社新書）の著者・山口周さんは、世界のリーダーが美意識を鍛える理由として、次のように書いています。

1．論理的、理性的な情報処理スキルの限界が露呈しつつある
2．世界中の市場が自己実現的消費へと向かいつつある
3．システムの変化にルールのせいで体が追いつかない状態が発生している

つまり、「これまでのような分析、論理、理性に軸足を置いた経営、つまりサイエンス重視の意思決定では、今日のように複雑で不安定な世界においてビジネスの舵取りをすることはできない」と言われています。

正解がなく変化の激しい時代の中で、すべての物事を説明して手順やルールを決めている時間は無駄でしかありません。なぜなら、すぐに環境が変化し陳腐化してしまうからです。

ですから、ビジネスにおいていかなる変化があっても揺るぎのない軸をつくっていくためには、私たち自身の美意識（感性）に頼る以外の方法はないのです。そもそも感情には、快と不快（感情）しかないと言われています。私たちが合理的ではない判断をしていくには、美意識（感性）を鍛え判断していくしかないのです。

美しさへの共感

美を感じる一例

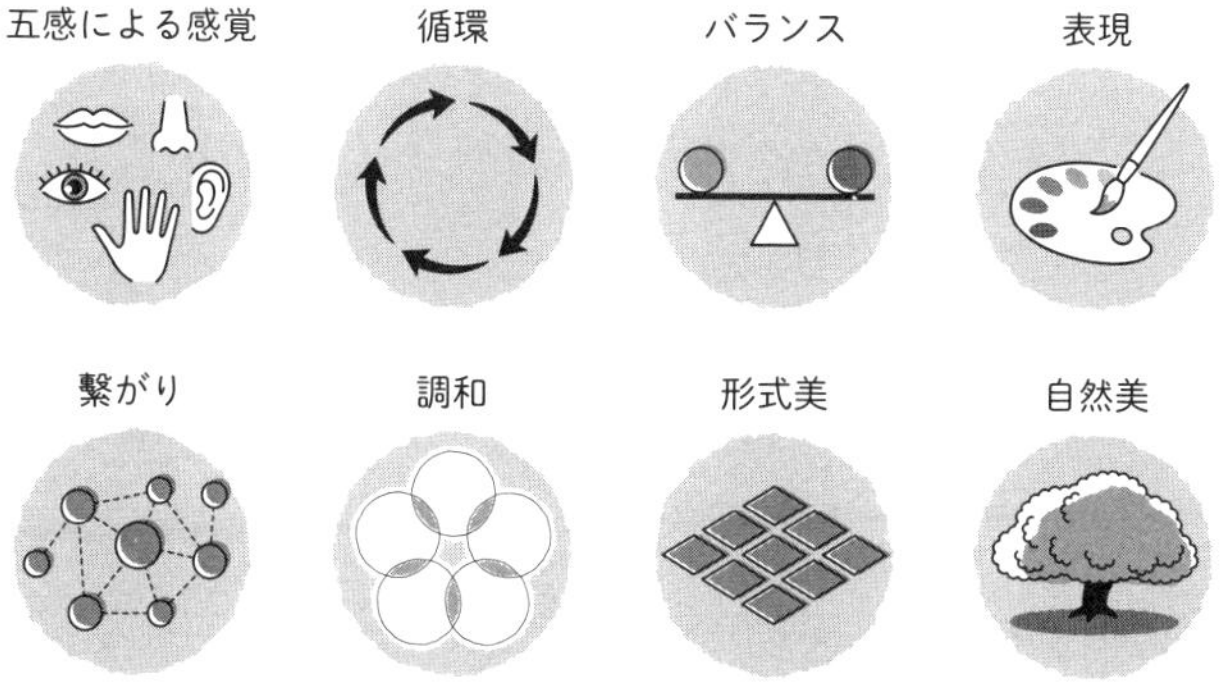

あなたが美しいと感じること
感性の基準、美意識、こだわり

あなたの感性が反応する価値観を見つけて共感していくためには、まず、**感度の悪くなった五感を復活させることです。**

なぜなら、美しさという感覚の基準が感性であり、そこから生まれる美意識なのですから、感覚の積み重ねがなければ、感性は作られませんし、美意識は生まれないのです。

最近の様々な技術によって、私たちの五感はどんどん劣化し鈍感になっています。

- 味覚：ながら食事や化学調味料
- 視覚：テレビやスマホ
- 触覚：フェイクの自然（植物、木、服）
- 嗅覚：香料、鼻炎や大気汚染
- 聴覚：テレビやラジオ、町中の人工音

いろいろな感覚を取り戻していく中で、私たち自身が感性として大切にしたいこと、共感したいことなどが見つかっていくはずです。

五感の取り戻し方についてはこの後の章で詳しく説明したいと思います。

keyword●知　意　情

3つの共感視点、すべてが繋がって価値観が高まる

「真・善・美」においてそれぞれを高めていくためには、

- 真（普遍さ）を高めていくためには、知（知ること）
- 善（倫理観）を高めていくためには、意（意志、自分の想いを持つこと）
- 美（感性）を高めていくためには、情（感情、感じること）

が必要です。

ここで大切なのは、いずれも美が基点となるということです。

真を知りたいということは人の性ともいえますが、どんな真を知りたいかということは、やはりその人

３つの共感視点

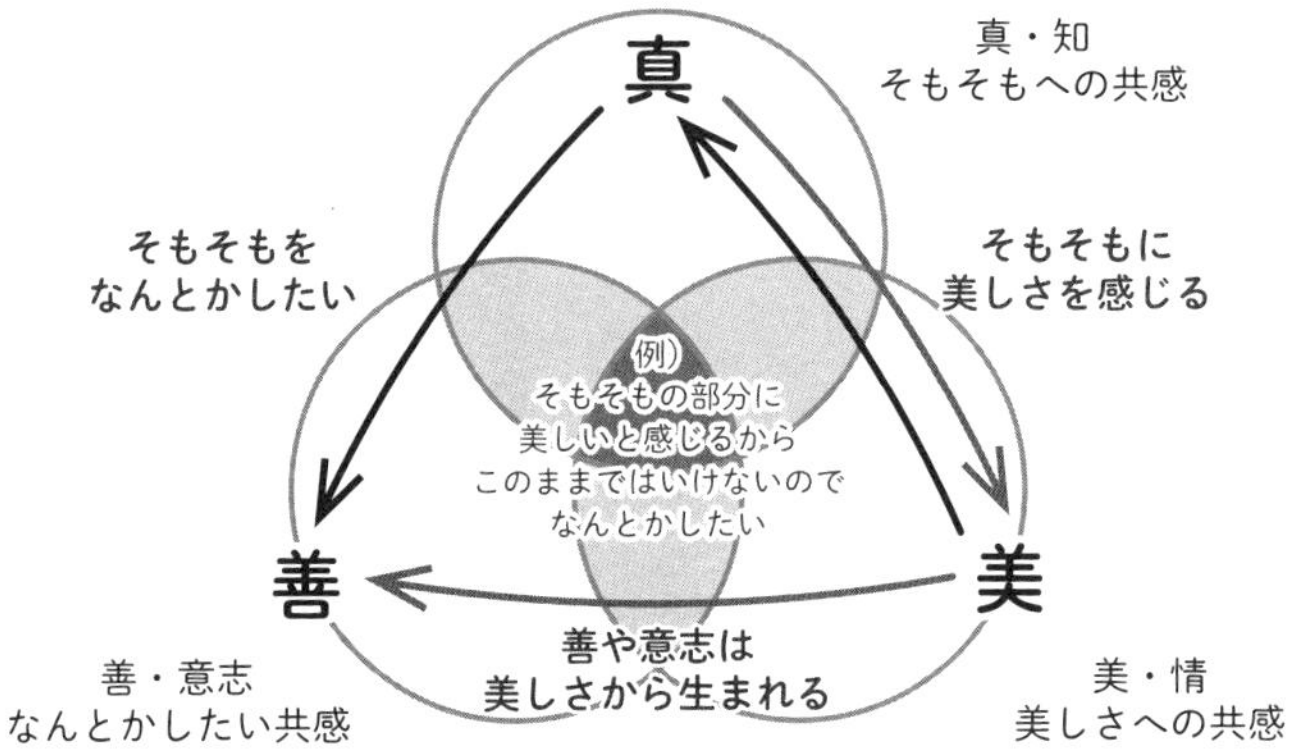
真・知
そもそもへの共感
真
そもそもを
なんとかしたい
そもそもに
美しさを感じる
例）
そもそもの部分に
美しいと感じるから
このままではいけないので
なんとかしたい
善
美
善や意志は
美しさから生まれる
善・意志
なんとかしたい共感
美・情
美しさへの共感

３つの視点はそれぞれに影響しあっている

の感性によるところがあります。また同時に、善についての判断も、自らが持つ価値観とのギャップから感情が生まれるものであって、それもまた感性と照らし合わされています。

真善美はそれぞれに作用し、それぞれを高めていくきっかけとなります。

真善美を高めていくためには、特別な体験が必要ではありません。

普段の生活の中で、感情に意識を向け、自分なりの判断材料を持ち、それを異なるものや意見と重ね合わせながら、自分なりの基準を磨いていくことにあります。ですから、道を歩いていても、お買い物をしていても、何気ない会話であっても、自分はどう感じているのか、自分の基準はどこにあるのか、などに意識を向けていくだけで、探究心が芽生え視座が上がっていくことでしょう。

私たちが住むこの現代は、変化が激しく、何かが生まれる代わりに、何かがなくなっていく、そんなことが多くあります。

その中で、何かが優先され、何かにしわ寄せが生まれて、バランスを崩してしまっている状態もたくさんあります。

あなたの感性から反応する価値観に意識を向け、「共感できることは何か」ということに意識を向けていけば、きっと運命的な起業テーマやミッション（使命）に巡り会うことができるはずです。

共感の深みにハマると、ビジネスから遠ざかってしまうので注意

3つの共感視点は大切であるものの、感情が揺れ動きすぎて抜けられない状態が生まれることがあります。特に、脳の共感特性が高すぎて反応しすぎる、いわゆる**「高すぎる共感」**と呼ばれる状態です。これを筆者は、**共感の深み**と呼び、深みにハマり抜けられない状態が起こると、ビジネスを妨げる要因にもなるので注意するよう伝えています。

▼「そもそも」の原理原則に囚われて身動きがとれなくなる現象

そもそもを求めるがあまり、知識だけが身について、頭でっかちになってしまい、何をするにも躊躇してしまうような現象です。

もちろん知ることは大切ですし、「そもそも」を探求していくことも必要なのです。
しかし、深みに入れば入るほど、本質論にたどり着くため、ビジネスの世界とかけ離れていく感覚、そして空しさをも感じることがあります。

探求した結果が本質すぎて、お金と紐付けること自体に違和感を感じたり、難しさを感じることがあります。「そもそも論」の究極に行き着くことは、共感の深み（沼）にハマって出られなくなることでもあります。

たとえば、教育の問題などを考えた時によく起こりがちなのが、そもそもの問題を解決するには日本の教育制度や文化のせいにしがちですが、それをビジネスで解決するにはなかなか難しいこともあり、途方に暮れるしかなくなります。

他にも、地球環境問題や経済など、調べていくと理論なのか陰謀論なのかも区別がつかなくなるほど様々な情報があり、何が本当なのかがわからなくなるようなこともたくさんあります。

もし生涯をかけて変えていきたいのであれば、一旦ビジネスのことは脇において、研究者や政治家、活動家などの道を歩むことも1つの方法です。

しかし私たちはビジネスで解決していこうと考えているのですから、自身でもその世界のことをある程度は知っておきつつも、専門家とタッグを組んでいくという役割分担や割り切りが必要になります。

▼「なんとかしたい」という想いが強すぎて、人を非難したり排除し、敵が増える現象

自分の想いが強すぎると、自己中心的で自分勝手だと捉えられることもあります。「何とかしたい」という気持ちがなかなか相手に伝わらず、相手を非難したり言葉が強くなって心が離れてしまい、味方だったはずの仲間も敵に思えてくることさえあります。

もちろん意志の強さは必要ですが、それがどのように表れるかが重要で、もし本当に共感をして欲しいと思っているのであれば、相手を受け入れる気持ちが大切です。強引に進めることは、共感で繋がっていく世界とはとても遠く、誰もわかってくれない状態では、仲間もできずビジネスもうまくいきません。

また、何とかしたいという気持ちに急かされて、判断を誤ったり、利益や時間を度外視していくこともあります。さらにそれを人に強要することも出てきます。また、途上国開発の現場に関わったり自分の家族が病気や障がいをもつ起業家の活動などにおいては、気持ちが一体となりがちで、想いが強すぎてビジネスにしにくいこともあるようです。

この状態が続くと、活動家や運動家と呼ばれるビジネスとは少し違う活動として捉えられてしまうこともあるので注意が必要です。

共感の３つの沼

真
そもそも沼
真理を追い求め、戻れなくなる
→追求しても、答えがないもの

善
独善沼
自分は正しい、誰もわかってくれない
→過度な利他的、感情に支配されてしまう

美
見とれ沼
美しすぎて、もうどうでもいい
→お金の価値に換えることができなくなる

客観的な自分も忘れないように

▼「美しさ」に囚われて、ビジネスがどうでもよくなる現象

自分が心から美しいと感じるものには、心が奪われてしまうような状況が起こります。見ているだけでいい、誰かにも知って感じてほしい、そのために自分の中での時間やお金に対する判断が鈍くなり、際限のない状態になってしまうことがあります。

また、美の多くは自分だけにしかわからない基準や感覚が多く、人との共有が難しいので、社会的な価値とはほど遠くなっていきます。

現に、美術品などは社会価値というよりコレクターの満足が金額価値に表れているともいえます。

こうした状況が起こるのは、1章にある「認知的共感」と「情動的共感」のバランスが偏っているためです。

解決の方法としては、自分の中に優先度や線引きをしていくことが必要になります。最終的な目的と取るべき手段の順番をつくり、自分に納得をさせることです。

それがもし難しいようであれば、課題への最大の理解者でありながら少し距離を保って判断をしてくれるパートナーの存在が不可欠です。

沼にハマりだしたら、背中を叩いてくれるとか、引っ張り出してくれるとか、そういう役割の人とタッグを組むことも大切かもしれません。

key word●読書、名言、哲学、非日常

3つの共感視点から、価値観の枠を広げよう

3つの共感の視点をベースに、真善美の真には知、善には意、美には情が対応して自分の価値観の枠組みを広げ、さらに深めてくれます。私が実践しているアクションをご紹介します。

▼普段読まない本を読む（知→真）

興味のある本を脇におき、本屋さんなどで普段興味がない本をランダムに読んでみることで、新しい世界に触れることができます。これまでの自分の考え方を大きく変化させてくれるたくさんの知識や機会を、本をきっかけに得ることができます。

私は幼少期も学生時代も、本を読むのが苦手でした。親からよく、物語ばかり与えられて嫌がっていましたし、実際に自分が見ていた本は、本といっても百科事典などのようなものばかりでした。学生になり雑誌などを読むようになり、そして自分がいろいろな課題に直面して本を買うようになってから、そこにヒントがあると感じて読み始めるようになりました。

今では、関心が湧いたら、そのテーマについて書いてある学問や論文、そこで見つかる自分がピンとくるキーワードに関連する本をたくさん読んでみる、ということで、探求していくようにしています。またあるいは、普段自分が手に取らない本を見て、新しい価値観や世界の広さに触れることで、自分の思考の限界を感じることも楽しい時間です。こうして読むたびに思うのは、その世界に人生をかけている人たちへの尊敬の念です。ただただ、共感します。

▼名言や哲学（意→善）

名言や、哲学などに触れると、私は共感をすることがよくあります。

哲学は難しそうに感じますが、まずは自分が興味のある分野の偉人が残した名言集などから入ってもよいでしょう。

気になる言葉、聞いたことのある言葉を見つけ、それを発した人物に触れていたり、関連する本を読んでいけば、より深めていくことができます。自分の意思を再確認していくことに繋がり、磨いていくことができます。

また、自分が何かを伝えたい時にも、こうした名言や哲学などが助けてくれることもあります。

自分の言葉だけでは言い表せないこと、たくさん話さないと伝わらないこと、自分の言葉では説得力のないことも、名言を使って多くの人の共感を得ることができるかもしれません。

▼非日常の世界（情→美）

たとえば海外を、特に途上国や世界遺産を旅することは新しい世界の発見に繋がります。私の友人である文芸研究家、墓マイラーであるカジポンは、世界の偉人の言葉に感銘を受けて、そのお礼を言うために偉人の墓巡りをしています。ピラミッドもあれば僻地《へきち》の墓もあり、そこで出会う様々な人との繋がりで、今は本を書いたりラジオ番組も持っています。私の場合は地球1周をしましたが、それまでの人生や日常では感じられないような体験がたくさんありました。

ここまで大胆なことでなくとも、時々いつもの暮らしのサイクルではない場所に身を置くことで、自分の中にある価値観がリセットされたり、感情が大きく動かされることも多く、真善美などの本質を考え直すきっかけにもなります。

私が創業したコモンビートも、一種の非日常体験を提供しているプログラムです。見ず知らずの学生や

価値観の枠を広げる方法

知　→　真	本	知識、知恵、発見、学習
意　→　善	哲学や名言	言い伝え、論文、偉人 詩人、伝記、格言
情　→　美	非日常	新しい刺激、五感の活用 旅

自分の価値観を、広げてみよう

社会人が100人集まって、100日でミュージカルの公演をするという、プログラムを提供しています。

この活動では、日頃あまり接することのない人の輪に入ることで、非日常感を感じることができます。

どこかで聞いたことのある多様性やD&Iという言葉だけのものではなく、リアルに人と人とに違いを感じ、非日常であるからこそできるチャレンジをしたり、安心できる関係性の中で、素直な自分を出してみることができるような環境を作っています。

非日常の世界に足を踏み込んでみると、日常や普通が特別なものであることに気づき再認識することができます。

また、思っているよりも世界はもっと広く、そしてあなたが活躍できる場はもっとたくさんあるんだ、ということに気づいてみましょう。

key word●適応能力　鈍感

「当たり前」の脇にある物語に触れる

人間は、環境に適応することが得意な動物で、うまく感覚（感度）を鈍らせる能力があります。

初対面でドキドキしていても、新しい地域に引っ越しをして不安でも、時間が経つと必ず慣れてきます。

これはストレスを減らすために人間が身につけた適応能力と呼ばれる1つのスキルだと言われています。

たとえば使いにくい道具があったとしても、使わなければならない状況が続けば、その使いにくさに適応して、使いこなしていきます。

そうやって私たちは、いつも目の前にある「当たり前」という感覚を作り出し、1つの価値観で固定され、余計なストレスという「不快」から自身を守って「快」に変えていきます。

快に浸かると、刺激が減るため、感覚が鈍り、いわゆる鈍感になっていきます。

たとえばスーパーで売っている、小分けされたパックには賞味期限が書かれています。昔であれば、本当の賞味期限はそれぞれが判断するしかなく、見た目、匂いなどから判断していたでしょう。現に店頭で売られている野菜には賞味期限は書かれていませんよね。

生もので腐りやすい場合はパックに入っていることが多く、内容量も底上げされていて多く見えるようになっていたり、当たる光で美味しく見えるようにしていたり、油を塗って新鮮に見えるようになっているものもありますから、全く判断がつきません。そしてそこに、賞味期限が書かれているわけですから、それを鵜呑みにすることになります。

これは、ビジネスが展開されている経済も同じです。

- 安くて、当たり前
- 近くて、当たり前
- 便利が、当たり前
- 1年中、すべての野菜があって、当たり前

当たり前の向こう側にある世界

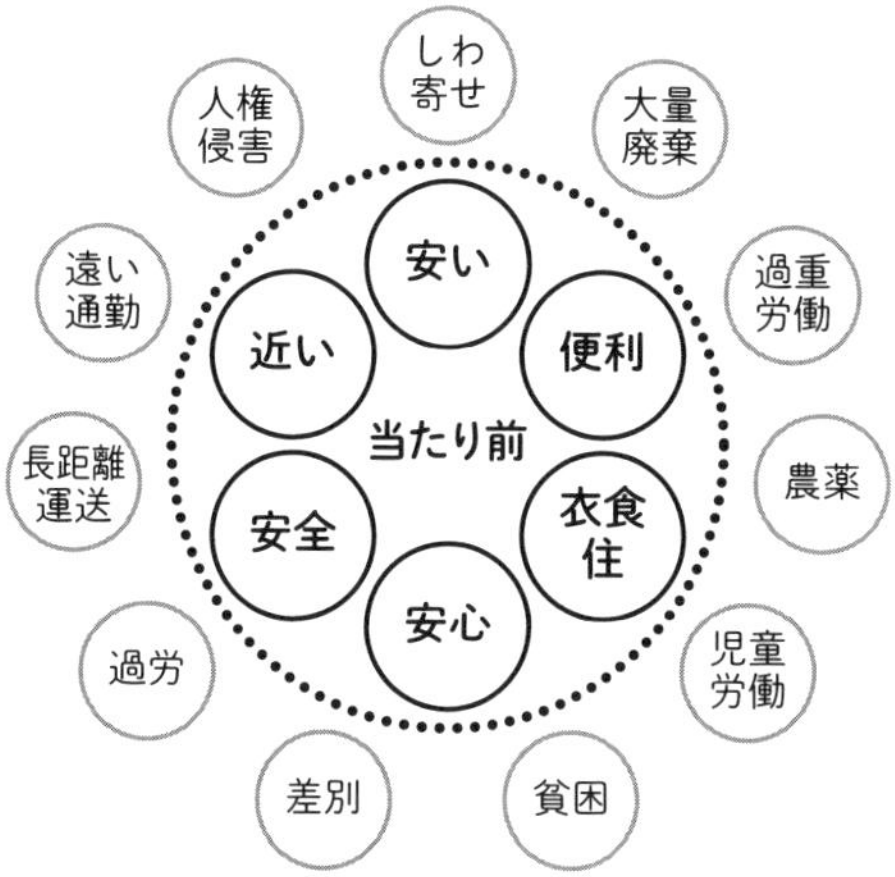

当たり前の理由を、見つけていこう

・夜中じゅう、コンビニが開いていて、当たり前
・全員が携帯電話を持っていて、当たり前
・送料無料が、当たり前

どうでしょう。

そんな当たり前って、本当の当たり前でしょうか。

考えることをしなければ、おかしいなと思うことも、疑問を持つことも無くなってしまうのです。


前述したコモンビートは、社会人向けのミュージカルプログラムを提供し上演をしています。多様な価値観が溢れる社会づくりを目指そうと活動をしているのですが、まだまだたくさんの人たちの参加が叶っていないというジレンマを抱えていました。たとえばミュージカルの参加は「18歳以上なら誰でもOK」といいつつも、障がいを抱えている方の参加は限られたものでした。

そもそも、ミュージカルの上演をしているものの、目の見えない方、耳の聞こえない方は、来場してもミュージカルを楽しむことができません。「誰でも来てください」と言いながら、来ても楽しめない人たちがいるということを頭の隅では知っていたのです。

そこで私たちは、Musical for Allというプロジェクトを発足し、目の見えない人、耳の聞こえない人のために、アクセシビリティ（字幕や音声ガイド）を整えて、ミュージカルを楽しんでもらおうという取り組みを始めました。そうした方々の特別公演をすることも考えたのですが、一般の人と同じ空間で一緒になって楽しむということに価値があると考えました。

バリアフリーが当たり前になったように、様々なアクセシビリティを当たり前にしていくことで、世界がもっと広がっていくはずです。

私たちが発信したメッセージを見て、「目の見えない方の観劇をサポートしているのであれば、もしかしたらキャストでも参加できるのですか？」という可能性に気づいてくれて連絡をいただいた方が多数いらっしゃいました。

スタッフももちろん喜んでみなさんを受け入れています。多様性を学ぶプログラムとして、他の参加者にとってもとても大きな気づきや学びに繋がっていると聞いています。

私たちは、「当たり前」に疑問を持つことで、本当の姿を探し、そのギャップに着目をして、ビジネスを考えることができます。

良くも悪くも、社会の価値観がどんどん変わっていく中であなたはどんな価値観を大切にしたいですか？

普通や常識と捉えられることは、ある側面から見たもので、別の側面からみれば全く異なるものばかりです。

日本のなかの当たり前も、海外から見れば違うし、年齢によっても住んでいる地域や性別、また、身体の障がいなどによっても、その世界の「当たり前」は別の世界ではそうではないのです。

現代は、そうした視点を変えることで、たくさんのビジネスが生まれる時代です。

歴史の中で、繰り返されていることもたくさんあります。時には場所や視点を変えながら、その過程で生まれたいろいろな「当たり前」を見つけてみてください。その先をたどれば見えなかった世界が、必ずといっていいほど見えてきます。そこで、事業となるヒントに、出会えるはずです。

違和感は、あなたの感性から生まれた大切な情報

・普通のように見えて、少し違う
・みんなやってるけれど、どこかヘン
・ルールかもしれないけれど、違和感を感じる

そんな「違和感」もまた、あなたにとって大切な感情のセンサーです。

違和感とは、言葉にあるように「和とは少し違う感じ」で、「しっくりこない」感覚です。何かバランスが取れていない、正常じゃない、どこか欠けている、説明ができない感覚です。

人は、環境の生き物と言われていますので、違和感はどんどん消えるようにできています。適応していくことで、たとえ少し調和が崩れていたとしても、それを新しい基準とみなしてストレスを減らそうとします。ですから、ズレた位置が新しい正しさとなり、本来の正しさが違う位置であると感じてしまうこともできます。

私はフェアトレードに関わるビジネスをしていますが、たとえば、店頭ではTシャツが１０００円程度で売られていることにも、違和感を覚えます。

本来であればこんなに安く買えるはずがないのですが、安いことが推奨され、企業努力という言葉によって値段が安いことが肯定されてきました。

Tシャツの原料は天然の綿ですから植物です。ほとんどがインドで栽培され、収穫後に糸がつくられ、布がつくられ、縫製され、染められ、運搬されてきたものが店頭で売られます。いくら途上国での大量生産とはいえ、異常な値段です。そこには、過酷な労働環境があったり、コスト削減のために農薬を大量に使用するなど、人と環境に負荷をかけている現状があります。

２０１３年4月24日、ファッション業界を大きく揺るがす「ラナ・プラザ崩落事故」がありました。バングラデシュで8階建ての商業ビルが崩落し、死者１１２７人、行方不明者約５００人、負傷者２５００人以上が出ましたが、その犠牲者の多くは、縫製工場で働いていた若い女性たちでした。

ラナ・プラザは耐震性を無視した違法な増築を繰り返しており、事故の前日にも建物にひび割れが発見されたものの、建物の所有者は警告を無視し、労働者たちに対し帰宅せず働くように命じた翌日の朝、ラッシュアワーのさなかにビルが倒壊したのです。

この事故で、グローバル展開しているファッションブランドが、労働者を低賃金かつ劣悪な環境で働かせていたという事実が明らかになったのですが、その状況は、いまもさほど変わっていないのが現状です。

私たちは、ただ安いものを求めた結果、違和感がなくなってしまったのです。

これは、たとえフェアトレードでなくても、見渡せばなんだかおかしいなぁと違和感を感じることが多くあります。

時代だから、便利になったから、人が求めるから…そうかもしれません。

でも、大量のフードロス、見渡せば何もかもがプラスチック製品であること、多すぎる24時間営業の店舗、電力不足なのに煌々と輝くネオン、差別やハラスメント…。

私たちの価値観が、それでいいと思えば、違和感が生まれることもないでしょう。でも、私たちがどんな価値観を持つかによって、それが違和感にもなるのです。

ですから私たちは、その小さな違和感というきっかけを大切にして、そのルーツをたどってみたり、問題提起をしている情報などに触れてみることが大切です。最初は「なぜそんなに騒いでいるの?」と思ってしまうこともあるでしょう。

違和感

違和感を探そう、見つけてみよう

でも、大きな声で言わないと多くの人の違和感を引き出すことができないこともあって、少し過激な表現になっているものがあるのも現実です。

そうしたすべての情報を見ながら、ぜひ、あなたの感性で違和感を感じ取っていってください。

key word●五感　感性　美意識

感性は、五感を取り戻すことから

「あの人は感性が鋭い」
「私にはあんな感性はない」

会話で使われる感性は、センスと呼ばれる美的感覚などで使われることが多くあります。でも実は、感性やセンスという単語は、優劣の意味を持っていません。

感性にはいろいろな説明がありますが、本書では「人それぞれが持つ感覚の特性」とします。感覚には感情が伴いますから、感覚の判断は感情になります。その感情は「快」な状態と「不快」とを分け、快な状態を感じるそれぞれの基準を感性と解釈することができます。

五感

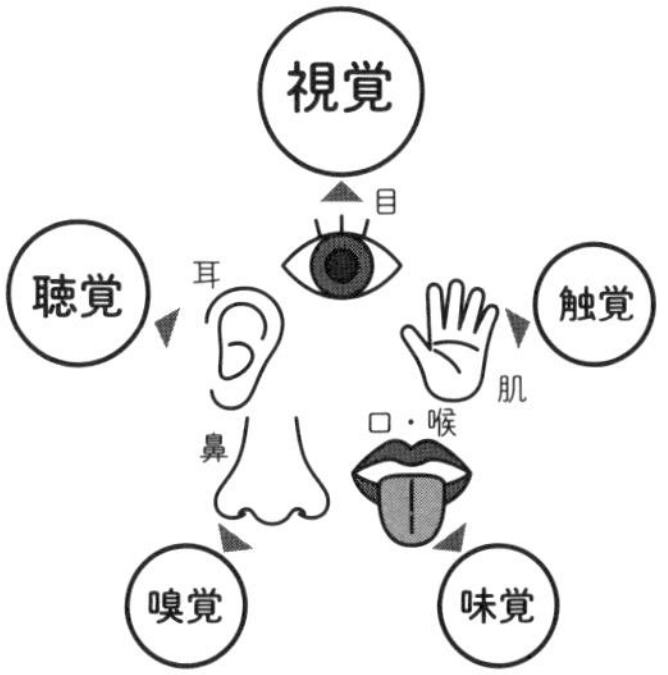

私たちに備わる５つのセンサー

目を閉じて、感覚に意識を向けてみよう

その快である状態に人は価値観を感じやすいことから、その感性をもとに自身の意思や行動に繋がるものを美意識と呼ぶのです。ですから、発揮された感性を美意識と同じように使われることが多くあります。

誰にもある感覚や感情には性質があり基準があります。ですが、同じような日々を送る中で感覚や感情が動きづらくなっていきます。

ですから、感性（美意識）を磨くためには、この感覚や感情を動かすためのセンサーを動かすことが必要であり、私たちに備わっているセンサーは五感になるのです。

便利になった世の中では、感覚や感情を動かすことが少なくなりました。五感という刺激を使わずとも生活できる毎日の中では、感情を動かすことも少なくなってきています。

美意識の項目でも触れましたが、たとえばテレビやスマホを見ながらの食事では、味覚という感覚はどんどん無くなっていきます。味覚というセンサーに意識を向けて味をつかみ取ろうとしなければ、センサーは働かなくなるのです。

音楽も聞かず、絵画も見なければ、感情のセンサーの感度が悪くなり、それらの素晴らしさを受け取ることさえできません。

美しさを感じ取るためには、感覚を意識することによって、鍛えることができるのです。

いつもとは違う感覚を、自分の五感センサーに意識を向け、受け取ろうとすることによって、感覚や感情に気づき、それによる心のストレッチをしていくことで、誰もが感情をちゃんと動かせるようになっていきます。

五感をフルに動かすには、やはり自然がいちばん効果的です。

私は小さい頃から田畑で遊び、音楽に夢中になってきたこともあって、五感を感じることがいちばん楽しいと心から感じています。

森林浴で健康の課題に取り組んでいる**小野なぎささんは、「一般社団法人森と未来」を立ち上げ、森林浴を通じて五感をとりもどすプログラムを企業や個人に提供し人材育成をしています。**

『あたらしい森林浴』（小野なぎさ著　学芸出版社）によると、日本は国土の3分の2が森林で、国土に

五感を使わなくなったことを探そう

おける森林の比率は世界で第3位です。実は森林浴も日本発祥の取り組みで、森に入ることで実際にストレスが減るということが証明されています。五感を開くことで、私たちが忘れかけていた感覚を取り戻すことができるのが、森林浴なのです。

木々や葉に囲まれた美しい景色は、人が作ったもので囲まれている日常では感じることができません。

森からは、花や葉、土や木、動物など、様々な香りを感じ、土を手で触ったり、木々の表面や葉から触れるという感覚を感じることができます。人工音のない自然の音は、風で葉が揺れたり、動物や鳥の鳴き声、川の音など、私たちの耳から感じることができ、そして、森の恵みが、私たちの味覚を楽しませてくれます。

森という、いつもと違う空間に身を置くことで、地球で暮らしているという感覚が取り戻せます。私たちのＤＮＡは、地球に住む動物として、そこからいろいろな感覚と感情が生まれています。そうした本来持っている感覚を五感を通じて取り戻し、感情を豊かにしていくための準備をすることができます。

感度の良くなった五感から、自分なりの感覚や感情を言葉にしたり、記憶にしたりしながら、自分なりの心地良さの判断基準をつくっていくということが、感性そのものなのです。

こうした五感のストレッチから感覚を取り戻していけば、私たちの日常にある様々なことに対しても、感覚が正常に働くようになるのです。そういったセンサーが働くようになることで、感情に対して理解を示し、人の感情を理解したり、受け止めたり、また寄り添ったり、思いやりを生み出すことができますし、違和感や課題を見つける源泉となるのです。

key word●ソリューション　イノベーション

不と非から、共感のビジネスを見つける

ビジネスのヒントは、言葉からも見つかることがあります。

日本語には、不便や不満などの不のつく言葉と、非常識や非効率など非のつく言葉があります。

私はビジネスを2つの方向から考えるヒントとして、打ち消しの「不」を解消するソリューション、道理に合わない「非」を解消するイノベーションと呼んでいます。

不のつく言葉は、何かが足りない、何かが打ち消されている、という状況です。

つまり、「何か」という対象がある程度わかっているのですから、それを探して解決するソリューションなのです。

一方で、非のつく言葉は、説明のつきにくいものが多くあります。つまり、常識を否定したり、定説を

不と非から見つける

不のイノベーション
打ち消しの「不」

- 不満
- 不足
- 不使用
- 不一致
- 不確実
- 不調
- 不便
- 不安
- 不合理
- 不快
- 不可能

非のイノベーション
道理に合わない「非」

- 非常識
- 非合理
- 非定型
- 非科学
- 非連続
- 非公式
- 非営利
- 非現実
- 非言語

不便や常識を、捉え直そう

覆す言葉が多くあります。課題と解決が対になっていたり、プロセスが連続し順番が付けやすいものは解決の糸口が見つかりやすいですが、連続せずに途中飛躍をしていたり、説明や定義をつけにくいもの、複雑な原因があるものは、なかなか手強いものです。そうした課題は、俯瞰的に見たり概念で表したりしながら、これまでにない新しい解決や価値を創造していくようなイノベーション的な発想が必要になります。

みなさんの気づいた課題が、どちらに属するのか、そんなことを概念的に考えていくヒントにしてみてください。

理屈で解決しないような時には概念を見直したり、俯瞰してもダメなものは一つひとつ段階を経た解決が必要になってきます。

そんな解決の目的やその道のりを、あなたが共感するような上表の選択肢から選んでみてください。こんな言葉がないか、周りで探してみましょう。

それらの中でテーマが決まったら、具体的には4章のビジネスをつくるところで整理をしていきましょう。

key word●問いかけ

自分の「モヤモヤ」になぜ？　と問いかけて、共感を見つける

モヤモヤするというのは、感情をどこに置いて良いかわからない。そんな感情の迷子の状態です。これまでに体験したことのない感情に触れると、言葉などでは言い表せず、たとえることもできずに表現に困り説明がなかなかつきません。

でも、このモヤモヤは、1つとして同じものは存在しません。人との違いはもちろん、自分の中でさえ、全く同じ感情が生まれることはなく、一度目のモヤモヤと二度目のモヤモヤもまた違います。

そんな、あなたの中に湧いてくるモヤモヤに、意識を向けてみましょう。そして、そのモヤモヤを少しでも解き明かしたいと思ったなら、ぜひその原因を探す旅に出てください。

その感情がどこから来て、どこに向かっていくのか。

カンタンに結論を出さないで、一つひとつ紐解いてみてください。


なぜ、そう思ったのか。

どこが、複雑に絡み合っているのか。

原因は何なのか。

どうなることが理想なのか。


そんな「なぜ」と自問自答しながら、答えを探していきます。


私が20歳の時、万引きをした警察官を、高校生が捕まえたというニュースを見ました。

万引きした高校生を警察官が捕まえたのではなく、その逆です。

ちょうど成人式を終えて、「これから大人ですよ」と言われても実感が湧かず、そんなニュースを見た時に、「大人って、なんだろう」とモヤモヤしました。

僕にとっての大人は、もっと頼れる人で、この社会を作っている人で、すごい人だと一方的にイメージを描いていました。万引きをしないといけないくらい大人は大変で、しかもそれが警官だなんて、世の中どうなっているんだ…と。

それから10年以上が経ち、１００人の大人が全力でミュージカルの舞台をつくる活動の中で、「大人が

なぜ？　でモヤモヤの起源を探ろう

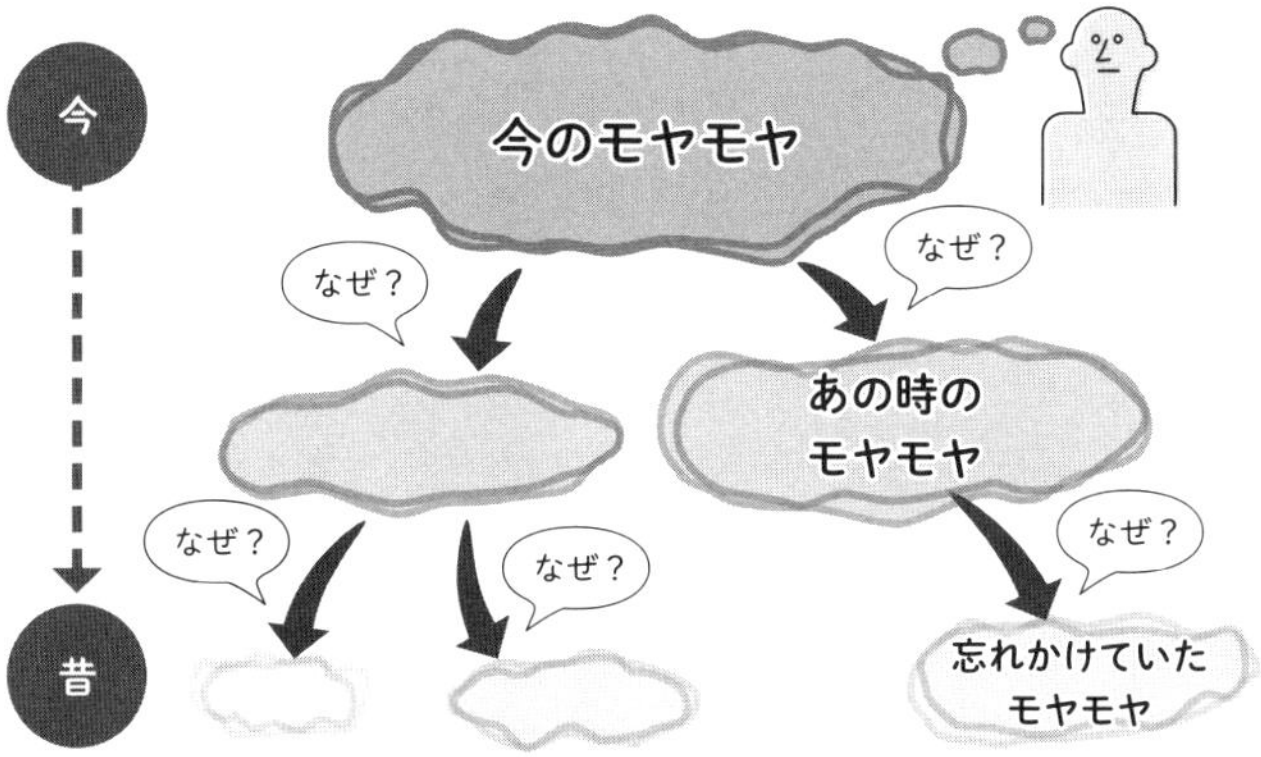

あの時のモヤモヤも、ふり返るとわかることがある
いろいろなモヤモヤが、いまのモヤモヤを解くヒントになる

変われば　子どもの社会も未来も変わる」というスローガンを考えていた時に、この当時のことを思い出したのです。

大人って、子どもの延長なんだよなぁ。

大人だからって、楽しんじゃいけないわけじゃない。

大人が楽しそうじゃないと、子どもは大人になろうなんて、きっと思わない。


30歳を越えた僕の中であらたに生まれたモヤモヤが、10年以上前の自分のモヤモヤと繋がった経験でした。

この時の警察官も、きっと何か思い詰めた何かがあったのでしょう。

大人だからって社会に抑圧されるべきではないし、一度きりの人生なんだから楽しまないといけない。同調圧力に負けて、自分を諦めちゃいけない。そんなことを思って活動をしていました。

地球一周をした時にもまた、すべての常識が全部覆されるような刺激を受けて、モヤモヤが最高潮に達しました。

そもそも海外という非日常の中では、いろいろな前提が通用しません。どうして良いかもわからず真っ白になることもあれば、何とかして解決していこうともがくこともたくさんありますし、状況を直視できない現実もたくさんあります。

銃を背負い子どもを抱える母親、負傷者がそのまま放置されて誰も助けない事故、ドラッグが合法の国でマリファナが売られるコンビニや売春婦街、ファーストフードの店に描かれる兵隊と銃…。文字では書き尽くせないほどの、日本では考えられないような状況を目の当たりにしながら、それを直視し続けられない無力な自分に、モヤモヤしました。

モヤモヤという自分の気持ちがなぜ生まれたのか、何によって生まれてきたのか、ただその感情を感じるだけでなく、どうしてそう思ったのかということを探求してみることが大切です。

この状況が生まれた背景、その原因、それはどうしたら防げるのか、見えていること以外で起こっているのか、これからも起こるのか…そんなことを考えながら状況を感じ続けます。世間的な結論ではなく、自分自身の真善美に問いかけて、自分ならどう感じるか、ということに答えてみてください。

すると、もっと正確な情報を知らないとわからないことだったり、調べてみると自分の思い込みがあったりなど、新しい発見があるはずです。

あなたが感じているその感覚は、あなたにしか感じられていません。

もちろん、同じようなモヤモヤを考えている人と多くの共通点があれば、同じモヤモヤに共感することができるかもしれませんが、そのストーリーが同じということもありません。

モヤモヤと感じることも、そこから出る答えも、すべてはあなた自身の感情が判断の基準です。

そこには、あなた自身の感情の原点やその体験などを思い出し、そして重ね合わせることで、ビジネスで解決したい課題や原因を見つけるヒントとなるのです。

モヤモヤは何かが見つかるきっかけです。

感情のセンサーが反応している証拠です。

ぜひ少し自分のモヤモヤに付き合ってみてください。

いつか突然、あなたの中でその答えが見つかる、そんなこともきっとあるはずです。

共感する事業の見つけ方
感情の棚卸しから原体験を見つける

あなたは生まれてから、どんな物語を歩んできましたか？

たくさんのことを感じ、たくさんの判断をして、今日があります。その多くの判断には、きっとあなたの感情が大きな鍵を握ってきたと思います。

過去の自分を現在からふり返ると、当時は必死でしかなかったことも、きっと冷静に状況をふり返ることができるでしょう。

失敗をして向き合えなかったことも、

恥ずかしくて逃げ出してしまったことも、

若気の至りで、ふり返ると恥ずかしくさえ思えることも、

きっと、まだ消化しきれないこともたくさんあるでしょう。

しかし当時自分が判断をしたことには、特別な想いがそこにあったはずです。判断をするに至るまでの複雑な感情、どんな価値観で判断していたのかなど、過去のことであれば冷静にふり返ることもできるはずです。そして、当時のことを思い出すこの瞬間もまた、自分の中に新たな感情が湧き起こってくるはずです。

このように、過去の出来事を遡りながら自分の感情を整理することで、判断基準（自己の価値観）に触れることができるのです。

そして、その振り返りをして確かめた数だけ、結果的に自分が大切にしてきた価値観の本質に触れ、自分を再認識することができるのです。

また逆に、自分の感情から体験や経験を思い出すこともあります。感情と行動は密接ですから、感情が経験を覚えてくれているということでもあります。

そうはいっても、なかなか出てこないこともあるでしょう。

そんな時は、自分の幼少の頃や学生の時などの写真を見てみましょう。きっと出来事がいろいろと思い浮かび始め、様々な感情が湧き起こるはずです。もし可能であれば、当時の仲間と話をしましょう。久しぶりに出会うと、当時にタイムスリップしますから、「そんなことあったね」ということが溢れてくるはずです。当時のニュースを見たり、当時の音楽を聞いたり、ハマっていたものに触れ直すと、自分の感情が蘇ってきます。

このようにして最終的に見つけるべきことは、いまの価値観に大きな影響を及ぼした原体験です。自分の感性や価値観が培われた物語をたどっていきましょう。何を基準に判断したのか、どんな感情だったのか、何が大切だと思ったのか、そんな自分を分析していくのです。自分の心の奥にしまいこんでいたもの、忘れかけていた感情を思い起こしてみてください。

もちろん、ポジティブなものだけではなくネガティブだと感じた失敗や悔しい経験、不幸だとさえ思ってしまうような生い立ちや幼少期の環境や経験もすべて、あなたのものです。

ただ、苦しい記憶などが思い起こされてフラッシュバックしては困りますので、注意が必要です。

3つの共感視点から見つける、価値観探索シート

	真	善	美
	ありのまま 出会い、体験	なんとかしたい　心のモヤモヤ、葛藤	美しさ 感性、美意識
1	命の大切さ・尊さ	理不尽さ	地球・自然
2	育まれる愛情	倫理、道徳、理性の欠如	雄大さ・果てしなさ
3	誠実さ	不平等、不公平、不正	愛、愛情
4	心身の健康	医療、福祉	表現、芸術、文化
5	利己・利他	学校、家庭、社会の教育	神聖
6	自由	圧力、差別、不自由	バランス、調和、循環
7	生物多様性、生態系	経済不均衡、経済合理性	秩序、形式美
8	人の多様性	無関心、社会風潮	シンプル、簡潔
9	古き良き	事故、事件	極める、誇り
10	尊厳、生活	災害、自然現象	偶発的、一瞬、刹那
11	繋がり	孤独、無力感	心地良さ
12	気持ち、感情	不透明・不安・持続性	五感 (聴覚) 音、音楽 (味覚) 味、飲食物 (触覚) 手触り、ぬくもり (視覚) 彩り、形 (嗅覚) 香り

※価値観の分類、表現は個人によって異なるため、あくまでもこの表は価値観を探索するための参考として活用してください

誰かに聞いてもらうことで記憶が大きく引き出されてきますが、もし話し相手を見つけるのが難しければ、コーチやカウンセラーなどのプロに頼むのも1つの方法です。

どんな起業家も、自分の人生を変えるほどの出来事が原動力になっていることも多く、それは一般的に原体験と呼ばれているものになります。あなたを突き動かす原体験はきっとあります。あなたの想いを伝える物語の軸となっていくでしょう。

あなたの原体験を見つけるには、どんな価値観に感情が動くかを感じて、その感情から過去の体験を遡っていくという方法で自然に見つけることができます。

前ページの表中のキーワードを見て湧き起こるあなたの感情に意識を向けてみましょう。

自分がそれを感じた時を思い出したり、人と話をしながら価値観の共有をしていくことで、自分の中にある価値観を発掘することもできます。

key word●自分の年表　キャリア

共感する事業の見つけ方
自分年表から自分を発見し直す

自分の中にある個人的な感情体験を見つけるためにも、自分年表をつくることが大切です。

自分がどんな物語を歩んできたのか、前項では感情の棚卸しでしたが、今回は事実をベースにスキルやキャリア、環境などを書き出していきましょう。

私は、エクセルなどで生まれた年の年号、年齢、プライベート・家族、学校・仕事、業界、社会と列を作ってメモしていきます。書いているうちに、それぞれをさらに分解していく形でも良いでしょう。

まずは生まれてきた時がスタートです。加えて、どういう環境で生まれたのか、祖先がどうだったかということに遡っていくと、また新しい発見があるかもしれません。

私も祖先を遡ると、学校の先生が何代か続いていたようです。そして私は起業家…でも「社会に向いている」という点では何かを受け継いでいるのかな、と物語をつくることができますよね。

そして、生まれてから幼少期のこと。

この期間は現在に大きな影響があると思います。遠すぎる記憶なので、親に聞いてもいいでしょう。私も白黒の写真を見せてもらって聞きました。

ピアノを始めたのはどうやら3歳でした。幼稚園で絵画や体操を習っていたことや、近くのお散歩などで田んぼの中を歩いていた風景を思い出します。自分がどんな環境にあって、何が育まれてきたのかを知ると、自分の原点となるようなものを見つけることができるかもしれません。

小中学生の頃も、好奇心など心が育まれる時期ですね。

学校が始まり、友達ができたり、部活があったり、自分の中の興味が形になっていきます。社会との接点も出て、流行っている音楽や社会の出来事にも敏感に影響を受けると思います。

検索してみると、当時の出来事をまとめている新聞社のサイトがあったり、流行などは音楽やファッションなどのサイトでまとめてあったりします。こうしたものを見たり、再度聞いたりしてみると、きっと当時の感情が湧き出てくると思います。

懐かしい感じに浸るかもしれませんが、ここでは事実をできるだけ書いていきましょう。

自分年表

年号	年齢	プライベート・家族	学校・仕事	業界	社会
1972	0	誕生			
1973	1				オイルショック
1974	2	妹が生まれる			
1975	3	ピアノを習い始める			
～					～
1991	19	上京 持っていた楽器を売ってMacを買う	高校卒業、専門学校入学 個人事業主で起業 コンピューター通信をはじめる	WWW、Linux誕生	バブル崩壊 湾岸戦争
1992	20	バイクを買う 北海道から九州まで縦断する	音楽事務所に出入りし、音楽制作やライブに参加する	通信カラオケ誕生	
					～
1993	21		専門学校卒業 通信カラオケのデータ作成の仕事をはじめる	Windows3.1日本語版登場	
1994	22		YAMAHAでシンセサイザーの開発に携わる	一般の人が使えるWebブラウザー（Netscape Navigatorが誕生）	
1995	23	初の海外、ロンドンへ	音楽配信の研究を開始 ホームページを開設	Windows95発売	阪神淡路大震災 地下鉄サリン事件

高校生~大学生の頃になると社会のことを意識したり、将来のことを考えたりしますよね。私はバンドや部活に夢中になっていましたし、大学受験をするけれど落ちてしまいました。浪人がイヤで、卒業をした3月末に東京の音楽の専門学校を受験して飛び出していきました。

持っていた楽器を売りＭａｃを買い、そしてすぐに仕事をはじめて起業したという経緯です。

入学・卒業の年号を調べてその時代背景を改めて見てみると、自分にどう影響を及ぼしたのかもわかってくると思います。後からふり返ればコロナ禍も、いろいろな転換期になったと思えるのかもしれません。

就職~キャリア時代は、ドラマがあります。仕事をすれば日々新しい発見があるからです。就職、そこからの配属や転勤、製品開発や成果など、様々な出来事があります。

成功体験や失敗体験を見つけるためにも、事実として何年に何をしたなど、自分の記録を残しておくことは大切です。後で思い返すことは難しいですし、前後関係がわからなくなることも多々あります。たとえばあなたが起業をした時、あなたの話をする場合にも整理をしておくと役に立ちます。当時の社会背景などもビジネスの説明には大切となることも多いので正確な情報が必要になります。

家族のことを考えると、兄弟や親との関係性などもまた、あなたにいろいろな影響を及ぼしていることと思います。親の仕事や価値観から影響を受けていることもたくさんあるでしょう。たとえば、家族が増

見る	話す	知る	感じる
昔の写真	旧友と話す	当時の雑誌や情報などを見る	当時の音楽を聴く映画を観る
日記	親と話す	当時のテレビ番組を見る	当時の趣味やスポーツに触れる

行動と感情は必ず
セット自分のルーツを探ろう

えたり、減ったりした時などは、大きく人生が変わる時です。気持ちも大きく変化するので、年表には必ず入れておきましょう。

この年表は、あなただけのものです。

事実を記載しておくことで、客観的に自分をふり返ることができます。

私はこの年表をもとに、自分のキャリアを整理する年表を作りました。自身の心の変化が、どのように起業のテーマに関わっていったのかを前後関係などをふり返りながら見ることで、自分を説明するストーリーに深みを持たせることができます。

自分年表は、自分の財産です。ぜひ作って常にアップデートしてください。

そして時々見て、感情体験をふり返り、自身の起業テーマを深めるきっかけに役立ててください。

key word●スキル　キャリア　得意　ポータブルスキル

共感する事業の見つけ方
スキルとキャリアの棚卸しからできることを知る

スキルやキャリアの見直しは、次の3つから整理をしてみましょう。

・得意なこと
・持っているスキル
・特別な経験

キャリアとは、職歴や仕事での経験もありますが、それだけではありません。自身が社会においてどう役立てられるのかということであり、生き方でもあります。

これからのキャリアを形成していくためにも、どんな経験をしてきたか、何が身についたのか、何が得意であったかということを整理することが必要です。

「あなたの得意なことは何ですか？」

この質問はよく使われますが、答えるのが難しい質問ですよね。好きなことなのか、自分ができることなのか、答える内容が曖昧になりがちですし、比較をして人より秀でていることを答えようとすると、躊躇してしまいます。

「得意」とは、自分があまり労力をかけなくても、自分が思った以上に感謝してもらえるスキルのことです。自分にとっては、あまり頑張ろうと気を張らず、無意識に呼吸でもするかのようにできて、そして喜んでもらえること、それが得意の正体なのです。

「無意識に呼吸をする」、そんなことに、自分で気づくことなんて、とても難しいですよね。自分にとっては、当たり前すぎて得意という認識もないでしょう。

だからこそ、自分の得意は第三者に見つけてもらうしかない、私はそう感じています。知らないうちに身についていることもあるものです。

また、スキルといっても職種の専門性以外に、業種や職種が変わっても自分に備わっていてどんな場所でも持ち運び発揮できる**「ポータブルスキル」**と呼ばれるものもあります。

起業するということは、いってみれば「自分業」ですから、ビジネスや組織をつくって行くためにあなた自身が持っている見えない力であるポータブルスキルが問われるのです。

厚生労働省の説明にあるポータブルスキルでは、仕事のし方と、人との関わり方に分類しています。仕事のし方には、課題を明らかにする、計画を立てる、実行するというスキルが含まれており、人との関わり方においては、社内・社外対応、部下マネジメントなどが含まれています。こうしたスキルが整理された表を見ながら自身の仕事をふり返り、自分にとって得意と思えること、発揮できることがどんなことかを探してみることも良いでしょう。当時の仲間などと話をしながら、自分を深掘りしてもらう時間も楽しいかもしれません。

最後に、自分だけが持つ経験についてもふり返ってみるのが良いでしょう。

自分史に書いたプライベートな部分について、書き切れないことを挙げてみましょう。たとえば、生まれつき持っている不利な状態（いわゆるハンディキャップ）に目を向けてみましょう。アレルギーなどの身体的な課題、家族のことやその関係、親から受けた教育など、あまり人には言わない／言いたくないようなことについても、自分の中にあるものを整理しておきましょう。

自分にとってはネガティブに感じるかもしれませんが、社会には同じような境遇や体験をしたり、悩みを抱えている人もいます。

私も自分が避けていたことの1つが、自分がプレゼンテーションをしている映像を見ることでした。当初は映像を見るたびにモチベーションが下がるので、見ずに避けて通っていました。そして上手な他人のプレゼンを聞く度に落ち込んでいました。しかし最近は動画配信も増えているので、見ざるをえなくなってきました。そうすると、少し肯定的に捉えることができたり、改善しようと向き合えることができました。

そんな時に、TED Talksの動画に出会いました。本当にいろいろな人が、個性的に話をしています。自己の中にしまっておいたマイナスとも捉えられる体験を語り、大きな共感を得られる動画もたくさんみて、本当に勇気がわきました。

あなたの中にしまっておきたいことも、この機会に向き合って、そしていまの自分にとって大切な経験であったこととしてポジティブに捉え、前を向いて歩く原動力にしていきましょう。

key word●希望

共感は、みんなの心の奥底にある希望

私が地球一周をしていた29歳の時のこと。

エジプトの隣にあるリビアで出会った男性がいます。サハラ砂漠に移動する間にいろいろな話をしたのですが、彼はことあるごとに「何も変わらない」と嘆いていました。

「もし願いが何か1つ叶うとしたら?」私は彼にそんな問いを投げました。彼が空を見て少し呼吸を置いて「I hope…」と言いかけた、その時…大きな爆発音が鳴り響きました。そして、彼は銃を構えて走って行ってしまいました。

彼の表情と、「I hope…」の声、それだけが僕のなかに残っています。

私は地球一周の旅を経て、ビジネスで社会を変えていこうと決意をしました。

共感とは、いろいろな人の奥底にある心の声や希望と、私たちの中にある価値観との共鳴（響き合い）です。

諦めていたこと、忘れていたこと、そんな中で、本当はこうしたいなと浮かぶそれぞれの想いが、その時にはあったはずです。

しかし、何らかの事情によって、それを諦めざるを得なかったり、忘れてしまう、たくさんの感情が誰にもあるのではないでしょうか。

あなたがビジネスを立ち上げて世の中に提案したことが、その人が、忘れかけていた感情に希望を見出すことができたなら、それはとても素敵なギフトではないでしょうか。

私は、リビアで出会った彼の希望を言葉で聞くことはできませんでした。でも、社会や経済の歪みの中で生きている人にとって、何かその希望の一端に影響を与えることや、心を寄せたりする機会が生まれるなら、それもまたビジネスの力ではないかと思うのです。

現代を生きる人たちの希望を叶える、それが起業家の1つの役割ではないかと思うのです。

いろいろな事情があって、踏み出すことができない人も多くいます。でも誰かが踏み出した一歩を応援したい、そんな人はたくさんいるはずです。

自分での挑戦は叶わないものの、起業家に託し、その起業家が夢を叶えてくれるとしたら、「応援したい」と思う気持ちが生まれることは自然なことです。そういった人の代弁を、起業家として共感し引きうけることができるのです。

言葉は言霊。ビジネスで戦ってはいけない

ビジネスで戦うということは、勝敗をつけることです。自分が勝つ、それはつまり、相手の負けを認めさせるものでもあります。その戦いで荒らされた市場という戦地、そのしわ寄せの影響を受けるのは、汚される地球であり、買い叩かれる生産地であり、過酷に使われる社員やターゲットにされる顧客であったりするのです。

ビジネスが戦いを続ける間は、必ず誰かが被害者になり、SDGsの「誰も取り残さない世界」を達成することなどできません。

共感をベースにするビジネスは、原則、戦いを挑みません。競い合うことはあっても、何かを奪い合う争いはしない。あくまでもライバルを尊重し、お互いに市場を大きくする仲間でもあるのです。

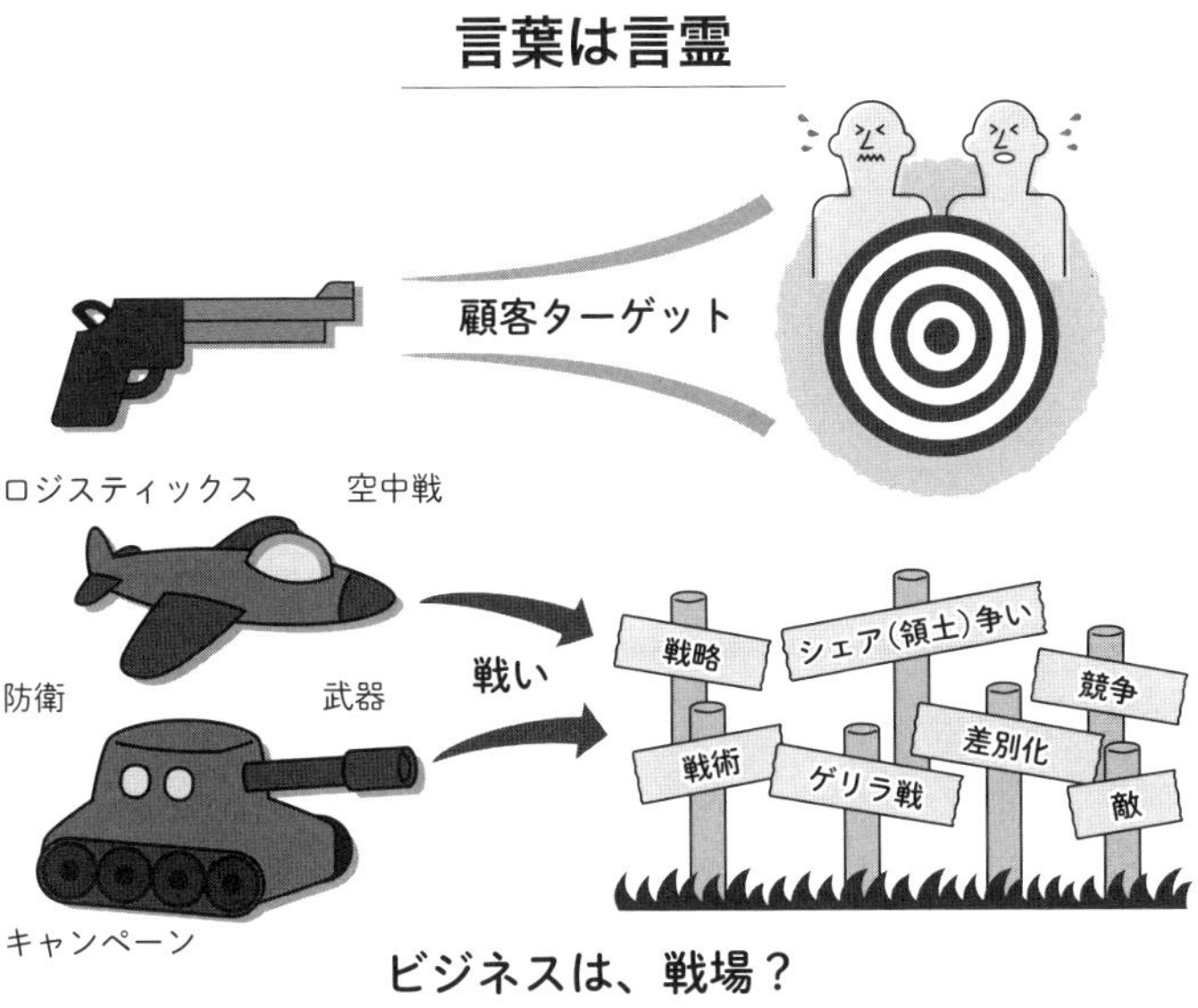

自分さえ勝てば良い、犠牲は仕方がないという考えは、共感という考え方の中には存在しないのです。

そもそも勝敗がつくビジネスというのは、数値化ができます。

シェア争いとか、売上高ランキングなど、数値化されるような市場で戦うということは、結局、その数字の差を争わなくてはなりません。小さな差で相手との差別化を図り、相手よりも優れているということは、つまり相手が劣っていると言っているようなものです。価格で勝負するのであれば、価格を1円でも安くしたり、そのためにできるだけ安く生産したり調達をすることで、生産者などにしわ寄せが生まれます。数字だけで争うからこそ、結果的に順位が付けられ、評価ばかりを気にするビジネスになっていくことになります。

一方で共感は、数値化されにくいものです。

利便性や差別化ではなく、存在そのものを問うものです。

ナンバーワンではなく、オンリーワンを目指すことで、差を争う戦いは生まれにくくなります。趣向の違いやシーンの違いによって、それぞれが選択されれば良いのではないでしょうか。小さい市場の狭いところで争うことよりも、たとえばもっと認知を高めて市場全体の大きさを一緒に広げていくことのほうが大切ではないかと思うこともたくさんありました。

これまでのビジネスの多くは、顧客をターゲットと呼び、市場のシェアを奪い合ってきました。一人ひとりに意識が向けられず、まとまりとして扱われ、標的にされます。結果的に時間とお金を奪い合う、まるで戦争のような状態です。

あなたのビジネスが戦場ならば、スタッフはまるで兵士のようです。

戦って勝ち抜くのではなく、応援され共感を得られるような存在を目指しませんか。

ビジネスでは、戦いや争いを連想させる戦争用語が多く使われます。

言葉は言霊ですから、何気なく使っていることで慣れてしまい、知らないうちに戦いへと引きずり込まれていってしまいます。顧客をターゲットと呼ぶブランドに、あなたは共感できますか?

つい使ってしまいがちですが、できるだけ、そういった用語から距離を置き、言葉を選んでいくことも美意識であり、ビジネスへの意識を高めていくことにもなると思います。

key word●反骨心　責任感

反骨心や責任感との付き合い方

起業家の多くは心のどこかに反骨心を持っている人も少なくありません。権力に迎合しない、そんな立ち向かう姿に、多くの人が共感することもあるでしょう。

しかしこの反骨心も、メッセージを間違えると単なる批判や正義感に聞こえかねません。結果的に、誰かを批判し、誰かを敵にし、何かを失う危険性があるということを認識しなければなりません。

あなたは起業家として、ビジネスを通じて社会や未来を変えていく方法を考えることを求められています。

ただ人や社会を批判するだけでは、きっとあなたに共感をする人は限られてしまいます。もちろん、批

判をしているその場では、相手があなたに対して共感的理解を示すでしょうから、あなたは共感されたと感じ、自分は正しいことをしていると感じるかもしれません。しかしそれは、その場かぎりのことである可能性もあります。強い圧力で、繰り返し主張されるあなたの演説を終わらせるために、ただ頷いているだけということさえあるのです。


私もこれまでに、正しさを主張して失敗したことが何度かあります。

ある時、新しく経営のメンバーとして迎え入れていただいた歓迎会の席で、いまの組織についての課題を聞かれ、つい本音を話してしまいました。

すると、ふと男性が席を立ち、それから一度も戻って来ませんでした。

あとで聞いたところその男性は、私が話をしたことを部下に確認をとったり、説教をしていたようです。自分の正義感なのか、責任感なのか、誰かを傷つけるつもりで話したつもりもないのですが、当事者がその場に居合わせた、というところまでは気が回りませんでした。

翌日から、彼は私と目を合わせなくなり、さらに職場の雰囲気を悪化させる原因となったのです。


起業家は、課題と直面する中で、ビジネスを通じて起業家自身の価値観を伝えていくことになります。たとえば発生した問題が、いかに理不尽で納得いかないものであったとしても、何かのせいにしたり、誰かを批判したところで、それで何かが解決するものでもありません。これはあなたの価値観が試されている時でもあります。周りはあなたの考え方や判断に注目し、共感できる相手かどうかを見極めている時間でもあるのです。

私たちは、常に変わりつづける社会の中で生きていて、いろいろな人がそれぞれの考えや価値観をもち、それぞれができることを活かし合うことで、成り立っています。

ですから、自分の正しさを突きつけるよりも、自分の中にある価値観やその感情に触れ、関心を持ってもらい、それに理解を示してもらうことから共感に導く、そのようなプロセスが大切になると思います。

人はそれぞれの人生を生きているわけですから、それぞれの価値観によって感じるポイントが違います。

自分が伝えたい、共感して欲しいこととうまく重ね合わせられるように、たくさんの接点を用意して、少しずつ長く深い共感を育んでいくことが大切です。

あなたのメッセージが心を動かすことがなければ、仲間をつくったりビジネスを育てていくことに苦労することが多いかもしれません。

正しさの押しつけで、むやみに敵を作っても、良い結果は生まれません。

反骨心・責任感

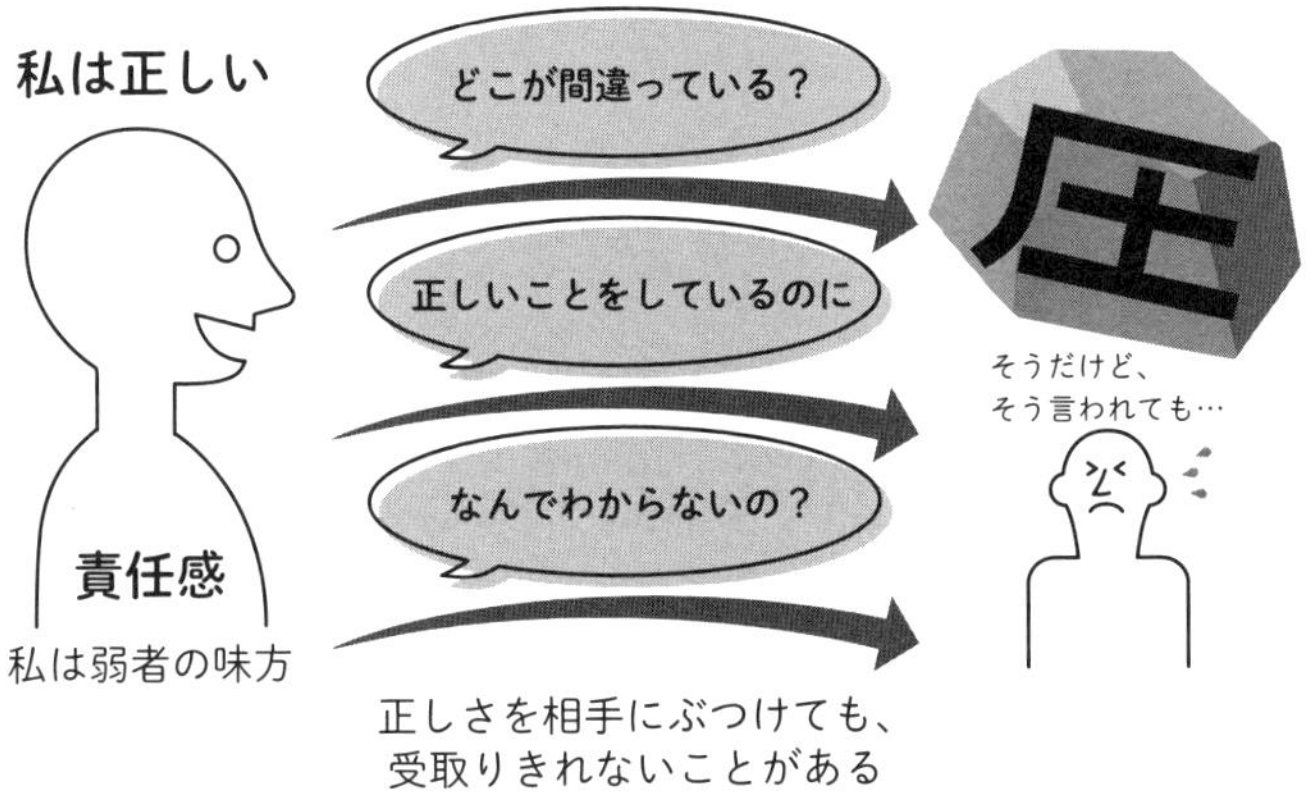

私は正しい
どこが間違っている？
正しいことをしているのに
なんでわからないの？
圧
そうだけど、
そう言われても…
責任感
私は弱者の味方
正しさを相手にぶつけても、
受取りきれないことがある

責任感や正義の押しつけが、
争いごと（戦争など）の原因となることもある

想いの強い人ほど言葉の圧力が強くなっていきます。もちろん強い共感も受けますが、同時に強い反感も生まれてしまうことでしょう。

自身への自戒の意味も込めて、多くの情熱溢れる起業家に伝えていきたいことです。

反骨心は、時にビジネスを前に推し進め、共感を集めるものになりますが、万能ではありません。

一方で、誰かを批判したり敵に回したり、それによって何かを失う危険性があることも認識しておくことが大切です。

key word●温故知新　過去　未来

温故知新。歴史は、半歩戻りながら一歩進む

歴史は、どんどん前に進んでいるように感じますよね。

飛躍的な進化をしているように感じるものの、私は、「半歩戻って、一歩進んでいる」という感覚を持っています。

どんな技術も、そして時代も、まるで振り子のようです。進むけれどまた戻る、そんなことを繰り返しながら結果的に少しずつ進んでいるのです。

たとえば今、量り売りに注目が集まっています。

現状のスーパーなどでは、計量して個包装をしておくことで、客が買い物カゴに入れるだけで、レジで会計ができるようになりました。これは利便性や効率化の1つで、特に人件費を削減するための工夫でもあります。

しかし、ちょうど欲しい容量やサイズがなかったり、プラスチックトレイに小分けされた状態では、美味しくなさそうに見えてしまいます。

それを解消するために最近では、美味しそうなお惣菜が山のように盛られているディスプレイから、客が量って必要な量を買うことができるようになっています。デパ地下などに多いですが、いつも人だかりができていて、必ずといっていいほど立ち寄ってしまいます。

効率を追求した結果、「商品そのものが美味しそうに見えない」というのはとても残念な話です。もちろん食べれば同じなのかもしれませんが、美味しそう、健康に良さそう、などと感じることによって、選びたいという動機が生まれるはずです。

この場合、効率よりも感情や体験（量り売りで美味しそうと感じること）を重視するという、半歩手前に戻って成功している例ではないでしょうか。

日本には、温故知新という言葉があります。これをビジネスで応用するなら、**「少し手前に戻って、そこから新しさを再発見していく」**という方法かと思います。

温故知新

伝統や文化 歴史の再探求	**江戸しぐさ 量り売り 身土不二**
伝統や文化の 新しい継承	**古民家を改装したカフェ 若者による伝統産業のリバイバル 着物のリメイク**

過去から学び、未来に活かしていく

私たちは効率を重視した結果、大切なものまでそぎ落としてしまい、温もりや楽しさを無くしてしまった部分があります。

私たちは、どこか懐かしい感覚や価値観に触れることで、素朴さや原点などを再発見しながら、次の世代へと受け継いでいけるものが多くあるのではないかと思います。

半歩手前に戻って一歩踏み出していく温故知新という考え方は、共感が広がるビジネスのテーマを見つけるきっかけに繋がるのではないかと思います。

何年かかっても成し遂げたい、ライフワークを目指す

あなたの想いは、いつ実現したいと考えていますか？

きっと、すぐにでも！　と思うかもしれません。でもテーマや目標の高さによっては、それなりの時間をかけていくことにもなるでしょう。

最初の起業で、想いのすべてが達成できるとも限りません。実際に進めていくと、思ったように進まなかったり、時には失敗をしてしまうこともあるでしょうし、新しいテーマが見つかることもあります。ビジネスの成功には、社会背景やタイミングも非常に大きく影響するので、うまくいかないことも多くあります。

実際に私も、起業した当時に描いていたものとは、想像もつかないような現在地にいます。音楽業界への課題を感じ音楽配信でベンチャーとなり、売却を経験した後に地球一周をする機会に出会い、そして、帰国後にＮＰＯでミュージカル、そして再度ベンチャーでモバイルコンテンツ配信をすることとなります。その過程で心理学などに関心を持ち、人材育成や組織開発、社会人教育へと移っていきます。

社会をより良い状態にしていくためには、自分だけでは広さも早さも深さもカバーできない。そんな限界を感じて、起業家を応援する支援側にまわります。

そして社会起業家となり、エシカルジュエリー、カーボンオフセット、ＬＯＨＡＳ、森といった多岐に渡るテーマで、スタートアップからＮＰＯまで30組織ほどを支援しました。

大きな転機は、地球一周時に感じたビジネスで社会をより良くしたいという想いから、それを「どのようにしたら自分の生きている時間の中で、社会課題を1つでも改善することができるのか、社会課題解決を加速させるきっかけを残せるのか」ということがライフワークとしてのテーマとなり、今はアントレプレナーシップとウエルビーイングを研究しています。

経緯だけを見ると、なんだか全部がうまくいっているようにも見えてしまいますが、本当にたくさんの失敗と挫折を経験しています。幾度となく「自分は起業に向いていないんじゃないか」と落ち込みながら、自分自身の役割を見つけたり、見つけてもらったりしながら今日に至っています。

また、何かいろいろやっている人、何をしているかよくわからない人と言われることもあります。ベンチャーをやりながらNPOをやっていたのでお金を儲けたいのか慈善事業がしたいのか、と問われることもありました。起業をすることもあれば、別の会社の役員をすることもありますし、上場企業で社員になることもあります。

私はビジネスで社会的な目的を達成したいので、自分の肩書きなんてどうでもいいと思っています。有名になりたいと思ったことは一度としてなく、むしろずっと黒子であるほうが本当は気が楽なのです。でも、これらの経験をしているからこそ、表舞台に出る起業家の気持ちも十分に理解でき、支えられる支援者でありたいと心から思っています。

私の中にある一貫した想いは、「誰もがよりよく生きる選択肢が持てる社会を作りたい」ということで、ビジネスは1つの手段にすぎないということです。

ふり返るとすべてが1つのストーリーで繋がり、そして、いよいよこれから関わってきたことのすべてが活きてくる、そんなワクワクでいっぱいです。

第3章

「共感を生む」起業の準備

なぜ、あなたがするのか

世の中には、いろいろな商品やサービスが溢れています。

これから起業する人にとっては、自分の商品やサービスがその中から本当に選ばれるのかと、ハードルの高さに不安を感じることがあるかもしれません。

たしかに、同じような商品が並び、値段だけで判断されてしまうものも少なくありません。その一方で、値段が多少高いけれども、どうしても手に入れたいと感じる商品もあります。他のどんなものより、それが欲しい。今は手に入れられないけれど、いつか欲しい。そんな憧れの商品やサービスもたくさんあるはずです。

同じような商品やサービスに見えるけれど、共感されるブランドとされないブランドとの違いは、起業

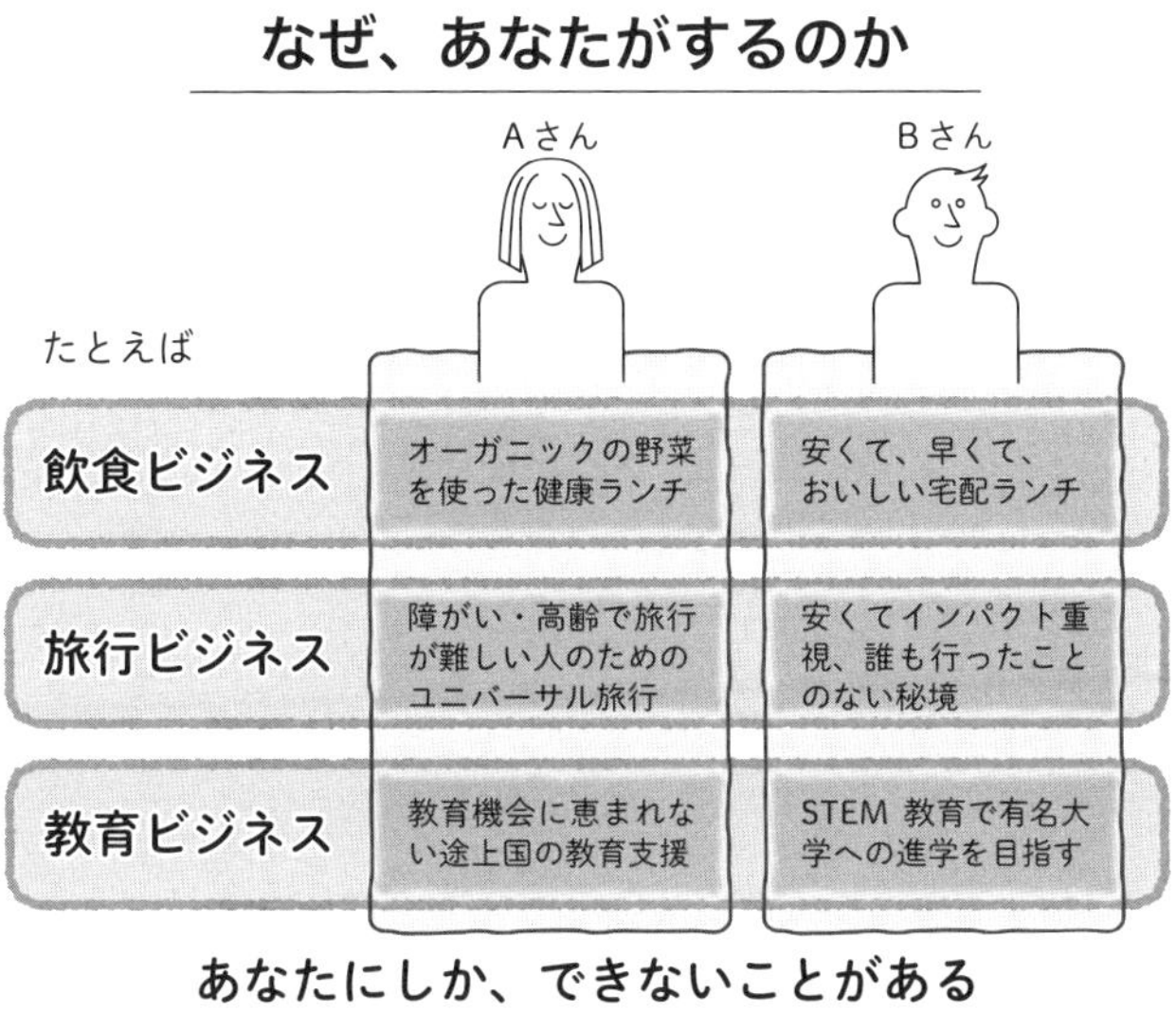

たとえば

	Aさん	Bさん
飲食ビジネス	オーガニックの野菜を使った健康ランチ	安くて、早くて、おいしい宅配ランチ
旅行ビジネス	障がい・高齢で旅行が難しい人のためのユニバーサル旅行	安くてインパクト重視、誰も行ったことのない秘境
教育ビジネス	教育機会に恵まれない途上国の教育支援	STEM 教育で有名大学への進学を目指す

家・経営者が描く価値観の違いによるところが大きいのです。

つまり、**何をするかよりも、誰がするのか**ということなのです。

同じビジネスであっても、**誰がするのか**によってやり方が違いますから、当然結果も異なります。もちろんビジネスの目的がそもそも違うのかもしれませんし、描かれる物語も同じにはなりません。

しかし、あなたが始めるビジネスも、すでに存在している商品やサービスとの違いを表すことに、きっと苦労することになります。

そこで必要なのは、すでにある商品やサービスとの細かな違いの説明ではなく、**なぜ自分がするのか**（Why me？）のストーリーです。

他の誰でもない、自分自身の過去の体験やそこで生まれた価値観から、自分がこのビジネスをやらなければならない理由や想いを、誰もが聞きたがっているのです。このあなただけのストーリーは、2章で話した自己分析をしたり、感情の体験を整理し、価値観を整えていくことで必ず描かれます。

あなたがやる理由を整理して、あなたにしかできないオンリーワンのビジネスを、つくっていきましょう。

key word●アントレプレナーシップ キャリア

アントレプレナーシップは、生きる力そのもの

アントレプレナーシップとは、起業家が持っている特有の性質と言われ、日本語では起業家精神という言葉が使われます。私はこの精神という言葉がしっくりこないので、「起業家マインド」と呼んでいます。アントレプレナーシップの定義も様々ですが、私は**「高い志と倫理感をもち、社会的な価値を生み出すことに、自ら挑戦するマインド」**と定義しています。

「高い志と倫理感」を持つ必要があるのは、ビジネスが諸刃の剣のようなものであるからです。ビジネスを通じて幸せや共感も生み出せますが、商品をつくる過程で、二酸化炭素などを排出したりして、地球環境を悪化させたり、児童労働や貧困などを生み出すなど、不幸を生んでしまう原因にもなりえます。

これは、起業家が持つ価値観で選択されるものでもありますが、私たちが社会で生きていくうえでも他

人事ではありません。現代を生きる1人として、信念や志、そして倫理感のある地球市民の一員として、美意識を持ち選択していくことが必要だと思います。

「社会的な価値を生み出す」とは、収益を上げていくことに加え、社会的な価値を高めていくことが目的でもあります。

ビジネスはよく「お金儲け」とも言われてしまいますが、実際には人の暮らしを良くしたり、雇用をして家庭を支えたり、誰かの幸せや喜びを生み出しています。そしてビジネスは経済の一部ですから、必ず誰かの恩恵と関わりの中で成り立っています。

ですから、「自分だけが儲かればいい」という考えではなく、関わるすべての人がより良い状態（ウェルビーイング）になることを目指そうとすることも、起業のマインドとしては大切な視点です。

これは、私たちが社会で生きることにおいても、一緒です。家族、地域、社会、そして未来のために、限られた時間の中で自分がどう生きていくかというテーマそのものではないかと思います。

「自ら挑戦するマインド」は、自ら取り組もうとする選択をし、リスクを理解しながらも挑戦していく姿勢のことです。ですから、誰かに頼んでやってもらうものでもなければ、お願いされるものでもありません。

すでに他に選択肢があればそれを選べば良いでしょうが、なければ、あなたが始める以外に方法がないのです。それほど平坦な道ではないかもしれませんが、どうしてもそれを成し遂げたいのであれば、自ら

アントレプレナーシップ

高い志と倫理感を持ち、
社会的な価値を生み出すことに、
自ら挑戦するマインド

	ある場合の例	ない場合の例
高い志と倫理観	社会的な使命を認識し 倫理観のあるビジネスを志す	自己の目的達成のためには、 手段を選ばない
社会的な価値	社会的に必要な存在となり、 金銭だけにとらわれない 経済における価値を生み出す	私利私欲のために、 都合の良いことだけを選び、 都合の悪いことから目をそらす
自ら挑戦する	主体性を持ち、 リスクを認識しながらも、 挑戦をしていく 行動力が伴っている	自身がリスクを取らず 他人に責任を取らせ、 評論はするが、行動はせず いいとこ取りをしていく

私たちの人生やキャリアにおいて必要となるマインド

進む選択をするのです。

どうでしょうか。アントレプレナーシップとは、まさに生きる力そのものではないでしょうか。

自分の人生をどのように生きていくかという心構えを定義した言葉とも言えます。

ですから、今を生きるすべての人が持つべきマインドであると私は考え、多くの人に伝えていきたいと思っています。

アントレプレナーシップは、誰もが身につけられるスキル

アントレプレナーシップは、誰もが身につけられるスキルなのでしょうか。
また、起業家は生まれながらにアントレプレナーシップが身についているのでしょうか。

私は、どんな人であっても、きっかけさえあれば、誰もが身につけられる能力の1つがアントレプレナーシップだと考えています。そして、身につけることによって、人生の選択肢が大きく広がっていくものになると考えています。

「起業なんて、自分にはできない」そんな言葉もよく聞きます。
でも、そう言っていた人であっても、起業をしていく人がたくさんいます。

誰の心にもアントレプレナーシップが芽生える

高い志と倫理観 → **使命感を感じることを**
あなたの心が動いて、
見て見ぬフリのできないこと

社会的な価値 → **みんなにとっての価値を生み出す**
誰かのために
未来のために

自ら挑戦する → **誰もやらないなら、自分がやる**
やらない選択を
後悔をしたくはない

アントレプレナーシップは、
価値観の認識で自然に発揮される

私の知人の女性は、障がいを持つ子どもの母親でした。

子どもと接する時間を多く取りたいということもあり、事務のパートをしていました。

しかしある時、離婚をすることになってしまいます。

現状でも大変なのに、さらに子育てに関わる時間を確保しながら、収入を得るにはどのようにすべきかと考えていました。子育てをしながら家でできる仕事がないかと考え、在宅で起業を決意します。知人を頼りに、最初は顧客の電話対応を受けることからはじめます。

その対応の素晴らしさから仕事が増え、大手企業から仕事の発注を受けて法人化し、現在は制作業務など仕事の幅が広がりました。

この女性も、当初は起業をするとは考えていませんでした。

でも、在宅で仕事をすると決め、やれることを考えているうちに、当時の仕事で電話や顧客対応力の高さを評価されたことを思い出し、そこで自身の得意な部分に気づくことができたのです。そして、自分と同じ境遇の人たちとの繋がりから共感を受け、仕事の仲間を増やしていったのです。

自分で何とかしなければと考え、一つひとつの仕事を誠実に対応し信頼を得ることによって、社会的な仕事にも繋がっています。

起業というと、何か宝を発掘するようなイメージがあるかもしれません。あるいはすでに持っている特技で稼ごうとしている姿を思い浮かべるかもしれません。

もちろんそういうケースもあります。でも、もしあなたが自分にしかできないことが見つかって、それを誰もやらないことで困る人を目の前にしたら、きっと**アントレプレナーシップは自然に発揮され、起業をする**ということになるのです。

多くの起業家がそうやって後付けのように起業していますし、私も例外ではありません。

その使命を発見するのも、自分に設定するのも、結局は、自分の**価値観**への問いなのです。誰かから頼まれたわけではなく、自らの意志でその役割を背負うのです。

人生の価値観の棚卸しから見つかるあなたの役割が、あなたのビジネスのテーマになるのです。

ぜひあなたの中に、アントレプレナーシップを芽生えさせていきましょう。

key word●視点　立ち位置　社会価値

好きだけではビジネスにできない！視点を変えてビジネスにする3つの方法

「好きなことで起業をしよう」という考え方があります。

「ラーメンが好き」
「あのアーティストが好き」
「この車が好き」

このような意味での「好き」は、ビジネスになかなか結びつきにくい感じがしますよね。好きという言葉の捉え方は様々ですが、私は「好き」も視点を変えていくことで、ビジネスに繋がるヒントがあると思っています。

そんな、好きをビジネスに変えていく3つの方法について解説したいと思います。

▼立ち位置を変える

きっと誰もが、好きなものに対しては、**時間とお金の考え方が甘くなります。**

「どれだけの時間をかけても、お金をかけても、いい」というように、お金と時間の視点が甘くなりがちです。

これがビジネスとなると致命的です。

それでも多少の売上が発生するかもしれませんが、それは売上や利益と呼べる規模でもなく、持続可能とはいえない一過性であることも多くあります。原価を度外視したり、稼働時間を金銭換算していないことが多くあります。

ここで、立ち位置を変えて、逆から見てみましょう。

あなたもあなたの周りでも、好きにのめり込む人がいるとすれば、ビジネスとして誰かがその恩恵を受けているわけです。

つまり、あなたが提供する側に立てば良いのです。そこで、自分が顧客の時のように、**時間とお金の概念を忘れるくらいの好き**を満足させることができれば、それはビジネスとして成立する可能性があるのです。

「好きすぎて、たくさんお金をかけたい」
「好きすぎて、たくさん時間をかけたい」

それは、何かを収集することかもしれませんし、誰かのファンかもしれません。マンガでもゲームでも、昆虫でも骨董品でも、アイドルでもミュージシャンでも、いろいろなファンビジネスがあります。

その心理をあなたは充分に知っているはずです。

好きだから時間を忘れてでも関わりたいこともあるでしょうし、お金を払ってでも関わりたいと思えることがあれば、それがビジネスになるわけです。

つまり、これまでは消費者だった立場を、提供側に立ち位置を変えるのです。

情報を受け取る側のユーザーが情報を発信する側に、参加者が主催者側に立つとビジネスになるということです。

顧客としての価値観を理解し、何に対して価値と感じるのか、どのような感情を持っているのかを推察することは、好きがわかっていれば比較的容易に想像することができるでしょう。

▼個人の価値を、みんなの価値に変える

個人が好きなものであっても、それをみんなが知りたいことに紐付けられれば、あなたの好きの意味を価値に変えることができます。

・自分が知りたい（個人価値）　→　みんなが知りたい（社会価値）

私は音楽が好きで、20歳をすぎた頃、どうやったら人に音楽を聞いてもらえるのかということに興味を持っていました。当時はカセットテープが主流でしたし、多くの人に聞いてもらうためにはライブをするしか方法がありませんでした。

そうしているうちにインターネットが始まり、ネットで音楽が聞ける技術があることを知ります。そこで私は、自分の音楽をインターネットで聞いてもらうために、その仕組みを使って音楽をファイルデータにして公開しました。

すると、「そのやり方を教えて欲しい」という人や会社から問い合わせがたくさんくるようになりました。

当時はいくつかのソフトが存在していて、それぞれに特徴がありました。

「好き」の視点を変えて ビジネスにする３つの方法

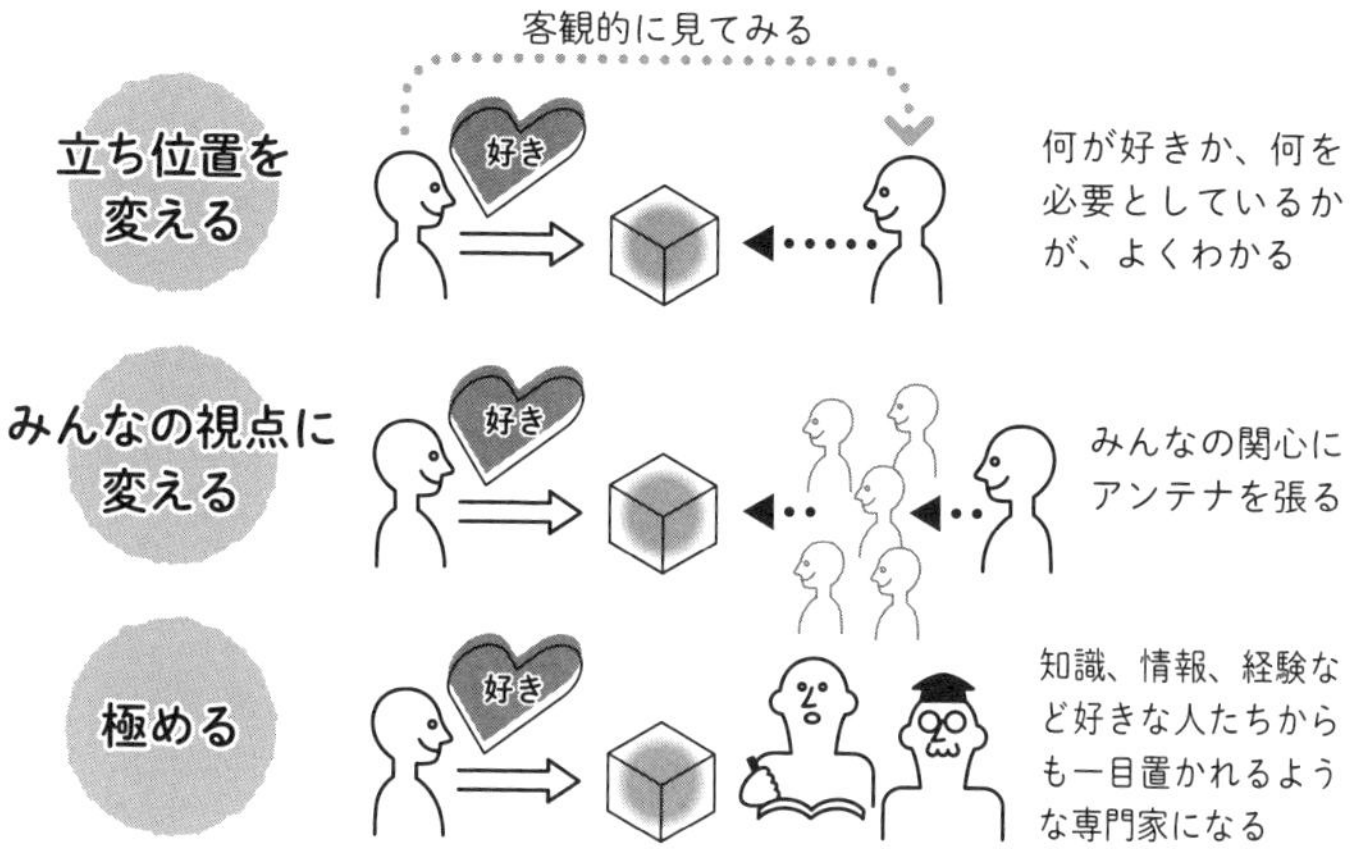
客観的に見てみる
立ち位置を変える
好き
何が好きか、何を必要としているかが、よくわかる
みんなの視点に変える
好き
みんなの関心にアンテナを張る
極める
好き
知識、情報、経験など好きな人たちからも一目置かれるような専門家になる

声が得意なソフトと音楽が得意なソフト、ファイルサイズが小さくて高音質なものなど、技術によってばらつきがあったのです。

そこで、その制作過程を公開するサイトを開設しました。

いろいろな音楽ソフトを集めて、自分の音楽をそれぞれに変換し、比較できるサイトを作り、使い方を解説しました。

拙い英語力で苦労しましたが、世界中の技術を調べては情報を公開するようにしていたのです。

するとそのサイトが人気となり、当時の様々な情報誌に掲載され、本を2冊出版するまでになりました。

ここで大切な視点は、**自分の好きの周辺にある、人が関心を持つ視点にアンテナを張る**ことだと思います。自分にとっては好きだから当たり前にできることも、人から見ると価値のあることだと思ってもらえることもあるのです。自分が夢中になっていることの多くは無意識ですから、そこに自分自身は価値を感じにくい場合があります。

好きなことがそのままビジネスになるわけではありませんが、自分自身の好きがみんなの価値に変わっていく体験をしたことによって、私は常に自分の興味をみんなの興味に変える方法でビジネスをつくることが多くなりました。

▼極めて専門家になる

これは196ページの「個人の価値を、みんなの価値に変える」の延長になりますが、「好き」も突き抜けてしまえば、ビジネスになってしまうのが現代で、これはテクノロジーのおかげでもあります。

「好きこそ、物の上手なれ」と言われるように、もっと知りたい、もっとうまくなりたい、そんな思いから「好き」は技術を上達させていく原動力になるのです。誰かにやらされてもなかなか上達しませんが、自分がやりたいものは、すぐにマスターしてしまうものです。

ひと昔前は、極端な探求や没頭している人をオタクと呼んでいました。対象によってはキワモノ扱いされていたそのオタクも、最近では、専門家としての扱いを受けるようになってきました。

それは、SNSやYou Tubeが登場し、個人が発信できる時代になったことが原因の1つです。私も、塗り絵やイラストの完成までの動画がシェアされているのを見て、「こんなスゴイ人がいたのか！」とビックリします。「極める」ということで、唯一無二のコンテンツとなり、それを発信してくことで、様々なビジネスになっていく時代です。

あなたには、夢中になれることは、ありますか？

文芸研究家であるカジポンは、世界の偉人に感動し、そのお礼がしたいとお墓めぐりをはじめました。そして、テレビに出たり、本を書いたり、ＮＨＫで自身の番組コーナーまで持っています。

偉人はすでに亡くなられた方たちではありますが、「後生の私たちも、あなたのことや成し遂げたことが人々に受け継がれ、共感している人がたくさんいますよ」という想いを伝えたいと、世界をめぐり、そして「墓マイラー」という言葉までできてしまいました。

私には彼らのような極められるものは持っていませんし、趣味もほとんどありませんでした。それでも、ずっと音楽だけは好きで、クラシックからロックまでいろいろな音楽を聞く環境があって、起業してからシンセサイザーの開発に携わる機会があったことから、世の中のあらゆる楽器の音を聞けば、何の楽器かを当てられるくらいのオタクになっていました。

そして、通信カラオケのデータをつくるため、何万曲もの音楽を耳コピしてプログラミングをする仕事をしていたことから、世の中にある本当に素晴らしい曲にも出会えました。

だから、ミュージシャンのつくる音楽がちゃんとすべての人に届くような世界を作りたいという想いを持ち、音楽をネットで配信し、日本で最初の音楽ビジネスを実現することができたのだと思います。

何か特別な資格や技術を持っていなくても、好きや趣味を極めていけば、その道の専門家というポジションを得ることも不可能ではないのです。

key word● 共感起業の自己分析

自分らしいビジネスアイデアを考える「起業の自己分析」

ここからは人生の棚卸しから、いよいよビジネスへと形にしていきましょう。あなたの棚卸しをした一つひとつを、Will（あなたの想い）、Can（あなたにできること）Need（顧客や社会からの要望）という3つの枠に落とし込み、自分の考えを整理していきます。

一般的にこのフレームワークは、「やりたいことを、できることから、始めてみよう！」というニュアンスで使われることが多くあります。「まず始める」という視点も大切ですが、本書では共感をベースに起業をして、共感で大きなビジネスをしていこうというものですから、共感という視点での整理をしていきます。ですから本書ではこのフレームワークを、「起業の自己分析」と呼ぶことにします。

起業の自己分析

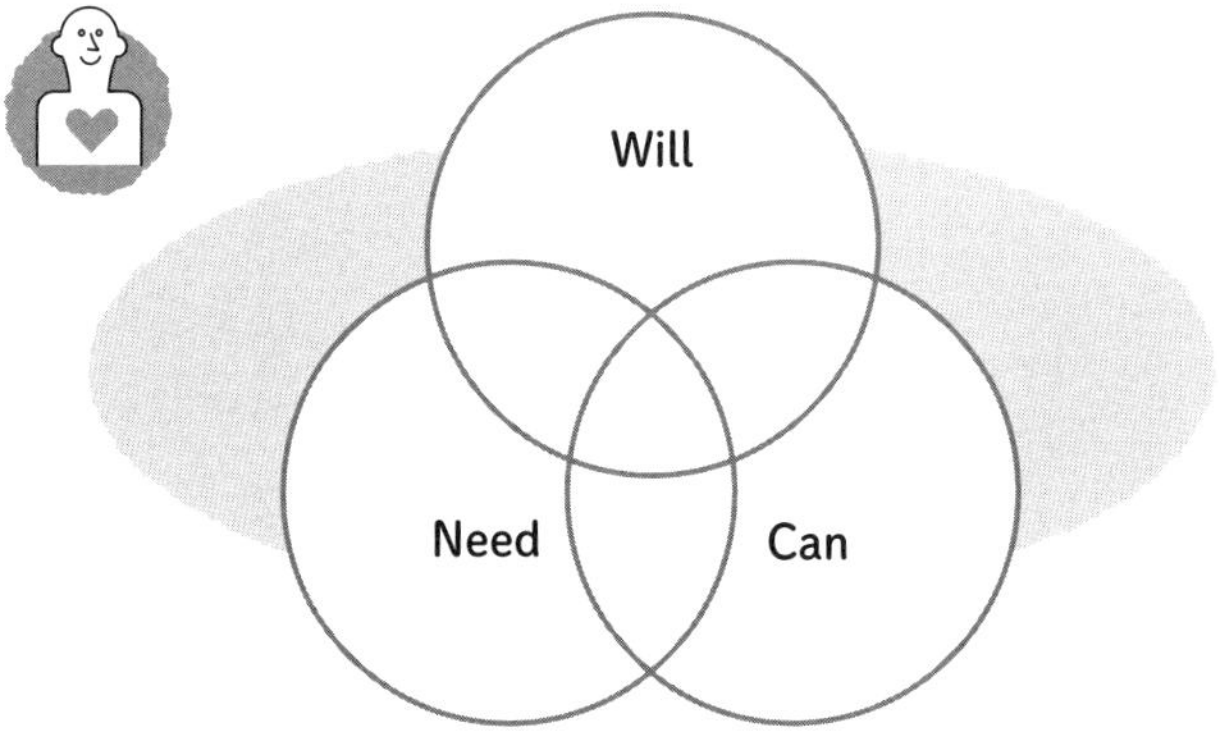

あなたの想いを整理しよう

もちろん、「できることから始める」ことも、短期的にはビジネスになるかもしれません。しかし私が多くの起業を見ている中では、**安易に自分がやれることから手を付けると、すぐに限界が見えてしまい、始めてしまったが故に止められず、ズルズルと収益の出ないビジネスを続けている人も多い**ように感じます。

ビジネスは、始め方が大切です。

今よりも少し視座を上げて、遠くを見渡しましょう。

自分がすぐにできることに固執せず、「想いを叶えて共感を得るビジネスにしていくために、自分が本当にすべきことは何か？」という視点から、この起業の自己分析を使って整理をしていきましょう。

少し丁寧に自分の想いを整理しましょう。

何事もスタートが肝心です。

起業の自己分析シート

	Will	Need	Can
外からの視点	・ ・ ・ （社会の期待に応える想い）	・ ・ ・ （社会の要望）	・ ・ ・ （社会から見て自分にできること）
内からの視点	・ ・ ・ （自分が叶えたい想い）	・ ・ ・ （顧客の要望）	・ ・ ・ （自分ができること）

▼整理の方法

箇条書きで構いませんので、あなたが棚卸した中からビジネスアイデアをいくつか見つけてください。

ここでは、考えやすさの点から一般的にはWill-Can-Needの順で解説される概念を、Will-Need- Canの順にして解説していきます。

そして、自分個人の考えという「内からの視点」、社会のみんなの考えである「外からの視点」の2つの方向から考えてみます。

一般的には内からの視点に偏りがちで、外からの視点が漏れがちです。

ですから、できるだけ外からの視点を意識して、自分に何が求められているのか？ と考えると、良いと思います。最初は難しいかもしれませんが、いろいろな情報や人の意見なども聞きながら、自分の整理をしていきましょう。

あなたの意志（Will）

Willとは、「こうしたい」というあなたの強い想いです。このWillは、日本語でいうと想いや意志です。

「いし」という言葉にも2つあって、

- 「思」を使う意思
- 「志」を使う意志

語源は、

- 思は、「田」が考え、「心」が気持ち。
- 志は、士は足跡の之（ゆく）の略字と気持ち。

Will（意志）

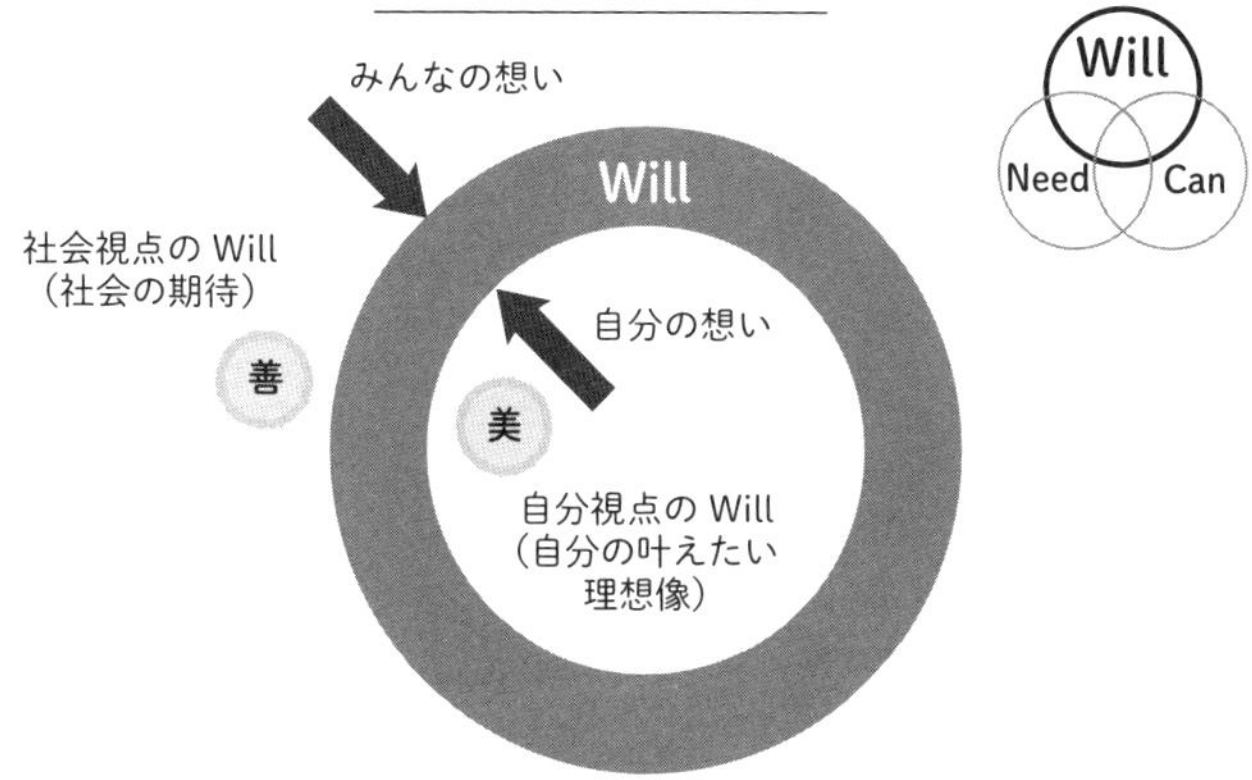

あなたの意志を整理しよう

意味は、
意思は「そうしたい」という思考、考えや気持ち
意志は「やり遂げよう」とする意欲、実際の行動が伴っている

こんな違いがあります。

心や頭の中だけではなく、実際の行動に**繋がっているかどうか**が大きな違いです。

「好きなことを仕事にする」との違いは、**意志や使命感を持って、成し遂げたい大きな目標に向かって行動している**ということではないでしょうか。

この意志には2つの側面があって、自分自身の感性（美意識）から生まれる内発的な意志と、周囲からの期待や倫理観などから生まれる外発的な意志とがあります。

たとえば、スポーツで考えるとわかりやすいかもしれません。

「自分との戦い」などと表現される、技術の磨き上げや愚直さなどは内発的な意志です。自己の限界や挫折しそうになる心、メンタル面など、自分自身と戦ってきた人にとって共感するポイントでもあります。**自分はこうあるべきだ、という自分の意志**です。

一方、応援している人、困っている誰か、日本や社会のためなど、周囲との関係の中で自己に役割を見いだし、想いを受けとめ自己の動機に変えることがあります。期待や応援、貢献や恩返しなど、周囲からの想いに応えたいという、**社会からの期待に応える意志**で、他人の想いが**共感となって結びつく**のです。

あなたの関心のあるテーマついて、みんなが期待していることや実現したいこととは、どんなことでしょうか。たとえば、国や社会などが掲げている理想像、こんな地域や未来にしたいという市民の願いなどです。大きく捉えればＳＤＧｓに掲げられた「誰一人取り残さない」というスローガンかもしれませんし、テーマを絞れば17のゴールの一つひとつともいえます。もっと身近な地域や社会では、政治や市民活動な

Willの外と内からの視点整理

	Will	例
外からの視点	社会視点のWill （社会の期待）	・貧困や飢餓のない健康な暮らし ・豊かな森を未来に残していく ・一人ひとりが経済の担い手となる
内からの視点	自分視点のWill （自分が叶えたい理想像）	・栄養バランスの良い食生活 ・人の五感が発揮される生活 ・誰でも起業が選択肢の1つになる

どが問題提起しているテーマを調べると、みんながどのような関心や想いを持っているかを感じ取ることができるでしょう。

また、内からの視点で社会的なことを書いている場合にも、注意が必要です。あなたの想いは、本当に社会の想いなのか？ ということを客観的に見る必要があります。いろいろな人に意見を聞いたりしながら、自己満足に陥らないようしっかりと見極めていきましょう。

市場や社会からの要望（Need）

Needは、「一般的に市場や社会から求められるもの（要望や需要）」という意味で使われます。商品やサービスを提供しても、必要とされなければビジネスは成り立ちません。

たとえば、想い（Will）を込めたサービス（Can）をつくったとしても、利用したいと思う人がいなければ収益は生まれません。「好きなこと」で「できること」をやってみても、ほとんどの場合はビジネスになりません。なぜなら、そこに顧客がいないからです。

すでに見えている市場だけではなく、まだ定義されていない新たな市場という視点でNeedを捉えていく必要があります。

Need（要望）

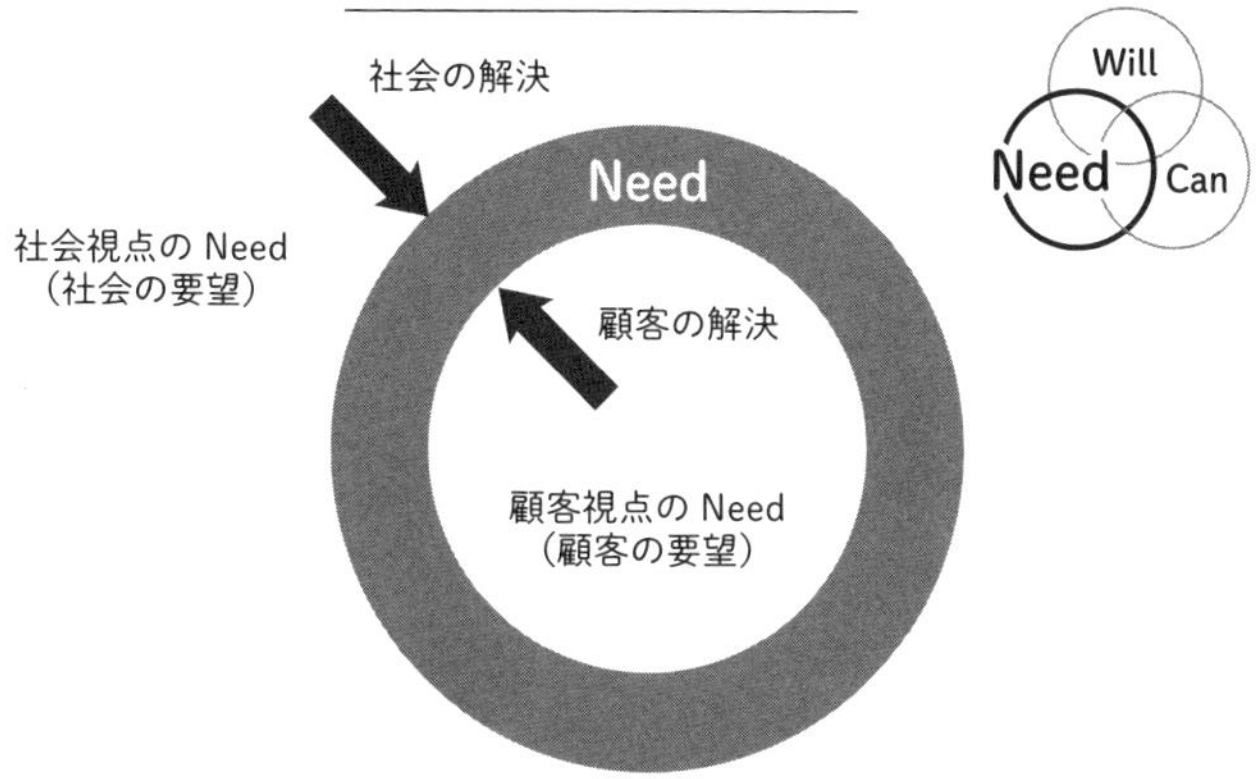

社会と顧客の要望を整理しよう

しかし現代にはモノが溢れ、商品の違いを表すことも難しく、利便性や価格での勝負となっている状況もあります。

ですからまず、すでにどんな商品やサービスが存在しているのかということを調べることになりますが、実際に調べてみると、多くの企業が商品やサービスを提供していますから、その一つひとつのニーズや満足を調べ分析することも現実的ではないという壁に当たります。

そこで顧客視点のNeedだけではなく、**社会視点のNeed**、つまり「社会が求めること」に焦点を当ててみます。

社会が求めることを考えようとすると、どうしても「わかりやすさ」に意識が向いてしまいがちです。

流行や話題などへの興味や関心、安さや便利さなどのメリットなど、誰にも備わっているわかりやすい欲求です。しかしその商品市場は、常に戦場のような戦いが繰り広げられています。回転サイクルが早く常に移り変わっていく市場ですから、体力勝負になってきます。

想いやストーリーよりも、常に新しいもの、少しでも安いものを顧客が探していますから、メーカーやブランドとの長い関係性に重きを置かれません。

もし、ビジネスであなたの想い（Will）を叶えたいのであれば、この戦場のような市場の価値観ではなく、むしろその価値観に違和感を感じるような人や、新しい価値観を持った人との繋がりを求めるほうが良い結果に繋がっていくでしょう。

たとえば、ビジネスが拡大・発展するその脇で様々な弊害が生まれ、それが社会問題と呼ばれるようになりました。自動車が暮らしを便利にする一方で、交通事故が多発し、一時は交通戦争と呼ばれる問題にまで発展しました。

最近では、高齢化社会の中で、ブレーキとアクセルの踏み間違いで高齢者の事故が急増しているという新たな問題が発生しています。

そのほか、経済の煽りを受けた途上国の貧困や飢餓の問題、製造の過程で出るゴミやCO_2などの地球環境問題など、様々です。

これまでのビジネスでは、このような弊害を見過ごしてきたこともあり、**もう置き去りにしてはいけないという価値観への共感**が高まっています。

たとえば、

- オーガニック
- フェアトレード
- エシカル
- リサイクル

などが問題を解決するテーマとして注目されています。

これは社会視点のNeedです。

そして最近では、環境や社会負荷を意識をする人が増え、**「少し高い値段の商品であっても、自分が選ぶもので環境負荷を減らしたい」**という人も増えています。そのような価値観で買った人の周囲には似た価値観の人も多いと思いますから、さらに新たなファンが広がっていくことも期待できます。これが顧客視点のNeedです。

このように、社会視点のNeedを顧客視点のNeedに落とし込みます。

顧客の中には社会視点のNeedに関心を持って商品を探しても、実際の商品が見つからず、仕方なく既存の商品を買い続けているケースも多いのです。

これは「顧客の痛み」とも呼ばれ、不満があるけれども自分なりの解釈（言い訳）をして買い続けてい

Needの外と内からの視点整理

	Need	例
外からの視点	社会視点のNeed （社会の要望）	・健康増進による医療費の軽減、地域活性化に繋がる観光 ・健康、フードロスなどが考慮されている食事の提供 ・社会や環境に配慮がされている製品の提供
内からの視点	顧客視点のNeed	・手軽に自然体験がしたい ・安くてヘルシーで美味しいご飯が食べたい ・自分に似合うジュエリーが欲しい

るので「痛みがある」という表現が使われます。

たとえば、河川を汚すとわかっていても使っている洗剤や、マイクロプラスチックが発生するとわかっていても使っている化学繊維の服、健康を害し環境に影響するとわかっていても食べる肉など、可能な限りの代替製品を選んでも、どこかに不満が残り続けて完全に取り除けていない（つまり、顧客が痛みを持っている）ものはたくさんあります。

Needを、顧客が欲しいものという視点だけではなく、社会という視点から視野を広げて顧客に落とし込んでいくことで、市場をもっと大きく捉えることが可能になります。

そして、**既存の社会的な価値観に違和感を持ち、新しい価値観を広げ既成概念を変えたいという想いから起業する人も増えています。**

社会にある要望も、どこをどう切り取るか、受けとめるのかによって大きく変わります。ですから、**自分の価値観**と照らし合わせて、どのNeedに応えていくのかを**整理をする**必要があるのです。

なお、この表のNeedの整理では自分視点でなく顧客視点としています。ビジネスでは自分が欲しいものだけではビジネスにはなりませんから、「自分がイメージしている顧客が必要としていること」という意味で顧客視点としています。

あなたの強み、スキル（Can）

Canは「できること」という意味を持ちます。ですから、「あなたにできることは？」と聞かれると、「いますぐできる何か」を思い浮かべるかもしれません。

もちろん、スキルを直接お金に替える、たとえばコンサルティングや制作などで受注をとっていくことも必要な選択肢の1つですが、あなたの強みについて深掘りをしてみましょう。

できることを実践すること（Can）で、あなたのやりたいこと（Will）を達成し、顧客や社会の要望（Need）に答えられると良いのですが、実際にはなかなか難しいものです。目の前の人は喜んでくれるかもしれませんが、たくさんの顧客から支持を受けたり、持続的に収益を上げようと思うと、長い道のりになることでしょう。

そこで、「できること」を直接的に考えるのではなく、「なぜ、できるのか」という一段深い問いから、できることの背景にある**強みやスキル**を探してみましょう。すると、「できること」のバリエーションが増えていきます。

たとえば、「料理ができる」とします。料理が作れるという理由から、飲食店を始めても良いでしょう。本当にそれで目標を達成できるのであれば、それも1つの選択です。

自分視点から見たCanは、実際に目に見えてできること、つまり**料理教室とか、実演の動画とか、レシピのアドバイザー**などわかりやすいものが浮かんでくると思います。

ここで社会視点のCanを考えてみましょう。社会視点とは、内からの視点ではなく、社会からどんな期待をされているのか、どんなことが発揮できるのかという、外から俯瞰して自分が提供できる根拠を見つけていくことです。

先ほどの料理だけではなく、その周辺にあるできることをリストアップしてみましょう。

- 健康に良いレシピを考えられる、なぜなら、資格を持つほどの知識があるから
- 料理を実演できる。なぜなら、たくさんの回数を人前で作っているから
- 旬の食材を調理できる。なぜなら、自ら野菜の栽培をしているから

Can（強み、スキル）

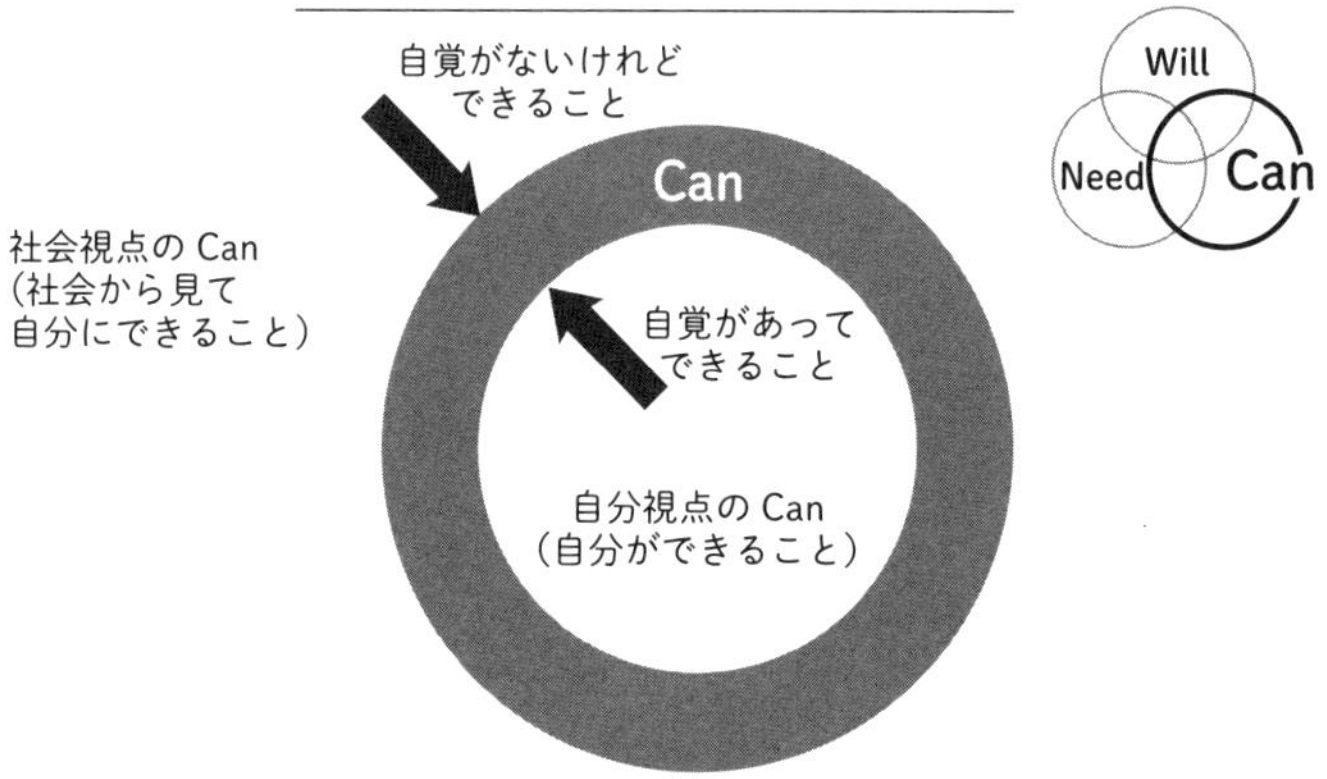

自覚してしる強みと、求められている強みを整理しよう

何かできることは？　と言われたら料理と答えるかもしれません。

でも、「なぜそれができるのか」と考えると、**自分の強みやスキルが発揮された結果**だということが見えてくるはずです。

つまり、現在にある結果ではなく、**「できる理由（プロセス）、できる要因」それこそが、本来の意味でのできる（得意）**なのです。

もしあなたのWillが、「食べる楽しみを、多くの人に伝えたい」であった場合、飲食店を始めるのも1つの選択ですが、直接料理を作って伝えられる人の数には限界があります。

そこで、「料理を教える、レシピを伝える」などに変えると、あなたの想いに共感をした人があなたの伝授した料理をつくることによって、究極をいえば全世界の家庭や飲食店で提供されることになるかもしれません。

Canの外と内からの視点整理

	Can	例
外からの視点	社会視点のCan（社会から見て自分にできること）	・簡単に健康的な料理をつくる方法 ・誰もが身近な人の聞き役になれるノウハウの伝授 ・フェアトレードな仕入れ、エシカルな販売
内からの視点	自分視点のCan（自分ができること）	・料理、レシピの考案 ・カウンセリング、セミナー ・制作、販売

このようにWill（想い）やNeed（要望）を実現する手段として、**社会視点のCan**をとらえると、自分の貢献価値が一気に広がっていきます。

料理を作って楽しむことを伝えられるとか、食べる楽しみが増えるレシピが作れるなど、自分の本来の強みが引き出され広く発揮されていくのです。

こんな風に、あなたのできるCanの視点を一段高くしていくことで、あなたのWillにもっと近づくことができるのです。

「いますぐに、直接できることをする」これはいつでもできます。必要であれば、いつでも始められますから、最終手段はとっておいて、求めていることに答えられることを探しましょう。

あなたのWill（想い）に近づきNeed（要望）のためにCan（あなたのできる可能性）を考えてみてください。

3つが重なる部分があなたのビジネス

Will-Need-Canという3つの枠にそれぞれを入れてみると、この3つがそれぞれに大きな影響を受けていることがわかってきます。

最初からすごいビジネスアイデアはでてきませんから、まずは軽い気持ちから始めて、ブラッシュアップをしていきます。

Will-Need-Canを一周して戻ってくると、きっと最初に書いたWillの感じ方が変わってくるはずです。こうして何回もグルグルさせながら、洗練させていくことが必要です。

まず1周目は内からの視点で書いてみましょう。自分の思っていることを率直に書いてみると良いでしょう。

3つが重なる部分があなたのビジネス

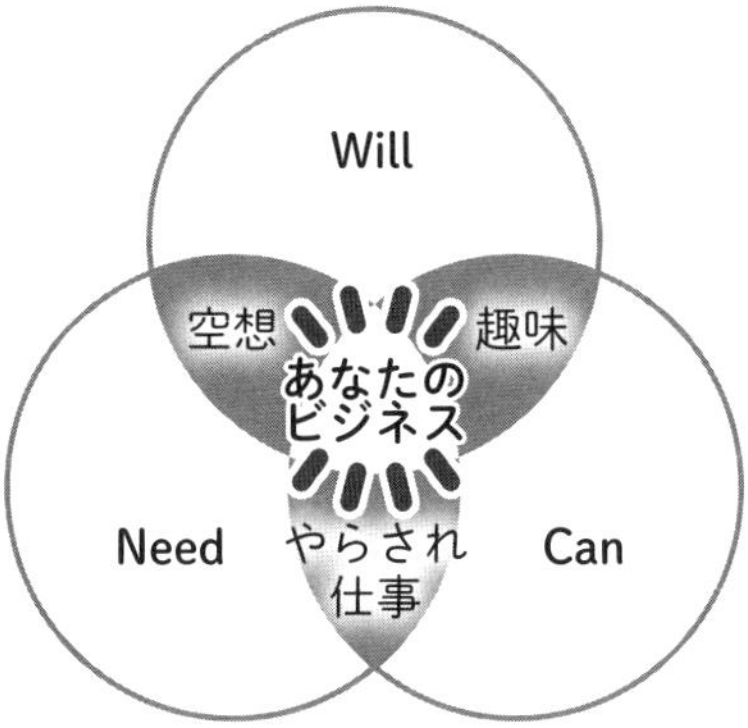

自分と社会の視点を、重ねていこう

▼1周目（内からの視点）

Will：自分のやりたいこと
Need：顧客が求めていること
Can：自分ができること

2周目は、外からの視点でもう一度書いてみましょう。

▼2周目（外からの視点）

Will：みんなが実現したいこと。国、社会などが持っている理想像
Need：社会が要望していること
Can：社会から見て自分が発揮できること、期待されていること

こうして、Will-Need-Canの重なった部分が、あなたのビジネスになります。どれかが欠けても、ビジネスにはなりません。

WillとNeedが重なって、Canがないと「提供する商品やサービスのない空想」となってしまいます。NeedとCanが重なってWillがないと「想いのこもっていないかせぐことだけのビジネス」になるかもしれません。また、WillとCanが重なってNeedがないと、それは顧客不在の「趣味」と言われかねません。

中心にある3つの環の重なりの部分によって、意志を持ったサービスが市場に受け入れられる、そんなサービスをつくりあげていくことができます。

2周目の部分を中心に、これを1つの文章としてつくりあげて、自分がやりたいビジネスを説明することができるでしょう。

ここでは、森林浴の事業についての例でまとめてみます。

都会の人と森を森林浴でつなぐ事業をしている一般社団法人森と未来代表の小野なぎささんは、産業カウンセラーとして活躍をしていました。元々、東京農業大学で森林について学ぶ中で、森林浴が持つ可能性に着目していた方です。

一方、都会で働く人のメンタル不全の課題が浮き彫りになるなか、都会と森との心理的な距離について課題を感じ、森と人との繋がりを取り戻すことを仕事にしたい考えるようになりました。そして、森林に関わる人たちとの対話を重ねる中で、木材産業以外の新しい森林の活用、地域との繋がりに応えたいという想いが強くなります。

そこで、世界第三位の森林大国である日本の各地で、日本発祥である森林浴をすることができないかと考え、事業をはじめました。

もし、起業時点で大きな視点での整理をせず、一般的なWill-Can-Needの「やれることからはじめよう」で起業したとしたら、個人事業から事業がスケール（拡大）せず、今もカウンセラーをしていたかもしれません。

自分の「好き」や「できること」だけで始めてしまうと、自分のやれることの範囲の仕事に追われるだけになってしまい、事業にならないことも多いのです。

また、自分視点ではなく社会視点から考える、しかもNeedから始める理由は、事業をできるだけマクロな視点（広い視点）から考える必要があるからです。その背景に社会視点での解決やそれを担う自分の役割があると、納得感が得られ、自身ができることをやっていく理由、その特徴を考えるベースにすることができるはずです。

外からの視点

	Will →	Need →	Can
周囲からの動機付け	**（社会の期待）** 心身ともに健康で人間らしい暮らし、ワークライフバランスがあり、個人の感性が発揮されている状態 森林大国日本における森とのこれからの関わり	**（社会の要望）** 社会におけるメンタル不調の増加、暮らしにおける自然との距離、想像力／創造力の低下 木材産業以外での、社会や産業と森との新たな関わり方	**（社会から見て自分にできること）** 森林と都会の人との新たな関係づくりの1つとして、森林浴を通じた健康増進のためのプログラム提供、そのための人材育成、日本のプレゼンスを森林浴を通じて高める

内からの視点

	Will →	Need →	Can
自分の動機付け	**（自分が叶えたい理想像）** 森の中で自然に触れる機会を増やし、自然の力によって、心身のバランスを整える機会を定期的につくる 山村地域の活性化	**（顧客の要望）** 心の疲れやストレスをどのように解消して良いのかわからない個人、企業内での不調者の改善 山村地域の経済の活性化	**（自分ができること）** 研修プログラムの提供、森林浴効果などの説明、地域と連携し、森林浴が可能な森の調査・環境の整備、カウンセリング

ぜひこの3つの視点を巡らせて、あなたのビジネスを1つのビジネスアイデアとしてつくってみましょう。

key word●潜在ニーズ

顧客の本当の声、隠れたニーズから共感ポイントを見つける

▼ニーズとウォンツの違い

ここで更に顧客視点のNeedを少し深めていきたいと思います（この項と次の項ではNeedをニーズと表現します。

顧客が「～が欲しい」と言っているものを用意することで、果たしてビジネスになるのでしょうか。

たとえば、「スポーツクラブに行きたい」という要望があったとします。

では、スポーツクラブを紹介すれば要望は満たせるのでしょうか。

ただ道に迷っているだけなら場所を教えればすみますが、多くの場合、スポーツクラブに行くという手段を通じた本当の目的があるはずです。

では、スポーツクラブに行く目的は何でしょうか。

たとえば、健康になりたい、ダイエットがしたいなどの理由かもしれません。これが本当の要望です。

ここで少し整理をすると、

「スポーツクラブに行きたい」というのは、ニーズというよりも、欲しい手段ウォンツ（Wants）です。

一方、健康になりたい、ダイエットがしたいという要望がいわゆるニーズ（Need）です。

つまり、**ビジネスでとらえるべきニーズとは、目的を満たすための要望**なのです。目に見えている商品やサービスなどの解決手段ではないのです。

▼潜在ニーズと顕在ニーズ

ニーズについて、更にもう少し深掘りしてみましょう。

ニーズ	ウォンツ
目的	手段
要望	商品やサービス
（例） 健康になりたい 喉が渇いた	（例） スポーツクラブに行きたい ジュースが飲みたい

このニーズには2種類あり、顧客が自覚している目的（顕在ニーズ）と、顧客が自覚をしていない目的（潜在ニーズ）があります。

この潜在ニーズを発見することが、ビジネスを見つけるヒントになります。健康になりたい、ダイエットがしたいという自覚している目的の裏側にある、本人さえも無意識に感じていることがあります。

あなたはなぜ健康を意識するのでしょうか。

その裏側には、病気になりたくないとか、スポーツを続けたい、あるいは持っている服が着られなくなるともったいない、体型が変わると恥ずかしい、など様々です。ここが感情として深く関わっている部分で、ビジネスにおける本当の要望を掴むには、この潜在ニーズを見つける必要があります。

それは**なぜ**そう思うのですか？

何か**きっかけ**がありましたか？

つまりどういう理由ですか？

たとえば、＊＊＊ということだったりしますか？

潜在ニーズと顕在ニーズ

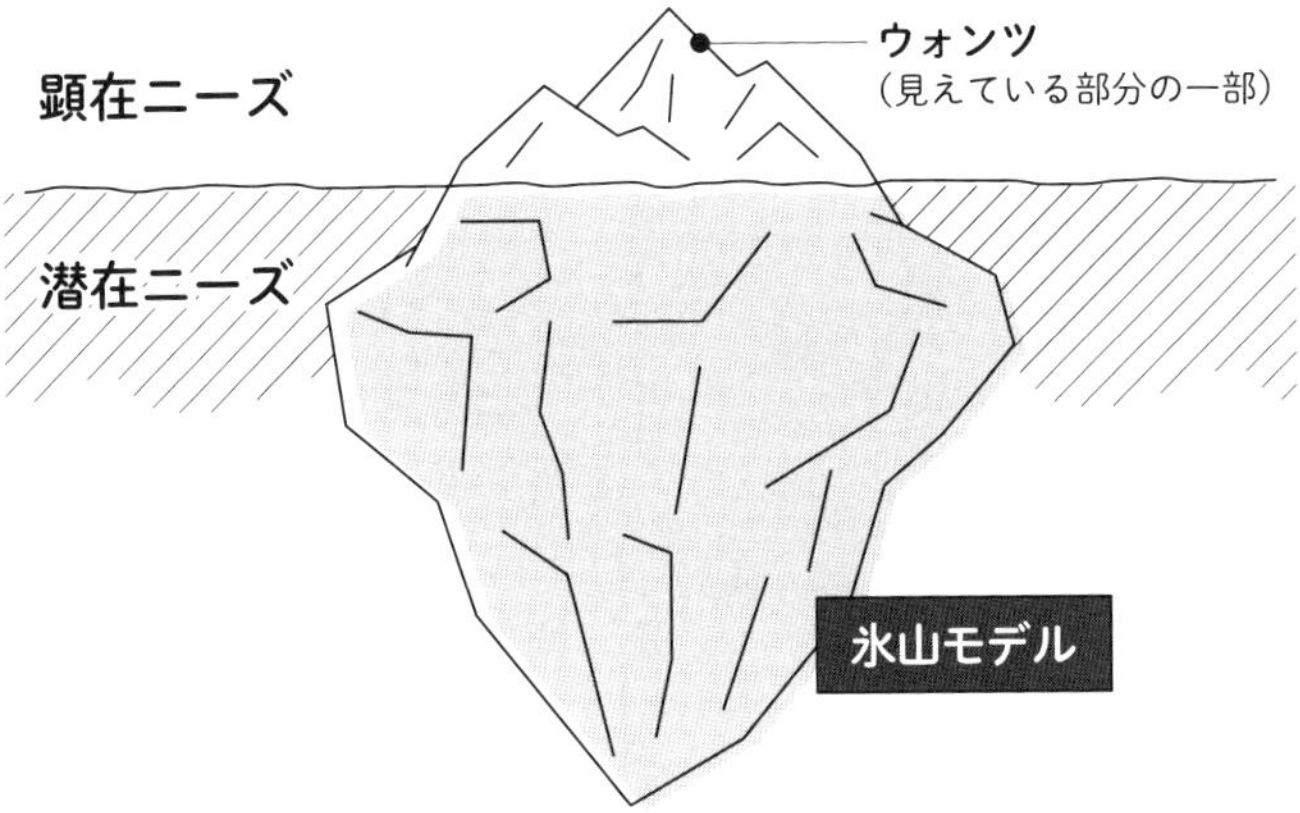

もしそれが選べないとどうなりますか？

潜在ニーズを見つけるためには、ヒアリングなどが有効です。

ただのアンケートでは、答えを深掘りすることができません。そして、感情をオープンにしても良いという心理的安全性のある場でなければ、話してもらえません。

ただの質問ではなく、共感的理解をして、本音を聞いていく必要があります。

また、潜在ニーズは、顧客自身のことばで語られなくてはなりません。

この本音の部分をもとに、共感の生まれるメッセージやアプローチなど物語をつくっていくことが重要になります。

key word●充足ニーズ　未充足ニーズ

ニーズの掛け合わせで、ビジネスチャンスを見つける

では、潜在ニーズに合わせて商品をつくれば売れるのかといえば、そうとも限りません。

隠れた（潜在）要望（ニーズ）ですから、ずっと隠れたままで表に出てこないかもしれません。一方の顕在ニーズも、すでに需要があり商品がたくさん存在している市場ですから、競合がひしめいています。

しかし、すべての商品に顧客が満足しているわけではありません。

目的を解決するために買ったけれども、満足した結果が得られない場合もあります。また、不満はあれど、選べる商品がなく代わりの商品でなんとか対応しているというケースもあります。

つまり、**どこかに不満を抱えつつも、それを妥協して使ったり、他に良いものがないかと変わりの商品を探し続けているケースの方が多い**のです。

時代が変わり消費者のライフスタイルが変わってくると、これまで使い続けていた商品にも疑問が湧いたり、買い換えるのが面倒で不満を工夫しながら使い続けていることもあります。

このようなケースについて、必要性に気づいている顕在ニーズと気づいていない潜在ニーズに対し、顧客が課題を解決している場合（充足ニーズ）と、未解決の場合（未充足ニーズ）とに分けて考えることで、ビジネスチャンスが見えてきます。

▼A＝すでに商品があって、自分の課題や欲求が満たされている商品がある場合

「これが欲しい」という指定があるもので、繰り返し買いたいと思うものです。ある程度の共感や信頼が成り立っている状態なので、ここへ切り込んでいくことは内容によっては難しいかもしれません。

価格面や機能面で切り込んでいくことができますが、消耗戦になりかねません。

▼B＝顧客は商品やサービスで目的は達成されている（充足している）ものの、「まだ本来の課題に気づいていない」（潜在ニーズ）という視点から、「工夫や代替でその商品の課題を克服し使い続けている」という場合

本来の課題に気づいていないのに、顧客は課題が解決していると思い込んでいる状態です。

		顕在ニーズ （気づいている）	潜在ニーズ （ほとんど気づいていない）
顧客の解決	充足 ニーズ （解決）	A すでに商品がある すでに課題が解決されている 競合が多い	B 工夫や代替え商品で 課題を克服している 企画／マーケティング
	未充足 ニーズ （未解決）	C 不満があるが 課題を解決する商品がない 商品の開発	D まだ課題に気づいていない まだ商品を見たことがない ビジネスになりにくい

本来の課題を発見するには、顧客の行動を観察したりヒアリングを念入りにしていく必要があります。また何気なく出てくる会話などから課題やその対応方法などを見つけて、商品化していくという方法です。

たとえば最近では、小さめの水筒が流行っています。「水筒を持つ」ということで飲み物を持ち運びたいというニーズは満たしているものの、一般の水筒はわりと大きめに作られています。

昔は、給水できる設備がないこともあり、大量の水を運ぶ必要がありました。今では、オフィスにも水が無料で用意されていたり、外出先でも給水スポットが用意されていることも多くなりました。

そこで小さめの水筒があることで、①カバンに入る。重たくない　②水がくめる場所でコップ代わりに使える　③水以外のコーヒーなども入れやすい　など、「そうそう、それがほしかった！」という声が集まったのだと思います。

小さな水筒に気づくまでは、大きめの水筒に水を半分だけ入れて持ち運ぶといったことで代替されていました。この小さな水筒がそれまでに無かったわけではありませんが、働く人が持ち運びするシーンの利用に焦点を当てたことで、支持されたというケースです。

顧客が欲しいという自覚をしていない商品を本格的に提供することは難しいものの、商品企画やマーケティングなどの工夫で対応できることから、参入しやすい領域といえます。

C＝顧客の要望がすでにわかっているにもかかわらず（顕在ニーズ）、商品が存在しない（未充足）という状態である場合

これはBのように潜在ニーズが顕在化していく過程において、すでにある商品では対応できないような要望が出てくる場合があります。

たとえば毎日使う歯ブラシですが、1ヵ月くらいで毛先が広がり使い物にならなくなります。そうなると新しい歯ブラシに買い換えることになりますが、一方で歯ブラシを捨てることになります。お掃除に使おうと取っておくこともありますが、家族がいる場合などはその分だけ大量の歯ブラシが溜まり、掃除では使い切れず、また捨てるのもイヤな気持ちになります。

そこで登場した「竹の歯ブラシ」の1つに、MioOrganicがあります。柄の部分が竹で出来ているので、石油由来ではないという環境対応商品です。たとえ使い捨てであっても、石油を使わないことや、竹は竹林被害があるほど成長が早いことから、環境負荷が低いと言われています。いつも何気なく使い捨てていてもあまり疑問を持たない、そんな無意識な習慣に新しい気づきを提案して成功しているケースです。

このCの部分は、技術で解決できることも多いのではないでしょうか。

D＝起業家がビジネスアイデアとして考えがちなのが、このDの領域。「一見よさそうなビジネス」に見える場合

起業家自身には見えているニーズも、顧客にとっては潜在ニーズなので気づいていない状態です。そのうえ、まだ満足できていない状況（未充足）を解決しようとしている。

つまり、「あったらいいね」というアイデアに、顧客を気づかせようとして、その上で満足させなければならないので、実際にはとてもハードルが高いのです。

起業でよくありがちな例の1つに、商品やサービスを作ってから売ろうとするケースですが、ここに当てはまってしまうこともあります。すでに作ってしまった商品を、説得で売り込もうとすることになるので、同意はできても共感までに至らないことが多いのではないかと思います。

ビジネスアイデアは、まず10人に話してみる

ビジネスアイデアがまとまってきたら、人に話をしてみましょう。

頭の中でうまく整理されていても、言葉として発すると、なかなかうまくいかないものです。

辻褄が合わなかったり、同じことを何度も話したり、専門用語を使っていたり、思ったようには相手に通じません。

そんな時、何が伝わったのか、何が伝わらなかったのか、印象に残ったこと、もっと聞きたかったことなど、いろいろなフィードバックをもらうことが大切です。

聞いてもらう相手が、仲の良い友人であったなら、意図を汲み取って「いいね」と理解を示してくれるかもしれません。相手はあなたがやる気に満ちあふれている姿を見て、その想いを汲んでくれるでしょう

新しい価値観との出会いで新しい共感が発見できる

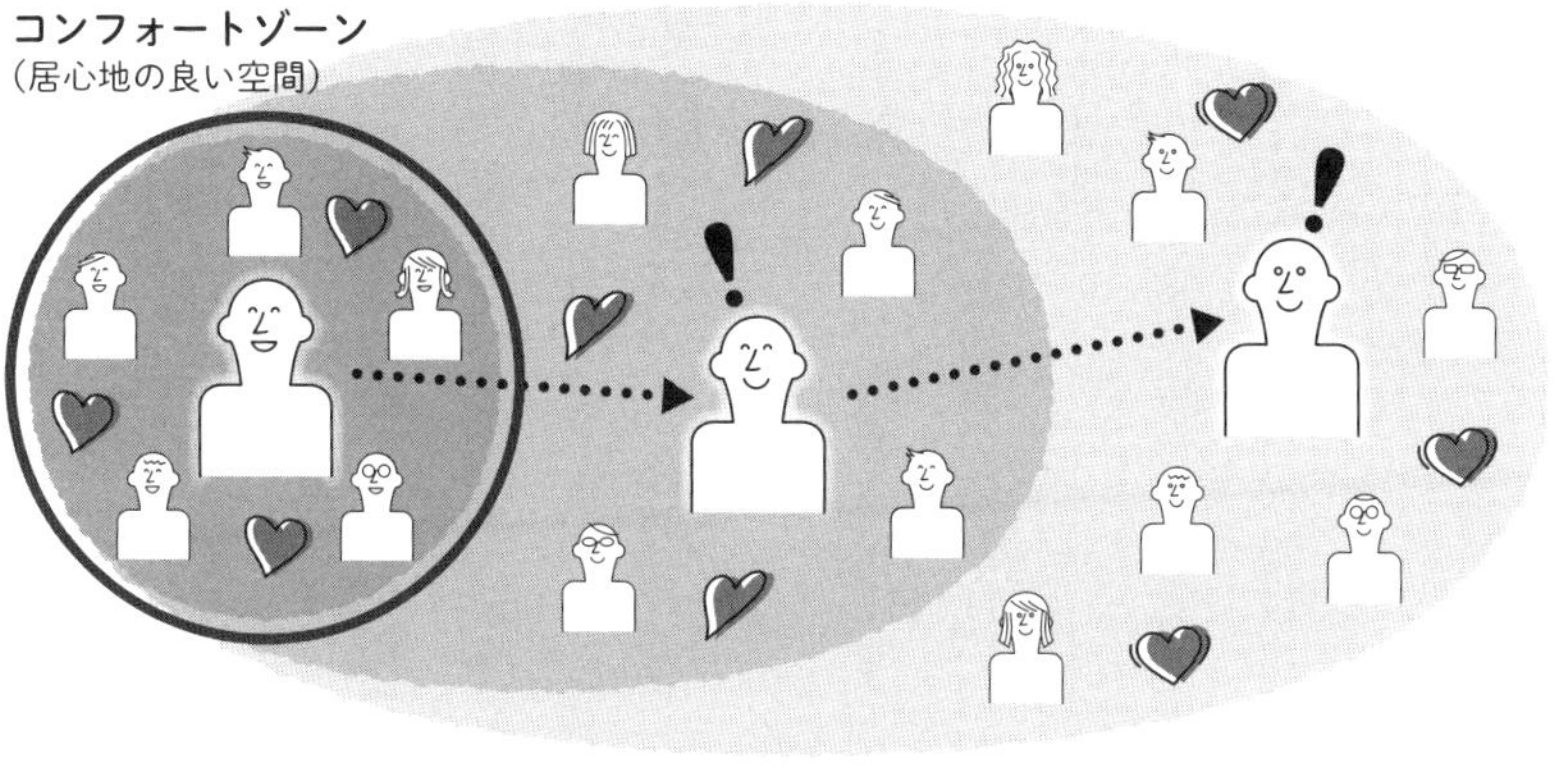

いつもの世界の外側に、新しい世界が待っている

から、前向きなフィードバックが多くなりがちです。

もちろんそれは嬉しいことですし、モチベーションアップには繋がりますが、あなたのビジネスアイデアをブラッシュアップすることには繋がらないかもしれません。

ビジネスとは、**知らない誰かとの共感**を生み出すことです。

すでにお互いの価値観がわかっている人との、共感の確認ではないのです。

もし、伝えたい言葉がうまく伝わらないと感じたら、相手が理解できる言葉、相手の感情に響く言葉を選んでみてください。

よく、「小学生でもわかる言葉で話しなさい」と言われることがあります。

分野にもよりますが、専門用語ばかりに頼っていては、あなたの想いを込めたとしても、相手が言葉を理解するのに必死で、想いを伝えることは難しいかもしれません。

あなたも誰かからビジネスアイデアを聞いた時に、理論的に説明をされただけでは、心が動かないと思います。

ですからわかりやすい比喩や、実際にあった小さなエピソードを話すことも効果的です。難しい言葉で解説するよりも、印象に残ったシーンや、実際に起こった体験談などを紹介するだけで、イメージしやすくなります。きっと心が動き記憶にも残りやすくなるはずです。

説得より、納得を、心がけましょう。

まずは、年齢、性別、職業、居住地などが違う10人ぐらいの人に話をしてみましょう。いろいろな人に話をすることで、自分の想いはどういった人に響く言葉なのか、どの前提から話をすれば伝わるか、などもわかってきます。

また、いろいろな価値観やその受け止め方があることを知ることで、共感してくれるポイントや、いろいろなアプローチ方法が見つかるはずです。

key word●起業コーチ

起業コーチのサポートを受けよう

私は、30歳の頃にスタートアップとNPOを同時に起業しました。

地球一周から戻り、自分の中でスイッチが入り、何でもやれる気になっていたこともあり、起業タイミングが2社同時にやってきました。しかし案の定、いろいろと抱えこみ、精神的にも体力的にも難しい状況にありました。

当時の私は、個人の資金は底をつきそうで、時間の余裕もなく、食事も簡易的になり、寝不足で体力もなくなり、メンタル面にも影響を及ぼしつつありました。

また、スタートアップとNPOという性質の異なる組織は、メンバーも事業の進め方もかなり違っていましたし、周囲からは「金儲けなのか、慈善事業がしたいのか」という誤解を解くことにも疲れていました。

そんな時に助けてもらえたのが、コーチという存在です。現在、一般社団法人ＧｉＦＴの代表理事として活躍する辰野まどかさんを紹介いただきコーチになってもらいました。

これまでにない体験でした。話をしていくうちに、自分の中に答えを見つけていく、むしろ答えは自分の中にあるということを気づかされました。そして、徐々に霧が晴れていった、そんな感覚を覚えています。

コーチとは、自分の頭の中を整理して順序づけていくためのサポートをしてくれる、そんな伴走者です。

私がコーチをオススメする理由は３つです。

①守秘義務で守られる

いちばん助かったのは、話せないことを安心して話すことができたことです。起業家はいろいろと人に話せないことが多いものです。プライベートなことや、スタッフの個人的なこと、お金のことや不安なこと、自分の夢や未来のことなど、言葉にして話す機会がなく自分の中にしまっておくことが多いものです。そういったことを言葉にすることで、自分の耳で再度聞くことによって、自分自身の確認をしているような効果も生まれます。

②答えを引き出してくれる

自分の中にある答えを導き出してくれる、そんなサポートをしてくれます。

起業コーチのサポート

起業コーチに頼れる３つのポイント

秘密厳守
- 誰にも話せないことを安心して話せる
- 聞いてもらえることで気持ちが軽くなる
- プライベートを含め、頭と心の整理や順番付けができる

引き出すプロ
- 答えのないことを話して自分の整理ができる
- 相談内容や質問を用意しなくてもよい
- 自分でも気づいていないことを、見つける手伝いをしてくれる

記録
- イメージをしたり、考えることに集中できる
- 言葉にしたことを、自身でふり返ることができる

１人で、抱えこまないで

質問をしてもらうことで、答えが引き出されることも多く、自分が考えもつかないようなことを話して自分がビックリすることさえあります。また、プレゼンや自己紹介の練習を聞いて質問をしてもらったり、考えや想いを話して問いかけをしてもらうことで、自分の中で整理をしていくことにも繋がります。

③記録してくれる

コーチングのやりとりを、テキストなどで記録として残してもらうことをお願いしていました。

考えて話をすることに集中すると、メモを取る余裕はありません。メモに意識をすると、言おうをしたことを忘れてしまいます。無意識で話していることは直感的で、覚えていないことも多いのです。

このコーチングによって、霧の中で迷い込んでいる視界が、徐々に晴れてきました。

私はたくさんの起業家のメンターをしていますが、この時の体験が活きています。一般的な起業相談では、相談することで

答えが出てくるコンサルティングや相談窓口といったものが多いと思います。

しかし、質問の内容が間違っていると当然答えも違うので、相談窓口に行ったけれど、解決しなかったという人も多くいます。

ですから、相談する前に質問の精度を上げることのほうが大切なのです。

答えはほとんどが自分の中にありますから、質問や自身の解を見つける作業に、このコーチングのようなやりとりがとても有効です。

私はいつも、答えを起業家本人から導きだすような伴走者を意識していますが、それはこの時の体験があったからだと思います。

また私のコーチをしてくれた辰野さんはその後、学生や国際的に活躍をするグローバル教育の第一人者として起業し、人材育成を行っています。

ぜひ、あなたの起業コーチを見つけてください。

起業コーチには、相性があるので、時間を区切っていろいろな方のコーチングを受けることをオススメします。

私が起業フェーズにおいて起業コーチを活用するといいと思うことを挙げておきます。

●自分の「強み」が見つかる

●「好き」から「やりたいこと」が見つかる

●プライベートとビジネスの境界線が見つかる
●自分の中の優先順位が決まる
●人間関係やスタッフに関することが整理できる
●お金の悩みを、整理できる

共感の空回りを防ぐ

想いの整理をして、自己分析して、そして人に話をしてみますが、なかなか伝わらないことも多いのではないでしょうか。

こんなに想いを伝えているのに、なぜ伝わらないの？

でも心配しないでください。これは誰でもよくあることですから、1つずつ解決をしていくことで、伝わることが増えていくはずです。

▼言葉を選ぶ

そもそも、相手が理解できる言葉を選んで伝えていますか？　内容が伝わる以前に、単語の意味がわかっていないかもしれません。業界用語など、普段使っていても、業界外の人にとってはまるで外国語のよう

共感の空回りを防ぐ

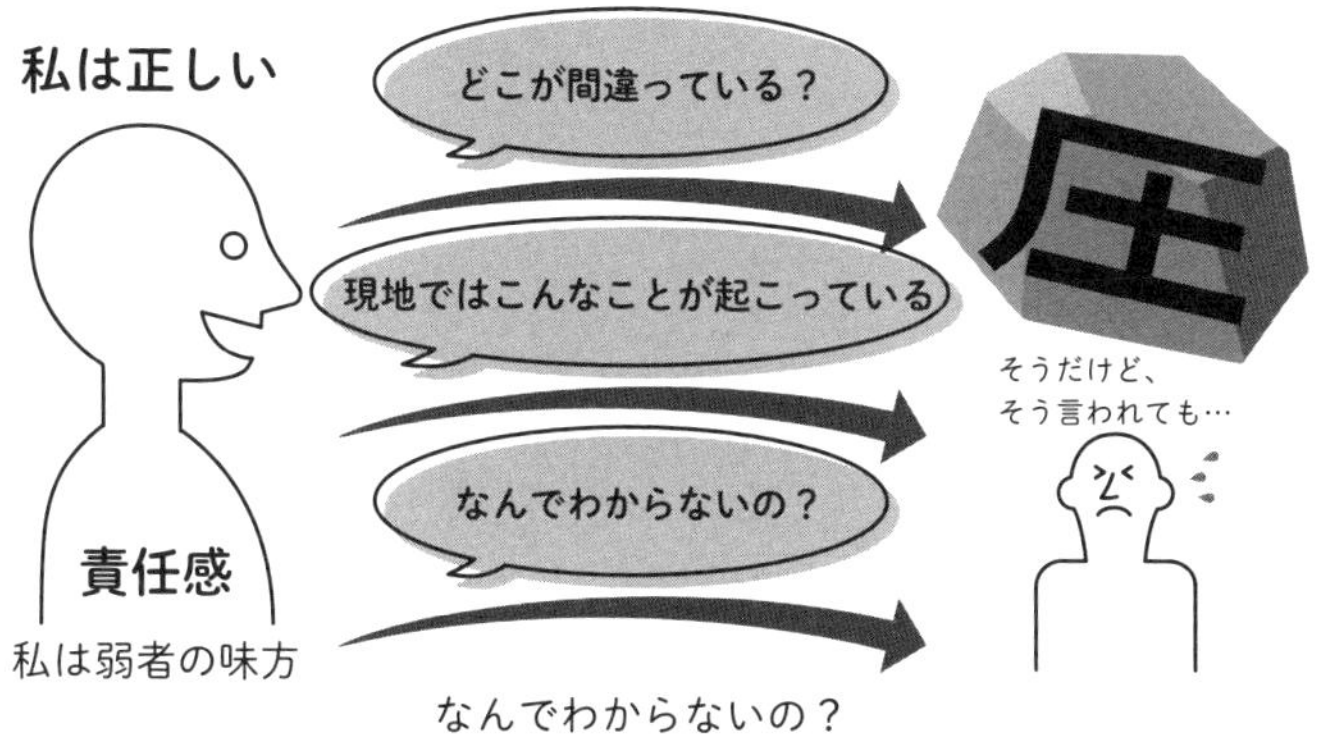
私は正しい
どこが間違っている？
現地ではこんなことが起こっている
なんでわからないの？
責任感
私は弱者の味方
圧
そうだけど、
そう言われても…
なんでわからないの？

1. 言葉を選ぶ
2. 頭の共感と心の共感のバランス
3. 相手の感情を丁寧に扱う

なものです。もし相手に伝わっていないようであれば、わからない言葉や言い回しがあったかを確認すると良いでしょう。

▼頭の共感と心の共感のバランス

心の共感が強すぎると、気持ちが入り過ぎてしまい、なかなか伝わらないことがあります。必要だ、大切だ、すぐに…と言っても、相手の理解がおいついていなければ、心は動きません。

話をする側は十分な理解があったり現場を見ていることなどから、気持ちが入ってしまうことが多くあります。でも、相手も同じ状況ではありませんから、相手の気持ちが動くようなポイントを探していきましょう。

まずは頭の共感を大切に、そして心の共感も忘れずに、バランスを意識し切り替えながら伝えていきましょう。

▼相手の感情を丁寧に扱う

想いが強すぎると、一方的に話をしすぎてしまうことが多くあります。

相手がどのように受け取っているか、気持ちを確かめながら進めていくようにしましょう。「いまのこと、どう感じましたか？」など、気持ちを聞いて話をする時間もあると良いでしょう。相手が複数いる場合などは、お互いの気持ちをシェアすることが効果的です。相手の気持ちをくみとり、感情を確認しながら、どのような共感度であるかを測りながら進めることが大切です。

「なんでわかってくれないの⁉」そんな風に思ってしまうこともあるでしょう。

相手を変えるより、自分を変えるほうが、カンタンです。

急ぎたい気持ちはわかりますが、共感に近道はありません。

空回りする時間はもったいないので、じっくりゆっくりと丁寧に伝えていきましょう。

key word●アプローチ

最初の繋がりも、共感がなければ、始まらない

私の会社にも、初めて営業に来られる方や、協働の提案に来られる方、採用面談に来られる方など、新しい人との出会いの機会がたくさんあります。

来られる方は、基本的に「一緒にビジネスをしていきたい」という目的で来られているはずなのですが、それを全く感じないことが多くあります。

たとえば、会社のホームページすら見ていないという人がたまにいます。

会社の情報も発信していますし、私自身も考え方を発信していますが、それらを全く見ることもなく来られる姿を見て「この方は、大丈夫だろうか」と心配してしまいます。「僕、めちゃくちゃ悪い人かもしれないですよ」と。

何か一緒に取り組もうという時には、同じ価値観を共有できないとうまくいきません。ですから、まず相手がどんなことを考えているのか、どんなスタンスなのかということを知りたいと思うはずです。

もしかなり異なる価値観を持っていたら、きっとお互いにうまくいかないでしょう。

もちろん発信されている情報にも限りがありますし、価値観のすべてを理解することは難しくもあります。会うからこそ確認のとれることがたくさんあります。

特に、相手が忙しい著名な人の場合、連絡をしたくらいでは返事をしてくれません。たとえば商品やサービスの監修をしてほしいと依頼をしたところで、そんな話はたくさん来ているはずです。しかもそういった方は、お金の問題ではなく、それをやる意味や意義で判断することも多いので、金銭条件だけで了解してくれるものでもありません。

私が以前にモバイルコンテンツサービスの提供を考えていた時、どなたに監修や協力をお願いしたいかということをメンバーで議論していました。

これまでに何百冊も執筆している著名な作家の方が候補に挙がりました。

そしてみんなでこの作家さんの心を掴むべくいろいろと考え、そして、最終的には監修のＯＫをもらったのです。

一体どんなことをしたと思いますか？

繋がりは、共感から始まる

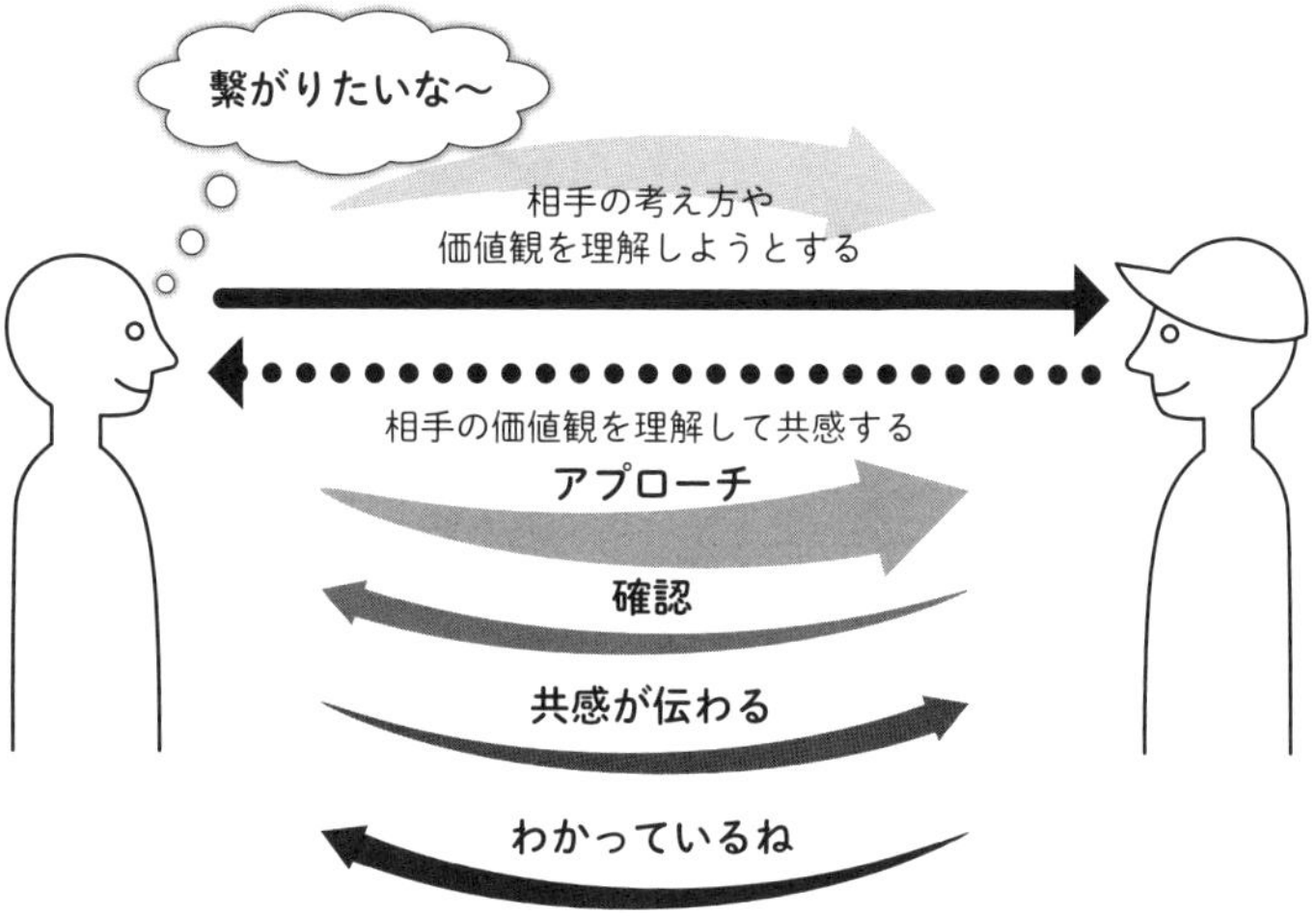
繋がりたいな～
相手の考え方や
価値観を理解しようとする
相手の価値観を理解して共感する
アプローチ
確認
共感が伝わる
わかっているね

価値観を理解しているから、ビジネスが始まる

実は、この作家さんの本を片っ端から読み、この作家さんの書かれている内容に基づいて、アポイントを取る方法を考えたのです。

著作に書かれていることを参考に、企画書を送りました。

すると、秘書の方から「会っても良い」という連絡をもらいました。

早速事務所に駆けつけると、一言目に「君たち、面白いねぇ」という言葉をいただき、「内容はわかったから、好きな本を選んでくれれば、出版社に話を通しておくよ」とすぐにOKをいただいたのです。帰りがけに秘書さんが「あれ、○○の本の内容でしょ」とニヤッとしながら「さすがだね」と言ってくれました。

僕らは、まだ誰も知らないような小さなチームで実績も何もありませんでした。でも、僕らの想いを届けるために、相手が大切にしている価値観や活動など、できる限りのことを知って共感したことを伝えたことで、好印象を持ってくれたのだと思います。

「あなたのこと知らないけれど、付き合ってよ」と告白をしてもＯＫの返事はもらえませんよね。

もし共感の関係を築きたいのであれば、まずあなたが相手に共感をして、その想いをどのように伝えるのかに全力を注いでいく、それしか方法はないと思います。

keyword●お金　事業計画

最初からお金の事業計画は必要ない

事業計画を綿密につくるのは、あなたがやりたいビジネスの目的や手段を見つけてからでも遅くありません。私も実際に、18歳で起業した時には、当然ながら事業計画などありませんでした。

もちろん、ある一定の事業が軌道に乗って組織になってからは、どうやったら利益を確保できるか、人の雇用や投資に回せるか、何か事業の改善ができないかという点で必要になってきます。

私が本格的な事業計画をつくったのは、会社をつくって3年後のこと、自分のやっている事業が新聞の一面で大きく取りあげられ掲載されて出資の電話に追われてからのことです。

当時、アメリカのシリコンバレーで日本向けに音楽を紹介するサイトを運営していたMoonlight Interactive社のToshi 井手さんが、僕の音楽配信を目指す活動に興味を持ち連絡をしてくれました。その後、アメリカからわざわざ日本の小さなマンションまで来てくれたのです。

まともな事業計画の作り方も知らない私が、何億円もの投資オファーを受けている現状を伝えると、「アメリカでもちょっと前にあったＩＴバブル（アメリカでは、dot-com bubble（ドットコム・バブル）と呼ばれた）で、僕の会社にもいろいろとそんな話があって…」と話はじめました。

「この人だったら相談できるかも…」

初対面の井手さんに、僕は事業計画や資本政策についての相談をしました。

いろいろな考え方を教えてもらうとともに、「投資をしてもらう会社と一緒に事業計画をつくるという方法もあるよ」というアドバイスをもらいます。

そこで私は、出資の条件の中に、技術面でのサポート、そして経営企画として事業計画や戦略を一緒に立ててくれるスタッフをつけてもらうことを記載し提案しました。そして実際に投資を受けることが実現しました。


その後の日本のベンチャーブームなどによって、今なら、いろいろな選択肢もありますし、スタートアップまで、支援や相談の環境が整っていますが、当時はそんなものはなく、相談できる人が全くいませんでした。

ですから私は、事業計画に限らず、経営に必要なことは、いろいろな人をたどっていくしか方法がありませんでした。それは今も変わらず、常に誰かを頼って進むことが、１番良い選択肢だと思っています。

起業は、ラフな計画でいい

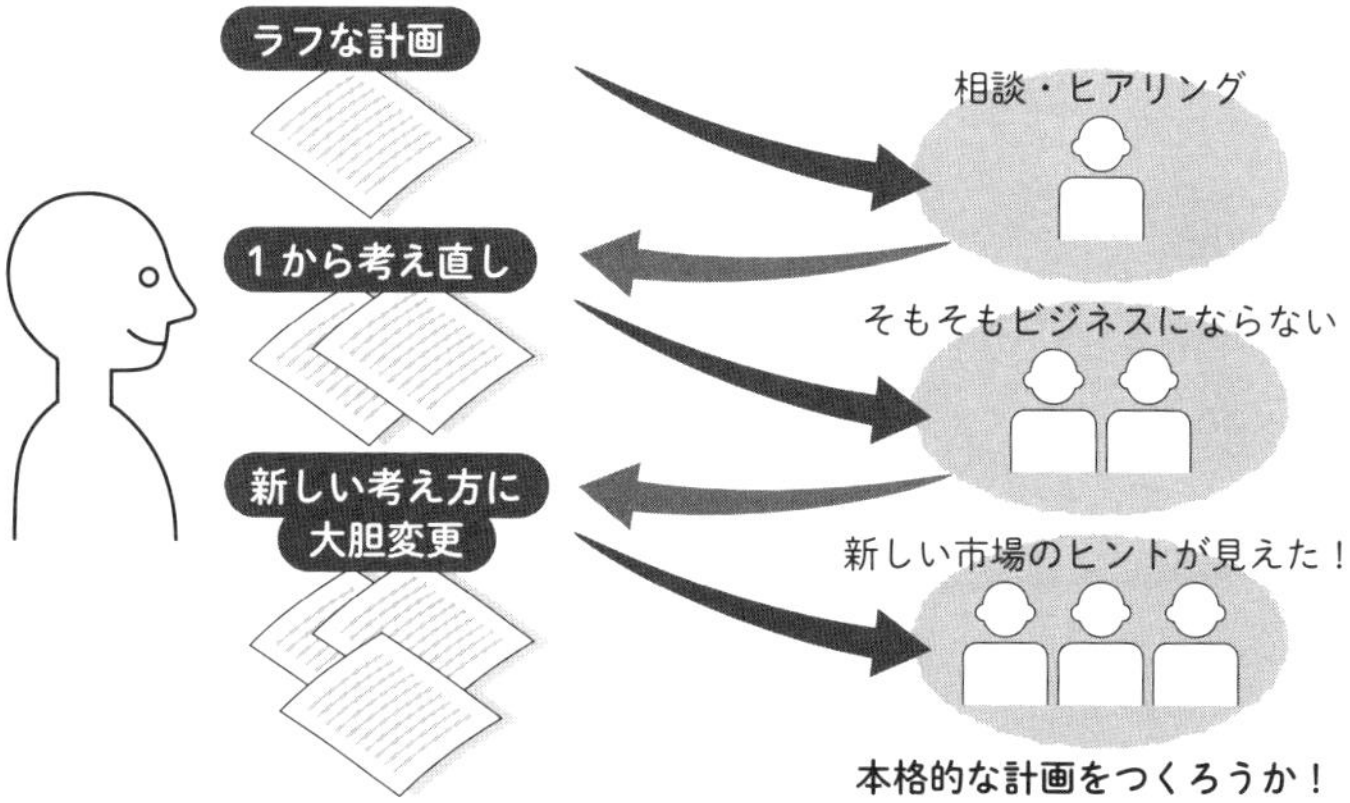

ビジネス初期は事業計画をつくりこみすぎると
大きく変える時間が無駄になる

今では、私が事業計画をつくる段階などで呼ばれます。

ですが、そもそも**起業家の想いや価値観、どんな未来を目指すのかによって計画はいかようにもかわります**から、そこを丁寧に共有していく時間を多くとるようにしています。これは当時、井手さんが僕にそうしていたことでもありますし、自分の経験からも、それが最も大切だということを知っているからです。そして、起業家の想いがどのような形であれば実現するのかを描くために伴走をしていきます。

起業家は、誰に相談をしたら良いかわからないことも多いでしょうが、そうかといって自分ですべてはできません。ですから、自分の価値観を理解してくれる相性の良い支援者を見つけていくことが重要だと思います。

事業計画は、つくるべき時につくれば良いのです。

あなたがすべきことは、もっと先に進んでいくための旗振りなのです。

keyword●代弁者を探す

あなたの想いを代弁してくれる、共感者を増やす

自分の意見を主張をしても、なかなか伝わらないことがあります。自己主張に聞こえたり、あるいはエゴ、自慢にしか聞こえないことがあります。そんなつもりはなくても、自分勝手や独りよがりに見られてしまうことも多くあります。

特に、組織の中で新しいことをしている人は、みな孤独です。

SDGsなどの取り組みをしようとしている人や、社内ベンチャーなどで挑戦している人などには、こうした悩みはつきません。あるいは、社長が自ら取り組んでいたとしても、社員から総スカンを食らっているという現場もあります。

会社のために、未来のために、そんなことを思ってやったとしても、結局、自分がやりたいだけじゃないか、仕事と関係のないことをして無駄だ、などと思われることがあります。

味噌煮込みうどんで有名な大久手山本屋5代目　青木裕典さんも、そんな1人でした。

社長が何か変なことをやり始めた、SDGsなんて売上が上がるのか、味噌煮込みうどん屋がやるべきことなのか、そんなことを言われ続けて苦労していました。

青木さんは、若い頃にベンチャー企業の立ち上げに関わったことがあったそうです。

インドネシアへ什器の輸出をする会社で働く中で、ムスリムの人たちと一緒に仕事をする機会があったそうです。現地のお弁当が日本人にはどの弁当を食べるか選択肢があるのに、ムスリムの人たちには選択肢がなかったことをずっと気にしていたそうです。

ハラールというイスラム法で「許されたもの」しか食べることができず、豚やアルコールを含む食品・調味料が禁止されていたのが理由でした。

その後、家業を継ぐ時に、名古屋への恩返しの意味も含めて、いろいろな社会貢献をしようと考えました。

その1つが、世界には何億人もいるハラールの人たちにも、名古屋メシを食べてもらおうという試みで、**ハラール対応の味噌煮込みうどん**を提供したいと考えたのです。

そこでモスクに通い、ハラールを学び、ハラール対応の味噌煮込みうどんをメニューに加えました。なかなか社内では理解されない状況が続いていましたが、テレビや新聞、ネットやSNSなどで共感を呼びます。

人から聞くと、違って聞こえる

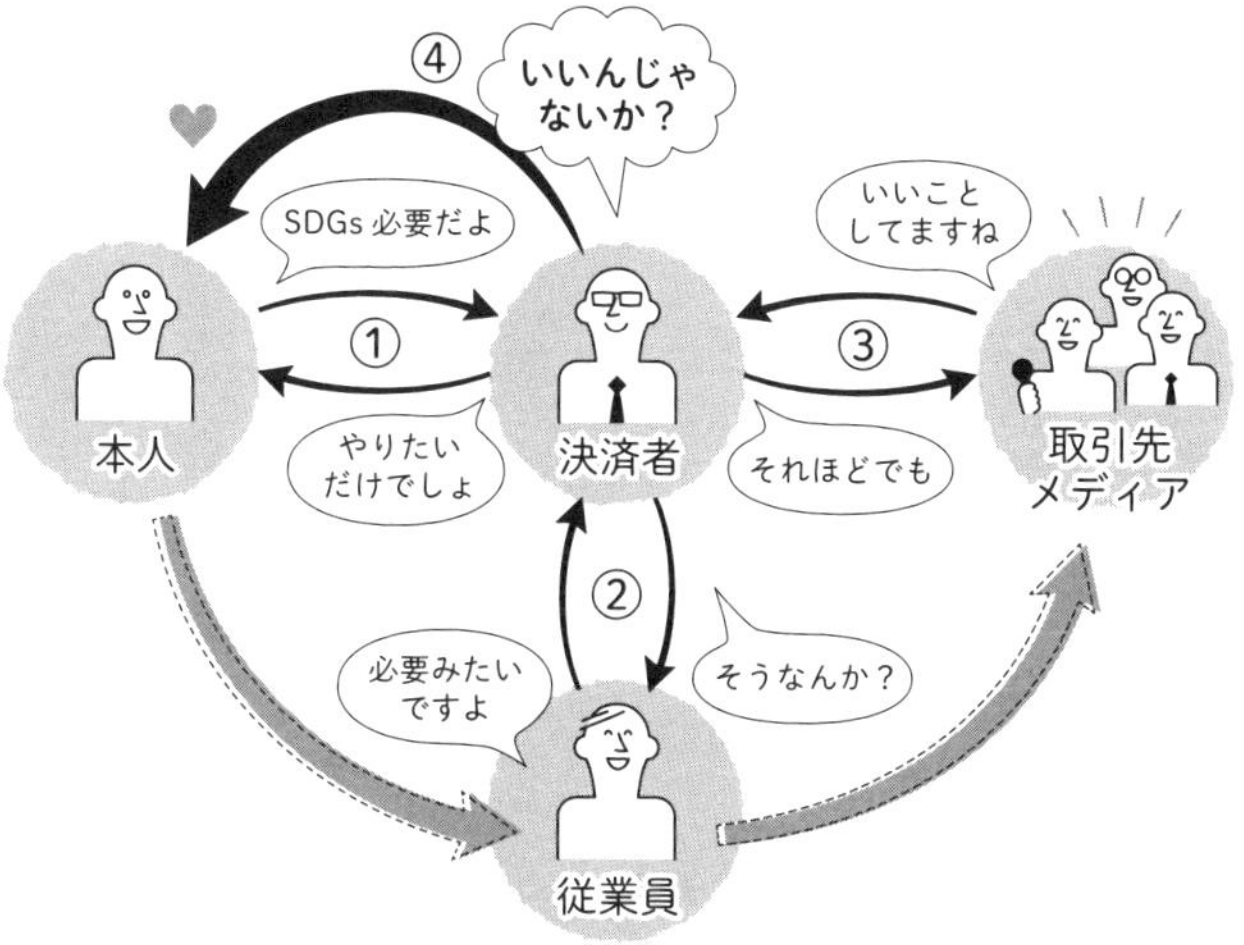

**本人から伝わらないことは
誰かに代弁してもらう**

そして、社内の中でも、一緒に開発するメンバーを増やし、代弁してくれる仲間をつくったそうです。

自分が言いたいことをメディアに代弁してもらう。自分が言えないことをお客さんに代弁してもらう。自分がやっていることをスタッフや仲間に代弁してもらう。

そんな地道な努力によって、名古屋駅から多少遠いにもかかわらず足を運ぶ外国人が増え、実際に売上も上がって結果を出したそうです。

「社長だったからできたんだ」なんて言う人もいますが、むしろ社長だからできないということもあるのです。

強引にやればできるでしょうが、1人ではビジネスは回りません。

道楽とか趣味とか言われる立場にあった青木さんが認めてもらえたのは、共感した周りの力があったからなのです。

私たちの身近なところでいけば、クラウドファンディングを実施する時にも、応援する人から推薦コメントをもらったりしますよね。代弁してくれるからこそ、信じてもらえる、共感してもらえることはたくさんあるのです。自分で言うと嘘っぽく聞こえることも、周囲の声の力は大きいのです。

ただこういう時にちゃんとしておかなければならないのは、人の信頼を借りているものだという自覚です。誠実さのある言動でなければ、信頼を裏切ることになってしまう**こともあるということは、ぜひ心に留めておきましょう。**

key word●相談 知恵 想い 役割

早く行きたければ、1人で行け。遠くに行きたければ、みんなで行け。

ビジネスに必要なものは？ 成功の条件は？

私は、ビジネスにおいて何よりも大切なのは、共感で繋がる仲間だと思います。

仲間とは、スタッフや従業員だけのことではありません。

あなたの商品やサービスを選ぶ顧客、取引先や仕入先の人たち、あなたの家族や友達、そしてこれから未来に関わってくれる人も含めた、あなたを応援したいと思う、すべての人です。

では仲間とは、どうやったら繋がるのでしょうか。

たとえばあなたは、人がどんなことを考えているのか、どんな気持ちを持っているか、どんな価値観で生きているとかは、見ているだけでわかりますか?

きっと察することはできても、わからないことの方が多いですよね。同じように他人も、あなたの考えていることや気持ちなどは、なかなかわからないものです。

つまり、あなたがどんなことを思っているのか、どんな強い想いがあるのか、どんなきっかけで始めたのか、何を解決したいのか…そのすべては、**あなたが話さなければ、伝わらない**のです。

心で思ってるだけでは、あなたが持っている価値観は伝わらない。

誰かが察してくれることはないのです。

ですからあなたは、応援してほしい人、仲間になって欲しい人、関わって欲しい人、すべての人に、あなたが想いを伝えていくアクションが必要なのです。

直接言葉で伝えられれば良いのですが、時間も距離も限られています。ですから、ブログ、SNS、メルマガ、登壇やスピーチなど、いろいろな形で「発信」をすることが大切です。

早く行きたければ、1人で行け。遠くに行きたければ、みんなで行け。

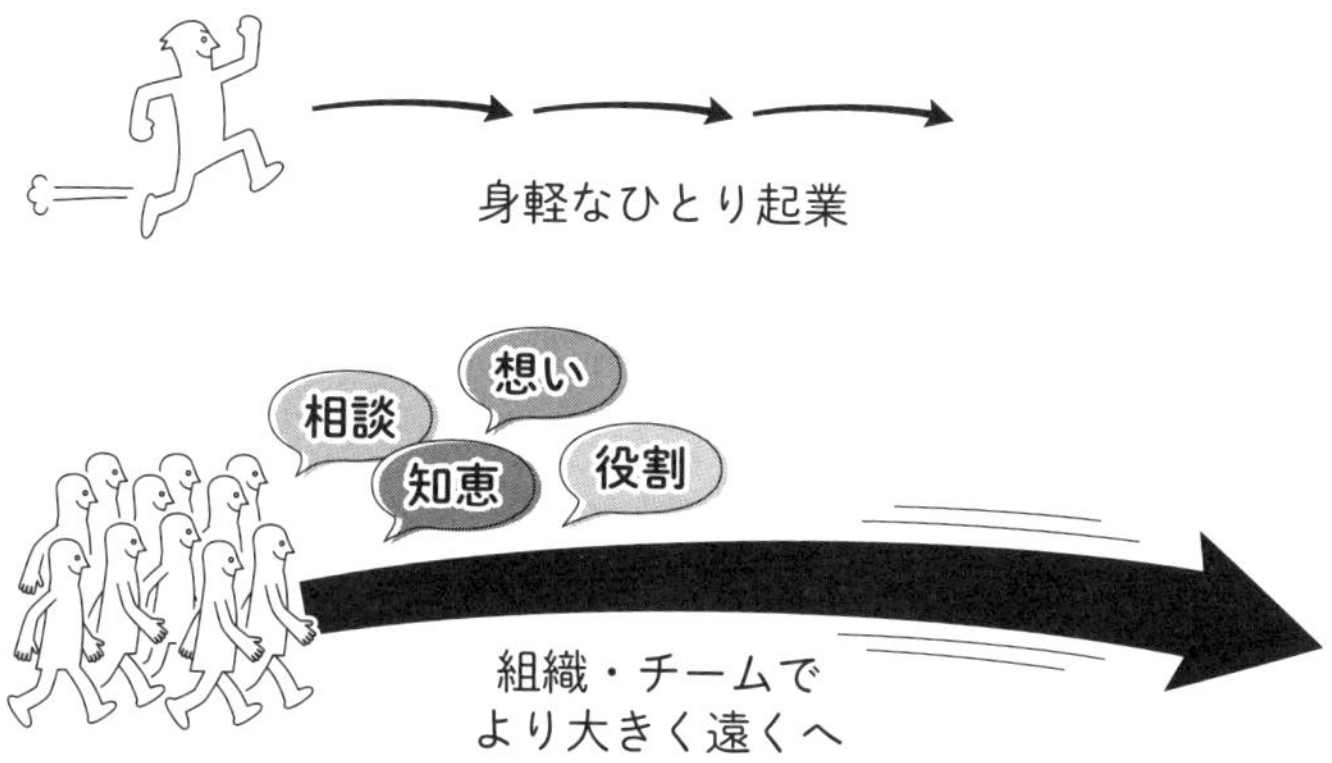

思った以上に、反応は薄いかもしれません。でも、誰かがあなたをずっと見てくれています。日々、あなたが考えていること、あなたがどんな価値観を持っているのか、あなたと信頼関係をつくることができそうか…それぞれが自分の価値観と重ね合わせながら、人はあなたをいつも見ています。

私の経験上、敵をつくるのは1分でできますが、仲間をつくるのは3ヵ月かかります。

人を信じるには、多少の時間がかかります。

小さな共感が、深い共感に進んでいくためには、自分の感情や価値観との距離の確認に、それなりの時間と回数が必要になります。ですから、感情に問いかけるようなタッチポイントの数が必要で、そのためには自分の想いを発信し続ける以外に方法がないのです。

それは、単にあなたのビジネスだけではなく、あなたが

普段感じていること、あなたが大切にしていることなど、あなたの価値観（真善美など）に関わるエピソードを、多くの人と共有することが大切なのです。

この発信によって、あなたの想いに共感する仲間が必ず現れます。

仲間がいれば、何とかなります。

困った時に、気持ちを共有してくれるでしょう。自分のスキルがなくても、手伝ってくれるでしょう。方法を知らなくても、教えてくれることでしょう。お金がなくても、きっかけを作ってくれるでしょう。

もちろん、あなたの想いに共感をすることがあって、あなたを信頼しているからこそ、あなたの代わりになって関わってくれるのです。

社会は広く、情報が常に変わり続け、過去の定説が通じない時代です。自分の時間は限られています。自分だけの努力や情報で、何とかなると思うほうが、危険だと思いますし、スケールが広がりません。小さな世界で終わってしまうことがほとんどです。

お互いが、頼りあうことで、それぞれの役割が生まれます。

そして、たくさんの人のアイデアや繋がりを、1つの活動に繋がっていけば、きっと想像もしていないほど遠くの理想にたどり付けるはずです。

早く行きたければ、1人で行け。
遠くに行きたければ、みんなで行け。

アフリカのことわざで、私の好きな言葉の1つです。

第4章

「共感」を軸に事業をデザインする

key word●課題解決　価値創造　ソリューション　イノベーション

ビジネスは、価値創造

社会には、大きく2つタイプのビジネスが存在します。

1つは、「不都合を解決する」ビジネスです。

いわゆる課題解決型のビジネスで、ソリューションビジネスと呼ばれるものです。現場にある問題や**課題の「直接的な解決」**となる商品やサービスを用意するものです。これによって、顧客の課題を解決するというパターンです。

もう1つは、価値創造型と呼ばれるビジネスです。

こちらは、同じく課題を解決するものではあるものの、単純に課題にのみ向き合うのではなく、**課題の根本となる原因を解決することをゴールに置きます。**

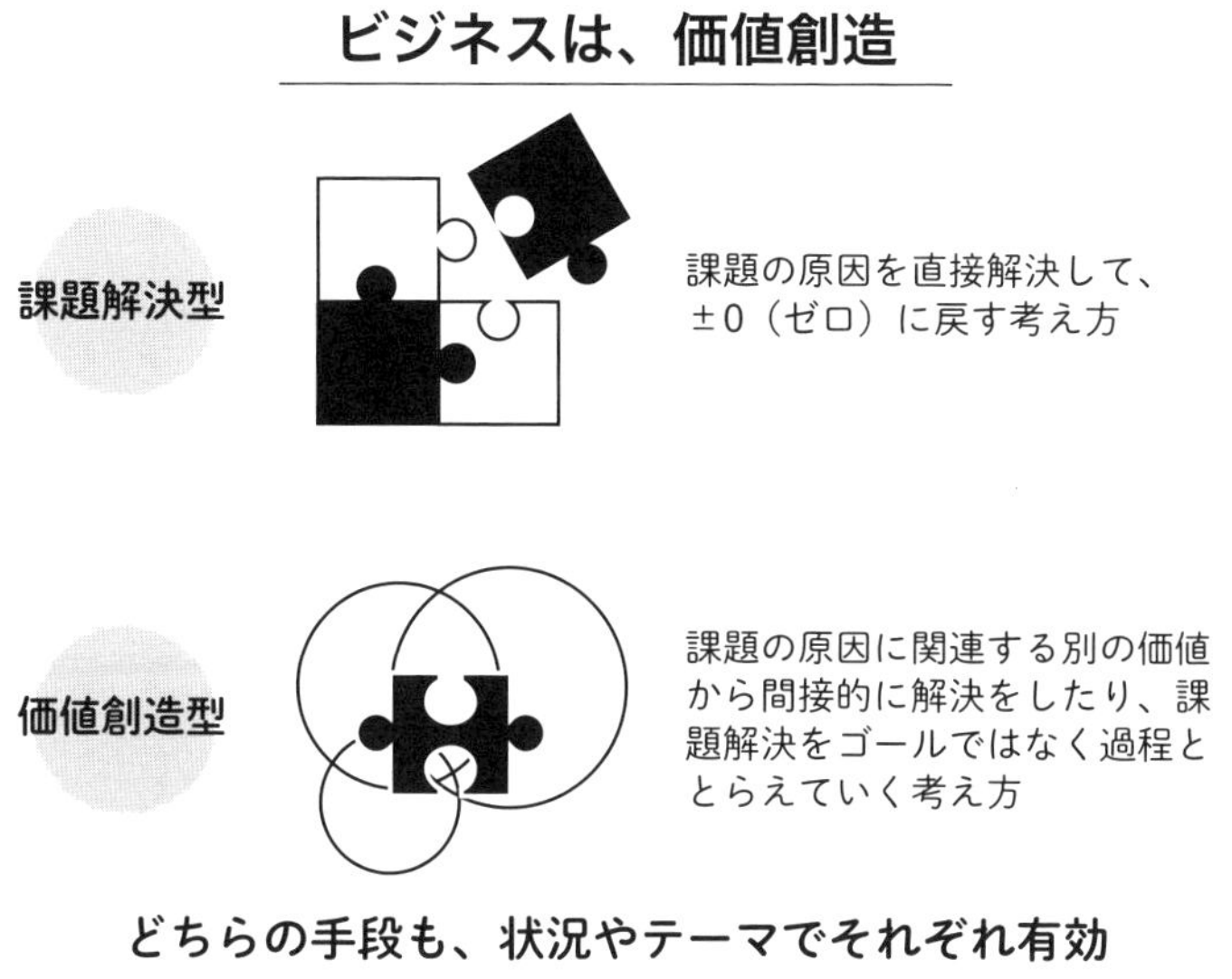
ビジネスは、価値創造
課題解決型
課題の原因を直接解決して、±0（ゼロ）に戻す考え方
価値創造型
課題の原因に関連する別の価値から間接的に解決をしたり、課題解決をゴールではなく過程ととらえていく考え方
どちらの手段も、状況やテーマでそれぞれ有効

その結果、関連する他の課題も解決したり、課題の発生を未然に防ぐ対策を生み出すなど、**課題の「間接的な解決」**を行うタイプです。

長年事業の構想をしてきた中で、それぞれに適しているケースがありました。

その状況や課題の質、緊急度によって使い分けたり、順番をつけたりするべきだと思っています。ただ、どちらかといえば、課題解決型ビジネスの方が、解決した時のイメージも描きやすいので、事業作りという面でも取りかかりやすいとは思います。

しかし、課題は解決できたとしても、また新たな課題が生まれたり、本質的な課題が残されたままになるということも少なくありません。

さらに新しい課題解決が必要になったりして、永遠に課題解決を繰り返してしまう可能性もあります。

一方の価値創造型ビジネスは、課題解決よりも「時間」がかかることが多いものの、「本質的で、影響の範囲が広く、持続的な解決」に繋がる傾向があります。

仮に病気の治療でたとえるなら、課題解決型は西洋医学の合理的な治療法、価値創造型は東洋医学の根本治療で複合的な要因解決や発生そのものを抑える治療法という表現ができるかもしれません。

これはどちらが良いということではなく、どちらも必要な解決の手段です。

昨今のビジネスでは、「イノベーションをどのように生み出すのか」ということが話題になっています。そもそもイノベーションとは、想像を越えて飛躍していくビジネスが前提であって、顕在ニーズの課題解決をするようなソリューションビジネスではありません。

本来は、少し成果がでるのは後になるかもしれないけれども、潜在ニーズをつかみ、新しい価値を生み出すことによって実現される世界こそがイノベーションではないかと思うのですが、どうも現状の延長線上でしか描かれていないことが多いように感じます。

問題解決・課題解決はもちろん必要ですし、それが最適なビジネスはあるものの、これまでのビジネスの多くは、役に立つもの、わかっている課題を解決するものばかりだったように思います。

時代背景もあったのでしょうが、これからはそれ以上に、私たちをワクワクさせてくれるイメージが浮かぶものが求められています。「どうやったら新しい世界をつくっていけるか」大義から考えていくことができるのも、これからの共感起業をする人たちだからできる選択ではないかと思っています。

key word●サービスドミナントロジック　サブスク（サブスクリプション）

モノとコトを組み合わせて、ビジネスを再定義する

これまでは、モノづくりとコト（サービス）づくりのビジネスは、それぞれ別であるという捉え方をされていました。しかしよく考えてみると、それらは分けられるものではありません。これはサービスドミナントロジックと呼ばれる考え方の1つです。

たとえば、サッカーボールというモノを売ったとしても、実際にはサッカーをするというコトになります。シューズというモノを売ったとしても、ランニング、スポーツなどをするコトのためにあります。

つまり人は、**コトのためにモノを手に入れる**のです。

「そんなの当たり前では？」と思われるかもしれません。

でも、たとえばランニングのためにシューズを買ったとしても、結果的にランニングをしなければシューズの意味はありません。この場合、シューズメーカーは売ってお金に換わったからそれで良いのでしょう

か。

結果としてあまり使われずに、シューズが転売されたりするのは、あまり見たくありませんよね。できれば、顧客がシューズを買って目的を果たすことで、お気に入りのシューズになる。そして、消耗したらまた選んでもらう。そんなサイクルをイメージしているはずです。そうであれば、やはり目的が果たされなければなりません。

「このシューズを買って良かった」そんな肯定的な気持ちになってもらうためには、より良い物語が生まれるサポートをすることが大切です。

たとえば、ランニング大会などを開いて、走る目標をつくってもらうことも1つの機会です。良い結果が生まれるように、走り方のノウハウなどのコンテンツの提供をしたり、シューズのメンテナンス方法を伝えたり、また、ランニングをする人たちが出会うなどの交流なども、使用の機会や動機を生み出す1つのコトになります。

シューズは所有することが目的ではなく、使うことが目的ですよね。

ですから、シューズにもサブスク（サブスクリプション）のサービスが登場し始めています。お気に入りのシューズが、永遠に良いコンディションで履き続けられるのであれば、嬉しいですよね。

植物性の原材料でできていたり、リサイクルなどで生まれ変わるという、サステイナブルなコンセプトを持っているサービスもあるので、魅力的だと思います。モノであるがゆえに、「所有する→捨てる」という消費と廃棄が伴うこともあります。そういった行為への罪悪感を減らす意味でも、シェアリングなどで貸しだすサービスが生まれるのも自然の流れです。

また反対に、コト（サービス）を提供している会社が、商品を扱うケースもあります。

たとえば、「ＹＡＭＡＰ」という登山を楽しむためのサービスがありますが、登山のための用品を販売するオンラインショップを提供したり、コラボ商品を作ったり、登山用のアイテムのレンタルも開始しています。つまり、コト（サービス）を充実させるために、モノと組み合わせていくことで、よりサービスを高めようという取り組みでもあります。

また、旅行会社がギフト商品の通販サイトを運営していたり、クッキングスクールがオリジナル商品を作っているケースもあります。

また、ＬＦＣコンポスト（コンポストとは「堆肥」や「堆肥をつくる容器」のこと）を提供するローカルフードサイクリングは、生ゴミの廃棄量を減らすために、コンポストを提供しています。コンポストに土を入れて生ゴミの発酵を促進させ堆肥にするのです。コンポスト用のバッグと分解しやすい土というモノを買って結果的にゴミの量を減らすというコトを実現するという仕組みです。

やり方をシェアしたり、最後に土を活用する方法などがコミュニティーを通じて提供されているのも特徴です。

モノ+コト

モノ
コト
サッカーボールが欲しい
サッカーを楽しむためにボールが欲しい
シューズが欲しい
マラソンを楽しむために健康になるためにシューズが欲しい

目的	モノの所有	モノを使ったコト
種類	モノ	サービス
ビジネスモデル	販売	貸す・シェア

モノは、コトのための手段や道具であることが多い

いずれの場合にも、顧客と直接の接点を持っているからこそできるビジネス展開です。これまでのモノ・ビジネスでは、保証書のユーザー登録くらいの接点しか顧客との繋がりがなく、さらにその情報もあまり活用されていません。

特に、流通や店舗への卸売をベースにしている場合には、顧客の名簿を直接持つという考え方もありませんでした。

これからは、メーカーも直販などで顧客とのダイレクトな繋がりが重要になってきます。仮に直接の繋がりがなくとも、メーカーとしてSNSなどを活用して、繋がりを活かしていく取り組みが増えています。

これからのビジネスでは、モノとコトの組み合わせを意識していく必要があります。テクノロジーの進化で、ダイレクトな販売やそのシステム、名簿を活かしていくシステムなども手頃で使いやすいものがたくさんあります。ですから顧客名簿などを取得し、どのような展開や組み合わせが可能かということを常にイメージして、ビジネスを広げていけるような設計をしていきましょう。

【モノ　↓　コト】

コスメ　↓　使い方

サプリ　↓　健康コンテンツ

スポーツ用品　↓　使い方、テクニック

愛好商品　↓　愛好者コミュニティ

専門商品　↓　使い方、技術向上スクール

【コト　↓　モノ】

サービスユーザー　↓　関連商品の物販

サービスブランド　↓　オリジナル商品

セミナー　↓　教材、グッズなど

イベント　↓　物販／オリジナル商品

key word● Will Can Need

Will Can Needから、ビジネスデザインを描く

- あなたはビジネスを通じてどんな世界を実現したいですか
- それをビジネスで、どうやって実現しますか
- そこに、共感をどう生み出しますか

ビジネスづくりはこの3つの質問に答えることです。

3章でWill Can Needの整理をしました。これをベースに、Will Can Needの並びに置きます。

Willをベースに描きたい世界を整理する**ビジネスコンセプト**、Canをベースに実現方法を整理する**ビジネスモデル**、そして、Needをベースに創造・共有価値による共感を描くことを目的とし、それぞれの解

Will、Need、Can の深掘り

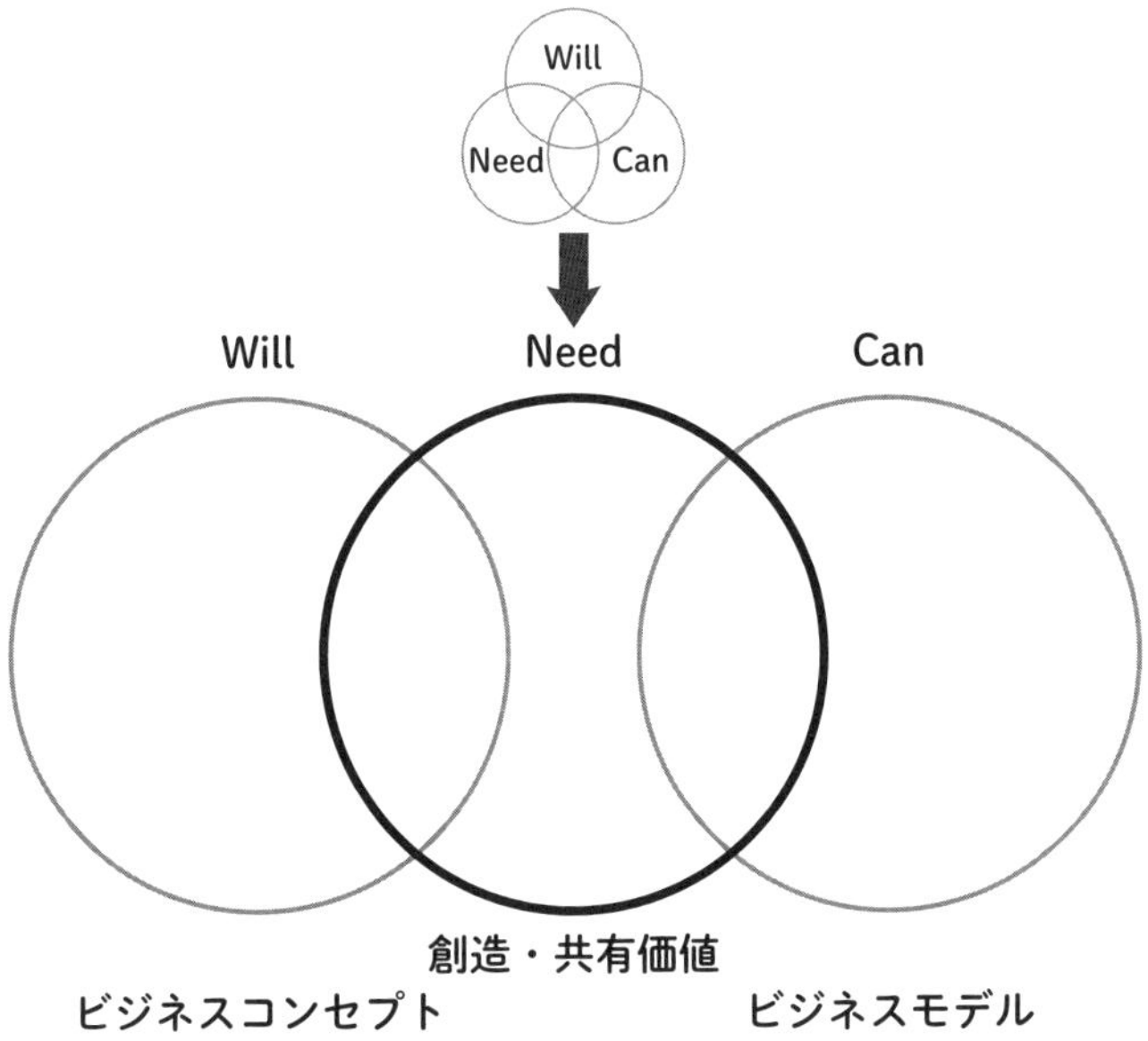

像度を上げていきます。

ここで大切なのは、コンセプトとモデルにおける価値を整理し、価値観としてどのように共有(共感)できるかということを見つけることです。

ビジネスコンセプトでは、①あなたが実現したい理想像、②その理想を阻む課題、③課題の元となる原因、そして④その課題を解決することによって生まれる価値を整理します。一方ビジネスモデルでは、⑤顧客に対して、⑥どのような提供方法で、⑦どのような収益モデルを通じて、⑧顧客価値を生み出すのかという整理となります。この創造された④と⑧の価値を共有し橋渡ししていくことで、共感のストーリーを作り出します。実際の書き込みはビジネスデザインシートを用いてください。

ここでは番号が①〜⑧まで振られていますが、考えやすいところから埋めてください。

共感起業におけるビジネスデザイン

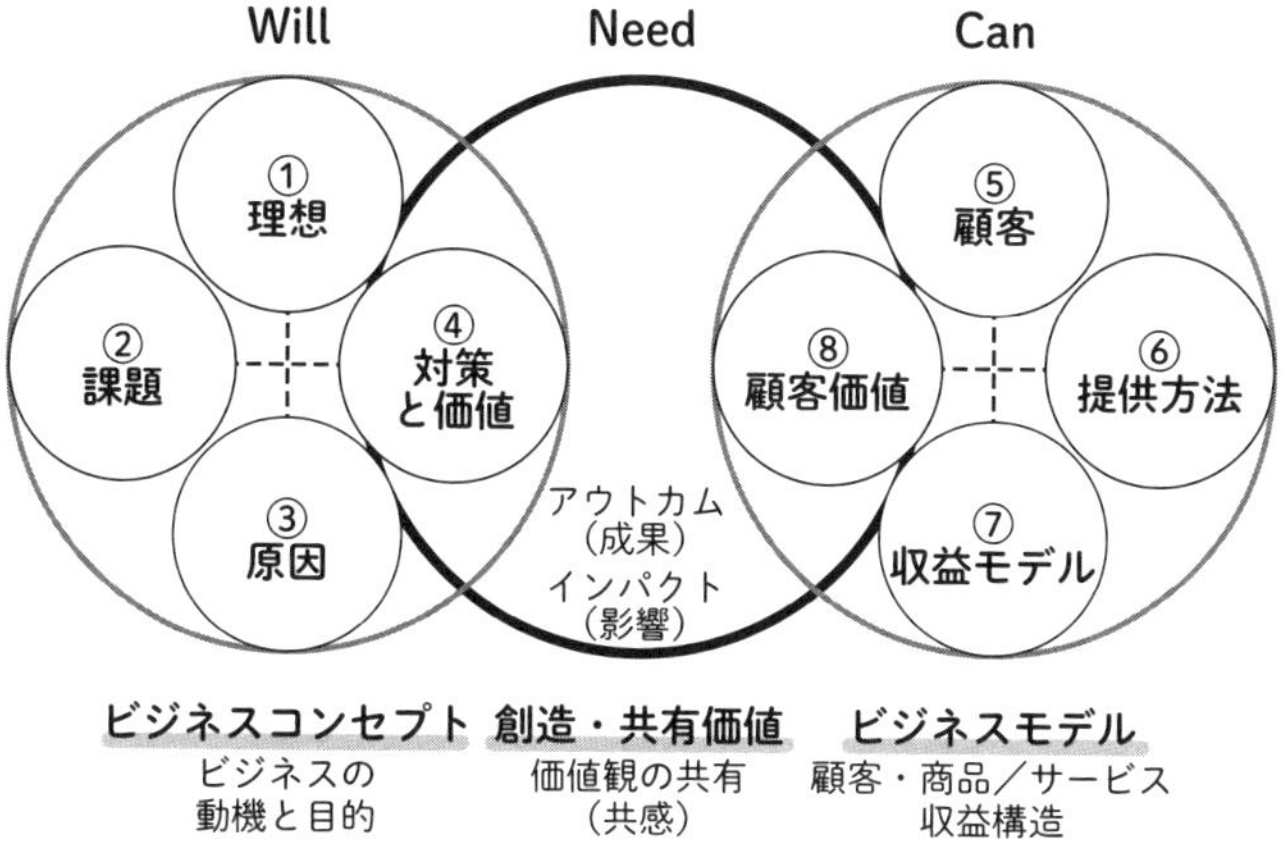

共感起業におけるビジネスデザインシート

<table>
<tr><td colspan="3">ビジネスコンセプト</td><td colspan="3">ビジネスモデル</td></tr>
<tr><td rowspan="2">①理想</td><td rowspan="2"></td><td colspan="2">創造・共有価値</td><td rowspan="2"></td><td rowspan="2">⑤顧客</td></tr>
<tr><td rowspan="3">④対策と価値</td><td rowspan="3">⑧顧客価値</td></tr>
<tr><td>②課題</td><td></td><td></td><td>⑥提供方法</td></tr>
<tr><td rowspan="2">③原因</td><td rowspan="2"></td><td rowspan="2"></td><td rowspan="2">⑦収益モデル</td></tr>
<tr><td colspan="2">〈共感ストーリー〉
（アウトカム／インパクト）</td></tr>
</table>

key word●理想　課題　原因　対策と価値

ビジネスコンセプトの構築：Ｗｉｌｌの解像度を上げる

あなたには、ビジネスを通じて解決したいことがあるはずです。

どんな①**理想**の姿になりたくて、現在②**課題**を感じているのでしょうか。

３つの共感視点などから、そこにはあなたが大切にしたい想いがあり、それが達成できない何かの②**課題**があります。その課題を解決するための④**対策**と生み出される**価値**を整理することで、ビジネス価値／社会価値の一部が生まれます。

ビジネスコンセプトは、こうした課題の構造化などによって因果関係を紐付けて整理していく必要があります。

①理想

ビジネスコンセプト（Will）

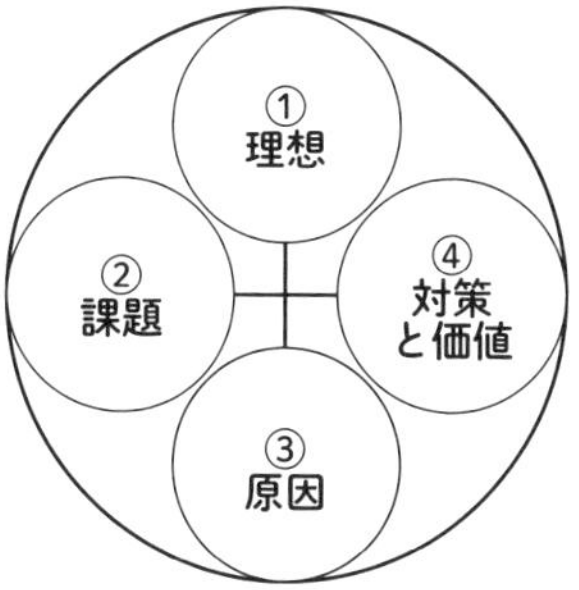

①理想
実現したい姿
鮮明に描かれる世界

②課題
理想と原因の間にある、具体的に取り組むべき対応や対策といった仮説

③原因
理想と乖離した状態を引き起こしている原因、理由

④対策と価値
達成されることによって生まれる価値

Will　ビジネスの動機と目的

理想とは、**実現したい姿、あるべき姿**です。大切なのは、**実現された世界が鮮明に描ける**ことです。

解決の対象となる人が、何をして、何を思い、どんな状況かという具体的な姿を描くことで、あなたや社会の価値観が表されたものです。

その理想は、あなた自身の想いでもありますが、**みんなにとっても理想とする姿**でなければなりません。

あなたの空想や当事者が求めていない理想、あなた自身の目的を達成させるための手段にしたり、あなた自身の個別の課題を解決するものではありません。

もちろん、当事者としての意見は大切ですが、あくまでも解決を必要とする人の1人です。起業家が描く未来像はみんなの希望であり、理念でいうところのビジョンとなります。

考えるポイント

- **誰が、どんな状態になっているか**
- **その人たちは、どんな感情が湧いているか**

- **理想が叶うと、次にどんな希望が湧いているか**
- **当事者やその周辺はどのような状態か**

②課題

課題とは、理想が実現されていない原因との因果関係にある具体的な障がいです。ここで注意したいことは、**課題と問題と現象の違い**です。

問題とは状況のことで、特定の誰かにとって都合の悪いことを言う場合が多くあります。つまり、別の誰かにとっては問題ではないことがよくあります。

解決をしたい対象の集団にとって共通となる障がいを見つけることが課題なのです。その一方で、対象が一般論ほど大きな母数になってはいけません。

また現象とは出来事そのものであり、それ事態に良い悪いなどの評価はなく、表れた姿そのもののことです。多くの場合にその現象は解決すべき対象ではない（コントロールできない）ことが多く、またビジネスで直接解決して成果を出すには難しい場合がありますから、原因の1つになることもあります。

たとえば、高齢化は問題ではなく現象です。

もし問題なら私たちは歳を重ねることが問題とされてしまいます。

一方で「高齢者の運転による事故の急増」は発生している状況であり問題です。この問題の1つの課題は「高齢化による機能低下を原因とする、ブレーキとアクセルの踏み間違いをしてしまうこと」です。

一般的に、問題と現象を混同し、問題と課題を同じ意味として使われてしまうことが多いので、注意が必要です。

現象：現れた出来事そのもの、自然現象など課題とするには大きすぎることが多い
問題：誰かにとって都合の悪い状況
課題：対象となる集団にとって、理想との障がいとなっている因果関係

③原因

ビジネスコンセプトにおいて最も重要なことの1つは、この原因をどのように特定するかということにあります。

ビジネスを考えていく時の考え方としてまず課題を感じることから始まり、それが解決したことによる理想をイメージするところから始めることが取り組みやすいと考え、その順番で解説をしてきました。

そうなると課題の原因を探るという思考になりがちですが、実際に原因を探っていくと必ず起こるのは、**原因を探っていくと、最初に考えた課題は必ず上書きされていく**ということです。

本来は「**原因と理想とのギャップから課題を探る**」ことが必要なのですが、これも、**原因を探ると、設定された理想は本当の理想なのか？**　ということに行き着くことがあります。

つまり、**自身が考える理想や課題を1つの仮説として、原因を探っていき、本当にその原因を解決することが課題を解決していくことになるのかということをブラッシュアップさせていく**ことが重要なのです。

たとえば「お金がないことが課題」と決めつけてしまうと、「お金を用意すればいい」ということになってしまいます。

「お金がない原因」がわからなければ、お金を用意しても一過性の解決ですぐに無くなってしまうだけです。ですから、原因をもっと深掘りしていく必要があります。

また健康などの例でいうと、「食生活の乱れが原因」としてしまうと、本当の原因を見つけることができなくなります。

食生活が乱れる原因を見つけなければ、ただ悪者を発見して犯人だと宣言しただけで、解決に導くことができません。

そう考えると、自分が掲げた理想は、本当に当事者や社会にとって理想なのか？　という疑問が湧いてきますから、自身の捉え方を柔軟にして原因を深掘りして真の課題を見つけられるようにしていくことが大切です。

原因を深掘りしていくことために最も重要なのは、どれだけ**事実を集められるか**ということです。

聞く側の思い込みもありますが、答える側にも思い込みがあります。

思い込みで質問を誘導すると、聞く側にとって欲しい答えが返ってきます。

無意識に欲しい答えを誘導させる質問をしてしまっていることもありますから、その答えが真実とは限らないのです。

ですから、できるだけバイアス（先入観）を排除して、実際の時間や行動など**現実に起こった事実**を聞いていくことで、原因となる要素を集めることができます。

また加えて、**現象**も原因の1つになりえます。

たとえば、少子高齢化、気候変動、パンデミックなど、原因を誘発する現象に注目することも大切です。

現象は様々な形で数値化や可視化がされていますので、それらの活用も必要です。

ビジネスコンセプトのブラッシュアップには、現場のヒアリングが大切だとよく言われます。いくら自分の頭で考えたとしても当事者のひと言でガラっと変わってしまうことがよくあります。

ですから、課題や理想は持っていたとしても仮説だと割り切って、現実に向き合っていきましょう。

④対策と価値

課題を解決していく方法（仮説）と、それによって生み出される価値を定義します。

これは描かれた理想を実現するために必要不可欠な価値です。ここで大切な視点は、持続性のある価値です。未来へと意識を向けていくと、対処だけではなく対策を含めて課題や問題の発生を防ぐことまでがすべきことであり、価値と感じることに繋がります。

この価値こそが、ビジネスコンセプトに意味を持たせることになります。

- 理想の姿が、どんな価値を持っているか。
- 課題を解決すると、どんな価値が生まれるか。
- 原因の対策をしていくと、どんな価値が生まれるか。

ビジネスコンセプトをしっかり作り上げることは、ビジネスを始める前に必ずやっておくべきことです。よく**ビジネスモデルが重要と言われますが、ビジネスコンセプトで描いたものを達成させる手段にすぎません。**

あなたの感性、そして価値観をしっかりとコンセプトとリンクさせ、常にブラッシュアップをしていきましょう。

コンテンツサービスの例

<table>
<tr><td colspan="3">ビジネスコンセプト</td></tr>
<tr><td>①理想</td><td>誰もが自分らしさを感じ、社会に活気が溢れる状態をつくる。</td><td></td></tr>
<tr><td>②課題</td><td>社会人は日々の中で一時的にモチベーションが上がることがあるものの、時間に追われたり、後回しにすることで、忘れがちになる。
これが繰り返されると、自分が停滞している感覚や焦り、自己嫌悪などから自己肯定感や意欲が低下する。</td><td rowspan="2">④対策と価値
毎日に目標を持ち、自身が成長を実感できる感覚を提供する。モチベーションに繋がる刺激を取り入れられる状態をつくる。生活パターンを変えずにきかっけを取り入れ、生活の中でアクションできるような環境を提供する。
結果、無理なく自己肯定感を高めることに繋がる。</td></tr>
<tr><td>③原因</td><td>日々の仕事や生活に追われ、自分自身をふり返ることや未来を考える余裕がない。またそれを解決するための情報が溢れて、何を選んだら良いかわからない。</td></tr>
</table>

key word●顧客　提供方法　収益モデル　顧客価値

ビジネスモデル構築：Canの解像度を上げる

ビジネスコンセプトが決まったなら、それを実現させていくビジネスモデルを考えます。

まずはビジネスの対象となる⑤顧客を設定し、⑥商品やサービスなどの提供方法を考えます。その⑦収益モデルを精査し、結果、どのような⑧顧客価値が創造できるかによって、ビジネスが成立するか否かが決まります。

結果的に顧客価値が金銭対価となるため、ビジネスコンセプトに基づいて、どのような商品やサービスによって価値や共感を生み出せるのかを、描いていきましょう。

⑤顧客

顧客を誰にしたいか。誰が顧客になるのか。ということはすぐに見つかるわけではありません。

ビジネスモデル（Can）

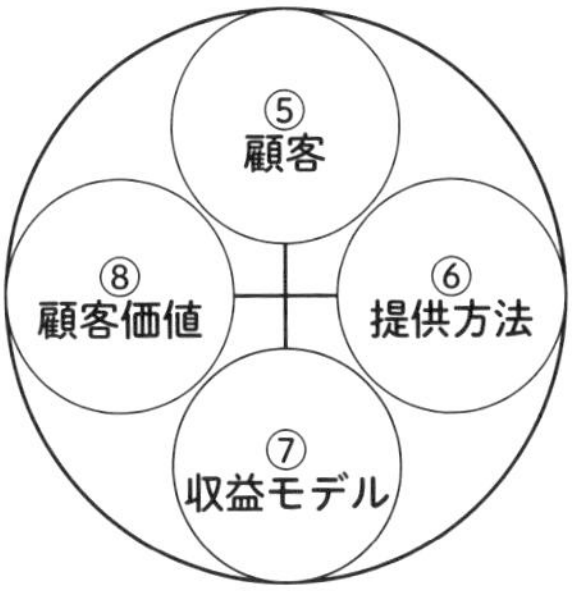

⑤顧客
ビジネスにおける顧客像（ペルソナ）

⑥提供方法
商品やサービス、価格、提供手段、競合との違い

⑦収益モデル
都度／定期など、原材料の調達／加工など、どこまで何をするかによって収益の違いが出る

⑧顧客価値
顧客がビジネスを通じて得られる価値

Can 顧客・商品／サービス
収益構造

まずは、自分が実際に会ったことのある誰かをイメージしてペルソナを作ります。あるいは、コミュニティーをつくりそこで顧客となる人を描いていくことも1つの方法です。

記載するポイント

- 具体的な属性や集団の特徴をわかりやすく表現する
- もし、受益者と顧客が別の場合にはそれぞれを書く

⑥提供方法

提供方法は、「商品」や「サービス」など、手段は無限にあります。

スキルや商品ありきで始めることも多いでしょうが、あくまでも手段としての位置づけであり、顧客が求める価値に対してその商品やサービスが目的を達成できるかということです。

たとえば、前述したように顧客はモノが欲しいわけでもなく、モノを通じたコトという目的を持っていることも多くあります。

ですから、商品やサービスといった形にこだわらず、顧客にとっ

ての価値、満足に繋がる提供方法がどんなものであるのかという点で整理が必要です。

また、商品の強みや他社との違いも整理が必要です。

ポジショニングマップで整理をしながら、あなたならではの強みも含めて、記載しておきましょう。

記載するポイント

- 商品やサービスの具体的な姿
- 製品の特徴や他社との違い

⑦収益モデル

商品やサービスの提供に伴った収益モデルを検討します。

売るのか貸すのか、都度の購買なのか、定期販売なのか、会員サービスなどで収益を得るのかなど、あらゆる収益モデルが考えられます。

コスト構造などを検討し、利益が出せるようなプランを作っていくことになります。

イメージで構いませんので、収入、支出などを中心にかいていきます。

大切な視点は、このビジネスでどこまでの範囲の事業を行うのかという点です。

つまり、製品の販売だとしたら、問屋などの流通から仕入れるのか、現地から直接調達するのか（つまり流通までやる）、製造から行うのか、などです。

<table>
<tr><td colspan="3">ビジネスモデル</td></tr>
<tr><td rowspan="3">⑧価値（顧客価値）
自分自身が前進し成長している実感が持てる。停滞感から開放される。
新しい気づきや意識の変化から、価値観やモノの見方が広がる。
いつもの生活ルーティンを変えずに取り組める。</td><td>働き盛りで毎日通勤をする共働きの忙しい社会人。
都市圏在住、30代、家族あり、住宅ローンあり。
転職や独立を考えているものの、仕事と家庭の両立もままらないなか、自分の将来のことも考えていきたい。</td><td>⑤顧客</td></tr>
<tr><td>スマホによる自己啓発本の内容配信。
関心のあるテーマをセットすると、翌朝指定時刻に「今日のテーマ」が配信される。終わると次のテーマが提案される。自分の記録をふり返ることができる。</td><td>⑥提供方法</td></tr>
<tr><td>【収入】
アプリによる月額課金
無料版は広告モデル。

【支出】
コンテンツ制作費、ロイヤリティー、システム開発と運用、手数料。</td><td>⑦収益モデル</td></tr>
</table>

　これは次項のビジネスモデル図解などで整理をしていきますが、ビジネスコンセプトにおいて、どこまでの範囲をやるべきかというラインを決めておく必要があります。

　理想を１００％叶えることは重要かもしれませんが、それではリスクが高すぎますし、時間も資金も人材も足りないでしょう。最初にどこまでこだわるのかを整理しておくと、コストの掛け方に方向性が見えてきます。

記載するポイント

- 収入、支出
- 価格、購買数（顧客数、頻度など）
- 販売提供方法（流通、販路）
- コスト構造（サプライチェーンの領域、サービスの外注／内製などの概要）

⑧価値（顧客価値）

ビジネスモデルにおける価値は顧客価値ですから、製品やサービスなどの姿となって受け取ることによる対価です。顧客がこの商品やサービスにお金を払う理由、目的、得たい価値、期待なども含めた顧客が対価として払っても良いと思える価値を提示しなければなりません。実際に顧客の課題を解決したり、顧客が叶えたいコトを実現していくことなどが、金銭対価として表れてきます。もちろん、金銭以外の価値も得られますが、ビジネスモデルではそこをシビアに金銭価値に繋がるものに絞っておきましょう。

key word●ビジネスコンセプト　ビジネスモデル

創造・共有価値の定義：Needの解像度を上げる

ビジネスコンセプトとビジネスモデルとで生み出される価値が繋がることによって、ビジネスが大きく成長していきます。

この２つは完全に一致する場合と、そうでない場合があります。

ビジネスコンセプトである課題解決の受益者が、ビジネスモデルの顧客と一致している（あるいは一体として見ることができる）場合には、価値が一致しやすくなりますから、共感のストーリーが生み出しやすくなります。

一方、社会課題など、受益者が顧客と異なる場合には、必ずしも一致しないことがあります。たとえば、教育や福祉などの場合、受益者が子どもや高齢者であっても顧客は保護者や家族、あるいは企業や自治体といったことも考えられます。そういった場合にも、顧客への価値を示していかなければなりませんから、

創造・共有価値（Need）

ビジネスコンセプト
④対策と価値

ビジネスモデル
⑧顧客価値

それぞれの価値が共有されることで、
共感の物語が生まれるビジネスとなる

結果として、成果、影響などを創造す
ることができる

ここにも一定の共感ストーリーが必要になってきます。

最近では、ロジックツリーなどによってアウトプットではなくアウトカム（成果）をアニュアルレポート（報告書）で制作するケースも多くあります。ビジネスにおいて利益以外の価値を示していくためには、先ほどの例で言えば、その社会的・環境的評価を貨幣価値換算するなどして成果を表していく社会的インパクトなどの手法が使われます。

ビジネスという選択肢を選ぶということは、価値を生み出すことを選んだことと同義です。社会や顧客が持っている価値観が、ビジネスで生み出される価値と一致すれば、それがビジネスに繋がるのです。

ですから、ビジネスコンセプトで考えた価値観と、顧客や社会が持つ価値観、それらの重ね合わせがNeed（ビジネスの創造・共有価値）として実現できるよう、ブラッシュアップしていきましょう。

<table>
<tr><td colspan="3">ビジネスコンセプト</td><td colspan="3">ビジネスモデル</td></tr>
<tr><td rowspan="2">①理想</td><td rowspan="2">誰もが自分らしさを感じ、社会に活気が溢れる状態をつくる。</td><td colspan="2">創造・共有価値</td><td rowspan="2">働き盛りで毎日通勤をする共働きの忙しい社会人。
都市圏在住、30代、家族あり、住宅ローンあり。
転職や独立を考えているものの、仕事と家庭の両立もままらないなか、自分の将来のことも考えていきたい。</td><td rowspan="2">⑤顧客</td></tr>
<tr><td rowspan="2">④対策と価値

毎日に目標を持ち、自身が成長を実感できる感覚を提供する。
モチベーションに繋がる刺激を取り入れられる状態をつくる。
生活パターンを変えずにきかっけを取り入れ、生活の中でアクションできるような環境を提供する。
結果、無理なく自己肯定感を高めることに繋がる。</td><td rowspan="2">⑧価値（顧客価値）

自分自身が前進し成長している実感が持てる。
停滞感から開放される。
新しい気づきや意識の変化から、価値観やモノの見方が広がる。
いつもの生活ルーティンを変えずに取り組める。</td></tr>
<tr><td>②課題</td><td>社会人は日々の中で一時的にモチベーションが上がることがあるものの、時間に追われたり、後回しにすることで、忘れがちになる。
これが繰り返されると、自分が停滞している感覚や焦り、自己嫌悪などから自己肯定感や意欲が低下する。</td><td>スマホによる自己啓発本の内容配信。
関心のあるテーマをセットすると、翌朝指定時刻に「今日のテーマ」が配信される。終わると次のテーマが提案される。自分の記録をふり返ることができる。</td><td>⑥提供方法</td></tr>
<tr><td>③原因</td><td>日々の仕事や生活に追われ、自分自身をふり返ることや未来を考える余裕がない。またそれを解決するための情報が溢れて、何を選んだら良いかわからない。</td><td colspan="2">〈共感ストーリー〉

自分らしさを毎日実感する
自分磨きアプリ

（アウトカム／インパクト）

ユーザー数、コンテンツ利用数
定期的な自己肯定感の調査</td><td>【収入】
アプリによる月額課金
無料版は広告モデル。

【支出】
コンテンツ制作費、ロイヤリティー、システム開発と運用、手数料。</td><td>⑦収益モデル</td></tr>
</table>

（著者作成）

ビジネスの相関関係と商流を整理するビジネスモデル図解

周囲との関係性の中で自らの立ち位置を整理しておくことで、新しいビジネスの可能性を発見することができます。サプライチェーン（製造から物流、販売など）の流れのうち、自社がどの立ち位置にいるのか、その中で素材や製品、お金や権利などがどのようにながれているのかを整理するために、ビジネスモデル図解（ビジネスモデル図、ピクト図解などとも言われる）を使います。

ビジネスモデル図解は、顧客や取引先などの「人や組織」、素材や製品などの「もの」、取引で発生する「お金」の動きを表しています。それらを矢印などで繋ぎ、関係性を整理します。

ビジネスモデル図解を描く時に、自社にとって長期的に価値を高めていくためには何を重視すべきかということを考えてゆかなければなりません。

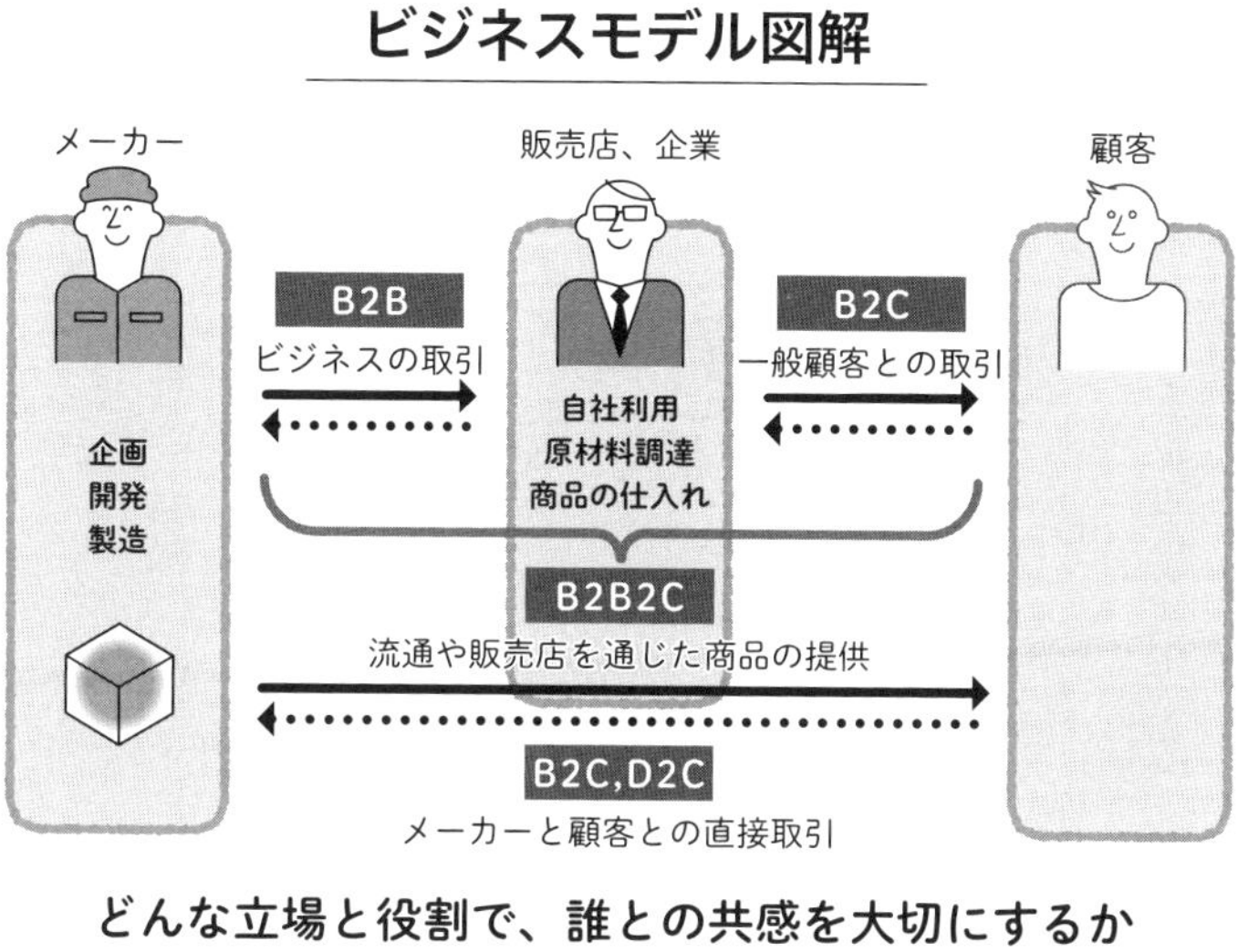

たとえば、最終顧客が一般消費者（Consumer：コンシューマー）の場合、最近では直接顧客の情報を持つＢ２Ｃ（Bisuness to Consumer）とＤ２Ｃ（Direct to Consumer）が主流になっています。

最近のビジネスを考える人にとっては普通のことかもしれませんが、これまでは、流通や小売りに卸販売などを通じて販売する、B2B2C（Bisuness to Bisuness to Consumer、つまり、メーカー to 流通／小売り to 一般消費者）の形で提供される顧客の購買接点の数が重視されてきました。

しかし、誰でもＥＣ（ネット通販）ができるようになった今、大手のメーカーでさえ数よりも関係性（質）に重きを置くケースが増えています。

この状態を整理してみると、Ｂ２Ｃの場合には一般消費者がメーカーから直接買いますが、Ｂ２Ｂ２Ｃの場合には、販売店に卸してから一般消費者が買うので、メーカーは誰が買っているかがわかりません。

つまり、メーカーは流通か小売店という企業が一次的な顧客であり、メーカーは一般消費者の情報は持てない仕組みなのです。

顧客を持つことで、顧客に直接メッセージを届けたり、顧客のコミュニティーやメンバーシップをつくることができます。たとえば受注生産、予約による商品制作なども可能ですし、それによって商品の世界観なども伝えることができます。直営店舗や催事、ポップアップやイベントなどを通じた活動も可能です。

顧客情報を自社で持ちながら販売網を広げるためには、営業代理店や販売代理店などを使うことも考えられます。たとえば保険などをイメージするとわかりやすいですが、代理店が商品を売りますが、保険会社が顧客情報を持っています。

また、一般消費者向けにしか提供していないものが、ビジネス利用で使われるケースもあります。

たとえば、一般向けのセミナーが個人から個別にお金を徴収するのに対し、企業内では研修に名前が変わって参加者はお金を払わず会社が一括してお金を払うということになります。たとえ同じサービスであっても、相手が変わると目的が変わり、お金の払われ方が変わり、それによって商品の内容が少し変化することもあります。

場合によってはそれを最適化することで、B2Cのセミナーと、B2B用の研修メニューを分けることも考えられます。

消費者から見るとわからないかもしれませんが、ビジネスモデルが異なると接点が変わってくるのです。関係図と流れを整理すると、このようにいろいろな姿が見えてきます。

ビジネスの商流は様々なパターンが存在しますから、それをもとにビジネスコンセプトを実現させていくためのビジネスモデルを選んでいく必要があるのです。

また、ビジネスの継続性を考える場合、都度購買を検討してもらう方法では毎回販促活動が必要になります。そこで、継続購買の仕組みとして、定期購買、頒布会、サブスクリプションなどがあります。

自社商品が消費材や消耗品である場合には、定期購買などを用いることが効果的です。化粧品やサプリメント、食品などの消耗品を定期購買することもありますし、インクや燃料なども同様に定期的に無くなりますから、継続的な購買が見込めます。

実際に定期購買を選んでくれた顧客は優良顧客ですから、いろいろな形での優遇も必要になります。

また、商品を所有するわけではなく、サービスとして利用する形にできるものは、サブスクリプションという形をとることができます。

サブスクリプションの実態はレンタルと似たものだったり定期購入のようなものであることが多いので、その違いをうまく演出する必要はあると思います。

アートのサブスク「Casie」は、作品を定額で家に飾ることができます。

毎月いろいろなアートに出会えるものから、気に入ったアートを好きな時に変えられるプランなどもあり、買うこともできます。

ユーザーの共感が得られる部分を、通常のレンタルとは少し違う要素でサブスクにしていくこともアイデアとして必要ではないかと思います。

ビジネスモデルが発明されることも希にありますが、私たちが選択するほとんどのビジネスは、発明ではなく組み合わせやアレンジです。サブスクも新しいビジネスモデルと言われていますが、これまでの月額会費やレンタルなどの要素をアレンジしたものにすぎません。

社会課題解決などのビジネスにおいては、現場で生み出せる価値を、市場で展開可能な、どのビジネスモデルと組み合わせたら良いか、相性を探すことでもあります。

たとえ儲かりそうなものであっても、選択したくないビジネスモデルというものもありますよね。ですから選ぶことも価値観であり、起業家の感性に委ねられていると思います。

key word●ポジショニングマップ　競合調査

ポジショニングマップで競合を把握する

市場調査と書くと大げさですが、すでにあるものを徹底的に調べていくことは、大切な準備の1つです。なぜなら、せっかく考えても、すでに同じものが存在している可能性もあるからです。ですからこれは、競合調査にも使われます。

▼ポジショニングマップとは

ポジショニングマップとは、縦と横の二軸の図表で、市場におけるポジショニングやセグメンテーションを表すものです。

何点かの商品やサービス、あるいは市場をピックアップしたら、それらに共通する二軸をつくります。わかりやすい例でたとえると、Y軸を価格帯、X軸を機能性などにしてみましょう。

ポジショニングマップ

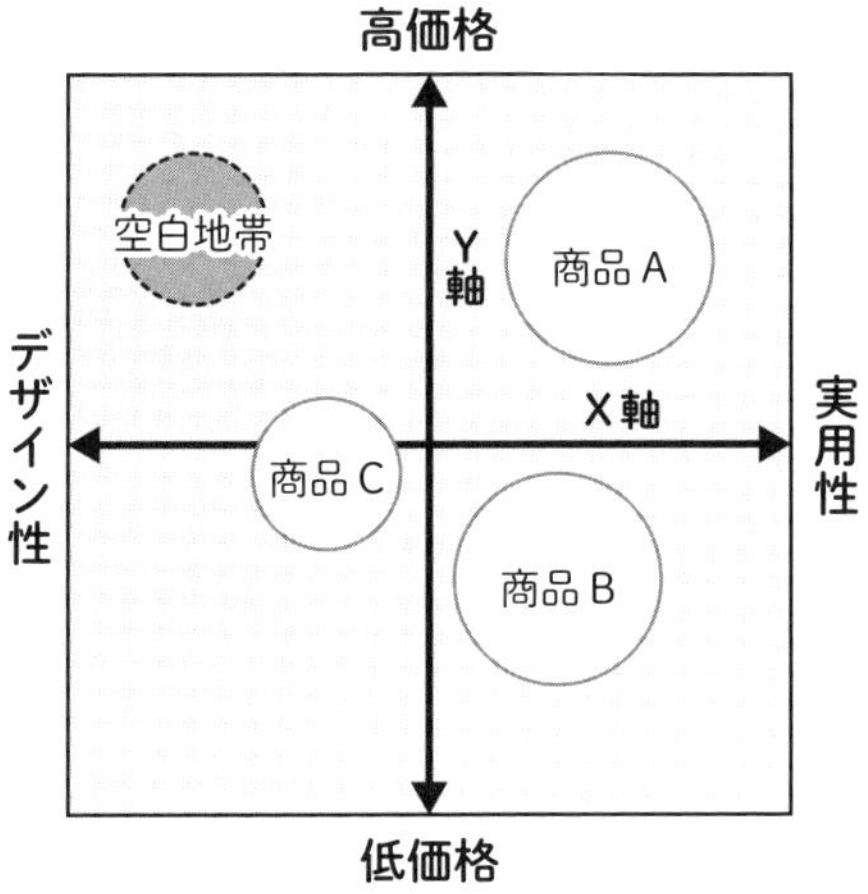

たとえばこの場合、商品A～Cがマッピングされると左上のデザイン性の高い高価格帯が空いています。

ここが空白地帯になるのですが、空白地帯であるには理由があります。

①需要がない
②儲からない
③参入障壁が高い
④誰も気づいていない、チャンス

④…と思いがちですが、多くの場合は①～③です。

①みんなが共感して待ち望んでいるわりには、お金を出すほどのものでもない

②ビジネスにはなるが、単価が低いかコストが高いなど、利益が残らない

③参入障壁があったり、一度誰かが失敗している

これも、時代が変われば環境が変わるので、電子化によってコストが下がるとか、ライフスタイルが変わって評価されたとか、規制緩和で参入しやすくなったなど、現在だけの情報よりも未来に向けてどう変わっていくかという点で検証することになります。

ポジショニングマップにおいて最も大切なのは、この軸を見つけることです。軸が変われば、それぞれのポジションが変わり、そして空白地帯も変わります。

ここで「軸の設定」にかなり悩むと思います。
まずは自社が展開した時に比較対象となる企業や商品などをリストアップして、整理をすることが大切です。
そしてその軸は顧客視点でなくてはなりませんから、多くの人の意見を踏まえて制作をしていきましょう。自分だけでやってしまうと、自分に都合の良い解釈となってしまい、結果的に意味をなさないものになってしまう可能性が高いです。

まずはシンプルに、ビジネスの競合、他社との違いについて整理をしておきましょう。

▼軸の例

●購買条件

・価格
・品質
・購買頻度
・購買／利用対象
・地域
・購買の利便性
・保証
など

●機能的価値

・デザイン性
・効率性
・安全性
・利便性
・多機能

・携帯性

共感（価値観）軸のリフレーミングで、ビジネスや市場を再定義する

ベーシックなポジショニングマップができたら、その軸の中で自社を選んでもらう必要がありますが、それほど簡単なものではありません。

そこで、全く違う軸を設定し、自社の商品を選択してもらう目的や理由を考えることになります。

そこで必要なのが、**共感（価値観）の軸**です。

購売条件や機能性などで比較をして選んでもらえるのであれば良いのですが、条件は常に変わりますし、機能というのは使ってみないとわかりません。すでに満足しているものを変えてもらうためのハードルは高いものです。

しかし、どんなユーザーであったとしても、常に良い商品を探していたり、気づいているか否かは別と

して不満があるという前提があって良いと思います。

ですから、購買条件や機能的価値、顧客のライフスタイルという目に見える条件だけではなく、情緒的価値である共感を軸に整理をすることで、新しいアプローチを提案することができるのです。

こうすることで、顧客はたとえ同じ商品であったとしても、「その目的や理由には興味があるから使ってみよう」という**新しい動機を生み出し、期待を生み出すきっかけをつくる**ことができます。

そこで、ポジショニングマップの1つの軸を変更し、商品に対する期待値や価値観などの意味（情緒的価値）を入れてみましょう。

いきなり2軸を変えるとポジショニングができず迷子になってしまうこともあるので、まずはどちらかを変えてみて、しっくりいったらもう1軸を替えていくことをオススメします。

こうしたリフレーミングで成功した例はたくさんあります。

このように枠組みを変えることを「リフレーミング」といいます。競合がひしめく中で№1を目指すのはなく、できるだけ正面から戦いを挑まないオンリーワンを探していくのです。

たとえば、チョコレートを例にあげましょう。

チョコレートはお菓子の分類になりますが、そのストレス緩和成分に焦点を当てたグリコは、オフィスシーンでの利用をメインに「ストレス社会で闘うあなたに。チョコレートでほっとしよう。」というキャッ

ポジショニングマップ

チョコレートを食べる目的の例

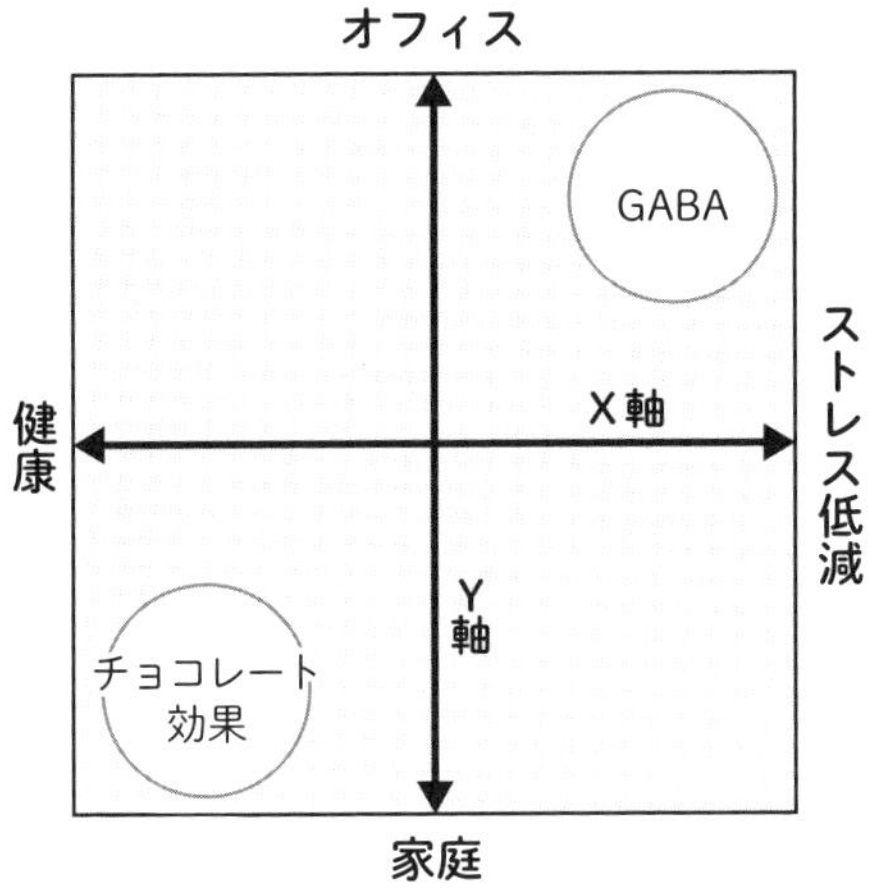

チコピーで、メンタルバランスチョコレートGABA（ギャバ）という製品を発売しました。

この場合の軸は、これまでのチョコレートの味などではなくストレス低減であり、これまでの家庭のお菓子からオフィスのスイーツへと軸を変えています。

一方、抗酸化作用ポリフェノールに着目をした明治は「チョコレート効果」という製品を出し、コレステロールや健康を気にする人に焦点を当てています。この場合には、他のポリフェノール含有量の高い商品や健康を意識した商品、また、その利用シーンとの軸でも良いでしょう。

このような形で、これまでのお菓子を分類していた軸とは異なり、**商品の内容を大きく変えず食べる意味を変えるリフレーミング**をおこなっています。

今度はもう少し、情緒的価値の面からリフレーミングをしてみます。

フェアトレード認証の原料だけを使ったフェアトレードチョコレートは、社会貢献意識を持つ人のギフト商品として支持されています。

生産地の貧困解決や持続的な農業を支援することが目的で、その一貫としてオーガニック（有機栽培）の材料が使われることが多くあります。ギフトでプレゼントをする相手への思いやりに加え、世界への思いやりに対する意識が強いものとなります。

チョコレートの味は、フレーバーなどで種類を増やしています。

一方最近話題のBean to Bar（ビーン・トゥー・バー）チョコレートは、チョコレートの味にこだわっています。

Bean to Barという言葉を聞いて「そもそもチョコレートは豆から作っていないの？」という疑問が湧きますが、ほとんどの場合は、いくつかのカカオ豆をすりつぶしてつくったカカオニブをすりつぶした「カカオマス」という粉の状態からチョコレートの加工が始まっています。このカカオマスをブレンドするなどしてチョコレートの味を作っています。

一方、Bean to Barチョコレートは、1種類のカカオ豆からカカオニブ、カカオマスにしてチョコレートがつくられることがほとんどです。

これまでのチョコレートの軸は甘さや苦さ、フレーバーなどが主な軸であったのですが、そこに豆のオリジナリティや産地など「産地やカカオの味で選ぶ」というスタイルを入れて、「お酒やコーヒーなどを産地で選ぶようにチョコレートを選ぶ」という軸を取り入れたものです。

ポジショニングマップ

顧客の価値がチョコレートで表される例

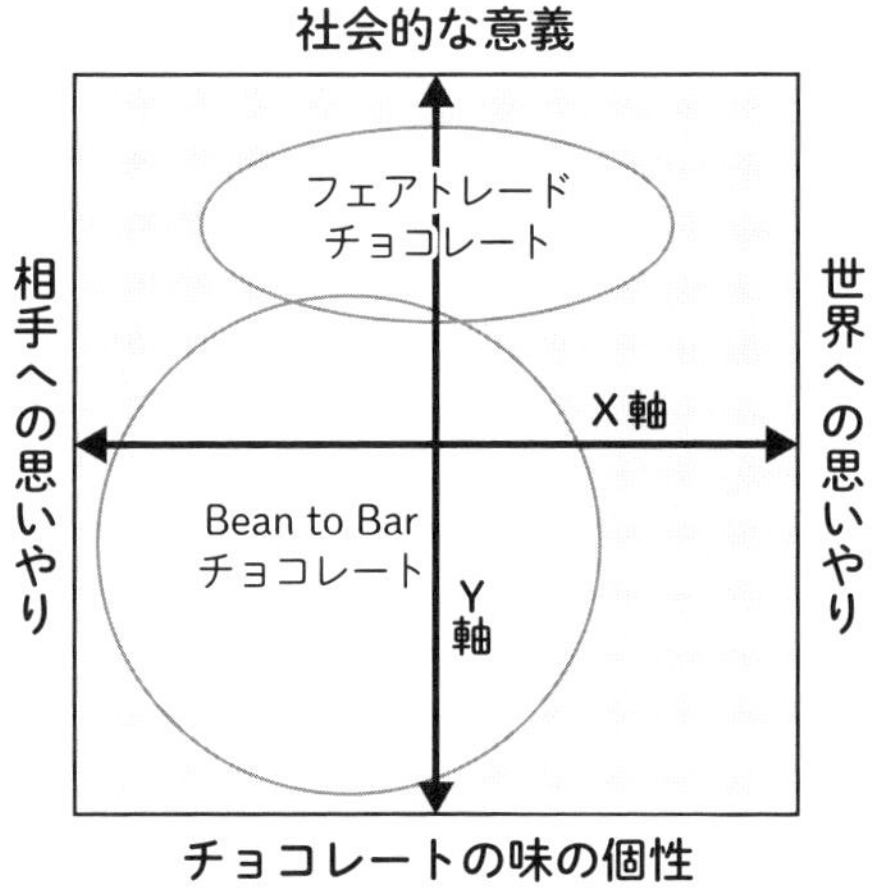

今まで述べてきた例のように、ブランドが持っている価値観のどの点で顧客に共感を持ってもらいたいのかという整理が重要です。そのためには、商品の価値観の整理と、顧客が持っている価値観を整理し、その軸でどのようなポジショニングマップがつくれるかということを何回もトライしていくことが重要です。

結果的に、この共感軸でのリフレーミングができれば、マーケティング活動などにも効果的に活かしていくことができるでしょう。

また別の例を挙げてみます。

たとえば私が創業したコモンビートは、ミュージカルを通じた社会人教育を行っています。そもそもミュージカルとはエンターテインメントであり、一般の音楽ライブなどとは大きく異なります。芸術鑑賞としてのチケットは比較的高額ですから、見る人が限られてしまいます。

ポジショニングマップ

スポーツ・エンターテインメントの関係人口例

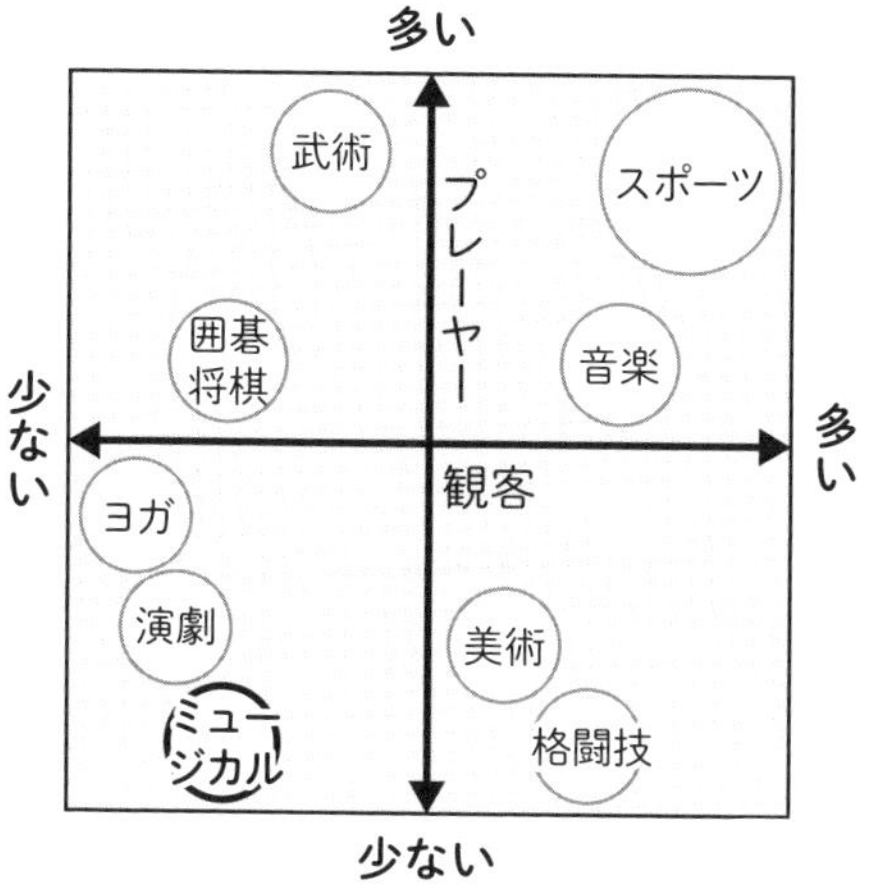

興業という面から整理をするとスポーツ人口が多く、プレーヤーも観客としても多いと思います。

このマッピングはあくまでもイメージとして捉えていただきたいのですが、ミュージカルは参加者も少なく鑑賞人口やその世代も限られています。ミュージカルというと、一般的には劇団四季や宝塚のイメージがあり、職業としている人が舞台に立ち、観客という形で見る興業というスタイルが基本です。ですから、普通の人はミュージカルをやろうとはあまり考えませんし、仮に演じることが好きであれば小さな劇団に所属し演劇をやるというスタイルになります。

当時の私たちは、それまで英語教育やレクリエーションで行っていたミュージシャン活動の過程で、一般的な教育では得られないような教育効果の可能性を感じました。

そこで私たちはミュージカルと教育を統合させ、「楽

ポジショニングマップ

活動効果としての例

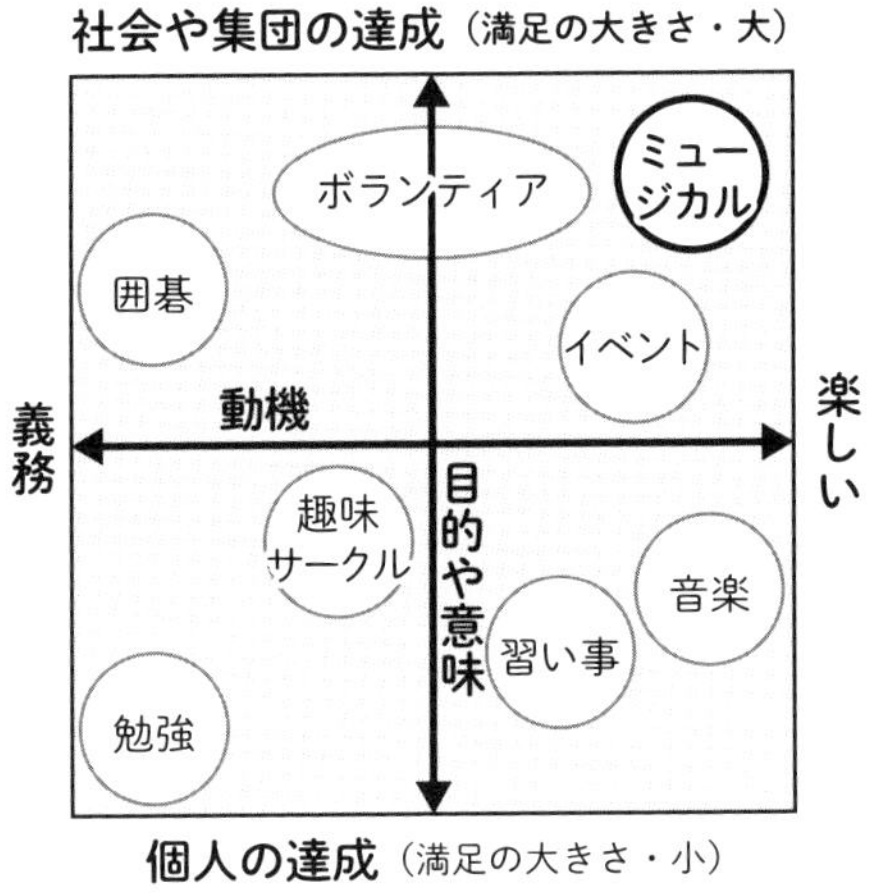

しく学びあって、ミュージカルで社会にメッセージを届ける」という活動をしました。これまでの「ミュージカルは観るものであって、舞台に立つものではない」という前提を変え、「チャレンジや学びは全力で楽しむもの」というプログラムを通じて、「多様性のメッセージを100人で社会に発信する」という目的のためにミュージカルという要素を活用するといった、意味のリフレーミングを行ったのです。

上記のマッピングは、ボランティアや習い事など、人が自己成長などの活動に参加する場合のものです。これも人によって経験や印象は大きく異なりますが、「研修や教育活動を、大人数で楽しく実施して、成果を実感する」という欲張りなことは難しく、でも私たちはそれを、「ミュージカルだからこそ、達成感を実感できる」と感じたのです。

100日間という限られた期間（プロジェクト）であることで思いっきり楽しめ、興業というイベント的な要素は人数がたくさん集まる機会にもなります（動機軸）。

そして、**社会に意識を向け集団で達成するからこそ満足は大きくなる**という意味に着目をし、１００人の参加者で上演３回で数千人の来場客を得るという規模の興業となったのです（目的や意味軸）。

結果的に、年間のプロジェクト数と来場者によって、事業としての持続可能な規模を達成することができたこともあり、続いたと思います。

この分析は結果論でしかありませんが、それでも、活動における最も大切なことを整理し、目の前にある特徴を整理し、それらを整理し捉え方を変えてリフレーミングしたからこそ実施できた結果でもあります。

目的を手段に変えたり、モノをコトに変えたり、目的を成果から過程の楽しみに変えたりすることなどによって、新しいビジネスの考え方が生まれてきます。

固定した価値観では、新しい枠組みは見えてきません。

ぜひ、仲間と一緒に、それぞれが持つ価値観の特性を活かし合って、様々な角度から解釈や意味を捉えながら、新しいビジネスを考えてみてください。

▼ライフスタイル・利用シーンに対して、心理面で一段深掘りをした指標

・カジュアル／フォーマル（心理面でどのように見られたいかどうか）
・一人／みんな（どのようなシーンをイメージするか、その違いでどんな心理的側面が考えられるか）
・仕事／プライベート（それぞれの心理状態の違いはどんなものか）
・アクティブライフ／スローライフ（時間の使い方、動機などの違いはどんなものか）
・シンプル、ミニマム／コレクション、消費主義（モノとの関係性、関与の度合い、目的などの違いはどんなものか）

●情緒的価値

・快適さ
・温かさ
・安心
・癒しや刺激
・高揚感
・様々な価値観

※実際には、「ワイワイ」「リラックス」など具体的なイメージの言葉に落とす

key word●ペルソナ

ペルソナと共感マップをつくって、小さなエピソードを見つける

ビジネスには、ペルソナが不可欠です。

そのペルソナが、実際にどのような感情を持っているのかを知り自社の商品が顧客の課題解決にどう結びつくのかを考えるのが共感マップです。これを合わせて考えていきましょう。

▼ペルソナ

ペルソナとは具体的な顧客像で、顧客が、普段どのようなライフスタイルをおくっているかなどを具体的にイメージするためにあります。ですが、ペルソナをつくる時に間違えやすいのが、理想の人を描いてしまうことです。多くの場合、架空の人物になりがちです。実際に書いてみると会ったことのない人が出来上がってしまうので、実在しない人を対象にしてしまうのです。

ペルソナシート

名前		 （写真イラスト）
性別／年齢		
職業		
収入		
学歴		
居住地		
家族構成		
生い立ち・学歴		
趣味・特技・習い事		
休日の過ごし方		
買い物をする場所		
好きなブランド		
よく読む雑誌		
利用しているSNS		
仕事の業界		
部門・職種		
肩書き・立場		
職場での存在		

ですから、実際に会ったことがある人、話したことがある人、買ってもらったお客さんなど、具体的な人をペルソナのベースとしましょう。それらの方々から、詳しいヒアリングをしたり、アンケートをとったり、調査会社のデータを参考にするなどして分析していく必要があります。

これは、一般向けのＢ２Ｃ（消費者向け）ビジネスだけではなく、Ｂ２Ｂ（企業間取引）のビジネスにおいても必要です。

なぜペルソナが必要かというと、どんな人に共感をしてもらいたいか、どんな人にファンになってもらいたいか、その人がどんなライフスタイルを探しているかというスタッフ間での共通認識を持つ必要があるからです。

▼共感マップ

共感マップとは、「ペルソナの視点で、感情や行動を整理することで、課題やニーズを発見するためのフレームワーク」です。

共感マップは、コンサルティング会社XPLANEのスコット・マシューズ氏が考案した手法で、スタンフォード大学のカリキュラムでも実際に使われており、世界のビジネスパーソンの愛読誌「ハーバードビジネスレビュー」にも掲載されました。

共感マップを使う理由は、ペルソナへの理解を深めるためです。

プロフィールだけのペルソナの場合、解釈する人の経験などによって認識のずれが生まれます。

まずペルソナを描き、その人をリアルにイメージしながら多くの人の意見を参考に共感マップをつくりあげていきましょう。

マーケティングのヒントになることがたくさん生まれてきます。

当事者がいなければ、やはりインタビューやアンケート、調査データなどを含めて、具体的なものにし、常にアップデートしていく必要があるのです。

▼小さなエピソードを見つける

ペルソナや共感マップをつくっていくと、顧客の姿が明確になってきます。

その行動の中から、共感できるような小さなエピソードを見つけることによって、事業の軸が見つかったり、説明をする時のたとえとしてアイコンにすることができます。

私が書籍のコンテンツ配信サービスを考えていた時、あるシーンが頭に描かれました。

「本を買っても、読まずに積んでいるままになっている」

これは私の実際の経験です。

この話をメンバーにしたら「あるある」だったようで、特に自己啓発本や英語の本など、学びや成長に

共感マップキャンバス

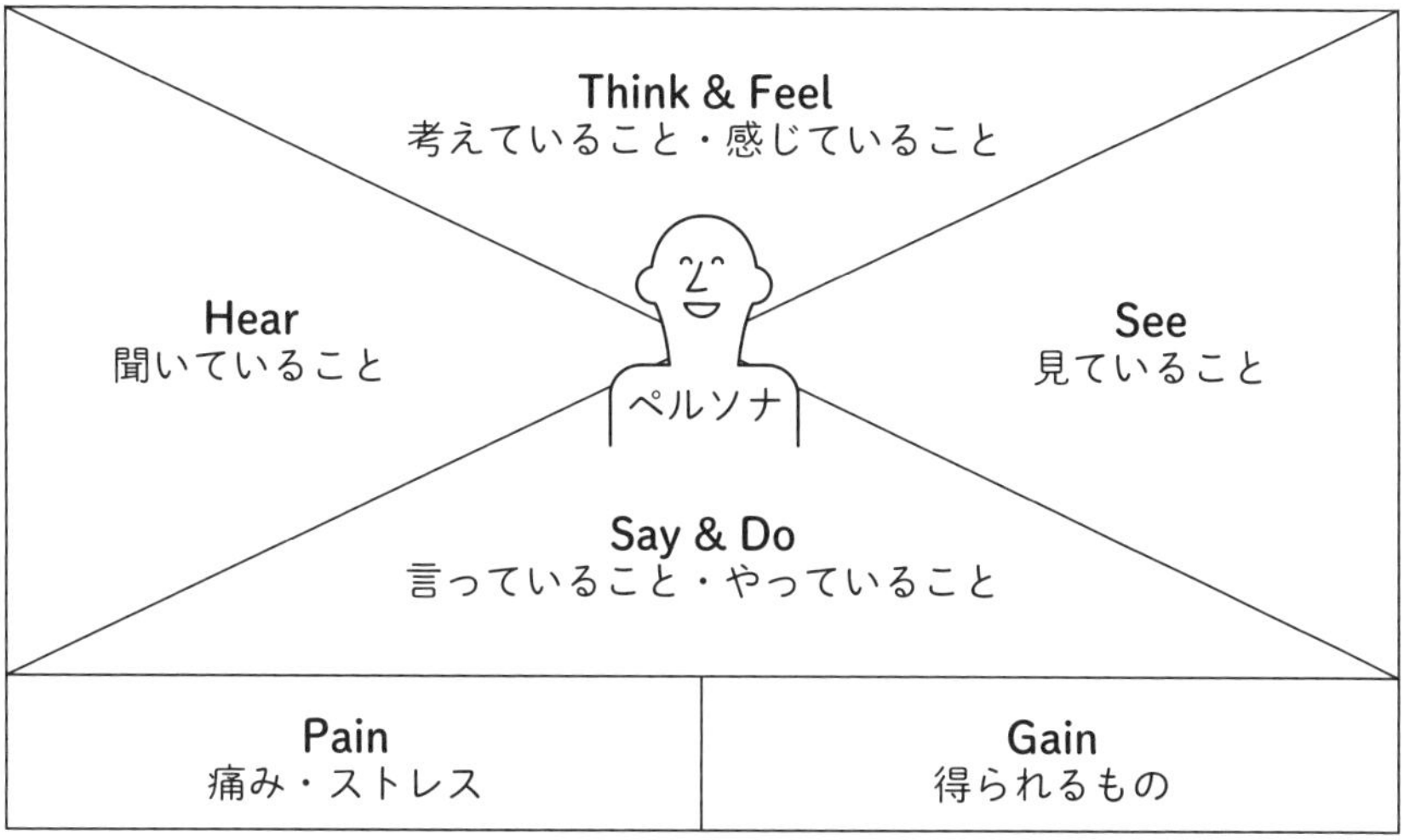

『ビジネスフレームワーク図鑑』(株式会社アンド著　翔泳社)をもとに著者作成

関わる本がほとんどでした。

そして、その時の感情や心境をみんなで出し合ったところ、とても盛り上がりました。

- **焦る自分**
- **言い訳する自分**
- **できない自分への嫌悪感**
- **またやっちゃったという罪悪感**

みんなの頭の中には、私が描いたものと同じシーンと感情が湧いていました。

そこから具体的な内容を考えて、サービスをつくっていきました。

また、私が好きなSoup Stock Tokyoのスマイルズのクリエイティブディレクター野崎亙さんが書かれた『自分が欲しいものだけ創る!』(日経BP)にはSoup Stock Tokyoでスープを飲む人のシーンが鮮明に描かれているのが印象的でした。

「オフィス街で、普段忙しく働く女性が、ほっと一息をつけるスープを食べられる空間」

その風景をイメージし、そこで飲む女性が求めるカップのイメージやスプーンなども開発していったということですから、すべての物語が一貫しています。

店舗を提供するスマイルズが、世の中の体温を上げるというビジョンを掲げて、何気ない日常で喜びや幸せを感じられるビジネスを創っているという点も、共感せずにいられません。女性受けするスープ屋さんをつくろうと言って出来た店では、これほどの共感を得ることはなかったでしょう。

1つのイメージを持って、すべての人がそれをもとにビジネスをつくる。

それがまさしく、同じ感情を共有できる共感に繋がるのだと思います。

共感できる印象的なシーンを浮かべ、課題に直面している心理状態や小さなエピソードがビジネスのヒントになるでしょう。

小さなエピソードかもしれませんが、どのような感情が生まれているかを深掘りしていくことで、ビジネスで解決しなければならない潜在ニーズを発見し、ビジネスの軸にしていくことができるのです。

key word● 報酬価値　自己肯定感　自己効力感

５つの報酬／４つの共感報酬

人が仕事や活動などに関わる時、何らかの報酬を期待しています。たとえば一般的に仕事と呼ばれるものは、働いた分をお金という形で報酬を受け取ります。

では、私たちが期待している報酬は、お金だけなのでしょうか。そんなことはありませんよね。「働きがい」という言葉に表される、お金以外のいろいろな報酬を期待し、価値を受け取っているのです。ですから、**報酬と共感（価値観）は密接な関係**にあるのです。

私はこの、人が活動の結果に期待している報酬を**「５つの報酬」**と呼んでいます。そして、お金以外の報酬を、**「４つの共感報酬」**と呼んでいます。

これはビジネスシーンだけではなく人が関わるすべての場面にあります。

人がどのような価値を報酬という形で受け取りたいかがわかると、ビジネスの様々なシーンで応用することができます。受け取りたい価値は、人の価値観によっても大きく変わります。

ビジネスという世界では、価値がお金と交換される世界でもあります。

しかし、お金とともにそれ以外の価値とのバランスを感じながら報酬として受け取っています。私たちの持つ価値観は、お金だけでは得られない感情や心を満たすものまで様々です。ですから、お金以外の価値についても、ビジネスの中にしっかりと捉えてデザインしていく必要があるのです。

▼共有（シェア）

私たちが何かの取り組みをした時、その気持ちを人と共有する／共有できることが、得られる報酬の1つとなります。

仕事でも活動でも、何かの取り組みに参加をして感じた嬉しい気持ち、悲しい気持ち、悔しい気持ち、達成感など、一緒に気持ちや感情を共有できることは、大きな価値と感じるでしょう。

たとえばマラソンに参加をして、走っている間は1人であっても、それを経験した人と気持ちを共有できることに喜びを感じるでしょう。

走り終えた後の達成感だけでなく、走る前のプロセスも共有できます。

マラソンに申し込もうと思った理由、申し込んだ瞬間、そこから練習をしてきた日々、挫けそうになっ

５つの報酬

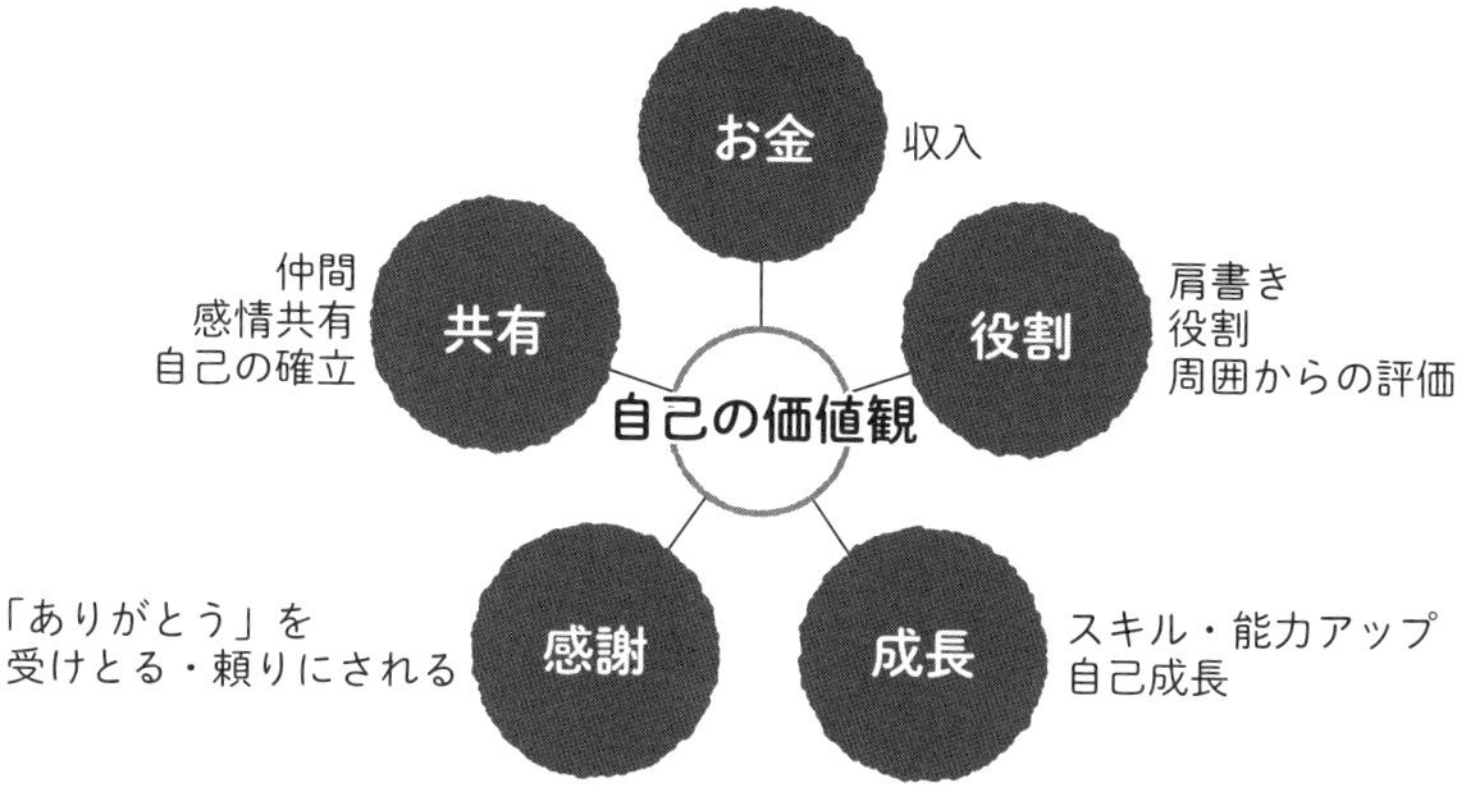

たり、時間や体力や怪我などのトラブルを乗り越えたことなど、同じ経験をした人でなければわからない価値観がそこに共有されるのです。

▼感謝

「ありがとう」と言われることもまた、１つの報酬として受け取ることができます。

仕事などでお金とセットであったとしても、また無償のボランティアであったとしても、そこに、「ありがとう」という感謝が添えられることによって、私たちは心が満たされ、お金では表せない報酬を受取り、喜びに代えることができます。

▼成長

私たちは、新しい経験をしたり、学習したりしてできることが増えていきます。人は誰もが、新しいことを覚えて、新しい世界やステージが見えてくると、成長への喜びを感じ、より向上心が湧いてきます。

自分に対しての価値が上がることは自己評価が上がり、自己肯定感を高めるということでもあります。

▼役割

誰かのためになった、仲間から認められて頼りにされたなど、周囲からの評価をもらうことで価値を感じ、私たちは嬉しい気持ちが生まれ報酬となります。感謝されること、頼られることは、あなたの1つの役割です。

あなたが居たからできた、あなたがいるから頑張れる、そんな周囲からの評価に価値を感じ、自信に繋がっていきます。たとえば、何かを教える人、誰かを支える人、リーダーとなってみんなの代わりに交渉する人など、いろいろな役割を任されます。

任されて、頼りにされるということは、自己を肯定する気持ちを生み出し、自己の有用感を生み出し、さらに、人の役に立ちたいという気持ちを生み出します。結果として、役割が肩書きやポジションと呼ばれる言葉で表現されるのです。

やはり誰もが自分を認めてもらいたいし、役割は欲しいものです。それが自分にとっての価値であり、1つの報酬だといえるのです。

▼お金

最後は、お金という報酬についてです。

働くことによって、お金という報酬を受け取ることがあります。そうはいっても、受け取る報酬の一部がお金であってすべてではないはずです。

もちろん、お金だけのために働いているというケースもあるでしょう。でも、普通は仕事のやりがいなど、他の４つの報酬と合わせて受け取る価値のバランスを測っています。

「給料は高くないけれど、働きがいがある」

こういった言葉も良く聞きますが、私たちは、受け取る価値のバランスを調整しているのです。ここでは、希望額と受け取る額との差が、働きがいで満たされているということになります。

お金以外の４つの共感も含めて、顧客は自分が得られる価値を判断して選んでいく時代になっています。

人はみな、活動の中で、そこに関わる価値を見極め、判断しています。

ですから私は、ビジネスだけでなく、関わる人に対して「何をお返しできるのか」という視点で、この５つの報酬を頭の片隅に置いています。

ビジネスでは特にお金に偏らないように、人と社会のより良い関係性をつくっていくために、欠かせない考え方だと思っています。

key word●コミュニティー　買い物・プレゼント　成長　役割

4つの共感報酬をもとにしたビジネスデザイン

金銭の報酬以外の4つの共感報酬については、むしろ「お金を払う」ケースがあることに気づいたでしょうか。

「お金をもらっても、やりたくないこと」
「お金を払ってでも、やりたいこと」
ほんの小さな感情で、お金の流れが逆方向にさえ変わってしまうのです。

つまり、活動によって報酬を受け取るのではなく、**報酬という名の価値を受け取りたいからお金を払う**という、ビジネスモデルがあるのです。

4つの共感報酬

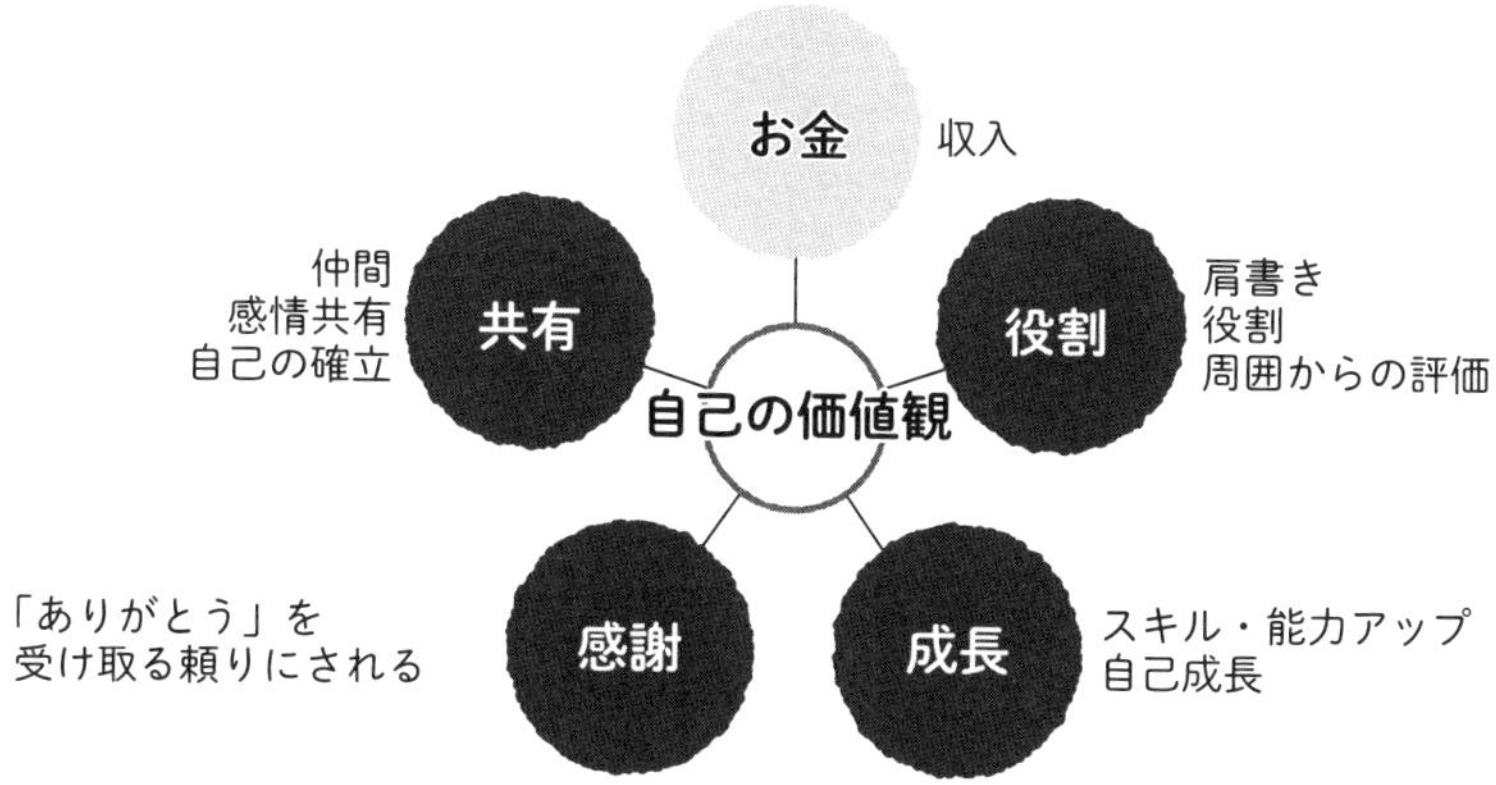

5つの報酬のうち、お金以外の4つの共感報酬を払う側の視点で見ていきましょう。

▼シェア（共有）

シェアで共感が生まれる場を提供することで価値の感じられるビジネスがあります。

・食事や旅行

たとえば食事をする時、お腹が満たされることを目的にする場合もありますが、誰かと話をすることを目的にすることも多いはずです。

目的が食事ではなく、会話を通じた情報や感情の**シェア（共有）が目的**となります。

ですから、本来は食事という選択でなくても良いので、カフェあるいは公園での方が良い場合さえあります。

すると、お腹が満たされることが目的であった食事も、話がしやすい場所、美味しさを共有できるような食事の種類が選べる場所など、**シェアをするために場所代を払っている**という考え方に変わります。

あるいは旅行も、一緒に楽しむとか、人と会うとか、感動を分かち合うとか、思い出をつくるとか、旅をすることそのものよりも**そこで得られる気持ちの共有が目的**ともいえるのではないでしょうか。

今では、映えるスポットや食事などの写真をSNSでシェアすることでいろいろな人との繋がりをつくることも、目的の1つかもしれません。

・買い物・プレゼント

友達などへのプレゼントも、1つのシェアです。

「ありがとう」、「おめでとう」、「ごくろうさま」、「応援しているよ」など**自分の気持ちを届ける（共有する）ことが目的**です。

お見舞い、誕生日、お祝い、謝罪など、何かを買って持って行くこともあれば、手紙を送ることもあるでしょう。いずれも、そこに**想いを乗せていくことでシェアされる**のです。

・コミュニティー

同じ関心を持つ人同士が、同じ話題に触れ、自分が良いと感じる価値観を確認しあうこともまた、シェアのビジネスの1つです。

また、アーティストや著名人などの考え方を深く理解したい、気持ちを知りたいということも、シェアのビジネスといえます。

会員ビジネスやファンクラブ、オンラインサロンなどもそうですね。

リアルでは、オフ会などのイベント、交流会、ファンの集い、上顧客の限定パーティーなどもまた、コミュニティーの1つです。

同じ趣味の有志が集まる活動やイベントもまた、シェアが1つの目的でもあります。同じ気持ちを持った人が集う、それ自体が収益化できる場合もあれば、そうでない場合もありますが、いずれにしてもその繋がりがあるからこそ、ビジネスが生まれていくのです。

世の中のいろいろなシェアサービスもまた、コミュニティーの1つです。

シェアハウス、シェアサイクル、シェアスペース、シェアキッチン、シェア別荘など、これまでは所有することにお金をはらっていましたが、借りるだけでも気持ちの共有ができるのであれば所有する必要はない、気持ちを共有できる時間にお金を払うという流れになっています。

このシェアのビジネスは、同じ価値観の繋がりが生まれやすいため、共感が生まれやすくなるケースといえます。

▼感謝

お金を払って、「ありがとう」をいただく、そんな共感がもらえる応援もまた、ビジネスの1つです。

誰かに喜んでもらえる、ありがとうが増えることに関わりたい、そんな価値観や気持ちを持った人は多くいるのではないでしょうか。

私たちは、いろいろな人を手伝ったり、サポートしたり、たとえそこに十分な報酬がもらえなくても、人は誰かの「ありがとう」のために動くことができます。NPOなどの活動では、社会に寄り添い豊かにしていくために、いろいろな人がボランティアなどで関わることのできる仕組みが用意されています。

本来はその時間を働けばお金がもらえるはずであっても、社会のありがとうを増やしていくために、自分の時間を充てたりスキルを活用していくケースがあります。

最近ではプロボノ（各分野の専門家が持っている知識・スキルを無償提供して社会貢献する活動）などもその1つで、仕事で得られたスキルを社会活動に活用していく仕組みがたくさんあり、法務や税務などからITやデザインまで、幅広く関わる仕組みがあります。

ありがとうが増える社会を広げたい、そんな価値観の起業家がたくさんのビジネスにチャレンジしています。

（例）
- ＮＰＯなどのボランティア
- 地域活動、奉仕活動
- プロボノ
- 寄付
- 献血
- 知識の公開など

▼成長

個人の成長機会を支えることは、ビジネスで担える役割の１つです。

自分のできることが増えていくこと、それは人の喜びであり価値を手に入れたことになります。ですから、自分の可能性が広がることに対して、お金が支払われるのです。

一般的にそれを「投資」という呼び方をして、お金を先に支払って学びの機会や、体験する機会などを得て、できることを増やします。そして、身につけたスキルを活かして、お金を得ることに変えたり、人の役に立つことに変えたり、あるいは起業をすることにつなげる人もいるでしょう。まさに**自分の価値を高めるために、人は成長にお金を使う**のです。

スキルアップには、頭（知識）、心（心理）、身体（身体能力や健康）、そして経験としてのスキルアップがあります。

（例）

- 習い事・塾・学校（知識や技術の習得）
- オンライン・通信教育
- トレーニング
- 体験の機会
- チャレンジの機会

▼役割

誰もが少なからず誰かの役に立ちたいと思っています。

ですから、周囲からの役割が明確になったり、**なりたい役割を得ることが価値だと感じること**に、お金を払うケースがあります。

わかりやすい形の1つが資格や検定です。

いくら自分が学んでスキルを持っていたとしても、自己申告では人には伝わりにくいですし、レベル感が計りにくいので、それを第三者が証明する仕組みです。

資格や検定という標準の形をつくることで、第三者が知識や技術のスキルやレベル感を理解することができます。

また自動車免許のように、取得した資格によって扱える道具や対象が増えることもあります。資格には、国家資格から民間資格まで様々ありますが、一般的には試験などによって習得内容を判断して、レベル毎に資格が与えられることになります。


また、企業などで自社の考え方を表したり伝えることが難しい場合、いろいろなグループに所属をすることで、自らの価値観を表すというケースもあります。

たとえば最近であればＳＤＧｓを推進している姿勢を示すために、行政やＮＰＯ活動に団体の登録を行ったり、寄付やスポンサー支援をすることで、企業の社会的役割や姿勢を伝えていくことが増えました。

ビジネスにおいて、社会貢献活動を利用することに反感を覚える人もいますが、上辺だけでない企業の姿勢や活動があれば、良い評価を得ることもできます。これは企業のＥＳＧ活動に対する環境評価なども同じで、活動を第三者が評価するとことで得られるポジションがあるのです。


（例）
- 資格・検定
- 認定
- 表彰・貢献

・コミュニティーへの参加・所属
・スポンサー支援・メディア露出

いかがでしたでしょうか。

4つの共感報酬では、お金を払ってでも得たい価値をどのようにビジネスに応用していくかというヒントを紹介しました。

それぞれの報酬に関係する価値観をよく理解することで、ビジネスづくりにおいて活用することができます。顧客が、どんな感情や共感を求めているのかを深く考えていく中で、それに見合った価値を提供することができれば、ビジネスとして成立させていくことができるはずです。

key word●ウェルビーイング より良い社会をつくる

ウェルビーイングからビジネスをデザインする

ウェルビーイング（身体的・精神的・社会的に良好な状態にあること）がビジネス全体の大きなテーマになりつつあります。

ビジネスの究極の目標は、より良い社会をつくること。

だから、ウェルビーイングは、ビジネスを通じて顧客が満足することに加え、社会や環境との共生はもちろん、関わる人や企業においても、またビジネスの持続性という観点からも必要な考え方です。

しかし現代の経済や産業の考え方は未だ高度経済成長の延長にありますから、ビジネスにおいてウェルビーイングの視点は大きく欠如しています。

少子高齢化で経済の行き詰まりが懸念される中でも、まだ経済成長を信じて止みません。

大きな社会の価値観が変わる一方で、現状の社会で大きく事業をし、顧客をたくさん抱える企業においては、新しいビジネスに取り組んだり、ビジネスや職場環境をすぐに転換することができません。

そういった観点からも、これから起業する人たちにとっては、**価値観の転換に苦慮する大企業や行政を相手に、ウェルビーイング視点で既存ビジネスを再構築することで、企業や自治体などの需要を取り込む**ことができます。


今の状態は、IT（ICT）が普及した1990年代後半とよく似た感じがします。

まだインターネットに懐疑的な風潮でしたが、しばらくして、流行語になり、そこから一気に社会標準へと加速しました。

この時も、大手が取り組みを躊躇する傍ら、スタートアップやベンチャーなどがこの分野に積極的に取り組んでいったことで時代が作られました。


そして2025年には、私たちの社会は、ミレニアル世代が労働人口の半分をこえるという大きな転換期を迎えます。

ミレニアル世代には、1981年以降に生まれた、現在の20代前半から30代後半までの世代が該当します。

2000年以降に成人を迎えているため、インターネットが当たり前の時代に育ったデジタルネイティブの世代で、スマートフォンやSNSを使いこなし、情報リテラシーが高いことが特徴です。

これまでの世代とは大きく価値観が異なっています。

精神的な豊かさを求め、仲間との繋がりや社会貢献意識が高く、多様な生き方と仕事を重視する、つまりウェルビーイングに対する共感が高いといわれています。

この世代は経済や消費の中心となる、人生３大支出（教育資金・老後資金・住宅資金）を準備するタイミングにいます。

組織においても経営幹部候補や管理職など決裁権を有するポストに登用され始めてもいます。

つまり現代は、価値観の大転換が起こる前夜であり、これからの社会において、企業や組織が持つ価値観が大きく問われることになります。

その中でもウェルビーイングに関わる価値基準が大きなウェイトを占めることとなり、消費行動が大きく変わっていくことを意味しています。

これまでの環境対応、ＳＤＧｓ対応、健康経営、ワークライフバランスなど、様々な取り組みがなかなか進みませんでしたが、これからの社会では当たり前のこととなって加速していくはずです。

そこで、これまでのビジネスも、ウェルビーイングに視点を置き再定義することで、これからのビジネスとして再成長させていくこともできます。いくつかのテーマをもとにどのように捉え方を変えるのか例を挙げてみます。

▼人材育成、教育

人材育成、組織開発など、人と組織に関するビジネスは多くあります。

これまでは人材教育や成果をベースとしていましたが、ウェルビーイングに注目をすることで成果も上げられる組織をつくることが可能だと言われています。

最近ではエンゲージメントという言葉も頻繁に使われますが、組織に対する愛着などの関係性の質が大きく問われています。

従って、新しい採用の方法、越境学習、兼業・副業など、働く人のウェルビーイングをベースに、考え方を再構築していくことが必要になってきます。

▼労務、健康経営

労働環境の改善やワークライフバランスなど、これまでは対処的に扱われていたテーマも、これからの中心となっていくでしょう。労働人口が不足する中で、離職率を下げ優秀な人材を確保していく中でも、企業が持つ価値観が大きな判断材料となることは間違いありません。

こうした中で、新しい働き方や労働時間の選択、事業の効率化やDX化、労働環境の改善、残業の縮小、従業員の健康支援、福利厚生、メンタルヘルス対策、ダイバーシティへの取り組みなど、ウェルビーイング視点での新しい取り組みが求められています。

▼メーカー、サプライチェーン

製造や流通におけるエネルギーや廃棄物の問題などは、対処が難しく厄介なものとして扱われてきましたが、これからはもっと積極的に取り込み内在化していくことが求められています。

エシカル消費やサーキュラーエコノミーの市場が大きくなる中で、消費者の関心は益々高まってきます。メーカーとしての取り組みの姿勢を変えることで他社との違いを表すこともできますし、既存メーカーが追いつかない領域をサポートする技術やサービスなどもビジネスになってきます。リサイクル、アップサイクル、あるいは素材の開発や研究も含め、新しい技術やビジネスが支えていくことになります。

▼社会環境

育児、家庭環境改善、多文化共生、人権保護、性別役割分業など、企業が取り組みづらい問題や課題を協働して取り組むことができます。これまでは、社会のことはNPOやNGOが担当するものと分けて考えられてきましたが、地域社会やグローバル化が進む社会において、「会社以外のことは知らない」とは言えない状況になりつつあります。また、地域と企業との関係性はとても重要であり、地域貢献活動や環境配慮など、お互いが支え合い、関係を良好にすることが大切です。

▼暮らしの改善

私たちが日々を幸せに暮らすことは、人として尊重されるべきことです。そもそも人生があってその中に仕事があります。それぞれの暮らしにはそれぞれの環境があり、個別具体的のように感じることも、共通の社会課題であることも多いのです。病気、育児、介護、貧困家庭、シングルマザー、障がい者／障がい児支援など、暮らしをささえる様々な取り組みが必要になっています。

２０２５年には武蔵野大学に世界初となるウェルビーイング学部もできるなか、これからの時代を新しい価値観で定義し直していくことで、新しい共感社会が生まれることに繋がっていくはずです。

key word●利他的　自己肯定感　自己効力感　贈与経済

恩送りの設計

「恩送り」という言葉を知っていますか？

恩返しは、受けた恩を返すことをいいますが、恩送り（英語では、Pay it forward）は、**誰かの恩（善意）を、その人に恩返しするのではなく、他人に送る**ことをいいます。

たとえば親子の関係で考えましょう。親は子どもに対して見返りを求めているわけではないでしょう。たくさんの愛情のもと、子どもが健全に成長していくのを願い、たくさんの幸せが訪れるようにと、無償の愛を注ぐでしょう。これは1つの**恩送り**の形で、子どもに対する恩（想い、愛）が、次の関係性や社会や未来をより良くしていくことに繋がっていく姿です。身近なところでいえば、先輩からご飯をおごってもらったり、何かを教えてもらうようなことも、1つの恩送りの形といえるかもしれません。

私たちが暮らすこの地球も、たくさんの恩送りがあって、今日があります。私たちの人生は有限ですから、人生が終わった後のことは誰かに託すしかありません。ですから、生きている間に社会をより良い形にしていくことに価値を感じることができれば、ビジネスを通じてより良い活動を生みだそうと思うのではないでしょうか。

ビジネスの世界は、顧客が商品やサービスをお金と交換して、払った顧客自身が得ることが基本です。しかし、5つの報酬で解説したように、人が関わることによって得られるものは、お金とそれ以外の4つがあります。

お金を払ってでも得たい4つの共感報酬（共有、感謝、成長、役割）は、自分が受け取らず、誰かに価値を送る「恩送り」に換えることができるのです。

コモンビートでは、ミュージカルのキャスト経験者が、次のキャストをサポートする仕組みがあります。公演には4000人の観客が来場するので、たくさんのサポートが必要になります。ステージに立つこと以外でも、チケットの販売、入場時のチケット確認、パンフレットの配布、席への誘導、会場外に並ぶ列の整理など膨大にあります。

キャストがステージに立っている時には、同じように過去に参加したキャストたちが会場運営をしてくれていることで、公演が成り立っています。だから、その恩を次の公演でサポート役に徹することで返す、そんな恩送りの循環がコモンビートの公演を支えています。

こうして、毎年300人近い新しい仲間が増えていきますが、その仲間たちは全員が同じ100日間やステージの経験をし、同じ歌を歌って踊ることができます。恩送りの機会で会場に集まった人たちが得られることは、旧知の仲間たちとの再会、そして新しい仲間との繋がりです。

関わってくれるみんなは、想いをシェアし、運営することで感謝をもらい、それぞれの新しいチャレンジでスキルアップをして、自分が関われる場所や自分の役割（ポジション）を得られる、共感報酬をそれぞれの基準で得ているといえます。

裏方に回って支える利他的な楽しみに気づいてしまうと、その価値観で共感する仲間の繋がりが生まれ、公演だけではなく長期的な自己肯定感（自分らしさ）や自己効力感（やりがい）が高まることに繋がっていきます。そして、コモンビートを地元で開催する仕組みに手を挙げ、仲間を集めキャストを集めて、公演をすることもできます。こうして、地域への恩送りという形で地元の活性化や繋がりづくりを目的に、プログラムが活用されていきます。

最初の参加はチャレンジや自己成長が目的であったことも、仲間との繋がりや過去や未来との繋がりが生まれ、恩送りという形へと変わっていくケースです。結果的に団体は、支える運営者と参加者が増える好循環が生まれ、20年にわたり活動が広がり続けています。

でも、これはＮＰＯの世界だからできるのでは？　と感じるかもしれませんが、決してそうではありません。ビジネスの現場でもいろいろな形で実現が工夫されています。

東京国分寺にある、カフェスローの「繋がりコーヒー」は、次の人の分のコーヒー代を払っていく仕組みです。コーヒーを飲む代金は前の誰かが払っていて、それを受け取った人はコーヒーを無料で飲むことができる仕組みです。（２０２３年現在、サービスを一時停止しています）

これは元々、イタリアのナポリで１８６０年頃から始まったと言われています。貧富の差が激しいイタリアで、自分が飲むコーヒー以外にコーヒー代を払い、必要な人がきたらそのコーヒーを提供するという意味で「保留コーヒー」と呼ばれていました。

時代は過ぎリーマンショック後、経済危機で貧困に苦しむ人が増えた２０１０年頃にこの仕組みが注目されブームに。当時のナポリ市長がこの文化を世界に広めようと、２０１１年12月10日「保留コーヒーの日」が誕生しました。

このように、前の人がコーヒー代を払うということで恩送りが生まれたケースはたくさんあり、２０１４年にフロリダ州のスターバックスで３００人以上の人が恩送りでコーヒー代を支払うなど、たくさんの善意が恩送りされています。

恩返しと恩送り

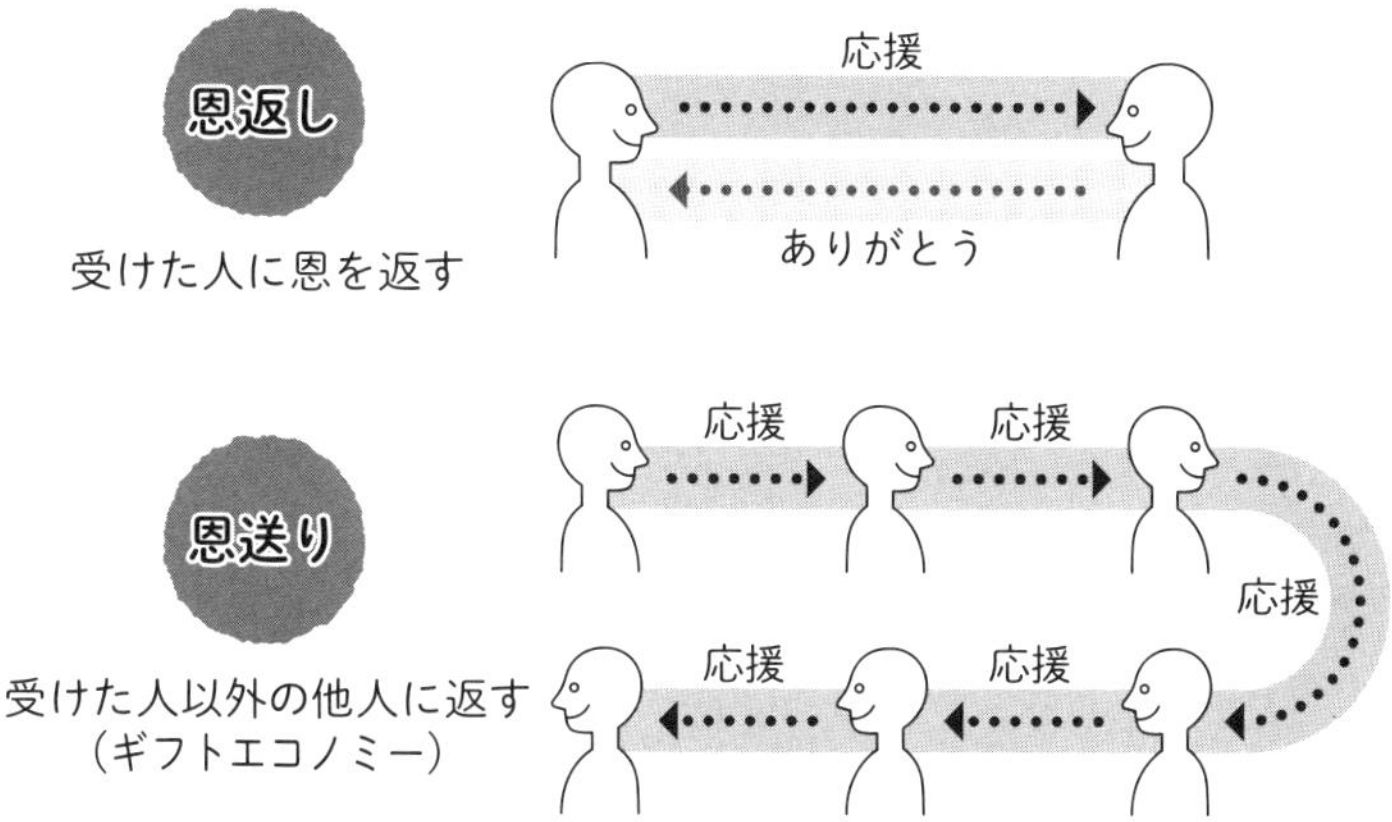

応援がめぐる、恩送り

また、日本でも九州に本社を置くボーダレスジャパンは、グループの会社の収益の一部を共通の財布にプールし、そこから新しい起業家を育てたり、ビジネスのリバイバル（再起）を応援するような原資をつくっています。このような恩送りの経営で事業が軌道にのれば、そこからまた原資を出す側に回る、そんな社会に必要なビジネスが生まれる循環を生み出しています。

他にも、クラウドファンディングや、寄付付き商品なども恩送りの1つかもしれません。

こうした恩送りという贈与で回る経済は、贈与経済（ギフトエコノミー）と呼ばれます。様々な持ち寄りやシェア会などもそれにあたりますし、助け合いをしていくような繋がりづくりに注目が集まっています。お金を介在しないことが多いのでビジネスの世界とは少し距離感がありますが、恩送りの考え方そのものでもあり、小さな地域コミュニティーの中で運営されているケースがたくさんあります。

最後に、なぜ人は恩送りという選択をするのでしょうか。

それは、見返りを求めないほうが心地良いのと、そこに価値観を感じているからではないでしょうか。

- あげたのだから、もらいたい
- おごったから、おごってもらいたい
- 手伝ったから、手伝ってほしい
- 助けたから、助けてほしい

こんなあからさまでないにしろ、どこかで「あの時にやったんだから…」と期待をしてしまうことがあるのでしょう。

でも、自分でも知らない間に、たくさんのサポートや応援があって今日があるのでしょうし、そのほとんどは忘れていることばかりで、見えないところで支えられていたことに気づくこともほとんどないはずです。

そもそも私たちの暮らしが、過去からの恩送りで今日があると考えれば、「見返りを手放して恩送りをすることのほうが普通」とさえ思えてきます。

ですから、見返りを期待している自分の居心地が悪くなるくらいなら、全部手放したほうが心地が良いはずです。むしろ、「私に返さず、誰かにその恩を送るんだよ」と心の中で恩送りを願うことで、自分の価値観に満足すら感じるのではないでしょうか。ビジネスにおいても、共感が生まれるステップにおいては、１番上が「思いやり／愛」なのですから、起業家自身がそのステージに居なければ、きっと顧客もそこまで上がってくることはできないでしょう。

繋がりや関係性はとっても嬉しいことです。でも、その間は貸し借りを感じることのない、お互いの恩返しではない恩送りで成り立っているほうが、関係性は長く続くはずです。

共感が集まる社会貢献型商品

商品やサービスを通じて、売上の一部が社会貢献に使われるといった仕組みを、コーズマーケティングといいます。

コーズ（cause）とは、原因や理由といった意味を持ち、社会的意義や社会貢献といった文脈で使われます。消費者が購入する理由の1つに社会貢献をアピールし「自分がこの商品を選ぶことで、世の中が良くなる活動に参加したい」という共感から「選ぶ理由」が生まれます。

アメリカの調査（「コーズマーケティングに関連する意識調査」URL：https://sustainablejapan.jp/2015/02/07/cause-marketing/13854）ではありますが、価格と品質が同じであれば、約89％の人がより社会貢献型ブランドに切り替えるだろうと回答しており、この割合は年々増えています。

また別の調査で、「社会や環境に対してポジティブなインパクトを生み出すことに対してコミットしている企業の製品やサービスに対しては、多くを支払っても良い」と回答した人の割合は、世界全体で55%に達し、2011年の調査時（45%）から3年で10%上昇したとのことです（「Report Doing well by doing good」URL：https://nielseniq.com/global/en/insights/report/2014/doing-well-by-doing-good/）。日本においてはまだまだ認知が低く調査データがないものの、年々そうした意識が高まっていることは間違いないのではないかと感じています。

寄付付き商品は、商品やサービスの売上の一部が寄付される仕組みを持った商品です。

有名な取り組みの1つに、Table for Two（URL：https://jp.tablefor2.org/）があります。世界では4人に1人が肥満で、その一方で10人に1人が飢餓状態です。「先進国で1食とるごとに開発途上国に1食が贈られる」という考え方から、1食につき20円が、途上国の給食1食分として上乗せして支払われます。

また、ハチドリ電力では、売上の1%を社会貢献団体に寄付する仕組みを持っていて、契約者が寄付先を選べるのが特徴です。64団体に5000人以上の人が毎月寄付をしていて、日本から世界まで、身近な課題から環境問題まで、自分で見て選ぶことができ、そして支援された団体から活動報告が届くという仕組みになっています。

これまでの寄付付き商品では、寄付先が限定されていたり、総額だけで実感が湧かなかったり、繋がりが生まれることは少なかったように思います。

また、電力契約ですから継続的な支援が行える点も画期的で、これまでの寄付付き商品の中でも一歩踏み込んだ取り組みといえるのではないでしょうか

こうした寄付付き商品を設計していくためには、「たとえチリツモであっても、みんなで参加すれば大きな量や力に変わる」ということをどう表現するかが大切です。

私もこうした寄付付き商品をいろいろな形で取り入れています。

たとえば、環境洗剤の事業に関わった時にも、排水1ℓあたりの汚水改善にともなう環境汚染に対する貢献量や、量り売りによって削減される詰替プラスチックバッグの削減量などを可視化しました。

key word●認証ラベル

素材を変えて共感を集める

商品自体やそのパッケージなどでも社会貢献の観点の素材や取り組みを行うことができます。

みなさんがよく知っているものでは、作物などに関わる有機JASがあります。

いわゆるオーガニックと呼ばれるもので、特定の禁止農薬や化学肥料・遺伝子組換え技術などの不使用、種まきまたは植え付け前2年（多年草は3年）以上、有機的管理を行った水田や畑での生産などが義務づけられます。

これによって、土壌や生物への影響を抑え、また人体への悪影響を抑えることなどに意識が向けられていることを表せます。

このほか、食べ物以外でのオーガニック認証としては、オーガニックコスメではNATURE認証、ECO

CERT認証、コスモス認証など、繊維や布でのGOTS認証、USDAオーガニック認証などがあります。

▼地球環境を守る認証、マーク

エコマーク、再生紙使用マーク、バイオマスマーク、FSC認証、間伐材マーク、RSPO認証、グリーンマーク、植物油インキマークなどがあります。

▼エシカル関連の認証

ヴィーガン認証、ASC認証、RDS認証などがあります。

▼生産者や環境などの保全に関する認証

国際フェアトレード認証、レインフォレスト・アライアンス認証などがあります。

これらのラベルは、商品の生産や加工、流通などの観点で付けられるものが多く、その使用量などによってラベルの使用ができたりできなかったりすることがあります。

また、商品には使用できない場合にも、パッケージなどで使用したり、販促物で使用することもできるものもあります。

たとえば名刺1つでもバナナペーパーでつくるとか、什器をFSC認証木材でつくるとか、制服をフェアトレード素材にするなど、取り入れ方は様々です。

ぜひいろいろなケースで採用を検討し、それを採用している想いなどを含めて発信をしていくことに繋げてください。

また、どのラベルを使うかという視点も、社会問題は様々な要素が複雑に絡み合っていることから、分類そのものが難しいのが現状です。ですから、それぞれの認証マークをよく理解する必要があります。

第5章

「共感」でビジネスを軌道に乗せる

ビジネスを軌道に乗せるためには必要な「1点突破」

ビジネスコンセプトが決まり、ビジネス化をしようといろいろなアイデアが浮かぶと思います。ただ、私の経験上、最初に思い付いたアイデアの99％は、そのままではビジネスにならない、そんな感触を持つことになると思います。

もちろんやってみないとわかりませんが、少なくとも最初のアイデアのままで、うまくいくとは思わないほうが良いでしょう。

ですからこう考えるとうまくいきます。

「どんなビジネスコンセプトも、必ず最適なビジネスモデルとの組み合わせで実現できる」

最初に考えたアイデアは大切にしつつも、ビジネスとして形になっていくまでに、幾度となく形を変えて原形を留めていないほどになっていくかもしれません。先ほど話したように99％が変わってしまうかもしれません。しかし、1％の部分に必ず「一点突破できる」可能性があるので、残りの変化をポジティブに捉えていって欲しいのです。

いちばん大切なことは、ビジネスコンセプトを達成させるという想いです。そこに違和感があるなら、再度ブラッシュアップして、違和感を消していくことです。**ビジネスコンセプトを軸にすれば、ビジネスモデルとの組み合わせがうまくいかなくても、新しい方法を探せば良いと割り切れる**からです。

ビジネスコンセプトに描かれたゴールにたどり着くことが目的ですから、手段としてのビジネスモデルやその選択肢については柔軟に捉えていくことが必要です。

気をつけておきたいことは、手段に固執すると、結果的に、手段と目的がすり替わってしまうということです。

技術やモノづくりなど、すでに何か「モノ」を持っている場合は、どうしてもその「モノ」に囚われてしまいます。つまり、「モノ」という手段を変えず目的を変えようとするのです。たとえ「モノ」であっても見方を変えれば「コト」にさえ変わりますから、柔軟な姿勢が必要なのです。

私たちに見えているビジネスの多くは、全体のほんの一部、しかも表面しか見えていません。私たちの見えないところで、たくさんのビジネスモデルや商流が存在しているのです。ただそれが容易に明らかになることはありません。

たとえば、一般消費者向けのビジネスを想定していたのに、企業ユースで使えないかというオファーをいただくこともあるでしょう。一般消費者向けのビジネスを想定していたのに、特定の会員限定にして欲しいという要望もあるでしょう。

4章の4つの共感報酬のビジネスデザインで解説したように、本来はお金をもらうはずのモデルであったものが、価値を得るために払うというケースもあります。

もしあなたにそんな想定外のビジネスチャンスが舞い込んできたとしたら、どう考えますか。すべてをチャンスと捉えて、まずは検討してみましょう。

ビジネスはいくら頭の中で描いていても、実際に進めて、現場で発見していくしか方法がないのです。どこにニーズが隠されているのか、どこにチャンスが潜んでいるのか、やってみないとわかりません。

私は、ビジネスはまるで「風のようなもの」だと感じることがあります。

どこかに存在する風穴のような場所があって、目には見えないけれど、流れ込んでいくように、感じることでしかわからない動きや通り道というものがあります。

その風がどこからきて、どこに向かうのか。

そこから風穴のような場所を見つけ、どうやって一点突破していくのか。

「風を読む」ともいいますが、流れを感じるためには、感覚を研ぎ澄ます必要があります。普段気にしていないことも、見過ごしていることも、感度を高めて改めて捉え直していくことで、見つかる新しい発見や可能性を感じることができます。

- 顧客が商品を買う本当の目的は何か
- 実際にどんな気持ちが発生しているのか
- 買われているものは、想定通りか
- 本当に思ったとおりの目的のために使われているのか

こうした前提を疑うことも大切です。消費者は、意外と想定通りには使っていません。

また、全体の流れを俯瞰的に捉えてみることも大切です。

- 実際にお金は、どのような量と速度でどのように動いているのか
- 情報は、どのように動き伝わり、変わっていくのか
- 環境や経済の動きと、どのような影響があるのか

・環境や外部要因によって、ビジネスはどう動くのか

経済やビジネスは大きな「カラクリ時計」で、私たちのビジネスはその一部のようなものです。ですから、何かが動くことで同時に影響を受けながら動くという特性を持っています。

「風が吹けば桶屋が儲かる」という言葉があるように、風を読み、どんな関連性や構造の中から、どんな要素に影響を受け、どこに集中をすることが必要か、そんな大きな視点でアンテナを張りましょう。

そして、**ビジネスの成長に最も関連性のあるその1点を見つけることが、ビジネスを軌道に乗せる唯一の方法**だと感じています。

ですから、ただ考えているよりも、実際にやってみて、よく観察することも大切です。考えるよりも感じること、考えるよりも現場に聞くことです。

思っていたものと違う提案もあるでしょう。でも、それがもしビジネスとして突破できるのであれば、選択することも1つの方法だと思います。

理念を変えることなく、手段の順番を変えるという解釈ができるのであれば、チャンスは有効に活かすべきです。

そしてここだと感じたら**1点集中して突破する。それがビジネスを軌道に乗せる唯一の方法**だと感じています。

keyword●共感顧客層　ロイヤルカスタマー

共感顧客層

共感で事業を成長させるためには、顧客の成長段階をどのように捉えていくのかが鍵になってきます。世の中には様々な顧客ピラミッドと呼ばれるものがありますが、本書では共感を軸に「共感顧客層」という形で、どのようなステップを踏むのかを整理しました。

▼ステップ1・トライアル・サポーター（理解）

一定の理解を示しているけれども、まだそれほど心が動いていないユーザーです。

たとえば、頭で理解しているが心がまだ動いていないとか、十分に意味を理解しきれていないとか、ビジネスを聞いたばかりでよくわからないなど、いろいろな意味で理解が深まっていない状態の顧客です。

理解は示していますから、おつきあいのような形で買ってくれることがありますが、まだまだ受け身（受動的）です。まだ自分の中での**価値観を判断できるような材料が揃っていないため、様子見をしている状態**です。

この段階のユーザーはとても多いと思います。まずはゆるく長い関係の中で、情報量やタッチポイント（接する機会）を増やしていき**「悪くない」と思ってもらうことが最初のステップ**です。

最初は選択して損をするリスクを避けるために疑心暗鬼の状態です。できるだけネガティブ要因を解消することが大切になります。ですから、メディアの情報や第3者の推薦などがあれば選択する安心感が高まるということもあります。

いずれにしても、理解を進めるために多少の時間が必要で、ここで急かしたりすることは得策ではありません。

▼ステップ2：フォロワー（興味）

理解が進む中で、心が惹かれたり、親近感が湧いたりすることがあると「興味」が湧いてきます。顧客との価値観の一部が重なりつつある状態です。ですから感情が反応し、その原因を知りたいと、顧客が自ら情報を集めるなど動き始めます。

まだまだ受動的ではありますが、それでも、受け取った情報に触れる時間が長くなったり、情報を探す

共感顧客層

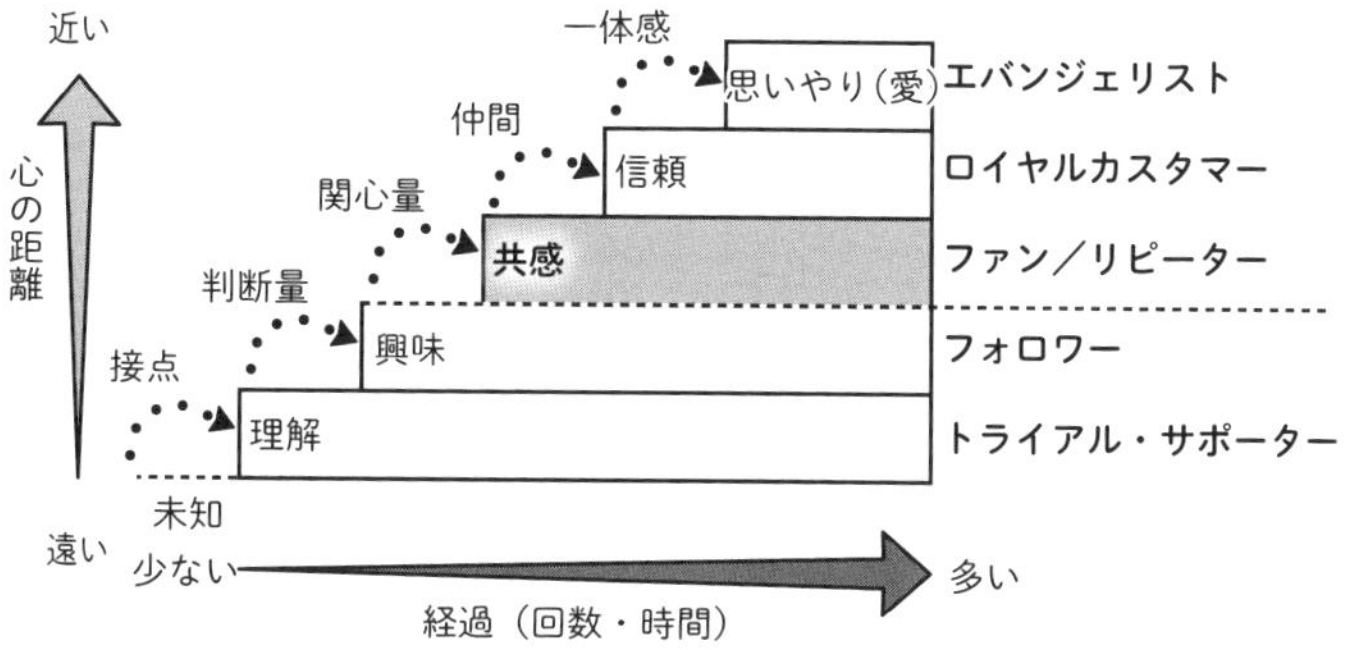

顧客のステージ

などの能動的な動きが出てきます。

この段階から、イベントに参加をしたり、タイミングがあれば商品を買ってみたりすることが増えてきます。

ブランド全体には興味があるが、欲しいものがなくて手に取っていなかったり、手にはとっているもののブランド全体への理解が進んでいないということもあります。

この段階から共感に移るまでには、やはり**価値観の共有を進めることが重要**になってきますから、顧客が現時点で興味を持っているポイント（たとえばデザインなど）と、その裏側にあるストリー（たとえば、デザインが生まれた背景など）などを繋げて、顧客に物語の中に入ってもらうようなプロセスなどが有効です。

できればこの段階では、**起業家本人が想いを発信する機会を持つ**ということも大切だと思います。現在はいろいろなメディアがありますから、ブログやメルマガはもちろん、動画でもセミナーでも良いでしょう。そして実際に何を語ると響くかをブラッシュアップしていく良い機会にも繋がります。

▼ステップ3：ファン／リピーター（共感）

共感というスイッチが入った顧客＝ファンは、価値観が共有できたという状態です。ですから、共感している人（同じ価値観を持っている人）との繋がりを求めます。自分が共感した理由の深掘りをしたり、自分が共感した点などを他の人と共有して、確認したい気持ちがあります。

ファンは、自分が共感していることを表明するために商品を買ったり、それを身につけてアピールをするような行動をします。これは、自分の価値観を表す手段であったり、同じ共感を持っている人と繋がるための手段でもあります。

たとえば、同じ服を着て連帯感を感じたり、共感している仲間であることをアピールすることもあります。

▼ステップ4：ロイヤルカスタマー（信頼）

ロイヤルという言葉は忠誠という意味で、愛着や信頼があることをいいます。

価値観の理解が進み、信頼をしても良いと心を開いてくれている顧客です。

率先して応援をしてくれ、口コミや顧客紹介にも積極的ですから、ギフトを購入してくれるなどの需要も期待できます。定期販売などによる定期的な課金にも抵抗が低い傾向にあります。しかし、アクティブに動いてもらえる反面、信頼は期待とセットであることも忘れてはなりません。

▼ステップ5：エバンジェリスト（愛／思いやり）

最終地点のエバンジェリストは、ビジネスの枠を越えて価値観の一体感を感じている顧客です。自らがブランドを支える1人であると自負し、「何があっても支える」という愛や思いやりを持っています。顧客にとって価値観が一致していると感じていますから、製品やブランドの存在そのものが人生の一部となっているような感覚です。自身にとって無くてはならない存在ですから、買うことや勧めることは、もはや当たり前という領域に入っています。

ここまで進んだ顧客の存在が生まれるには、それなりの時間がかかりますが、起業したビジネスがこのような存在となって、顧客や社会に受け入れられ続けていくことが、本当の意味でのゴールではないかと思います。

ビジネスとは、顧客の人生を豊かにし、幸福をもたらすものです。

様々な商品やサービスと出会う中で、自身の価値観を体現してくれるような出会いがあることで、その人の人生の一部になることもできるのです。

一般的なビジネス書や理論で解説される顧客ピラミッドは、ビジネスをする側に都合が良い整理をされているものが多く、顧客の感情に寄り添っている感じを受けません。顧客をターゲット（対象）や商品で売りつける対象として見るのではなく、顧客の心理的な側に立ち、顧客の想いを叶えたり、共感を支えていくという観点から捉えていきましょう。

共感と反感は紙一重

共感顧客層では、共感が育まれるまでの過程と、共感を育んでいく過程を表しています。共感は感情の動きなので、この過程の中で、どうしても反感や批判に結びつくシーンがあります。

1つ目は、トライアル・サポーターがその商品を評価する判断の場面です。判断とは、その人なりの基準で良い・悪いなどを決めることになりますが、その基準に伴う情報量が圧倒的に少ない可能性があります。

たとえばネットで見た投稿で左右されたり、知人のひと言などで評価が大きく変わったりします。それも1つの情報ではあるものの、思い込みであったり湾曲されていることもあれば、過大／過小評価されていることもあります。ですから、できるだけ公式見解を伝える場が重要になってきます。

また人は、それぞれに好みがあり相性があり役割があります。

ですから、それぞれの立場によってそれらを評価したり批判したりすることもあるでしょう。いろいろな意見が出ることそのものは多様性の1つとして理解をし、場合によっては真摯に受けとめることも必要ですが、100%の人を満足させることなど不可能です。ですから、もしかしたら早い段階から顧客が要望する価値観に違いが出るようであれば、顧客側からブランドに見切りを付けてもらうことも必要な決断かもしれません。

次の段階は、共感を得た後の段階で、ファンからロイヤルカスタマーに移行する段階に信頼が築けるかどうかという場面にあります。

信頼は双方からあるとはいえ均衡することはなく、どちらかが強い状態であることには代わりがありません。

ですから、顧客からの一方的な強い思い込みや過信といったことも生みやすいので、注意が必要です。過度な期待をされて一方的に信頼を裏切られたという状態も起こりやすく、そういった反動でアンチに変わってしまうことさえあります。

特に共感と信頼の狭間を行き来している顧客の場合、共感から生まれる期待が、自分の思い通りにならないことから批判側に回る場合があります。

私も好きなお店で味が変わったり、店員の対応が望んでいるものではなかったりすると、それを伝えるケースがあります。それは、信頼や期待をしているが故の反動でもあったのだと、ふり返れば思います（その後の店長さんの素晴らしい対応で、一層のファンになってしまい常連になった店もあります)。

また、長くビジネスをしていると、昔から支えてくれている顧客が、「最近このブランドは変わってしまった」と、批判するケースもあります。

私もそう思うことがあって離れることもありますし、時間を置いてまた戻ったこともあります。ビジネスをしている視点からいえば、企業もブランドも成長しますし、組織も人が変わりながら進化していきます。テーマや現状の捉え方も変わります。

昔のままということは、ありえないので、その時代に応じて変わり続けることを選択せざるをえません。ビジネスとして決断していく場合、一部の批判する側にまわる人たちよりも、それ以外の支持してくれる人たちとともに、一歩前に進む選択をすることが、必要な決断であると思います。

100年続く企業が100年前と同じニーズに応えているわけではないように、長く付きあっていける顧客とともに豊かな関係を築いていくことが必要ではないかと思っています。

key word●コアな市場

広げるより狭めよう。対象を絞って、共感でしっかりと関係性をつくる

ビジネスの可能性を模索していると、どうしても数を追ってしまいがちになります。

できるだけ多くの人にリーチする市場が魅力的です。何かアプローチをすれば、たくさんの人がいるのだから、誰かが選んでくれるだろうと思いがちです。

しかし、ほとんどの場合、その目論見は外れます。

数が多い市場は、それなりに競合も多いわけですから、資金も時間も体力も限られている起業家が飛び込んでも、耐えられない市場です。

そこで、**狙うのは、セグメントされた、コアな市場**です。

確実に振り向いてくれる、そんな顧客との信頼関係をつくることが大切です。

一般的に、新規顧客の獲得には、多大なコストがかかります。マーケットが大きい市場では、競合が多いため商品の単価が下がる傾向にあります。利益や売上高を確保するために、その分だけ多くのユーザーを獲得しなければなりません。

しかし、セグメントされた市場では、競合も少なく、コアなユーザーにしっかりと届くメッセージを発信すれば、繋がりをつくることができ、良い関係ができます。

こうして、ユーザーに商品を繰り返し使ってもらえる、あるいは、多少高くても商品への思いや価値を汲み取ってくれるような関係を作っていくことができます。

そして、顧客の口コミなどが広がっていくなどして、小さいけれどもシェアの高いカテゴリーをつくることもできます。

たとえばアパレルであれば、大きなサイズや小さなサイズだけに特化したショップやブランドがあると思います。

セグメントがしっかりとしていれば、メッセージが自分に向けられていることが明確なので、その想いを汲み取りやすくなります。

また、旅行のケースで見てみましょう。旅行で障がい者の利用数が少ないのは、旅行会社が旅行のできる健常者だけを対象にしていたからです。障がい者も旅行がしたいのに、その環境が整っていないことで断念をしていたわけです。そこでそのサポートに特化したユニバーサルツーリズムという考え方が生まれ、多くの障がい者から支持をされました。

そして実際には、障がい者だけではなく高齢者や子ども連れの家族も含めて、多くの人から支持を受けたのです。普通に考えれば、旅行業にいまさら参入するなんて無茶だという印象があるでしょう。でも、小さなニーズをつかまえて、そこに特化してしっかりと市場をつくれば、ビジネスとして充分に成り立つのです。

そのほか、ＳＤＧｓの時代では、マイノリティも共感を得られる重要なキーワードです。

ＳＤＧｓにある「誰も取り残さない」というメッセージにあるように、「買える人だけが、買えばいい」「使える人だけが、使えばいい」ということも、社会的には自己中心的とみなされる傾向にあります。多様な人へのアプローチがより共感を生むことも増えました。

第4章で紹介をした大久手山本屋の青木専務が提供するハラール・ヴィーガン対応の味噌煮込みうどんは、観光客だけでなく学生からも支持を受けています。ハラールの世界人口は18・5億人もいるのに、日本ではムスリムの方にとって食事の選択肢はありませんでした。そこで、フードダイバーシティ（食の多様性）という考えのもと味噌煮込みうどんをハラール対応にしたことで、ご当地グルメを食べたい観光客が探して訪れるようになり、新しい顧客を掴みました。

共感でビジネスを伸ばしていく場合、狭い市場をどうチャンスとして捉えるかが重要です。それを捉えるには、あなたの感情や共感が不可欠なのです。

マーケティングや分析によって「儲かりそうだ」というデータは出るかもしれません。しかし、その確率論だけで参入しても、結果的にファンの心を掴むことができません。

潜在ニーズをしっかりと汲み取り、何に対して対価を支払いたいのか、サービスを通じた満足や共感を得たいのかを分析し設計していくことで、他にマネされないビジネスを作っていくことができるのです。

key word●時流

時流（社会や経済の流れ）を掴む

意外と社会風潮や経済の流れである時流を見逃しがちです。

どうしても、自分のビジネスを中心に物事を考えてしまうため、それを社会や経済の中に当てはめようと考えてしまうのです。

しかし、人は、あなたのビジネスのことに関心を向けていませんし、それぞれにいつもの暮らしがあり、大きな経済の中で日々を過ごしているのです。

これは、流行やトレンドを取り入れようということではありません。

社会や経済の中で、どんな人たちが主役になり、どんな共感が生まれているかということを長期的に捉えていくことが大切だという意味です。

社会感情をどのように捉えるのかも、また、起業家であるあなた自身の感情の認識や捉え方を含めて、非常に大切なセンサーになってくると思います。最近では、コロナ渦による活動制限がありました。

このような状況下においては、人はあまり前向きに物事を捉えず、一方で、前向きになりたいという思いを内側に秘めながら過ごしているという状況でもあります。ですから、サービスを提供するにも、タイミングが重要になってきます。

アウトドアのメーカーがコロナ禍で飛躍しました。実際には旅行や移動が制限されているにもかかわらず、キャンプ場は盛況だったのです。ホテルなどの集合宿泊施設ではなく、家族などの単位で移動して泊まれるテントの需要が高まったわけです。家族だけの移動であれば特に他人に気を遣うこともありませんし、家族だけの旅行に行ったところで誰かに後ろ指を指される心配もありません。

加えて、自宅でのバーベキューをする需要も高まり、旅行に行かない分、自宅での時間を楽しむ結果となりました。単に移動が制限されて旅行が難しいという状況であっても、そこに人のどんな感情が行動に繋がっているかを感じ取ることができれば、ビジネスチャンスに変えられることもたくさんあるのです。

自分たちの製品だけを見ていても、市場がどのように変わっているかを感じ取ることができないこともあります。

ライフスタイルが変わり、人の価値観が移りゆく中で、社会感情が持つ潜在的なニーズに意識を向けていくことが重要です。自流より時流に乗って、自分の商品が社会のどんな価値観に触れて、人の共感を生み出すことができるのだろうかという視点で社会の流れを見ていると、いろいろなチャンスを見つけることができるはずです。

key word● AIDMA　AISAS

共感で商品が購入されるプロセス（AIDA／AIDMA／AISAS）

ビジネスのマーケティングでよく使われるAIDMA（アイドマ）モデルは、製品やサービスを知ってから購入するまでの、思考や心理の移り変わりを表したものです。

・認知（Attention）→関心（Interest）→欲求（Desire）→記憶（Memory）→行動（Action）

もともとは１８９８年にアメリカの広告研究家セント・エルモ・ルイスが提唱したAIDAモデルが世界的に使われていました。

このモデルの考え方をベースに、その場で購入せず記憶したものを呼び起こすことで購買に繋がるということからM（記憶）が追加されました。

共感で商品が購入されるプロセス

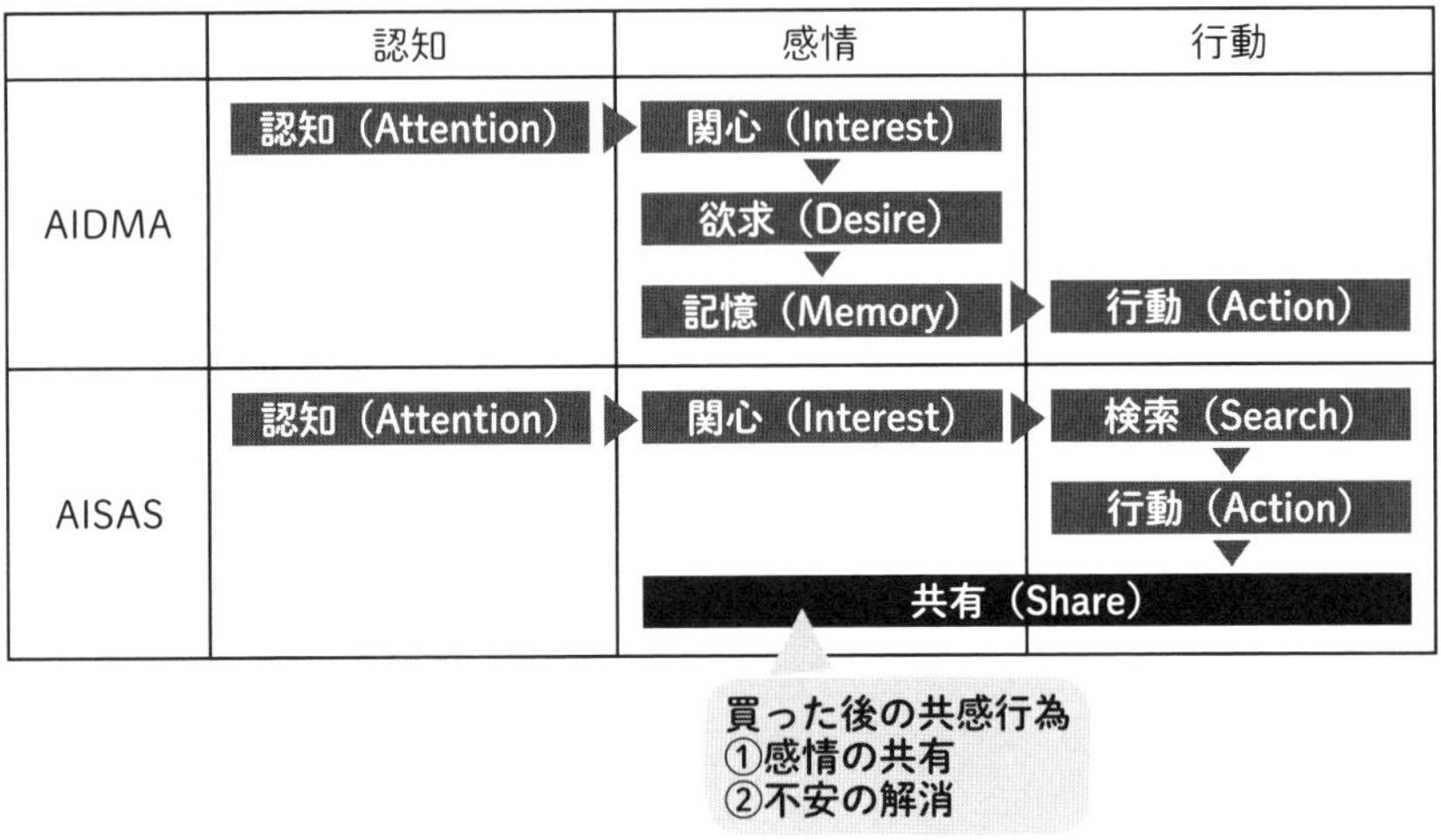

その後、インターネットやSNSの登場によって、AISAS（アイサス）モデルという考え方に発展しました。

AIDMAモデルとの違いは、関心を持った後にすぐ「検索」するアクションに移ったことです。

・認知（Attention）→関心（Interest）→検索（Search）→行動（Action）→共有（Share）

つまり、記憶をして後から買うということよりも、検索をしてすぐに買うという購買までのプロセスが短くなったこと、そして、購入した後の情報シェアまでが一連の購入プロセスになったことが大きな変化です。

私たちが注目したいのは、共感が生まれる感情の段階です。どちらも認知段階に始まり、そこから生まれる感情によって関心を生み出します。

ここで注目すべきは、脳の共感特性（第1章）にもあるように、人の脳が関心を持つポイントは人によって異なるということです。

描いたペルソナの職業や趣向などから共感特性を推察しておくと、アプローチの方法や順番を工夫するだけで関心を持ってもらう可能性が高くなります。

AIDMAにある関心と欲求という感情は記憶に結びつきやすく、顧客の感情体験に重ね合わせた時に感じられる「短いメッセージ」を残るようにしておくと良いでしょう。

そもそも人は忘れん坊ですし、たくさんの言葉は覚えられません。

ですから、キャッチコピーやブランドメッセージなどの記憶に残りやすいもの、ショップカード、ブランドの紹介カードなど、文字やビジュアルなどで再度思い出してもらうような工夫が必要です。

それを元に顧客は感情から記憶を呼び起こし、比較や購買へのアクションに移るのです。

AISASでは、関心を高めて確信を得るための方法として「検索」をします。

検索をする理由は、商品の詳細情報を調べたり、価格を比較したり、口コミや評価などを参考にします。

これらを元に購買をしますが、リアル店舗だけでなくネットショップでそのまま購買されることも多くなりました。

そしてスマホやSNSによって、共有するというプロセスが増えました。共有する理由は2つあります。

1つ目は、買ったことを知らせて**繋がりたい／共感されたいという欲求を満たす**ものです。買うという行為によって、誰かと繋がったり会話をする機会を生み出すためです。

自分の価値観を共有することをきっかけに、同じ価値観の人と繋がって共感することで、気持ちが繋がるということを楽しんでいます。

2つ目は、購買というのはどこか不安要素を持っていて、自分の選択肢は間違っていたんではないか、というどこか一抹の不安を持っていることが多くあります。

これを解消するための確認行動としてシェアして安心をしたいという心理で行動が行われます。

こうした行動の結果、ブランドロイヤリティーが生まれ、リピート購買が発生するといわれています（詳細は7章の「買った直後の、顧客の心理をサポートする」）。

従って、**共有という行動の目的は、感情面での安心**なのです。

消費者の行動は、環境とともに進化していきます。それとともに時代によって変わる消費者心理にも意識を向けていくことで、顧客との繋がりを深めていくことができるのです。

key word●クラウドファンディング

共感でビジネスを軌道に乗せるクラウドファンディング

共感でビジネスを軌道に乗せる仕組みの1つとして、クラウドファンディングがあります。クラウドファンディングは、仲間やお金を集めることができるプラットフォームです。

商品の開発やファンづくり、起業の初期にクラウドファンディングを使うことは効果的です。クラウドファンディングの目的はいろいろありますが、夢や希望に挑戦をするもの、課題を解決するために協力を仰ぐもの、新製品やビジネスの開発など、主催者のチャレンジや想いへの共感からの応援で、ビジネスが後押しされます。

また、ビジネスを具体的にイメージしていく段階において、製品作りやマーケティング、顧客作りを一気にできることから、クラウドファンディングからビジネスを始めることも多くあります。
実際には資金調達が失敗したら始めない（All or Nothing）という選択もできるので、リスクを回避することもできます。

クラウドファンディングを成功させる鍵は、その挑戦が人の共感を得られるか否か、ということにかかっています。つまりクラウドファンディングは、起業のプロセスそのものでもあります。そこで、起業やビジネス開発の視点から共感を得られる5つのポイントをお伝えします。

①なぜ「あなた」がするのか、という理由

毎日たくさんのクラウドファンディングが実施されています。その中でも、「なぜあなた」が選ばれるのかが重要です。

あなたは、なぜその課題に取り組みたいのか、なぜそれに気づいたのか、どんな現実を見たのか、あなたらしい解決方法はどんな方法・アプローチなのか。

あなたにしかできない**オンリーワン**の挑戦であることが必要です。
そのために、とことん**「なぜ、あなたなのか」**を掘り下げていくことが重要です。

②支援者にとって、なぜ「自分」が支援するのかという理由

クラウドファンディングは挑戦ですから、簡単に超えられるようなハードルであるなら、自己資金や銀行融資で資金を調達をすれば良いはずです。

そこでなぜクラウドファンディングなのか。失敗、挫折、矛盾、ハードルの高さ…チャレンジをしてきた背景を明らかにしましょう。スマートでなくて良いです。

むしろ、人間らしく、等身大で泥臭く描かれるほうが、心の距離が近く感じます。伝えたいことをストレートに伝え、感情も素直に表現していくほうが心に響くのではないでしょうか。

そして、「自分だけの力ではどうにもならない」、「助けて欲しい」、「一緒に進みたい」など、**「関わってもらいたい理由」**を伝える必要があります。

人は挑戦と挫折を乗り越えていく姿に共感し、そこに**自分が応援で加わることの意味を見つけ、繋がりの物語を描くことができれば応援したくなる**のです。

③目指す未来に対する共感

クラウドファンディングで目指す未来はどんなものでしょうか。

誰もが思うような普遍的な未来でも、かといって、独りよがりに感じるような目標であっても、積極的に自分が応援する理由を見つけることはできません。

挑戦で描く未来は、1つの希望です。

小さな力が集まれば達成できるかもしれない、そんな期待を感じられることが大切です。

私は「お金の消えた世界をつくる！　タダの箱庭プロジェクト」というクラウドファンディングに参加をしました。

１０５９人から１３２２万円を集め達成となりました。

お金のない世界をつくるという壮大で強烈なインパクトのプロジェクトですが、たとえ絵空事であってもそれを誰かに委ねるのではなく、「この未来を実現するための仕掛け人として自ら参加する」という世界観に共感が集まったことが、プロジェクトを成功に導いたのだと思います。自分の手で世界を変えられるかもしれない、そんな可能性にワクワクする人が集まったのです。

社会的な意義を掲げる場合、「何となく良さそうなこと」を掲げても、お金を集めたいだけだろう、人を巻き込みたいだけだろうと、支援者に見透かされてしまいます。

そこには、支援者の視点に立って、**未来を支える人に加わりたい、その物語を一緒に歩みたいという共感が生まれるビジョンと、それをひと言で伝えられるようなコンセプトが大切**になります。

④時流に乗る

ビジネスはタイミングが大切ですが、クラウドファンディングも同様です。

ビジネスでも重要なのは、時流にどうやって乗せて、やりたいビジネスを理解し、共感してもらえるの

共感で成功するクラウドファンディング

❶「あなた」が実施する理由	あなたにしかできない オンリーワンの挑戦
❷「自分」が支援する理由	自分が応援することの 意味が見つかるか
❸目指す未来の共感	物語を歩む仲間の １人に加わりたい
❹タイミング、時流に乗る	社会や支援者の目線や 意識に合わせる
❺一つひとつの、積み重ね	関係性は、一つひとつ 丁寧に、愚直に

クラウドファンディングは、準備が重要。目的は繋がり。

かを考えることです。

単に重要だ、大切だと伝えても、社会の風潮と違っていれば、響きません。

みんなが関心のあるキーワードに近いところで、そしてわかりやすい内容で届けることが大切です。そこから関心をもらって、本当に伝えたいことが伝わり、関心が応援に変われば良いのです。

自身の事業で実施した環境洗剤のクラウドファンディングでは、１００万円の目標に対して約６８０万円、約２００人の支援者に応援いただきました。ここでは洗剤が環境に悪影響を及ぼすということをそのままダイレクトに伝えても響かないと考え、「量り売りによってプラスチックのごみの量が減る」ということに視点を移しました。

当時４月からプラスチック資源循環促進法が施行されるタイミングであり、量り売りがトレンドになりかけていた頃です。

日本には四季があり、年間で様々なイベントがあるので、そのタイミングにうまく乗せることも1つです。

たとえば、「○○の日」に絡めることで多くの人のタイミングが合うことになりますし、あるいは新しい始まりであれば、年末や年度末にリターンをすることから逆算して設計するなど、人や社会の生活のリズムに合わせることが大切です。

ビジネスではタイミングが大切ですから、リズムの合わせ方を見つける経験ができるのではないかと思います。

⑤一つひとつの、応援の積み重ね

クラウドファンディングをラクして資金を得られるサービスだと捉えると、必ずといっていいほど失敗します。

すでに会員がいるから、何かセットすれば集まる…と考えるのは間違いです。

どのプロジェクトも渾身の想いで挑戦してきています。

ですから、運営者に人を集めてもらうということではなく、自分で人を集めて共感を可視化するためのプラットフォームと考えるほうが適切です。

事前の支援ページのコンテンツ作りはもちろん、運用中の告知コンテンツについても、事前に可能な限りの準備をしておきましょう。たとえば、達成の進捗状況やSNSでのシェア用の画像も、事前に用意をします。

ケースにもよりますが、最初の1週間と最後の1週間が盛り上がりますが、中間期間はどうしても落ち込みます。ですから、どの時点で何をするのかを綿密に計画をしておく必要があります。始まる前に、一斉メールではなく個別に連絡をし、開始した時にも個別に開始したことを伝える…そのくらいの丁寧な対応が必要です。

共感を得るということはそれだけ手間暇をかけることであり、効率でなんとかなるものでもありません。**成功の8割は準備、2割は期間中のアプローチではないかと思います。**でも、この準備から期間中のすべてのアプローチの積み重ねが達成に導きます。ビジネスはどうしても確率論で動かそうとしてしまいますが、起業初期はそうもいきません。周りの人の応援や共感があってこそ始まるのです。

クラウドファンディングで結果として残るのは、お金という面もありますが、それだけではありません。実際には共感されているという支援実績と、共感してくれた人たちとの繋がりです。これをこれからのビジネスでどう役立てていくのかが重要なポイントになります。

この泥臭さ、一度は経験をしておくと、後のビジネスにも役に立つのではないかと思います。

共感が育まれる「場づくり」を実践する

共感はどのような環境をつくれば広がっていくのでしょうか。

その1つが、関わりや繋がりが心地良いと思えるような「場づくり」という考え方です。
ビジネスと顧客との関係性、会社とスタッフの関係は1対1かもしれませんが、顧客やスタッフは自分と同じような立場である仲間（グループ）の存在を意識しています。

特にサービスを提供するビジネスの場合には、モノがありませんから関係性で成り立っていますし、顧客やスタッフが実際に顔を合わせる機会も多くなります。

メーカーであっても、イベントや交流会など、**顧客と場を共有する機会**もあるはずです。
その場がどのようなものかによって、顧客は一層ファンになったり、あるいは離れたりするものです。

でもほとんどのケースで、そもそも「場」というものに意識を置かれていません。

「場」とは、単純な場所だけのことではなく、人が集まる機会であったり、何かしら関わり合いを持っている人が集まって、「関係性をともにする時間や空間」のことです。

その時間の過ごし方が、お互いにとってどう感じられるかがとても大切です。終わった時に、すべての参加者がそれぞれに「良かった」と思えることが重要です。

一方、居心地が悪かったり、もう帰りたいと思ったり、終えた時に、無駄だった、この時間は何だったのか、と思うことは誰しもありますよね。

そしてあなたがそれを運営する側だったとしたら最悪ですよね。

最近では、オンラインのコミュニティーなどがありますが、多くの場合、画面がオフになっています。本当にそこに人がいるのかわからないままに、イベントが行われるなんて、リアルでは想像もつきません。

そこで、場づくりに意識を向けていくと、リアルな場はもちろん、たとえオンラインであっても共感が生まれやすくなります。

コモンビートは、初対面の100人に100日後にミュージカルで公演を行うというプログラムを提供していますが、それが達成できるのも、場づくりに全力を投じてきているからです。そんなコモンビートが注力している場づくりに大切なことが、次の3つになります。

▼居場所

居心地の良い／悪いは、参加している人にとってのものです。たとえば、多少の距離をとる人もいれば、積極的に活動したい人もいます。それぞれにとっての居心地の良い場所を確保することが、最初のステップです。

居心地というのは、**「自分がそこに居続けられる」「受け入れられていると感じる」**という意味でもあります。これは、**参加者自身が存在している価値を、コミュニティーが受け入れている姿勢**が伝わっているかということです。

たとえば、オンラインのセミナーやコミュニティーでよく見られることですが、運営側が一方的に進めてしまい、参加者が置いてかれているような状況に出会うこともありますよね。これは、存在を認識していないという状態です。

参加者が、存在を認識されていないと感じると、居心地が悪くなり、居場所が見つけられず、画面をオフにすることもあります。一方で、関わりたいという思いから画面をオンにもしているのに無視されたり、内輪の盛り上がりで存在を無視されると、二度と参加したくないと思ってしまうでしょう。存在していることが無視されるというのは、参加者の価値観を傷つけるものでもあります。

居場所づくりとは、参加者の価値観を受け入れ、存在を認識することです。

ですから、名前を呼ぶということはとても大切ですし、発言をしたりする機会があることで存在や意思を表明することができます。

また、無理矢理発言を強要されるのも居場所を無くすことにもなりかねないので、発言しない人の存在も、尊重されるべきことです。

居場所には、自己有用感と呼ばれる「自分が役に立っているかどうか」という感覚がとても重要です。

何かしら時間を割いて参加しているわけですから、たとえ受動的であってもそこに居るだけで誰かの役に立っていると運営側は認識したほうが良いでしょう。何かをしないと役に立たないという考えを捨てましょう。

関わる人すべての人が居場所を見つけられるように、場づくりを実践していきましょう。

やることリスト

・すべての人を受け入れる、そのままで良いという姿勢

- **名前がわかるようにする。できれば自分が呼んでもらいたいニックネーム**
- **一言でも気持ちを共有できる時間をつくる。相互でも全体でも良い**
- **それぞれに何かしらの役割を持ってもらう。見守る、でも良い**

▼安心

危険や不安を抱えている場からは、誰もが早く離れたいと思うでしょう。コミュニティーも同じです。**安心して居られる、オープンでフラットな場であること**、**心理的安全性**が大切です。

何を話しても大丈夫、という空間を演出することです。

こんなこと言っていいのかな、空気を壊さないかな、そんな風に感じて言うのをためらうことはあるでしょう。その場にいて、発言を否定されないかとか、攻撃されないかとか、あるいは、無意識なバイアスによって差別されないかとか、こういった不安を取り除くためにもいろいろな意味で安心材料が必要です。

そこで必要なのは、参加者に伝える**「グラウンド・ルール」**で、**参加者が基本的に意識をしておくべき姿勢や価値観、原則を言葉にしたもの**です。

参加する側にとっては、誰が参加するかわからない中で、同じ価値観を共有できるのか心配です。ですから、同じ価値観で話ができるという前提を揃えていくことで、安心感が高まります。場合によってはこのルールに沿えない人が出てきた場合に、退席をしてもらうための基準にもなります。**場作りにおいて多**

共感が生まれる場づくり

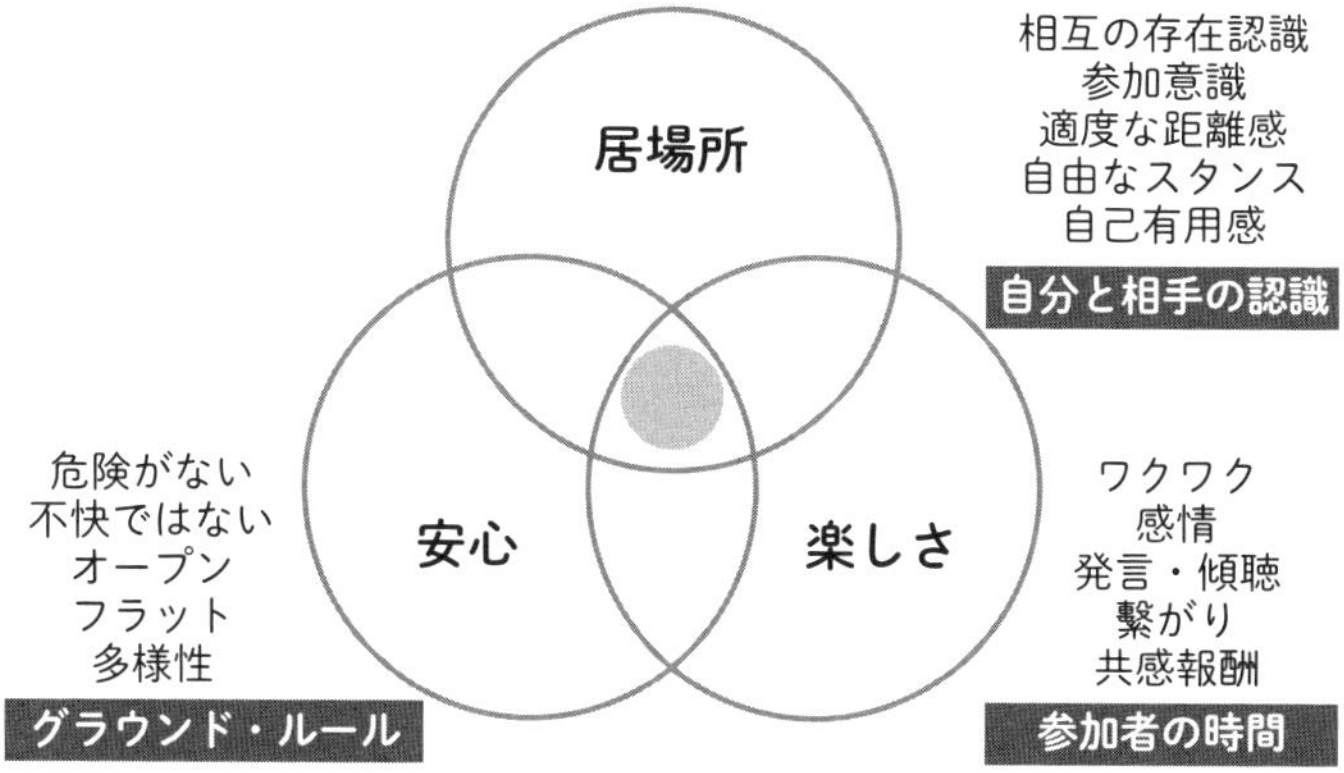

「場」の空間や時間、感情に意識を向ける

様性は大切ではあるものの、価値観を共有できない空間を維持し続けることは大きな損失にもなります。

これは組織運営でも同じです。バリューやクレドといった組織のグラウンド・ルールがあるからこそ、守られる基準があるのです。その基準を全員が価値観として共有できれば、場は保たれるのです。

安心して居られるということは、居場所をつくることでもあります。そのためにも、場作りにおいて安心・安全な環境というのは欠かせない1つでもあるのです。

やることリスト

- **グラウンド・ルールづくり**
- **オープンでフラットな雰囲気**
- **進行役の人が全員の配慮をする**
- **それぞれの距離感を大切にする**

▼楽しさ

参加者が参加して良かったと思うのは、やはり楽しいという感覚があるからです。たとえそれがミーティングであったとしても楽しさは必要です。よく、ボランティアの集まりなどでミーティングを重ねるたびに参加者が減っていくという話を聞きます。きっと、連絡事項ばかりで、会社と何ら変わらない、つまらない場になっているのだと思います。

コミュニケーションとは、情報伝達することだけではなく、感情の共有をすることでもあります。ミーティングであったとしても、事実の情報を読み上げるだけであれば、メールで十分です。そこに気持ちが共有されることも、とても大切な情報ですし、コミュニケーションなのです。

感情を持ち込んではいけないという場の雰囲気があると、余計なことを話してはいけないと感じてしまいます。むしろ、気持ちを伝えて欲しいという場が作られれば、もっと聞きたいことや共有しなければならない情報がシェアされるかもしれません。

運営側が「参加者を楽しませせよう」と意識をしていくと、もっと場を楽しくすることができます。楽しいという言葉には語弊があるかもしれませんが、ポジティブな気持ちになることで、いろいろなことに「やってみよう」という気持ちが芽生えてきます。

やることリスト
・自分の想いをアウトプットする会話の時間をつくる
・スタッフと参加者の壁をつくらない
・笑いを積極的に入れる
・ラフに運営する

コモンビートが20年も活動が続いている理由の1つが、場づくりを大切にしているからです。組織、現場、会場など、場づくりこそが関係性の質を変えられるということを、活動を通じて確信するようになってきました。

多様性をテーマにしている団体でもあるので、多様であることをそのまま受けとめるというグラウンド・ルールがあります。そもそもいろいろな人が集まっていますから、違うことが前提であって、共通項を見つけられることが楽しみでもあります。また、これまでに出会ったことのない人が集まって、お互いの得意を発揮させることで他の人の苦手がカバーされるような関係性になっています。ですから、それぞれに居場所があり、誰もが自分がこの団体を支えているという自負を持っています。

すべての関係性の間に、場があります。その場をどのように演出し良いものにしていくのかは、一つひとつを丁寧に意識していくことしかありません。
それが結果的に、組織文化や風土、ファンが持つ雰囲気にまで影響をしていきます。

key word● 共感疲れ　生涯顧客価値

共感疲れ

最近、SNSなどで共感疲れという言葉を聞きます。共感という感情を扱うことで疲れるということについていくつかのケースを知っておきましょう。

▼繰り返される、話が長い

私たちは一日中感情が動いているのですが、そのほとんどは心で感じる小さな感覚の揺れです。しかし、喜怒哀楽といった大きな感情は、実際に脈拍が上がったり、喉が渇いたり、時によっては頭痛を引き起こすなど、身体の負担を強います。

なぜなら、感情は無意識の反応なので、身体と心に対して意識している以上に負担をかけているのです。

たとえば、ビックリすることが続いたり、心配や怖いといった状態が続いた時、グッタリと疲れてしまうようなことが、みなさんの経験にもあるかと思います。

ビジネスにおいては、ＣＭなどで話が進むたびに値下げをし、「いまなら！」と購入を急かすような演出や、顧客の周囲の人を取り込もうと繰り返し行われる紹介キャンペーン、サブスクの退会などで繰り返し引き留められる行為など、気持ちが疲れる場面が多くなってきているように思います。

また機会があったら戻ってきてね、というくらいの「生涯顧客価値（顧客の一生涯という単位で、支払われる価値の総額）」という観点を持ったほうが、むやみな引き留めで二度と戻らないという人を減らすことができるのではないかと思います。

▼ポジティブさの強要

ビジネスなどに関わるSNSなどではポジティブな反応を強要されがちです。「いいね」や「フォロー」、「シェア」をすると当たるキャンペーンなどで、支持しているということを表明しなければなりません。

共感に対する同調圧力に疲れてしまうこともありますので、多様性という観点からも、共感を煽ったり押しつけることのないよう工夫をする必要があります。

▼熱狂

熱中するという言葉は、あることに集中し心を傾けることをいいますが、熱狂というのはその状態に「感情の興奮状態」を加えたものになります。興奮状態になると、意識よりも感情が優位になり、時に自身の

共感疲れ

- **繰り返される、時間が長い**
  - サプライズの連続による感情疲労
  - 過度な引き留め、脅迫
- **ポジティブさの強要**
  - 過度な、いいね、シェアキャンペーン
  - SNSによるポジティブ感情の公開強要
- **熱狂**
  - 感情の興奮状態による判断能力の欠如
  - 無意識な感情の急上昇と急降下による感情疲労
  - 過信・一方的な信頼による落胆

感情が無意識に動かされることで、
感情疲労をすることがある

コントロールができない状況に陥ることがあります。

たとえばスポーツの試合などで、ファンが乱闘をしたり暴走するなどの状況もその1つといえます。冷静な判断能力が失われることもあり、排他的な言動が増えるなどして、人間関係に問題をきたすことさえあります。無意識な感情の急上昇と急降下というジェットコースター状態によって、燃え尽きた状態になることもありえます。

最悪の場合、いわゆる「信じていたものに裏切られた」という状態が生まれ、仲間が敵に、ファンがアンチに変わってしまう恐れがあります。これは、スタッフの場合にも顧客の場合にも同じようなことが起こり、経営者の頭を悩ませる原因にもなります。

共感をしてもらえることは嬉しいことですが、一定のラインを越えないように、むしろ熱狂状態にある人を落ち着かせていくことも大切だと感じます。

私たちが共感という気持ちを扱うということで、関わる人たちの人生をも左右してしまうことさえあります。ですから、「ただ感情を高めれば良い、共感を集められれば良い」と感情を軽々しく扱わないことも心に留めておく必要があると思います。

key word●共感価格

顧客が価値を感じる共感価格

商品やサービスの「価格」については、いつも悩まされます。

実際に売られている価格が比較されることも多くなりました。いろいろな割引があったり、中古の価格で流通したり、顧客が価格のだいたいのイメージを持っていることも多いですから、気にしないわけにいきません。

しかし、私たちがビジネスをする側として意識をしていかなくてはならない価格とは、他社との安易な比較ではなく、その商品を通じて顧客が得たい本当の価値、満足に焦点を当てたものでなくてはなりません。

ですから、たとえば、比較をする対象も、同分類の商品だけではなく、顧客が本当に叶えたいことを満たしたり、期待が込められたものが価格の比較対象でもあるのです。

共感価格

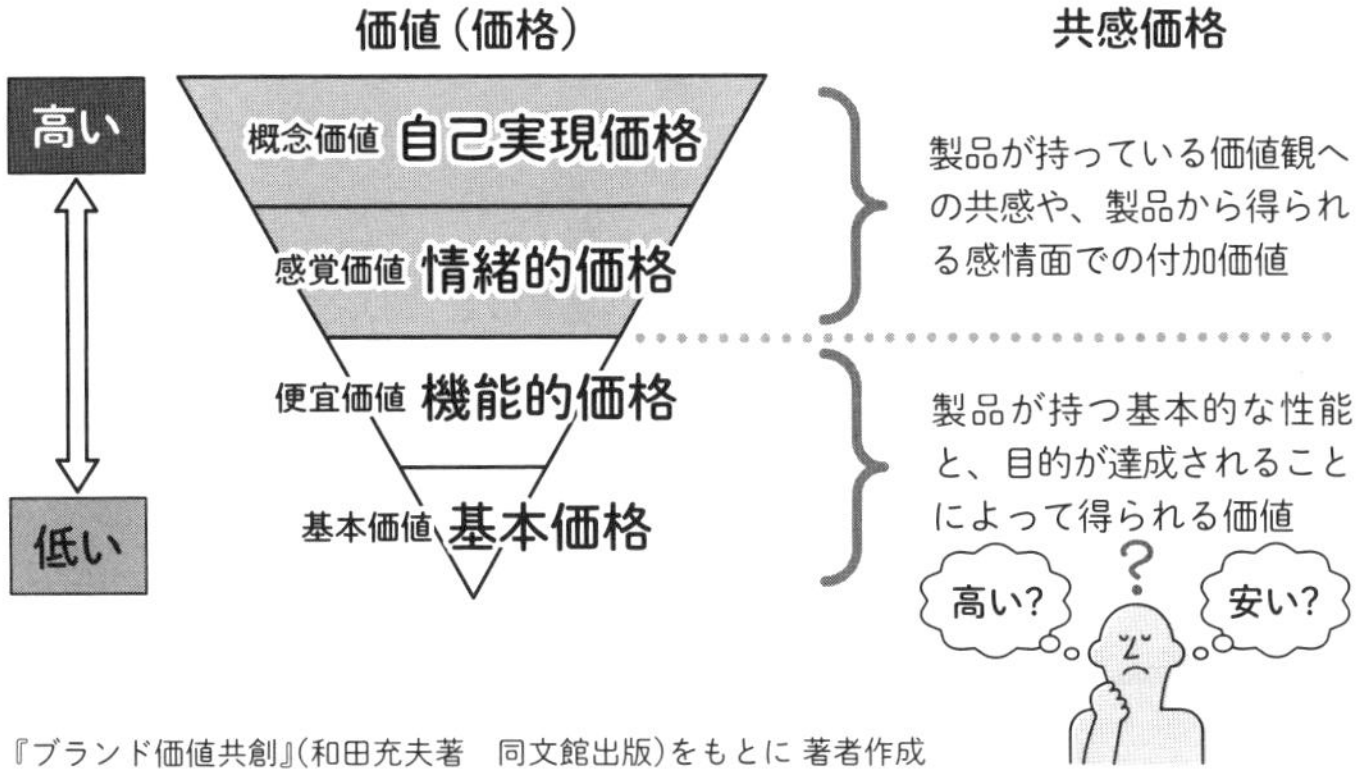

『ブランド価値共創』（和田充夫著　同文館出版）をもとに 著者作成

顧客の心が動く製品には
相応の高い価値（価格）という評価がつけられる

本書では、顧客の共感で支払われる価格を共感価格と呼びます。

共感価格の例を紹介しましょう。

栃木県真岡市にあるハコニワファームという養鶏場の卵は、１個が３９０円です。

１パック10個の値段ではなく、卵１個の値段です。ですから10個で３９００円ですから、通販で買うと送料１１００円を加算すると、支払金額は５０００円で、実質１個５００円になります。

この金額をみると「高級ブランドの卵なの？」と思われるかもしれません。

ハコニワファームは、「たくさんの幸せを生む卵」をコンセプトにし、地球環境や人、社会、地域に配慮をした運営をしています。

「ニワトリがニワトリらしく暮らす養鶏」として、ニワトリが摂る食事（エサとは言わない）においては、野菜を無農薬で育て、防腐剤や残留農薬除去の徹底、地下水などの水にも徹底的にこだわり、ニワトリ自身の健康第一で飼育されています。

そして、「障がいを人生の障がいとはしない生き方」という考えから、適正な賃金を支払い、障がい者の方と一緒に働き続けられる環境を作っています。スーパーで1個10円程度で売られる卵と、1個390円の卵。

もちろん、1個390円の卵を毎日食べ続けることはできませんが、それでも、地域にとっても働く人にとってもニワトリにとっても「当たり前の環境が整えられるとこの価格になるのか」と考えさせられます。そしてスーパーで1個10円の卵が当たり前のように売られている状況に疑問を感じずにはいられなくなります。2022年度に鳥インフルエンザで殺処分された鶏は1000万羽を越えています。工場のように大量生産される過酷な飼育状況が原因とも言われています。聞くに堪えない現状があります。

ハコニワファームの卵を買う人は、1個390円の卵を、「ただ美味しいから」買っているわけではないことは明らかでしょう。

真面目に頑張っている養鶏場を応援して、こんな養鶏場がもっと増えるようにという購入者の想いが託されているのではないでしょうか。地球環境への負荷、鶏の幸せ、障がい者の働きがいなど、様々なチャレンジや可能性に共感をして、その人の感性（価値観）と価格が見合っているということなのです。

繰り返しになりますが、価格を考える時のポイントは、**提供する商品を、同じ分類の他の商品と単に比較するのではない**ということです。

key word●組織作り　仲間集め

組織化を意識して、仲間づくりを

ビジネスが軌道に乗るために最も大切なことの1つが、仲間づくりです。

ここでいう仲間とは、描いている未来に共感できる仲間という意味で、決して仲が良いだけという意味ではありません。

仲間は、関係性や距離感も含めて、様々です。

どんな距離感の人も大切で、一緒に活動してくれる仲間や、顧客として応援をしてくれる仲間まで、すべての人の応援や協力が必要です。

特にビジネスを軌道に乗せていく段階において、いろいろなアプローチをしていかなければなりません。

アイデアをブラッシュアップしなければならない段階では、できるだけ多様な人の集まりで、チームになっていることが重要です。

仲の良い人だけで集まっていては、忖度も気遣いも生まれ、なれ合いもあって、鋭い意見が出てこず、なかなかビジネスにはなりません。むしろ、あなたの想いが届けば、今まで繋がりのなかった人からも一緒に活動したいという声も出てくるはずです。

今では、副業や兼業など、あるいは、プロボノやボランティアなど、様々な関わり合い方があります。ですから、すべて社員である必要もありません。むしろ当初は、プロジェクトチームのような形が一般的です。

私がこれまでにいろいろな会社をつくる中で、自分の会社にはメンターのような存在の人に役員として入ってもらっています。

会社の役員といっても社外取締役ですから、実務をお願いするわけでもありませんし、ほとんどの場合に最初は役員報酬を払うことができていません。

ですが、同じ未来を夢見る仲間として、自分の心の支えとして入っていただいています。

また逆に私も、多くの起業家の起業や法人設立において発起人や役員として参加をしています。

ですからたくさんの起業数になっているのですが、この場合にも目的は報酬ではありません。むしろ、ちゃんと事業が回って、起業家自身やスタッフにお金を払えるようになるまで報酬のことは考えないでほしい、と伝えるケースがほとんどです。

出資をすることも多いですから、どちらかというと出て行くほうが多いですが、それでも新しい事業へのチャレンジをして、事業を成長させていく過程を一緒に楽しみ、そこから広がる新しい世界を見て、自分の活動領域が広がっていくことも多いのです。

前述しましたが、人が関わる目的は単にお金だけではありません。仲間と同じ時間を過ごすこと、自分のスキルアップにつなげたいなど、関わる人によって価値観も目的も様々です。

特に、事業をつくる段階においては、誰も十分なお金をもらえるなんて思ってもいません。

本当に関わりたい人は、持ち出しであっても関わっていくのです。

もちろん、本来は関わってくれた人にはお金も払えたほうが良いわけですから、5つの感情報酬を理解して、その関わる人たちの想いを汲み取っていくことが重要です。

その一方で「遠慮はしない」ということも大切です。

関わろうとしているのに頼まないというのは、存在を認めていない（価値を認めない）というメッセージと同じように捉えられがちです。

難しいですよね。

でも、このあたりの配慮をしながら進んでいくことが良い結果を生み出すことになると思います。

結果的に、どのような仲間づくりをしていくかは、自分の価値観に沿うことが大切です。価値観の合わない人と一緒に事業はできませんが、その一方で様々な価値観に触れながら自身もアップデートしていくことが大切でもあります。

ビジネスは1人ではできません。

価値観を共有できる、共感できる仲間づくりをして、次のステップに移る準備をしていきましょう。

第6章

起業家から経営者への
マインドを
チェンジする

key word●視座

視座を高めると、見える景色が変わる

▼視座を上げよう

視座とは、「見ている視点や意識や志の高さ」のことをいいます。

ビジネスを始めた頃は、不安がいっぱいでしょう。

でも少しビジネスが回り始めると、事業をしていることに夢中になったり、楽しいことも増えてきます。

そして、当初の焦りは減ってきます。

そんな時、自分がどこかその状況に満足してしまったり、いろいろと変化を繰り返すことに疲れてしまい、やることがマンネリ化してしまうこともあるでしょう。

ですから、先輩起業家や起業フェーズ（ステージ）の違う人の話をきいて、ハッとさせられることがあると思います。


「自分はこんな程度で満足していてはダメだ」

「見ている世界が全然違う、スケールが違う」

「新しい目標や意欲が湧き出てきた」

というように感じさせられることが私にもよくありました。

人それぞれに気持ちの揺れはありますし、調子の良し悪しもあります。行き詰まったり、混乱したり、することもあるでしょう。そんな時に、新しい視点をもらい、視座が上がるだけで、いきなりスイッチが入ってくるはずです。


私もこれまでに何度もそういったことがありました。

たとえば、売上高で事業が1億円に達した時、ようやく「達した」という気持ちと少し満足した気持ちになっていました。

でも、同じような規模の事業を行っていた人が「早く海外に拠点を持って年間20億円にしたい」と言っているのを聞いて、言葉に詰まってしまいました。

これは、単に金額だけの話ではなく、海外に拠点を持つようなビジネスというのは、「まだまだ考えていなかった」と、自分の視座の低さを感じたわけです。

また、自分の調子がなかなか出ない時がよくあります。

そんな時にスイッチを入れなおすためにやっていることがいくつかあります。

1つはTED Talksを見ることです。

世の中には本当にスゴイ人がいっぱいいて、圧倒されて、落ち込みそうになることもあるのですが（笑）、それでも視座が上がって、見える世界が変わり、ワクワクしている自分がいます。

全世界には70億人以上の人がいて、２００近い国や地域があるわけです。

時間は刻一刻と変わり、時代が変われば移りゆくビジネスが無限にあるわけです。

そう考えると、チャンスというのはいくらでもあって、自分も無限に変われるという可能性を感じます。

もう1つは、本を読むことです。

全力で人生を投じている人たちのドラマがそこにあります。

経営者、ビジネスパーソン、芸術家などの、あらゆる人がそれぞれに仕事があり、面白い生き方をしています。

ビジネスは結果の善し悪しを数字で見てしまうことが多いので、あらゆる人が独自性を大切にして働き、生きていること忘れてしまいがちです。

自分が考えつかなかったような考えや、生き方に感化されて、視座が上がります。

最後に、人と話をすることです。

すでに大きな実績を持っている人の話を聞くこともいいのですが、一般的な人の話も面白いのです。いろいろな人の物語はそれぞれに素晴らしく、そして美しいのです。

自分の役割変更

事業を次のステージに移すということは、起業家の役割が次のステージに移るということです。事業を作って行くと、現場に入ることも多く、その現場では様々なコミュニケーション、感動に巡り会います。繋がりを実感でき、感情を共有し、やりがいを感じられることでしょう。

しかし、事業を大きくしようと思うのなら、そういった実感は大切にしつつも、徐々にプレーヤーの立場を離れていくことを決意しなければなりません。自分がプレーヤーをやり続けるということは、誰かの機会を奪うことでもあります。

自分がそこに居ることで、誰も育たず、成長の時間を奪ってしまうことにもなりかねません。

もちろん、現場でのやりがい、感動、そういった共感を直接受け取りたい気持ちはわかります。しかし、

役割を変更する

役割	・現場 ・ビジネスの手段 ・小さな範囲での関わり	→	・マネジメント ・ビジネスの目的 ・たくさんの人との関わり
やりがい楽しみ	・現場感・ライブ感 ・つくること、作業すること ・人との出会い	→	・目的を達成する ・楽しむ人を増やす ・世界を広げる

役割が変わると、楽しみも変わる

その楽しみも喜びも、プレーヤーとして育てる誰かに受け取ってもらい、その受け取った気持ちを共感するサポートの立場に回る、そんな役割の変化が必要になります。

実際に私も、現場で作業をすることが多くあります。

ブラウザーが誕生した頃からホームページを作っていたこともあり、一定のデザインやコーディングができてしまうことがあります。

試作品をつくる点では有利に働きますが、実際に最後までやろうとするとかなりの時間がかかります。それでも「やれるとやってしまう病」が出てしまい、スタッフにとっては厄介な存在になったことがあります。

結果的にはその時間は本来経営者がやらなければならない何かの作業の何かが止まってしまうの

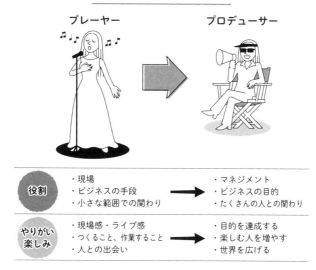

ですが、そこに意識が向けられず、やってしまうわけです。

そうすると、人に任せることができず、自分にしかできないようなことが増えてしまいます。大したことないからやっておくというのは間違いで、大したことがないからこそやってもらいましょう。そして、そこから高度なことをやってもらう、という役割移譲がスタッフのためにも必要です。

わかりやすく言えば、プレーヤーの役割を譲り、あなたはプロデューサーになるのです。そのためにはどうしたらいいのでしょうか。


きっぱりやらなくていいことをやめることです。


もし何かうまくいかないことがあって口出しをしたい場合にも、プレーヤーとしてではなく、プロデューサーとしての役割や立場で、口出ししていくことが望ましいです。プロデューサーとは、全体がいかにうまくいくようにするかということを俯瞰的に見て方向や意味を加えていく役割です。

目的を見失わず、誰も路頭に迷わないようにすることが必要です。

事業では、うまくいかないことが勃発します。

そうした障がい、障壁、ボトルネックなどを取り除くのがもプロデューサーの役割です。

組織が生まれれば、いわゆる社長やCOOは組織のプロデューサーなのです。

あなたの目指す未来に向けて、役割を変更していきましょう。

key word●経営理念　ミッション　ビジョン　バリュー

ビジネスの目的を整理する経営理念（MVV）

起業の段階において、自己分析としてWill Can Need（3章）を整理し、ビジネスデザイン（4章）として整理をしてきました。

事業が動き始めて、ビジネスを仕組みで回していく環境をつくる段階になってくると、関わる人が増えてきます。

ですから、1人でやってきた時とは違う**人と組織の問題**が出てきます。

すべての判断を起業家自身が行うのではなく、一人ひとりが判断できるようにしてゆかなくてはなりません。

そのためには、起業家自身が持つ想いを共有して、それを軸にみんなが判断していく必要があります。

起業家が「個人」で感じる価値観を、「組織」の価値観にしていきます。

組織の誰もが共通した価値観を持つことで、組織が1つの感情を持つのです。

その軸となる価値観をしっかりと作っていかなくてはなりません。

この軸が見えないと、空中分解を起こしてしまったり、思っていたゴールにたどり着きません。

地図もなくコンパスもない大海原を小舟で浮かぶようなもので、右往左往し、市場という波に飲まれてしまったり迷子になってしまうことがほとんどです。

北極星を定義し、いつもコンパス（羅針盤、方位磁針）を頼りにできるようにするのです。

起業家中心の活動から組織活動に移してビジネスを主人公にしていくために理念設定をしていきます。

起業やビジネスは、山登りにたとえられることが多くあります。

- どんな山を登りたいのか
- なぜそこに向かう必要があるのか
- どんな想いで登るのか
- 誰と登るのか
- そこにはどんな景色があるのか

これを形にすることが、**経営理念**と呼ばれるもので、ミッション（Mission）、ビジョン（Vision）、バリュー（Values）という3つから成り立っています。※英語では価値をValue、価値観をValuesと呼ぶことが多くあります。

まとめてMVVなどと略されることもあります。

そして事業はこのミッションへの共感、ビジョンへの共感、バリューへの共感が重要になってきますし、これがあなたと事業をともにする人や応援したいすべての人と共有するメッセージになるので、とても重要な作業です。

ミッション（Mission）とは、「使命、目的、役割、存在意義、任務」で、私たちが進むべき理由を表しています。

ミッションを示す理由は「組織の役割、活動の意味、使命を設定し共有する」ことにあります。**ビジョン（Vision）**とは「達成した時に、あるべき自らの姿」「達成した時に、そこから見える状態・景色」「誰かの想いが投影された世界」をあらわします。

ビジョンを示す理由は、「どこに向かうのか」という明確なゴールの提示をするためです。不確実な未来への不安を取り除き、前に進むため。現在の行動との意味付けを深くするのです。

ビジョンを思い出すことでエネルギーが沸くようになりますし、ともにする人たちの想いを1つにすることができます。

バリュー（Values）とは、組織が独自に持つ共通の価値観、価値基準、迷ったら立ち戻る判断基準を表します。

バリューを示す理由は、判断のための材料、行動するための価値基準を示すためです。

経営理念は、きれいな言葉ではすぐに出てこないかもしれませんが、多くの人と話をし、意識していくことで言葉となって表れてくるはずです。

1つ、わかりやすいイメージをしてみましょう。

あなたが起業をして10年後、全国紙の新聞の一面を飾るとしたら、どんなタイトルですか？

毎日のように、新聞には一面で取り上げられている記事がありますよね。みなさんの事業がそこに載るとしたら、どんな内容でどんな話題でしょうか。

具体的に、見出し、文章、写真をイメージしましょう。あなたのビジネスが、どんな風に社会に取りあげられたいですか？

そこで描かれる内容は、あなたが変えた社会の姿かもしれません、またあなたの会社の功績かもしれません。どんな姿でも良いと思いますが、あなたがイメージする姿をリアルに想像することは大切だと思います。

key word●ビジョン　ミッション　アウトサイドイン　バックキャスティング

ビジョン、ミッションを整理する

まず取りかかることは、ビジョンとミッションを定めることです。

しかし、このビジョンとミッションは、多くのビジネス書やウェブサイトで言葉の説明がされていますが、それぞれの立場やビジネスの内容によって捉え方やニュアンスが大きく違っています。

特に、営利事業と社会的事業においては、その順番さえ異なって説明されています。

言葉は生き物ですから、すべての解説がそれぞれの時代を反映し、いろいろな解釈もあって当然です。

ですから、私自身の、ソーシャルからスタートアップまで幅広く経営してきた経験をもとに、整理をしていきたいと思います。

▼企業（営利事業）が考える、ビジョンとミッション

企業の多くは、市場規模や企業規模の拡大が指標になっています。顧客を多く獲得し、利益や雇用を増やしていく、そんな役割が求められています。

多くの企業では、「ミッション→ビジョン」と、ミッションが上で使われることがほとんどです。

▼企業のミッション（コーポレート・ミッション）

企業がつくるミッションの多くは、人や社会の豊かさに貢献するために、会社が果たすべき役割（使命）が書かれています。企業活動によって描く未来に向けて果たす役割であり、社会的な使命でもあります。たとえば、保有の技術を通じて社会を便利にしていくとか、食を通じて人々を健康にして病気を無くすとか、活動していくことそのものです。

これは基本的に変わらないものではありますが、長期的には見直されていくこともあります。

▼企業のビジョン（コーポレート・ビジョン）

ミッションの下に置かれるビジョンは、いわゆるコーポレート・ビジョンと呼ばれるものです。ミッションが達成された時に、企業はどうあるべきか、どういうポジションにいるべきかという経営目標のことをいいます。

企業のミッション・ビジョン・バリュー

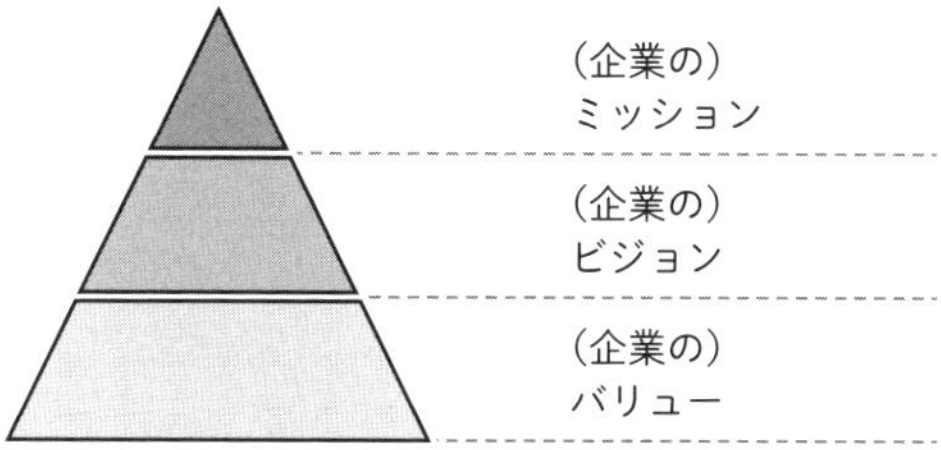

**企業の場合、ミッションが
1番上に置かれることが多い**

短期的（5～10年くらい）の目標なので、変化が楽しく、また新たに制定されるものです。

企業が掲げる経営理念の多くは、自社が主語となっているため、社会よりも会社基準のビジョンであるので、コーポレート・ビジョンです。

たとえば、「世界の人々から最も必要とされる会社」（ソフトバンク）、「21世紀を代表する会社を創る」（サイバーエージェント）、「市場で勝ち続ける」（コカ・コーラ）、「目指すは、マチの〝ほっと〟ステーション」（ローソン）などがあります（いずれも、2022年12月現在）。

このように、企業の一般的な目標は業績や業界のポジショニングが語ることが多いです。

▼社会的事業（組織）の視点における、ビジョンとミッション

社会課題などをテーマにする企業やNPOなどの組織が語るビジョンは、ミッションとの位置づけが営利事業とは大きく異なっています。

こうした組織が掲げるものは、まず目指すべき社会の在り方であり、

組織が目指す未来です。それをビジョンと呼び、いちばん上に位置づけていることが多くあります。そしてそのビジョンを達成するための組織の使命としてミッションが位置づけられます。

ですから、「ビジョン→ミッション」という順番となり、ビジョンが一番上に描かれることがほとんどです。

▼社会的ビジョン（ソーシャル・ビジョン）

1番上に描かれるビジョンは、社会的ビジョンであり、未来にどんな社会を創りたいかという青写真です。

自分たちが達成したい理想の社会像、未来に見えている風景をビジョンと呼びます。

たとえば、「誰も取り残さない社会」、「多様な価値観を認め合える社会」などです。

▼社会的ミッション（ソーシャル・ミッション）

社会的ビジョンを達成するためにすべき行動が、社会的ミッションです。

社会における自身の存在意義、使命などが表されます。

社会的組織のビジョン・ミッション・バリュー

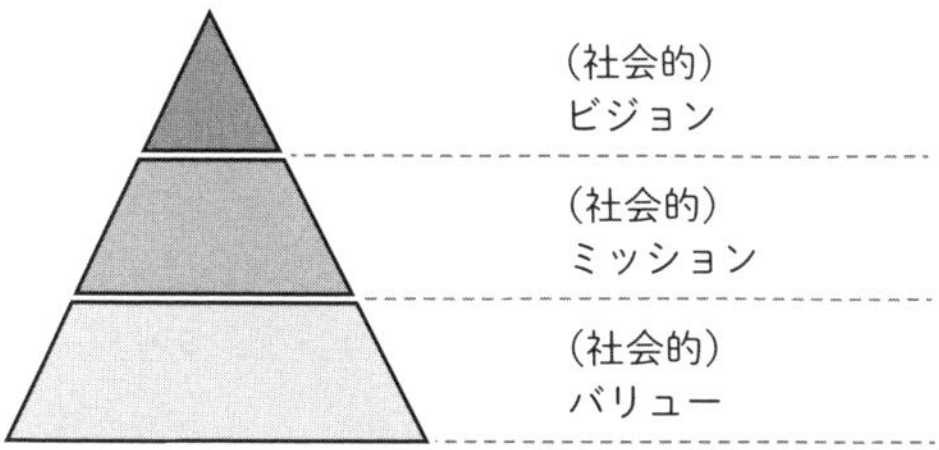

社会的組織の場合、ビジョンが1番上に置かれることが多い

社会の変革が第一にある場合、社会的視点が最初にあり、それに対して自分たちに何ができるのかという考え方（アウトサイドイン）になります。

未来に描いた社会の理想像から、「いつまでに何をすれば良いか」という逆算（バックキャスティング）で事業を考えていきます。

たとえば、私が創業したNPOコモンビートの場合、「多様な価値観を認めあえる社会【ビジョン】」をつくることを目的に、「芸術（市民ミュージカル）に参加する社会人にD&I（ダイバーシティーアンドインクルージョン）を体験し実感する機会を提供【ミッション】」しています。

それぞれの位置づけを整理してみましょう。

ビジョンとミッションという言葉が、それぞれ上と下の両方で語られています。

ビジョン・ミッション・バリュー

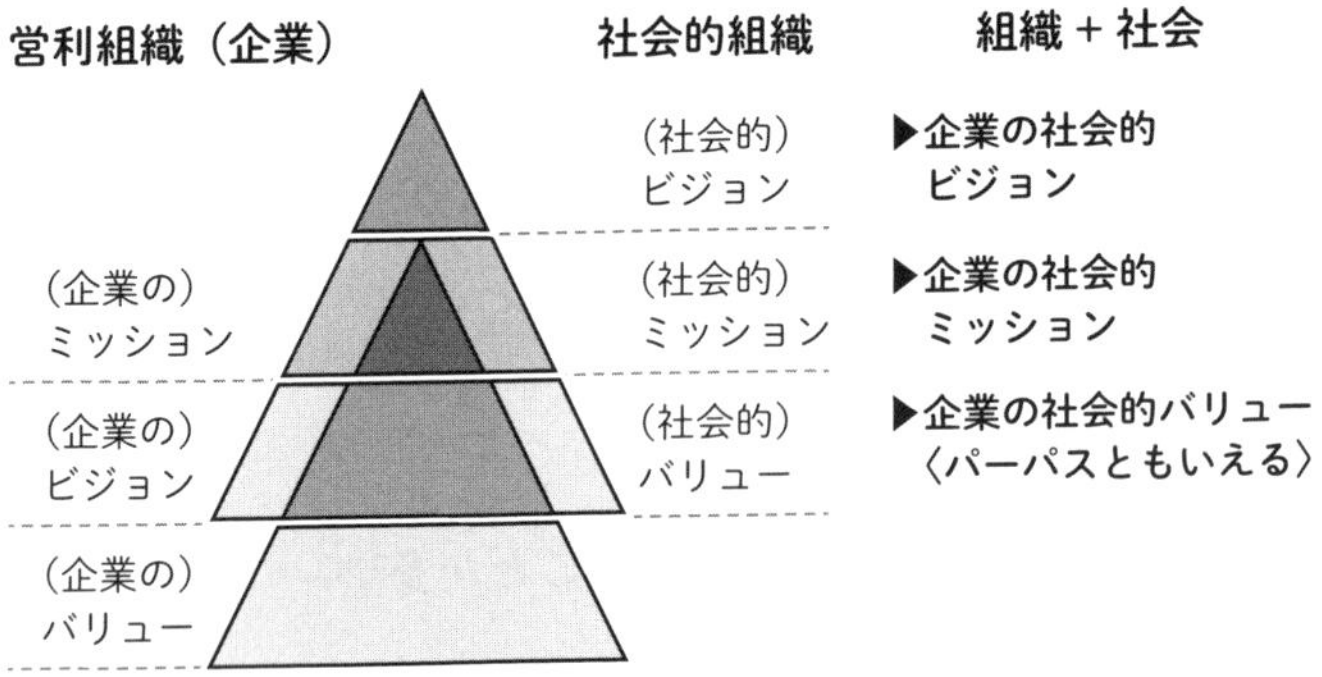

現代の企業にとって必要になるのは、社会的ビジョンと社会的バリュー

社会的な事業に関わる人にとっては社会的な未来の実現した姿を「ビジョン」と呼び、企業は中期的なあるべき姿を「ビジョン」と呼んでいます。

最近では、企業でもビジョンの見直しに伴い、ビジョンをミッションの上に書く企業も増えてきました。どれが正解や間違いということではなく、自社をどう表現するかということで使い分ければ良いと思います。

いろいろな企業や組織のホームページを見て、ビジョンやミッションを見てみましょう。

最近では、ビジョン・ミッションと分けないパターンもありますし、すべてをまとめて企業理念と表現しているケースもあります。

自社として何を伝えたいのか、どう表現したいかをもとに、正しく伝えるためにビジョンの位置づけと意味合いを理解しておきましょう。

▼整理の仕方

①社会的ビジョン

- 実現したい社会像はどんなものですか
- ミッションによって達成された社会のイメージはありますか
- あるべき社会・あるべき世界はどんなものですか

②社会的ミッション、組織のミッション

- 社会的ビジョンを達成するための組織の使命は何ですか
- 社会的な役割、すべきことは何ですか

③組織のビジョン

- ビジョンが達成される時に、組織はどのような状態（ステージ）になっているべきですか
- 組織として在りたい姿はどんなものですか

バリュー（バリューズ）

ミッションやビジョンは大切ですが、最近ではこのバリュー（Values：価値観）も大切に扱われています。ここでは日本で慣れ親しんでいるバリューで呼称を統一します。

一般的に組織のバリューとは、ミッションやビジョンを達成させていくために、組織が持っている価値観や行動指針（ミッションステートメント、ポリシー、クレドのようなもの）のことです。

「目的を達成すれば何をしても良い」というわけではないので、どのような価値観や倫理観で事業をしていくのか、という基準が必要になります。

たとえば、いくら企業の業績が良いといっても、株価が上がれば何をしても良い、手段を選ばず社会や

バリュー（Values）

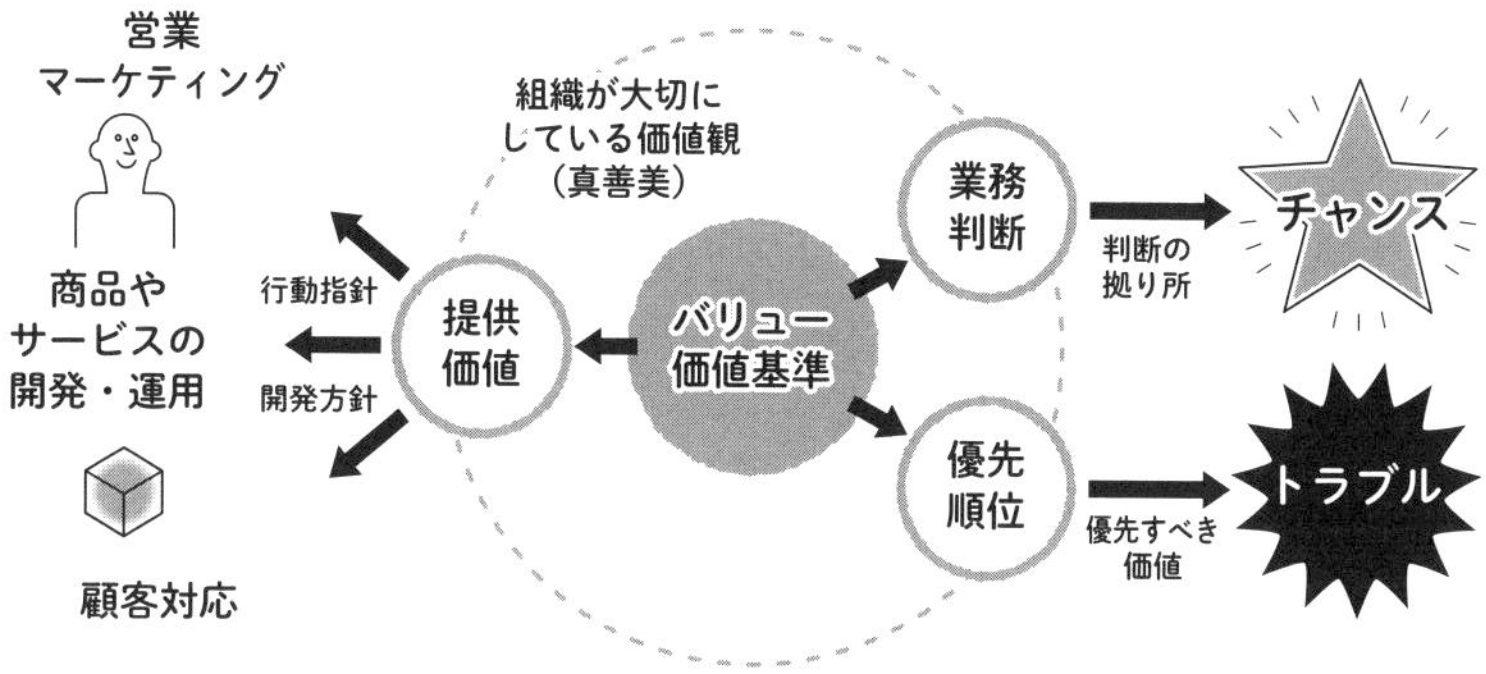

バリューが思考や行動の基点となる
バリューが共感を生む

環境に負担を強いているという企業を、あなたは手放しで応援できるでしょうか。

いくらミッションやビジョンが素晴らしくても、それがどんな価値観と考え方で達成しようとしているのかという点に、社会の関心が高まっています。

これまでは、経済や産業が優先されてきた傾向にありましたが、現在は「手段を選ばない」という価値観や姿勢は、共感されません。ですから、バリューや行動指針として表明されているものが、その企業の文化や価値観でもあり、性格や顔として認識されてきています。

特にＳＤＧｓネイティブ世代の若者はこうした倫理感に敏感です。社会性について企業が考えていることは当然であり、そのことを考えていない会社は、就職の選択肢にも上がらないというケースもあるそうです。

ですから、バリューをつくる時に意識を向けることは、組織の本当に大切にしたい価値観が描かれ、それに基づいた企業活動ができるようにすることです。ですから、行動できないような理想を書いたとしても、嘘つきになってしまいます。

社員もまた消費者の1人であり、社会の一員です。社会が持つ価値観によって社員からも企業は評価されています。つまり、企業が社会の一員であるということをどれほど自覚しながら行動をしているか。それを示さなければならない時代になってきています。

バリューは、倫理感や行動指針ですから、企業の在り方を示す必要があります。真善美や知情意（第2章）で起業家が大切にしたい価値観を整理しましたが、企業や組織としてもまた、再定義をすることが大切です。自分なりに大切にしたい価値観を列挙した上で、いろいろな企業のバリューがどう書かれているのか、参考にしてください。

▼バリューのつくりかた

- 倫理感や価値観を整理して言葉にしましょう。
- 挙がった言葉をバリューにした時を想定し、良い面と悪い面を洗い出してみましょう。拡大解釈をしたり、自分勝手で都合の良い解釈をしてみるなど、前向き／後ろ向きな場面などを想定して、様々な受け取り方の可能性を予め見つけておきましょう。

・挑戦と失敗、チャンスとそれを逸する場面、消極的な選択

など、経営には常に判断がつきものです。バリューが判断の際に用いられることはもちろんですが、挑戦したことを讃えたり、リカバリーや再挑戦に繋がるような視点も入れておくことが大切です。

パーパスへの共感

私たちは、なぜ働き、何を成し遂げるのか。
なぜ顧客は、その商品やサービスを買うのか。

そんな根本的な問いに答えるのが「パーパス（Purpose）」です。
目標や目的という意味を持ちますが、ビジネスでは**「存在意義」**という意味で使われます。ですから**パーパスは、企業やビジネスが社会に存在する価値、意味**という解釈が適切ではないでしょうか。

最近では、ビジョンやミッションよりも上に位置づけられたり、社会に存在する意義や意味をスタッフや顧客に示すことで、どこに向かって何をするのかを表す、重要な指針として位置づけられています。

近年までは、経済成長、便利な世の中の実現、市場占有率の向上、株価の向上…そんな企業規模の拡大や利益の拡大が、企業の目的となっていました。

そもそも企業とは社会の課題を解決するために存在していたはずです。

しかし、安い、早い、便利といった効率や生産性が支持された経済成長の時代を経て、それが社会の課題を生み出す原因の1つになっています。

SDGsが提唱され、人と環境との調和など、社会的意義を問われるようになったいま、社会における企業の存在意義を問われることは、当然の流れです。

この状態になっても社会からの問いに答えられない企業は、共感を期待できるものではないでしょう。

これまでにも、ビジョンに社会的な接点を示した企業はあります。

ただ未だに多くの企業は、自社を中心としたコーポレート・ビジョン（自分のポジショニング）を掲げていることが多いように思います。

そこには、自社の成長、自社の立ち位置、自社の優位性など、株価を意識してか、自社をより良く見せるために都合よく描かれているものが多く目立ちます。

その一方で、社会意識を持ち、ビジョンやミッションをアップデートしている企業は、パーパスとバリューを中心に語るケースが増えています。

今治タオルのメーカーであるＩＫＥＵＣＨＩ　ＯＲＧＡＮＩＣは、「２０７３年（創業１２０周年）までに赤ちゃんが食べられるタオルを創る」という経営方針を掲げています。

安全基準を企業の行動指針として掲げて、「私たちの創る製品は〝食品である〟」という考えから、本社工場は食品工場の安全基準のＩＳＯを取得するという徹底ぶりです。

さらに、全行程のトレーサビリティ、風力発電による電気の使用、「使い捨て」ではなく永久定番品だけを提供し、織り立ての状態に戻す「タオルメンテナンス」サービスなど、タオルメーカーではなく「物語」をつくる企業として、タオルを提供するという考え方なのです。

そんなＩＫＥＵＣＨＩ　ＯＲＧＡＮＩＣも、以前は取引先の倒産の煽りをうけて、民事再生を決断しました。新聞に載った記事を見て、「何枚タオルを買えば、助かりますか？」というメールが何通も届き、「がんばれ池内タオル」というサイトがファンによって作られたそうです。そして70周年を迎えた２０２３年、ファンが、京都の地下鉄にお祝いの広告を出すなど、「この世からなくなってはいけない」「未来に残していきたい」そんな想いと共感で支える顧客によって愛されるブランドになりました。

これは、究極のあるべき姿ではないでしょうか。

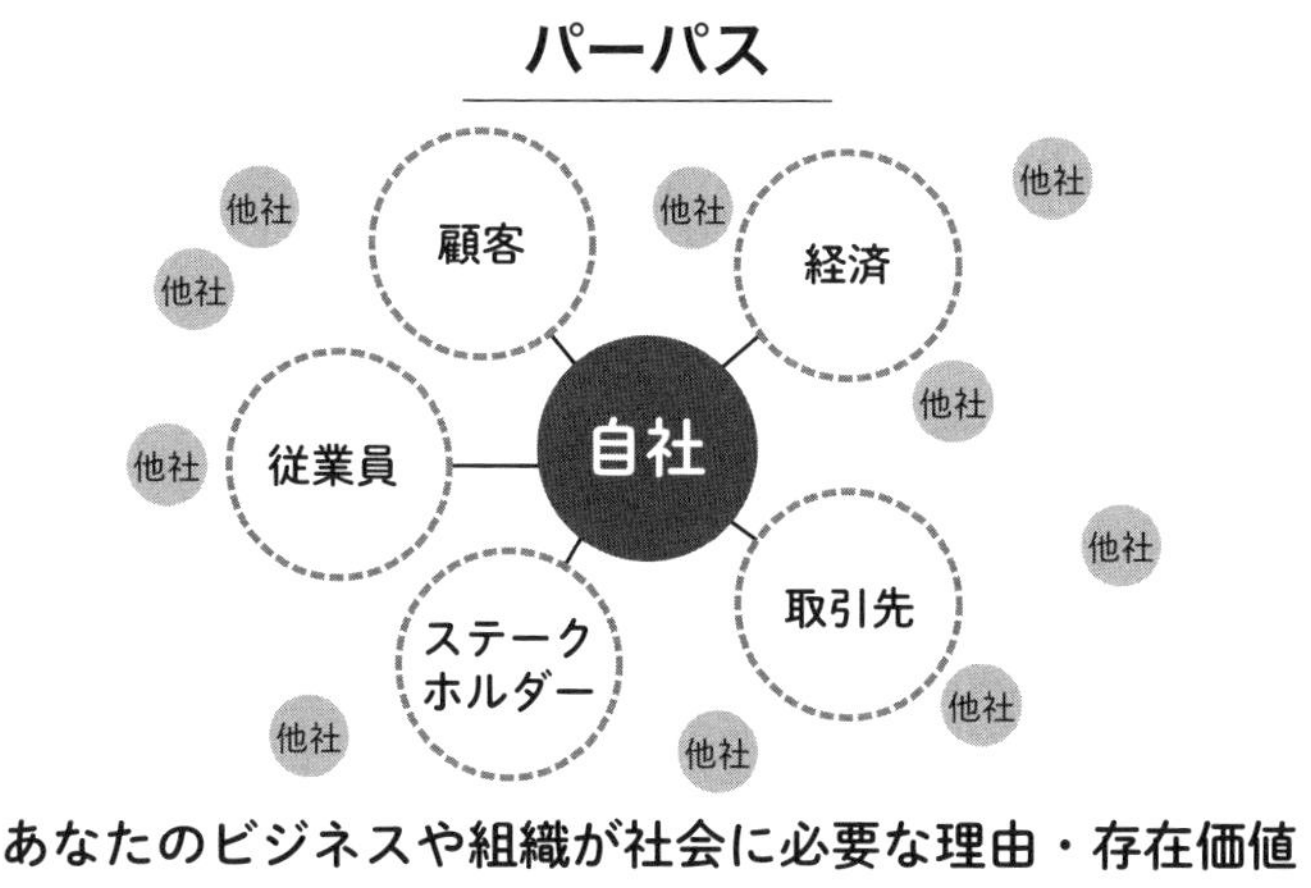

あなたのビジネスや組織が社会に必要な理由・存在価値

たとえば、V字回復がめざましいソニーは、2019年1月にパーパスとバリューを再設定しました。

・パーパス（存在意義）

クリエイティビティとテクノロジーの力で、世界を感動で満たす

・バリュー（価値観）

「夢と好奇心」「多様性」「高潔さと誠実さ」「持続可能性」

これについて、従業員の8割が肯定的な評価をしたと言われ、パーパス経営の先駆的な存在として注目されています。企業の存在価値とは働く人たち自身の存在価値です。

そこに大切にするべき価値を込めていくことで、顧客にも支持をされ、結果が現れたのでしょう。

また最近では、イギリスのコスメブランド「ＬＵＳＨ（ラッシュ）」が、パーパスを実現させるためにSNSを中止したという話題がありました。

２０２１年11月に一部のSNS（Facebook やInstagram など）の更新を停止したのです。その理由は、パーパスである「地球をよりみずみずしく、豊かな状態で次世代に残す」ということを守ることができないためということだそうです。

これにより15億円の損失を覚悟したと言われている一方で、この決断に顧客は共感し、売上が上がっているとも言われています。

これまでの資本主義的な成果ファーストの企業活動ではなく、志や共感で支持される「パーパス・ファースト」であるほうが、結果的に持続可能な企業体質になるということが証明されつつあります。

ですから、あなたのビジネスが、社会に存在する意義を、示していきましょう。

ビジネスが独りよがりにならないよう、常に社会との対話を続けパーパスをブラッシュアップしていきましょう。

key word●お金の色

お金の色を感じて、お金の性質を理解する

お金というと0～9の数字が並んで、冷たくてドライな感じがしますよね。

でも、お金にはいろいろな気持ちを込めることができるのです。

その気持ちをお金の色としてたとえるとわかりやすいかもしれません。

たとえば、お小遣いでもらった1000円と、自分のアルバイト1時間で稼いだ1000円。

同じ色をしていますか？　もし同じ色なら、同じように使えますね。でもきっと、使い方が、少し変わるはずです。たとえば、寄付をする際の1000円と、商品を購入する際の1000円は同じでしょうか。

寄付の1000円には、想いが込められていますね。

商品の1000円は、商品の対価としての1000円ですね。


貨幣として、お財布や銀行に入れてしまえば、無機質なものになってしまいます。

しかし、支払った人にとっては、そのお金への想いが込められています。

ですから、そのお金を受け取った人は、その想いも受け取って使う時に意識をするはずです。


たとえば、お金ではなく、時間だと考えてみましょう。

ボランティアをした人が1時間手伝ってくれたのと、アルバイトをした人が1時間働いてくれたのでは、意味が違います。


ボランティアの人は、自分の想いで人生の1時間を使ってくれています。アルバイトの人は、労働の対価を得ること目的に1時間を使ってくれています。


時間にも、色があるのだと感じます。

たとえば、重さで考えてみましょう。

道ばたで拾った1000円と10円ずつ100人から集めた寄付の1000円とでは、なんだか「重み」が違いますよね。

お金の色

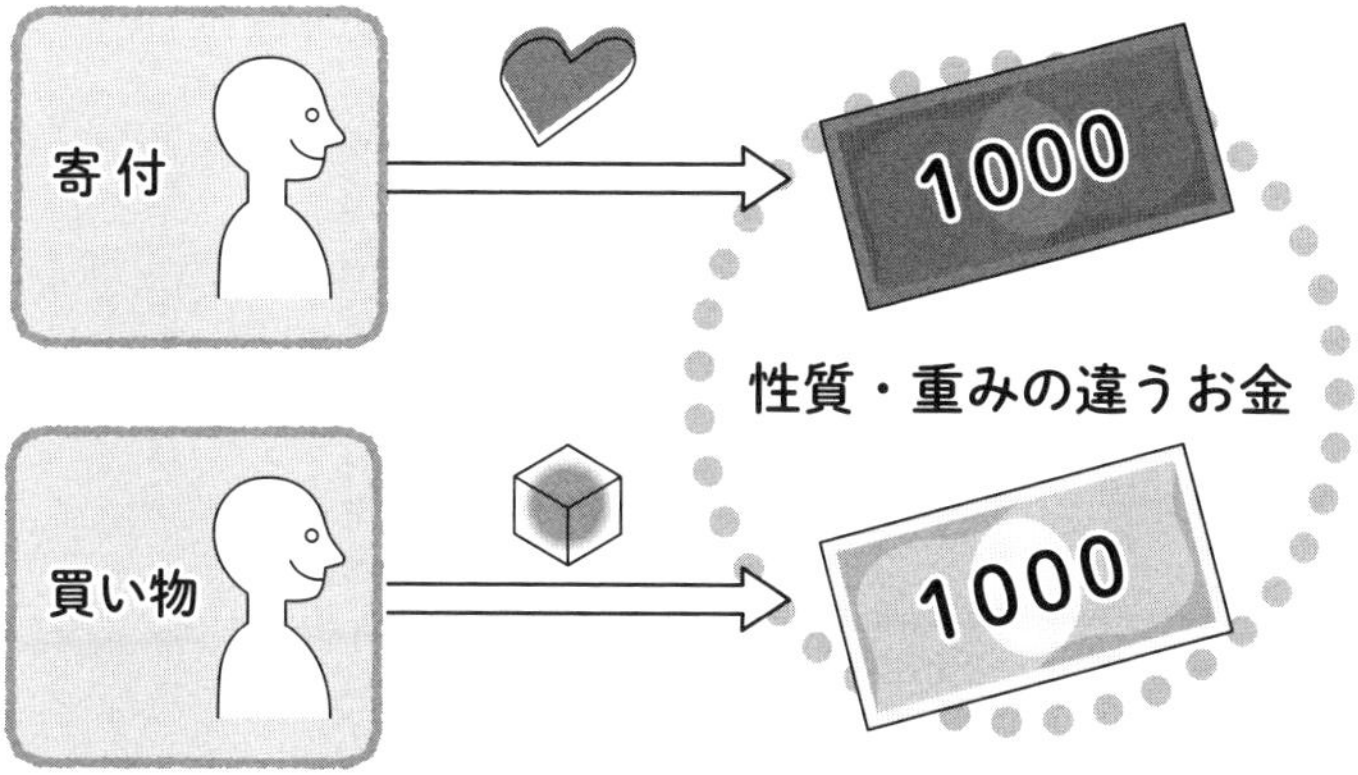

お金は、想いが乗ると、色がつく

グラムでは表されない、重み。お金に、見えない重さを感じるのです。こんな風に私たちは、数字であっても**感じることができる**のです。

お金は、無味無臭無着色の数字です。だからこそ、商売としても便利で、経済循環も生みました。ですが、「便利な」お金は、コミュニケーションの中にある様々な**感じる**ことを省略しがちです。

私たちの毎日は、お金となかなか切り離せません。でも、少しお金の背景や、お金が持っているストーリーを感じると、お金にも色や重さを感じることができるのではないでしょうか。

クラウドファンディングのように、お金集めのようでも、想いが集まっていると考えるとわかりやすいかもしれません。お金の目標が掲げられますが、実際には想いの集まりですよね。お金というものにも、想いが込められたり、ミッションを与えられることで、色がついてくるのです。

ビジネスをしていく場合にも、そうしたお金の色を意識することが大切です。

「どんな目的のために、お客さんは払ってくれたのか」

そんな想いを乗せる商品が増えています。

フェアトレードやオーガニックの商品などは高く感じるかもしれませんが、誰かを応援したり生産者への想いの分が価格に表れていますので、そこにも色のようなものが感じられます。

あなたは、ビジネスでどんな色のお金を集めたいですか？　あなたは、どんな事業パートナーにどんな色のお金を払いたいですか？

keyword●フロー　ストック

お金への苦手意識を消して、お金との付き合い方を変える方法

ビジネスを始めたいけれど、お金をかせぐことにどうしても苦手意識を持ってしまうことがあります。

ビジネスにおいて、お金は切り離せません。

お金という仕組みがあるからこそ、経済という循環の中でビジネスが成り立っていますから、苦手なままでいいというわけにはいきません。

お金はたくさんあったほうが良いとか、たくさん稼いでおきたい、そんな気持ちがあるのは、お金がなくなることへの不安があるからです

お金への苦手意識を克服するためには、お金を知ることが大切で、避けられないことです。普段から触れ合うことで、苦手意識がなくなっていきます。そこで、お金との付き合いが変わるヒントとをご紹介します。

▼お金の流れを掴む

お金とは何か。本来物々交換であったものが、お金というものに換わることで、便利になりました。①価値をはかる、②交換する、③保存するという3つの役割があることでやりとりが便利になりました。「お金」という言葉だけ聞くとよくわからないのですが、この3つの役割があると考えると、少し身近に感じるのではないでしょうか。

物々交換でいちいち交渉をしなくて済みますし、置いていても腐ったりしませんから、いろいろな計画をゆっくり考えられる時間がつくれます。

ビジネスに当てはめると、①商品の値段をつける、②売買をして決済する、③会社の持っているお金の残高、に当てはまります。

つまり、①と②で、売ったり買ったりして常に流れている（フロー）お金があります。そして残った、あるいは借りているものも含めて、銀行などに貯められているお金（ストック）があります。

ビジネスを単純に表すなら、「入るお金」より「出ていくお金」が少なければ、お金が増え続けることになります。

逆であれば、お金が減り続けるので、借りるなどして補充しなければなりません。ビジネスとはお金が残り続けて事業が持続する状況のことをいいます。

経済やビジネスでは、「お金は血液のようなものだ」という表現があります。

これは常に流れ続けて循環しているという意味で、個々がお金を持っているだけでは増えません。関わる人たちがそれぞれの役割を担って、受け取ったものに価値をつけて次の人に渡すことによって、価値がお金になって増えていきます。

こうした循環が経済そのものですから、みんながお金を使わなくなったら、経済は止まってしまいますし、事業も持っているだけでは何も生み出さないのです。

私は以前、家計を夫婦で記録し、年毎に予算と決算を作っていました。

最近ではスマホなどを使って家計を記録するアプリがありますから、簡単です。

どんなに数字が苦手な人も、簡単に家計が計算できるのですから、便利な時代ですよね。

記録をする時のポイントは、①とにかく全部入力する、②突発的に出たお金（引越、外食など）をひとまとめにしておくということです。

大切なのは、通常の収入と支出で赤字になっていないかを把握し、突発が例外なのかどうかを見極めることで、わりと全体を把握できます。

突発といいながら毎月でていれば、それは例外とはよべません。

たとえば外食が多い場合には突発とはいえませんよね。

突発として扱うのか、通常として扱うのかは家計の方針です。


なぜこんなことを書いたかというと、会社の経理もほぼ同じだからです。


先ほどの家計アプリのように、経理ソフトも今はアプリでできて、ほとんどの入出金は自動計算されていきます。スマホだけで完結してしまうケースもあるようです。

ちなみに振込も、勤怠管理も、契約書も、今は全部スマホ1つでできますから、昔ほど経営管理に人を配置する必要はありませんし、社員に手伝ってもらう程度でも済むことがあったりするようです。

経営者は日頃からどんな風にお金が流れていっているのかを見るだけで、お金の流れの感覚を掴むことができます。

見ているとだんだん、見たい項目がでてくると思います。

すると、部門や仕訳などを工夫することで、見たい結果を見ることができるようになってくるのです。

まずは、お金の流れを理理解しましょう。

経営におけるお金の取扱

過去 → 現在 → 未来

会計 アカウンティング		財務 ファイナンス
使ったお金を 管理すること	目的	これから使うお金を 管理すること
出納、支払処理 請求書や経費の仕訳 決算 税務申告 現状分析による予測	主な業務	資金調達 資本政策 収益性の分析 予算策定 計画に対する評価
経理担当者 会計士、税理士	関わる人	財務責任者、財務担当者 財務コンサルタント

▼使ったお金、これから使うお金

「お金のことは税理士さんに任せている」という経営者が多いのですが、それは私は間違っていると思います。お金のことは、最終的に経営者以外の誰にも任せられないのですから。税理士だって自分が任せられているとは思っていません。大きな会社であれば担当役員（財務責任者）もいるかもしれませんが、決断するのは経営責任者なのです。

アカウンティングファイナンスの観点で考えるとお金の流れは捉えやすいです。

- アカウンティング　税務・会計（過去に使ったお金の計算で現在を見る）
- ファイナンス　財務・投資（未来に使うお金の試算をする）

たとえば、メーカーなどで仕入れや調達がある場合、為替などの変動などによって、仕入れが高くなるかもしれない、ということがよくあります。

「いまのうちに仕入れておこう／買っておこう」というのは未来の話ですからファイナンスです。

買った後に実際にどのような利益が出たかという会計は、アカウンティングです。

経営は、未来に向けてお金をどう使うかという選択をすることです。

お金を使う話、未来の話はとても楽しいですよね。

それがどんな結果になったのか、という視点で見ると、結果として会計を見る動機にも繋がるのではないかと思います。

▼お金を、前向きに受け取る

日本では、お金を払うことには抵抗がないのですが、受け取ることに対して心理的な抵抗があるように思います。

たとえば、日本にはチップの文化がありませんが、海外では、提供を受けた対価に加えてお金を払う文化があります。そこにはいろいろな想いが込められています。

たとえば海外では毎日ベッドメイキングをしてくれる方に対して、対応に応じてチップを10～30%渡すということが一般的です。

ただお金を欲しくてやっているのではなく、相手のために尽くしていこうとする姿勢へのお礼を表しているのです。

受け取る側も「ありがとう」と言って受け取りますが、日本ではそんなのもらえない、という感覚がありますよね。

また、寄付も海外では多く見られます。寄付することも一般的ですから、みんな当たり前のように寄付を求め、そして寄付に応じていきます。寄付を求める側も、後ろめたい気持ちではなく、しっかりと寄付が必要であるということを主張し、説明も行います。

チップや寄付といった形で支払われるお金には、想いが乗っているということがわかりますよね。想いを受け取った側も、その想いに応える、ということがセットになっているのです。

これはビジネスでも同じです。

顧客からお金をいただき、ちゃんと使っていくということを、堂々と行えば良いのです。

利益がたくさん出た場合には、顧客の想いに沿うように、恩送り（ペイフォワード）をしていけば良いのです。

価格を安くして受け取るお金が少なければ、やれることも限られます。

結果的に、生産者にしわ寄せが行ったり、環境に影響を及ぼす選択を取らざるをえなくなります。

それよりも、社会や環境に必要な価格を提示して、ちゃんと使っていく取り組みや姿勢を伝えることが大切です。

key word●共感コミュニティー通貨　実勢価格　参照価格

共感を伝えるお金「共感コミュニティー通貨eumo」

共感コミュニティー通貨eumoと名付けられたその通貨は、これまでのお金の常識を根本からとらえ直し「幸せを生み出すためのお金」というコンセプトで生まれました。

eumoでは、コミュニティー内でしか使えない色（特色）のついたお金を発行し、そのコミュニティー内での経済循環を促そうという仕組みです。

地域通貨をイメージするとわかりやすいと思いますが、その地域、そのコミュニティーという共感で繋がる人だけで使えるお金ですから、違うコミュニティー（違う色）では使えないという仕組みになっています。

「共感コミュニティ通貨eumo」ホームページ（URL：https://currency.eumo.co.jp/#about）

またeumoは3ヵ月で腐る（失効してなくなる）という特徴があります。

eumo創業者の新井和宏さんは、「お金以外のほとんどのものは腐るのに、お金だけ腐らない。本当はお金は血液のように経済を循環させるためのものであったのに、どんどん貯め込んでいくから、お金持ちが生まれ、お金の少ない人に貸して利子でまたお金が増えていく。つまりお金を持っている人はよりお金持ちになることがお金の副作用だ」と感じ、腐らせるというアイデアを入れました。

ですから貯め続けられませんので、使うしかないのです。

株主配当やボランティア報酬などで配布されることがありますが、それも使わなければ腐ります。使っていくことがお金の本当の意味であり、経済という循環を生み出すものだというこ

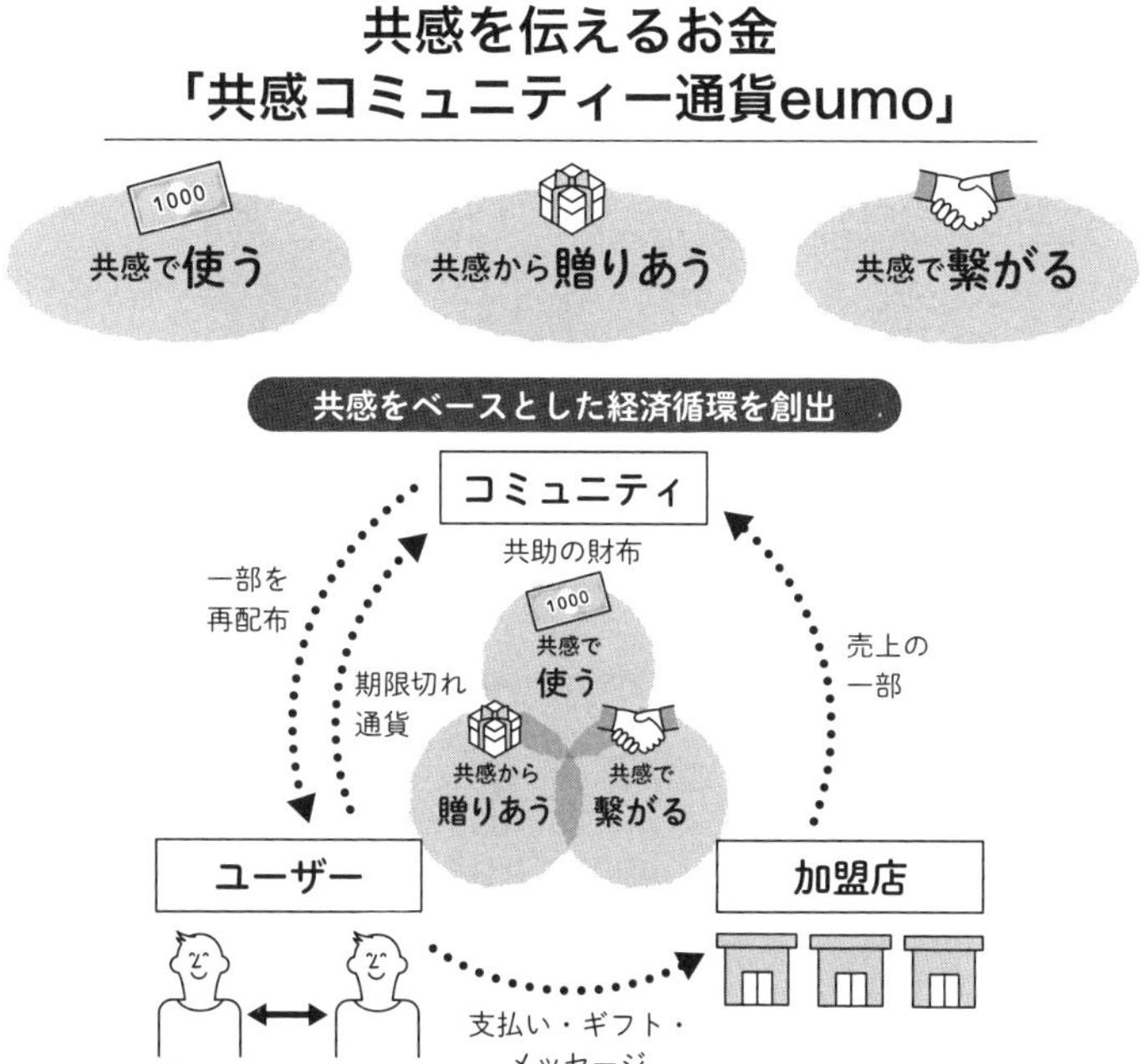

「共感コミュニティー通貨 eumo」
（URL:https://currency.eumo.co.jp/）をもとに著者作成

お金で共感を伝える応援消費

とを実感できます。

そして支払いの時に、「ギフト」というチップのように代金に上乗せして払える機能があります。

一般的には商品に定価があります。実勢価格（実際に売買されている価格）や参照価格（消費者が感覚値で持っている価格）といったもので、商品のだいたいの値段が決まってしまいます。しかし、その商品が丁寧につくられていたり、環境負荷を低くおさえる努力がされていたり、生産地への支払が考慮されている場合であっても、こうした価格に引っ張られていきますから、定価などがつけにくいのが現状です。

ですから、真面目に取り組んだ人ほど

その一般的な価格で上限を決められてしまって、生産者も店舗も、利益が圧迫されがちです。

そんな生産者や店舗に共感し応援するために、価格を上乗せして払えるのがギフト機能です。そして、想いで支払ったこのギフトの金額に応じて、腐ったお金（失効したコイン）が再配布される仕組みになっています。

誰か応援した人が、誰かから応援される、そんなお金で応援されるペイフォワードが生まれていきます。

私はこのeumoの構想を新井さんから聞いた時、全身に鳥肌が立ち、「ぜひフェアトレードでこの通貨を運営したいです！」と共感し名乗り出ました。

フェアトレードの市場は、現地への還元が大きいことによって、メーカーもお店も仕入れ額が通常よりも高い現状があります。生産地への想いと心意気で運営されていますが、お店などへの運営負担をこうしたギフトが支えたりして、フェアトレードに関わる人やお店を応援する取り組みを作りたかったのです。

２０２０年にeumoが開始すると同じくして、「フェアトレードコイン」がスタートし、現在は50店舗以上のお店で使うことができます。２０２２年度のソーシャルプロダクツアワードでもソーシャルプロダクツ賞をいただくことができました。

社会のことを考えてビジネスをしていきたいと考える起業家にとっては、価格だけで比較されず、価値を理解しようとしてくれる消費者の存在が、希望の光です。

実際にそういった消費者はたくさんいますが、分散していてなかなか出会う機会がありません。

eumoのコミュニティ通貨
フェアトレード・コイン

SOCIAL PRODUCTS
AWARD 2023

ソーシャルプロダクツアワード2023
ソーシャルプロダクツ賞　受賞

FairTrade
COIN

フェアトレードコイン

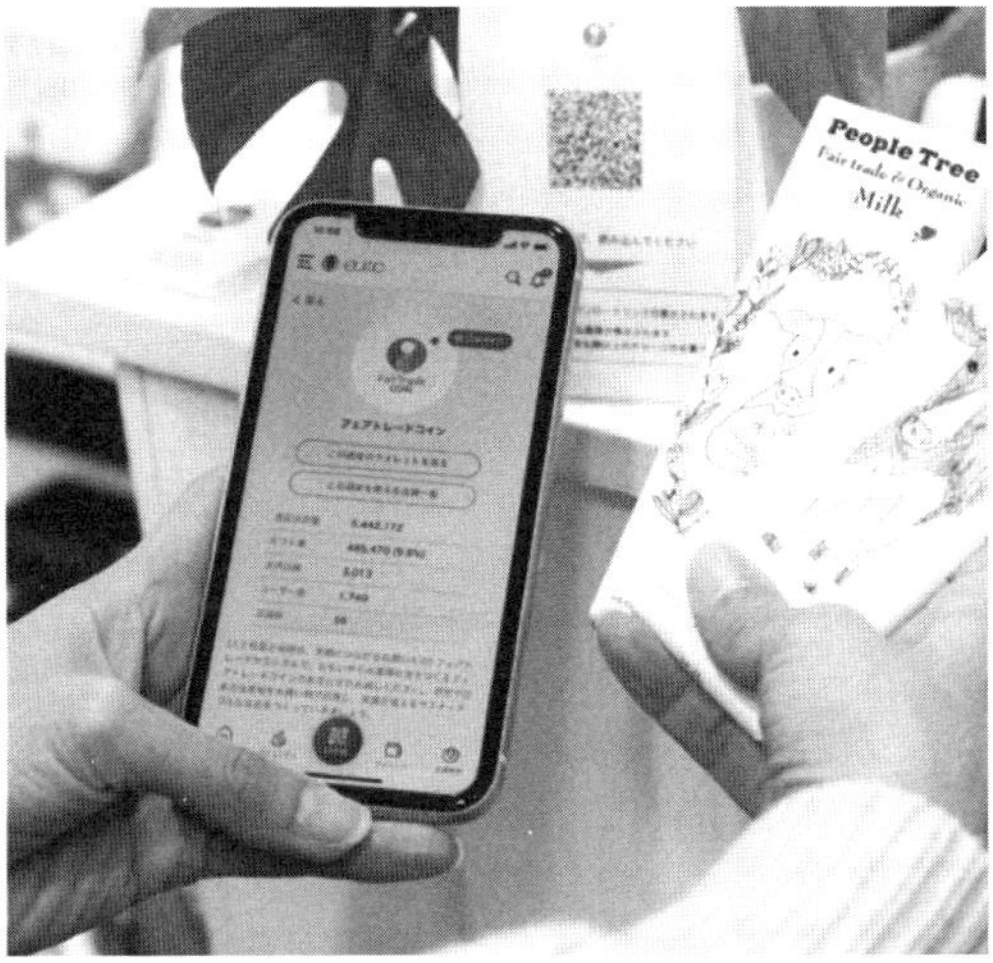

ですから、そうした意識をもった消費者が集い、お互いにオススメのお店を紹介していくような繋がりから生まれる情報に価値があると考える人が多くなってきましたeumoに関わるお店では、想いをもったお店がたくさんあり、応援や感動に溢れる消費者がたくさんいて、共感の投稿がSNSのようなタイムラインで溢れています。それを見ると、自分もその商品を買ってみようか、この人が良いというなら行ってみたい、そう思えるような気持ちになってきます。

「社会をより良くしたい」と願うお店の仲間たち、それを消費者が応援できる仕組みがeumoにはあります。どんなビジネスでもこのeumoのコミュニティーに関わることができますし、さらに自分が所属する地域やコミュニティーでお金をデザイン（独自の通貨を発行）することもできます。

key word●ゴーイングコンサーン（Going Concern）

法人化の理由とタイミング

「事業がうまくいきそうになったら、会社（法人）にしたいと思っています」

こういったコメントをよく耳にします。

「では、事業がうまくいかなかったら、会社（法人）は設立しないのですか？」

こう質問すると、みんなちょっと考え込んでしまいます。

そして、

「会社（法人）って、どんなタイミングで設立するのが良いのですか？」

と言われます。

あなたならどう答えますか？

ちなみに私は、

「起業する時に設立するよ」

といつも答えています。

いつ会社（法人）にするか、ベストタイミングというものはありません。

ネットで調べると、個人事業主とどちらが税金が安いかなどの情報であふれていますが、実際には大した金額の差はありません。

個人事業とは、個人の仕事の延長です。

極端にいえば、その人の人生の終わりが事業の終わりです。

あくまでも属人的であって、終わりのあるビジネスです。

つまり、「自分の生きている間だけ営業をしています」という宣言です。

つまりビジネスが永遠と続くことを前提としていないという表れでもあります。

ビジネスにはゴーイングコンサーン（Going Concern）という考えがあります。

「継続企業の前提」ともいわれ、企業が将来にわたり存続し、事業を継続していくという前提があるという考え方です。

もちろん、個人事業のほうが向いているビジネスもありますから、すべて法人の方が良いわけではありません。

しかし、個人事業ではなく法人を選ぶことは、個人という人間とは別人格を誕生させ、未来に継続するという意思の現れです。つまり、組織に属する人が変わり続けても事業が残り続けるということを意味します。

個人事業は、取引をしようとする相手にとっては、不安ですよね。

個人の事業ですから、倒れたら代わりがいませんし、気持ちが変わったらやることが変わってしまうということになりかねません。

本当にそうなるかどうかはわかりませんが、それぞれの個人の人生というものはそういうものです。

もちろん、形だけの法人というのもたくさん存在しています。

私が大切だと思うのは、ビジネスに対する姿勢をどう表わすかです。

私も18歳でした起業は、個人事業でした。

個人と法人の違い

	個人	法人
持続性	一生涯	永続的
リスク	個人の限界	組織でカバー
対応力	1人の限界	無限
信用力	個人の資産	組織の資産

協働するにも、前提が変わる

その時は、法人設立の深い意味を理解していなかったのです。5年ほど経ち、大きな会社からプロジェクトを提案された時、「個人事業では契約できないから、法人を作って口座を開設してほしい」と言われ、本を買って学び、「一週間」で会社を設立しました。

個人事業とか法人とかの意味もよくわからず設立したという感じですが、そこから人数が増えて、出資を受けて大きなビジネスに成長しました。

私の経験談になりましたが、**「やるから、うまくいく」**のです。

法人をつくるというのは費用がかかりますし、赤字でも法人税は発生します。でも、それ以上に法人には意思があり意味があるのです。

●個人（自然人）ではなく、法律のもとに生まれた別人格
⇕　個人事業の場合には、いくら別だといっても同一の扱い
●法的な責任など、組織に紐付けされる（代表者）
⇕　個人事業の場合には、個人が責任を負う。つまり負える責任が小さい

●金融、資金調達が個人に比べると容易で、金額も大きい

⇕ 個人の場合には、収入や持っている財産で評価されることが多い

●役員などを選任し共同で経営

⇕ 個人事業は、あくまでもその人のみ

●補助金や助成金の対象になりやすい

⇕ 個人事業の場合、企業に限定され対象外であったり、金額が低いなど条件が悪いことが多い

●相手先の安心や信用がとりやすい

⇕ 個人は人なので、属人的な影響を受けやすい

●決算期の選択、変更が可能

⇕ 個人は1〜12月の1年で固定

●赤字の繰り越し最大で10年

⇕ 個人事業は翌年以降3年間

●経費に認められる範囲が広い

⇕ 個人事業では認められない経費がある

法人ゆえの多少面倒な手続きや義務も生じますが、それでも、事業を大きくしたいと考えているのであれば、法人を選択しない理由がありません。

ビジネスによって組織形態は選べますが、一般的な事業では株式会社が最も汎用的で、中間組織としての一般社団法人、社会的な活動を行うＮＰＯ法人、その他合同会社や組合など様々です。何をするか、どんな意思を組織に入れるかによって選び方が変わりますし、補助金や受託条件などの対象が変わることもあるので、それぞれのメリットを活かしていくことになります。

key word●制限　制約　業界の習わし

制限や制約を見つける

想いのあるすべてのビジネスは、必ず実現すると思います。

でも、いろいろな制約や制限は存在しているので、予め理解しておくことも大切です。

たとえば飲食では、誰にでもお酒が出せるわけでもありませんし、免許や届出なども必要になります。

リサイクルなどは古物商（古物営業法）で警察庁が管轄です。

いろいろなルールや、業界の習わしやしきたりなどもあります。

「郷に入れば郷に従え」ではないですが、商流などを知っておかないと、流れに逆らって苦労することになります。

制限や制約を見つける

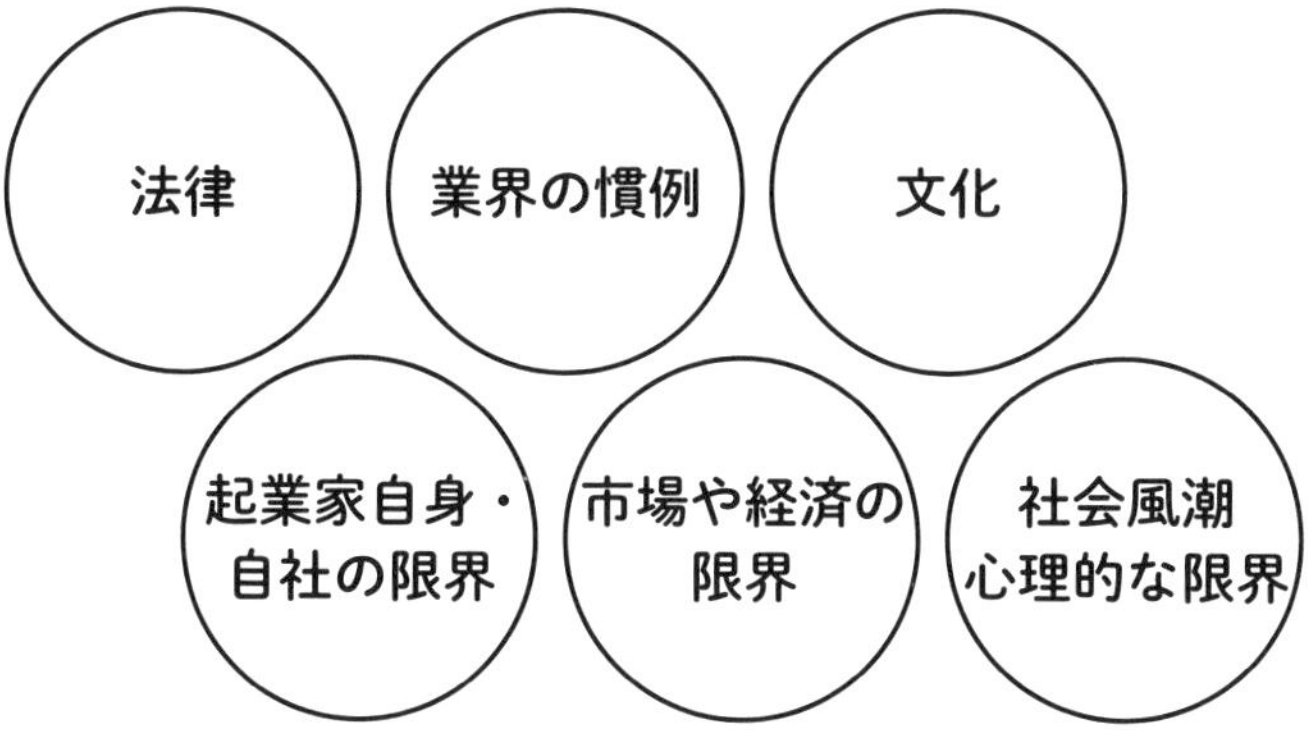

知らないと、突破できないことがある
知っておくと、状況を活かすこともできる

たとえば紹介をされた仕事でうまく行き、それ以降紹介者に連絡をいれず、直接取引をしたら、それはルール違反でした。ビジネスには倫理的な面もあります。

私はいろいろな分野でビジネスをしているので、分野が違うと知らないことだらけで、苦労をたくさんしました。

たとえば、今流行っている量り売りも、誰でもできると思いがちで事業を設計しましたが、途中で計量法という法律があることを知りました。

単に量って売れば良いと思っていましたが、そうでもなかったのです。

たとえばメモリが間違っていたとしたら、量り間違えたまま売ることになります。

買う側は量りが正確であることを前提にして買っているので、間違っていたとなると大変なことです。

また、使用する場所によっても変わるそうで、緯度や経度、高度でも誤差が生じるので、計量器も使える地域によって決まっていたりするのです。

そうした間違いが起こらぬように、法律があるのです。

また、途上国とのやりとりでは、日本のルールは通じません。

それがたとえ法律に則っているとしてもローカルルールが存在することもあり、中には賄賂が当たり前の国もあります。

また、日本のように時間や約束を守る習慣がないため、言ったことがそのまま実行されないことも多くあります。これは風習や文化の違いでうまくいかないことが多くあるのです。それがローカルルールなのです。

製造や販売、あるいは行政からの委託、申請や承認など、あらゆる場面でルールが存在していますから、やはり先輩起業家や経営者に事前に相談しておく必要があります。そういった繋がりは大切です。

key word●グレー

ルールや前例のない道を開拓して進む方法

ＡＩの進化がニュースを賑わせていますが、新しい市場に挑戦をするということは、前項で書いたような制約やルールが、**「まだ存在しない」**ということもありえます。

では、ルールがなければ始められないのか？　といえば、そうでもありません。

むしろ、新しい市場は、**「道なき道」**を進むことが多いのではないでしょうか。

私の実体験から、１つの進み方をご紹介します。

私が日本初となる音楽配信を実現したことから遡ること3年、当時はまだインターネットが始まって間もなかった頃ですから、インターネットで音楽を配信して良いという法律がありませんでした。

グレーな状態です。では、グレーはＧＯなのかＳＴＯＰなのか。

私の判断はＧＯ。アクセルを踏みました。

その時に相談をしていた著作権の専門家である方と一緒に、どうやったらギリギリの線を渡って前に進めるのか、誰よりも先に行けるのかについて、毎晩のように知恵を絞っていました。

私はこの時の経験で、諦めず前に進むことの大切さを学びました。もちろんそれは今に活きています。


私たちが始めることは日本初かもしれませんが、似たような事業は人類初ではありません。ビジネスは発明ではないですし、日に日に新しいことはどんどん生まれています。

ですから探すべきは、参考となる前例でした。

音楽配信がこれまでのどんな事業に状況が酷似しているのかを探し当てるのですが、そこで見つけたのは、音楽のレンタル事業です。

1980年頃に、CDよりも先にレコードのレンタル事業が一気に広がっていて、しばらくして著作権法違反で訴訟になります。

その後、1984年に著作権法が改正され、レンタルができるようになって解決したのです。大切なのは、その企業が、4年間のアドバンテージを取ったということで、様子をみていたり、ダメかもしれないからとやめれば、今日のようなレンタルビジネスは生まれなかったわけです。

音楽配信は、ネットにあるファイルを端末にコピーをすれば複製です。

レコードやCDのレンタルは、当時のカセットテープやMDといったものに複製されていましたから、似たような状況にあると考えたのです。

ですから、同じように法律が後から成立する可能性が高いので、グレーの状態でも走ろうという決断をしました。

そして最も検討すべき課題は、法律が決まった時にグレーな期間をどう扱うのかということです。

ですが、訴訟や対立はお金も時間もかかりますから、避けたい。

そこで、著作権管理団体には、予めグレーで走ることを伝えて関係性を作っておいたのです。

先方はそれを全面的に認めることはできないけれど、協議会のようなものをつくり、対話をしてくれることになりました。

他の参入事業者もいろいろありましたが、我々が1番先にこのような手を打っていたこともあり、様子見をしている事業者よりも先んじることができました。

▼5つのポイント

- ルールがまだ存在しないのはチャンス。グレーな状態でも走れる方法を考える
- 他に当てはめられる事例を見つけ、リスクの許容度を測る
- ルールが出来た時に起こることを想定する
- 関係者との良好な関係をつくる
- ルール制定後もポジションを得られるような立ち位置をつくっておく

ポジティブな選択的妥協（こだわりと妥協の狭間で悩む人たちへ）

妥協というと諦めるネガティブなイメージですが、私は**「ポジティブな妥協」**が大切だと感じています。

たとえば、製品などへのこだわりは大切ですが、あまりにこだわりすぎるとビジネスが進みません。

こだわりと完璧主義は違います。

ポジティブに妥協を選択するということは、完全に諦めるわけではなく、順番をつけているという解釈もできます。たとえば、様々な事情で完全なものをつくること・提供することをすぐに実現できないが、可能な限り完全を目指していく、**現在とりうる最大の選択をして目指す姿勢を見せていく**ことができます。

たとえば、フェアトレードの商品も、構成するすべての原材料をフェアトレードにすることはハードル

ポジティブな選択的妥協

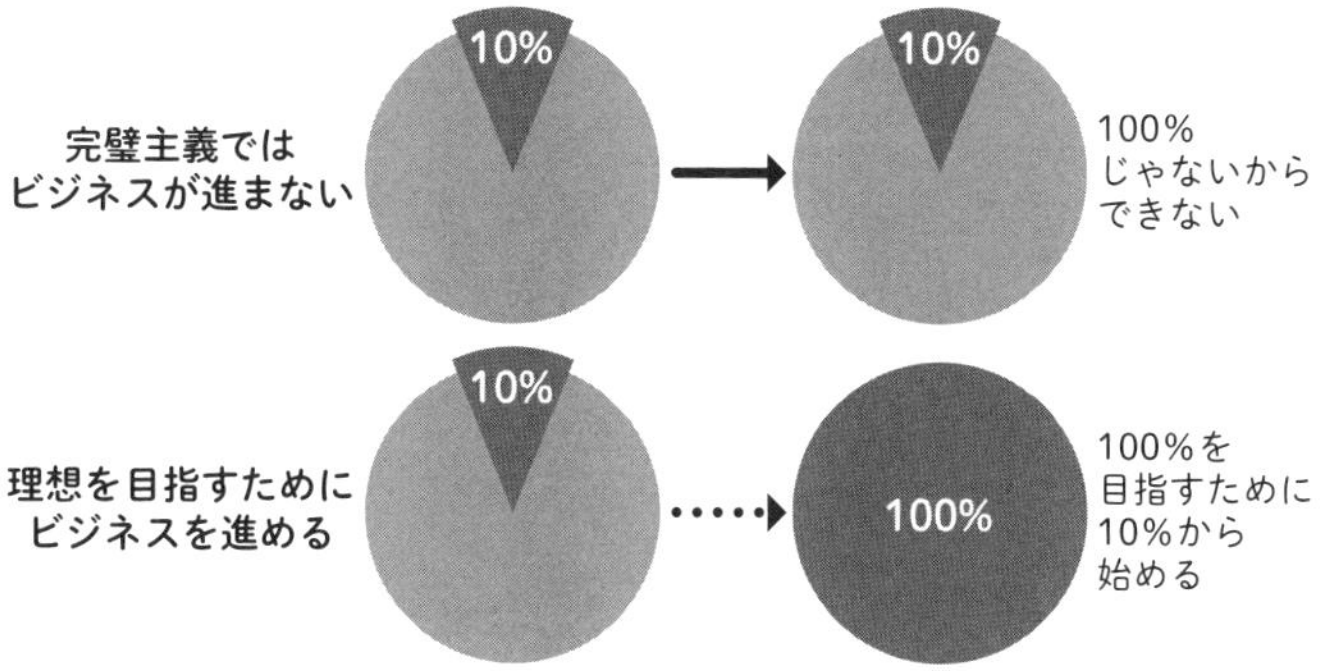
完璧主義では
ビジネスが進まない
10%
10%
100%
じゃないから
できない
理想を目指すために
ビジネスを進める
10%
100%
100%を
目指すために
10%から
始める

一歩踏み出さなければ、理想は目指せない
妥協も捉え方を変えて、ポジティブな物語を描いていこう

が高く、実現が難しいのが現実です。

価格の問題もありますし、品質の問題もありますから、原材料の一部で採用するなど、**採用する意思を明確に表すとともに、その割合を今後増やそうと努力する姿勢を表す**ことが大切です。ですから、フェアトレードのラベルにも、フェアトレード成分の使用率によってラベルが異なったりするのです。

これを最初から「製品を構成するすべての素材がフェアトレードでなければ発売しない」というようなポリシーでつくると、商品そのものが完成しません。

たとえばチョコレートはフェアトレードであっても、砂糖や塩はどうか、ナッツを入れたらそれはどうか、添加物はどうか、など、コーヒーなどの単一の素材ならともかく、使っている材料が複数ある場合、それらをすべて変えていくことには、コストも技術面でもクリアするのに、時間がかかります。

それでもフェアトレードのメーカー各社がかなりこだわりを持っているので、可能な限りの素材を使用したいと探し、使っています。

それがたとえフェアトレードの認証でなくともフェアトレードの考えがあるもの、あるいはオーガニックを使うなど、最善の選択をしています。

また、仮に商品が思い通りできたとしても、パッケージはどうか、パッケージに印刷するインクはどうか、運送はどうか、販売する店はどうか…そういったことのすべてに完璧さを求めて対応をしていると、何もできなくなってしまいます。

もちろん、アウトドアブランドのパタゴニアのようにとことん対応をしていく会社もありますし、それを目指せるようなブランドになることは理想ではありますが、起業して間もない頃や成長の段階では、リソースも限られていますから、優先度をつけて選択していかなければなりません。

ですから、こだわる点にこだわり、妥協する点についてはその理由を明確にしておき、ポジティブに妥協することが大切です。

そして、妥協をした部分をどのように改善していくのかを見直し、検討をしていきましょう。完璧を求めすぎて進まないよりも、少しでも進めて完璧を目指していくことのほうが、ビジョンに一歩でも近づいていくことだと思います。

key word●計画的偶発性　幸せの4因子　セレンディピティ

偶然を引き寄せる能力「セレンディピティ」を身につける

自分の起業をふり返り、そして支援している起業家を見てきた中で、大切なポイントは、**起業家自身の可能性を大きく越えていく**ことにあると思います。

想像をしている世界は自分が知っている既知の世界です。

でも、ビジネスでこれからチャレンジしていく世界はまだ知らない未知の世界です。

ですから、想像はできてもまだ経験をしたことのない世界です。

理論もセオリーもたくさん語られますが、起業家の特性、経済や社会の状況、ビジネスの性質などによっても、うまくいくかどうかは誰にもわかりません。

多くの起業家に成功した要因について話をし、自身でもふり返ってみると、その成功は偶然によるものでありながら同時に必然であったとも思えるのです。
それはつまり、**偶然を引き起こすために自ら実践をした行動の結果**であるということです。

実際にこの現象をキャリアの現場で説明している理論があります。

心理学者のジョン・D・クランボルツ教授によって提唱された**計画的偶発性理論**で、ビジネスキャリアにおけるターニングポイントの8割が、本人の予想しない偶然の出来事によるものだった、という調査によるものです。

「何をしたいかという目的に固執すると、目の前に訪れた想定外のチャンスを見逃しかねない」という指摘のとおり、理念はしっかり持ちつつも、目標の数字や形にこだわりすぎると、見える偶然も見えてこないということです。

自分の知っていることだけに囚われず、仲間との対話や関係性でチャンスは広がっていきます。

自身の軸をブラッシュアップしながらも、あらゆる可能性を追求していく中で、**まだ知らないことに出会う=偶然に起こったかのように思える**ことに出会うのです。

この偶然を味方につけるための行動は、次の5つで整理されています。

▼計画的偶発性を起こす行動特性

- 好奇心（Curiosity）：新たな学びの機会を探っていくこと
- 持続性（Persistence）：挫折してもあきらめずに努力する
- 柔軟性（Flexibility）：柔軟な姿勢、状況を変える
- 楽観性（Optimism）：新たなチャンスがあると、ポジティブに考える
- 冒険心（Risk Taking）：結果がわからなくても挑戦する

大切なことは、**必ず偶然に巡り会えるという想いを持って行動する**ことです。

5章でも書きましたが、必ずビジネスコンセプトとビジネスモデルは結びつくのですから、そのために関心を高め、ポジティブに諦めず、柔軟に挑戦し続けるなどの要因が関わっているのです。

幸福学の第一人者　前野隆司教授の著書『幸せのメカニズム　実践・幸福学入門』（講談社現代新書）にある4因子がこの5つを実現する心持ちにも繋がっています。

①自己実現と成長（「やってみよう」因子）

夢、目標、自分の強みを持ち、夢や目標を達成しようと努力する。

②繋がりと感謝（「ありがとう」因子）

多様な人と繋がり、感謝する。

③前向きと楽観（「なんとかなる！」因子）

物事を前向きに、また楽観的にとらえる。

④独立とマイペース（「あなたらしく！」因子）

自分らしく、他の人に左右されずに、マイペースで生きる。

私はここにある感謝という共感もまた、偶然の確率を上げるものだと実感をしています。

ビジネスの世界ではよく、偶然から幸運をつかみ取る（引き寄せる）能力のことをセレンディピティという言葉で表現しますが、まさに以上のような行動特性や因子だといえるのではないでしょうか。

偶然は、運命を委ねて、祈ったり占ったりするだけでは、やってきません。

でも、偶然と出会える確率を自分の行動で上げていくことができれば、ビジネスがうまくいく確率も当然上がっていくでしょう。

これはもちろん想いや共感がベースにあってのことですが、それでも行動をしなければ偶然もやってきません。

ぜひあなたの行動で、ビジネスが成長する確率を高めていきましょう。

key word●メンター

経営者になるために、メンターと経営パートナーを見つける

あなたにとって起業も未知の領域だったかと思いますが、これから始まる経営もさらに新しい挑戦になるでしょう。

起業は個人の裁量で何とかなりますが、経営となるとそうもいきません。

多くの人を巻き込んでしまうので、自分だけの裁量で続けることも止めることも難しくなってきます。

それでも、進むことを決めたあなたにとって、圧倒的に足りないのは経営の知識や経験です。

そこで、経営者になるあなたにとって必要なのは、メンターや経営パートナーなど、先輩起業家の存在です。

メンターとは、相談者や助言者という意味を持っています。

相談者といえば、課題に対して答えをくれるアドバイザーやコンサルタントというイメージがありますが、こういう立場の方とも異なります。

その一方で、カウンセラーでもありません。近いのはコーチかもしれませんが、微妙に異なります。

優れたメンターの多くは、経営経験をした実務家です。

一般的には最低3社以上の起業あるいは取締役などで事業会社の経営実務をしたことがある人が良いでしょう。


メンターは、時に経営パートナーとして、役員や顧問などとして経営者の1人として事業を見ていく仲間になります。

メンターの中でも、相性の良い人と出会ったなら、そのまま役員などに就任していただくケースも多くあります。

実際に私自身が会社を設立する時には、必ずといっていいほどこうしたメンター的な存在の方に役員になっていただきます。

そして、私自身も多くの会社の発起人や役員として参加することも多く、多数の素敵な起業経験をさせてもらうことができています。


経営初心者にとって、経営のことは、右も左もわからない状態です。

正直、知識ではどうにもならないことばかりで、多少の経験があってもうまくいかないのがビジネスの世界です。

時代も経済環境も変化していくし、業界やテクノロジーなどの環境も変化していきますから、ある時代の成功モデルが通用しないのです。

メンターも正解を持っていませんが、自身の経験やメンターの経営者繋がりなどから最大限の支援をしていくような動きがとれるため、ここがコンサルタントとメンターの大きな違いです。

こうした存在があることで、まずは孤独になりがちな経営者の、メンタル面における支えとなるでしょう。経営者は誰にも言えないことをたくさん抱えています。

ですから、ぶっちゃけて話せる人、経営の視点から、どんな意識が必要かなどを示してくれる人など、自分のマインドに合った相性の良い人が欠かせません。

また、致命的な経験や失敗を避けることができます。

大きな損失、法律違反、他人との間のトラブルなど、対応策を知らないだけで、時間的にも金銭的にも大きなロスをしてしまう事はあります。

こういったことがあっても状況を一緒に把握している人がいるだけで、心のどこかで安心感があります。

そして、状況が共有できているので、的確なアドバイスを受けることができます。

1日調べても答えが出ないようなことも、メンターにチャットで質問したら1分で解決することだってたくさんあります。むやみな手探りを避け、意味のある手探りに時間を使っていきましょう。

もちろん、専門性の高いことは、外部の相談窓口やコンサルタントに頼るという方法もあります。ただ、課題そのものがあやふやな段階で、相談に行くのはなかなか難しいのが現実ではないでしょうか。

実際、相談窓口に行こうとする起業家に、どのような相談をするかを相談されることも多くありますが、状況を聞いてみると、相談にいく以前の問題に気づいてしまうことも多くあります。

専門家というのは、専門領域には答えられますが、専門外のことには答えられません。それは、会社が契約をしている税理士や弁護士、社労士や弁理士などでも同じです。

専門分野以外を軽々しく答えることは、専門家だからこそできないのです。

経営者になる段階として、ぜひより良いメンターや経営パートナーを見つけてください。もちろん、あなたに共感をしてもらうことが大前提ですし、それがちゃんと伝わらなければ引きうけてもらうこともできないでしょう。

あなた自身の経営者としての覚悟、意欲などが高ければ、きっとより良いメンターやパートナーに出会うことができるでしょう。

第7章

「共感」で事業を成長させる

key word●ブランド　BI（ブランド・アイデンティティー）

ブランドは共感で育まれる

ブランドが必要な理由の1つは、まず、誰がつくっているか／提供しているかということを明らかにできる（識別機能）ことです。誰が作っているかがわからないことには、その製品を見分けることができないからです。

そして、製品がブランドの品質を保証する（保証機能）役割があります。ニセモノのブランドという言葉があるように、似たようなもの／偽ってつくられたものは、当然本物との品質に差が生まれます。ですから、「このブランドであれば一定の品質が保たれている」ことを表す意味を持っています。

また、企業ブランドなどでは、商品一つひとつの品質保証ではなく、その企業が作った他の製品にも同様の品質保証があるという意味を持つことになります。

もし自社の中で商品毎に違う意味を持たせたり品質の保証を分けたい場合には、ブランドを分けることになります。全く違うラインを作ったり、サブブランドのようにすることもあります。

このような信頼と保証が認知されていくことに加え、ブランドの名前を聞くとイメージをわき起こしたり、その逆に「〜といえば、このブランド」という形で**イメージからブランドを思い出してもらう**（想起機能）ことができるようになります。

ブランドの名前や記号を見たり聞いたりした時、頭に思い浮かぶイメージは記憶の再生ではなく、心の動き（感情）を伴います。感情とともに記録された記憶であれば、思い出した時に感情も一緒に湧き起こってきます。

ですから、できるだけ良い印象が引き起こされるように、キャッチフレーズ、写真、イラストなどクリエイティブを使うのです。イメージというのは言語とは違い（非認知能力）、感情を動かします。

広告などでは、繰り返し商品名を連呼したり表示させることで、記憶に残すことに重きが置かれています。消費材などのようにテレビや看板広告といったもので訴求することが効果的であったり、大量に商品を売ることが目的であると、そのような手法をとらざるをえません。

しかし、これから新しい事業を進めていく段階で、そのような中に、小さな予算で広告を投入したとしても、埋もれるだけです。

本書で扱う共感で支えられるビジネスの場合には、ブランドを周知させていくブランディングにおいても共感をベースに捉え直していく必要があります。

ブランドは顧客との信頼によって生まれるものですから、ブランディングとは、そうした価値観の共有で関係をつくっていくための活動になります。

ブランドとは、顧客自身の思い描く世界観や価値観を表すものであり、顧客の中にある価値や想いを叶えることに期待を寄せられる、信頼の象徴です。つまり、商品や企業やブランドの名前を聞くだけで、自分の中にポジティブな感情がわき起こるのです。ですから、自身がそのブランドを選択したり採用したことを表明すること（身につける、シェアするなど）によって、**自己の想いを表現し、自己の承認欲求や自己実現欲求を満たすもの**になるのです。

これまでに経営で関わった事業に、HASUNAというジュエリーブランドがあります。HASUNAの創業者でブランド代表である白木夏子さんの、起業前のメンターとして関わったことが始まりでした。HASUNAのジュエリーが身につけられる理由の1つに、**自分が仕事などで強く想いを込めたい時に身につける**というストーリーを聞きます。自分自身の感情と、ジュエリーを選ぶことが1つの行為となる、それはまさにブランドが持つ価値と顧客の想いが共感で一体となっている状態で、信頼が確立されている状態です。

そんな顧客の想いを表す関係が生まれることこそが、ブランディングの成果です。そこには、顧客の想いが映し出され、希望を叶える1つの選択肢として商品やサービスが選ばれる、ということでもあるのです。

ブランドは共感で育まれる

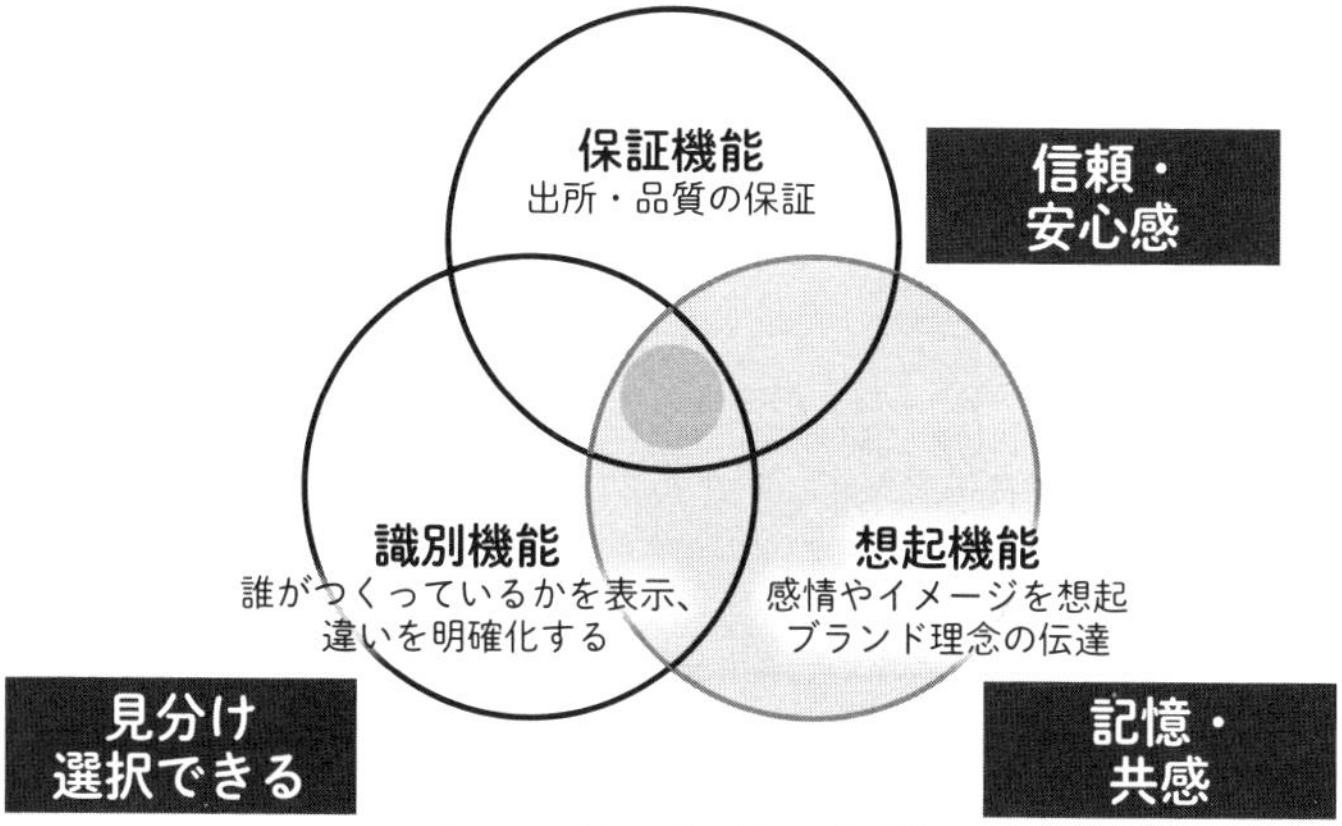

ブランドは信頼の象徴
自己の想い（価値観）を表現してくれる存在

覚えてもらうことだけが目的ではありません。このブランドや製品がなくなっては困る、この企業だから応援したい、そんな存在が肯定された信頼感、そしてパーパス（存在）が受け入れられた状態です。

起業した当初は、企業そのものがブランドになり得ることが多いと思いますから、ミッションやビジョン、バリューやパーパスなどを徹底的に突き詰め、ＣＩ（コーポレート・アイデンティティ）としてロゴやカラー、メッセージなどを確立させていくことが必要です。また商標の取得も忘れないようにしなくてはなりません。商品やサービスにおいて企業名とは異なる名前でブランドを確立していこうとする場合には、ＢＩ（ブランド・アイデンティティー）としてＣＩと同様に詳細を決めていくことになります。

ブランドとは、想いを誰もが理解できる記号やビジュアル、言語化されたものです。共感の物語を一緒に歩んでいくために、そんなブランドとして社会に支持されていく存在になっていきましょう。

key word●ギフト

共感体験をシェアするギフト商品

商品やサービスは、自分が買って使うもの以外に、人に贈るギフトとして購入される機会があります。ビジネスにおいて、ギフトの商品として選ばれるということは、とても嬉しいことです。なぜなら、ギフトは、お祝いなど大切な人などに気持ちを贈るためにあり、そんな機会に選んでもらえることそのものが、嬉しいことですよね。共感や想いが商品を通じて届けられるわけですから、重要な役割を担っているともいえます。

ギフト商品は、自分用に買う商品よりも値段が高くなる傾向があります。ですから、パッケージや包装などの見た目もポイントになります。

共感体験をシェアするギフト商品

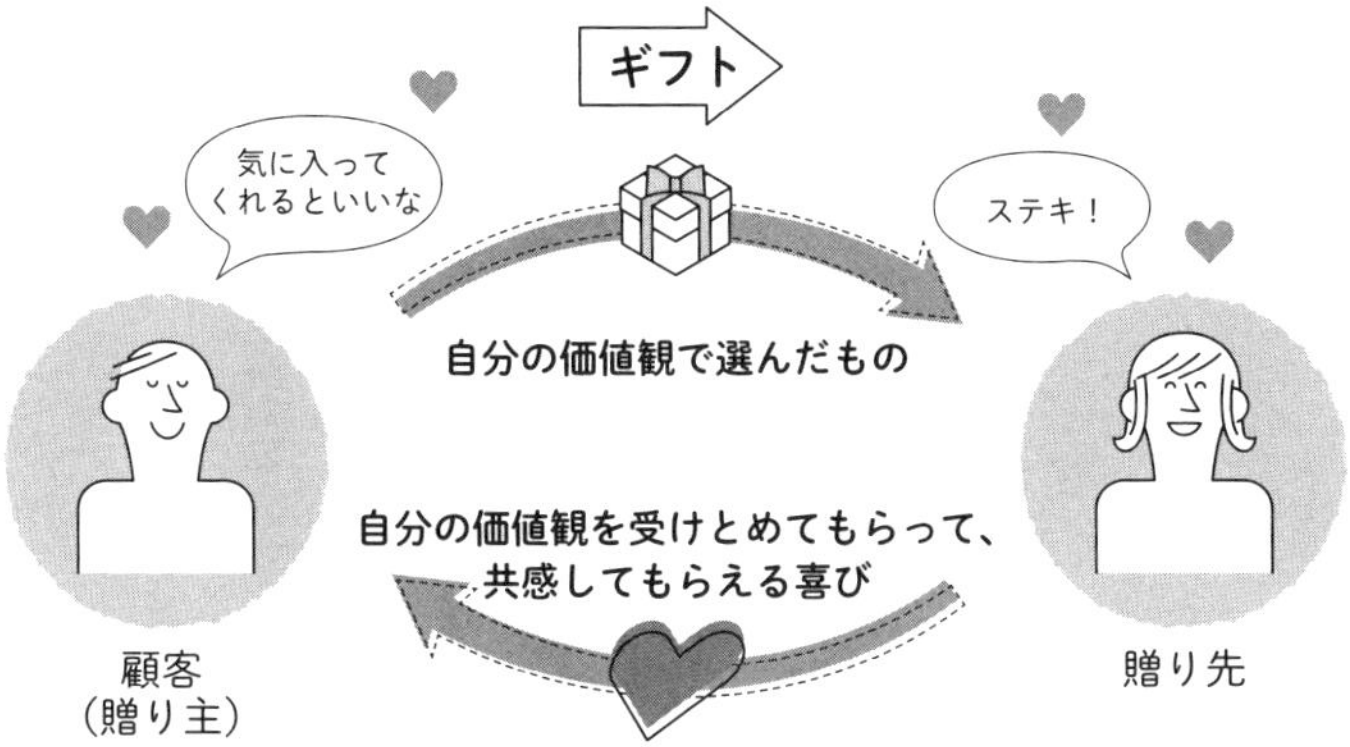
ギフト
気に入って
くれるといいな
ステキ！
自分の価値観で選んだもの
自分の価値観を受けとめてもらって、
共感してもらえる喜び
顧客
（贈り主）
贈り先

顧客のメッセージ（価値観）を代弁する機会に
商品サービスを選んでもらう

贈るものは、受け取った時の印象が大切ですから、華やかさや美しさなどの見栄えの演出も重要になります。

ギフト商品を通じて、自分が選んだものを喜んでもらえた、という経験は貴重です。そのうえ、自分が共感している商品やサービスを贈って共感してもらえたなら、さらに嬉しさは倍増するでしょう。

私の経営する会社はフェアトレードショップを運営していますが、最近ではブライダル関連でもフェアトレードやエシカルな商品が選ばれる機会が増えてきました。結婚式が終わった後に直接手渡しをするプチギフトは、フェアトレードのチョコレートやヴィーガンクッキーなど、自らの幸せとともに環境や社会に優しい商品を選び、大切な想いを共感したいというメッセージを伝えることができます。

また、会社の手土産、歓送迎会のギフト、ノベルティなどにおいても、環境や社会に配慮したものが選ばれる機会が増えています。共感されるような意味を持ったノベルティなど提供することで、企業のＳＤＧｓへの姿勢やメッセージを伝えることなども可能になります。

key word●口コミ バイラル・マーケティング

口コミのベースは共感

口コミもまた、共感がベースにあります。

評価や評判といったことを、口頭で伝達するコミュニケーションという意味から、「口コミ」という言葉が生まれたそうです。経営の専門用語ではバイラル・マーケティングと言い、バイラルとは「ウイルス性の」という意味を持つため、ウィルス感染のように広がるというイメージから名付けられたようです。自分の評価や気持ちを、他の人とシェアすることによって確認をしたり、人との新しい繋がりを持ちたいということから、個人が発信や共有をする行動が生まれます。

以前、出版社の方から聞いた「本の口コミでベストセラーが生まれた話」が忘れられません。本を読んだ女性が「この本で私は変わった」という口コミが広がり、あっという間にベストセラーになったそうで

口コミのベースは共感

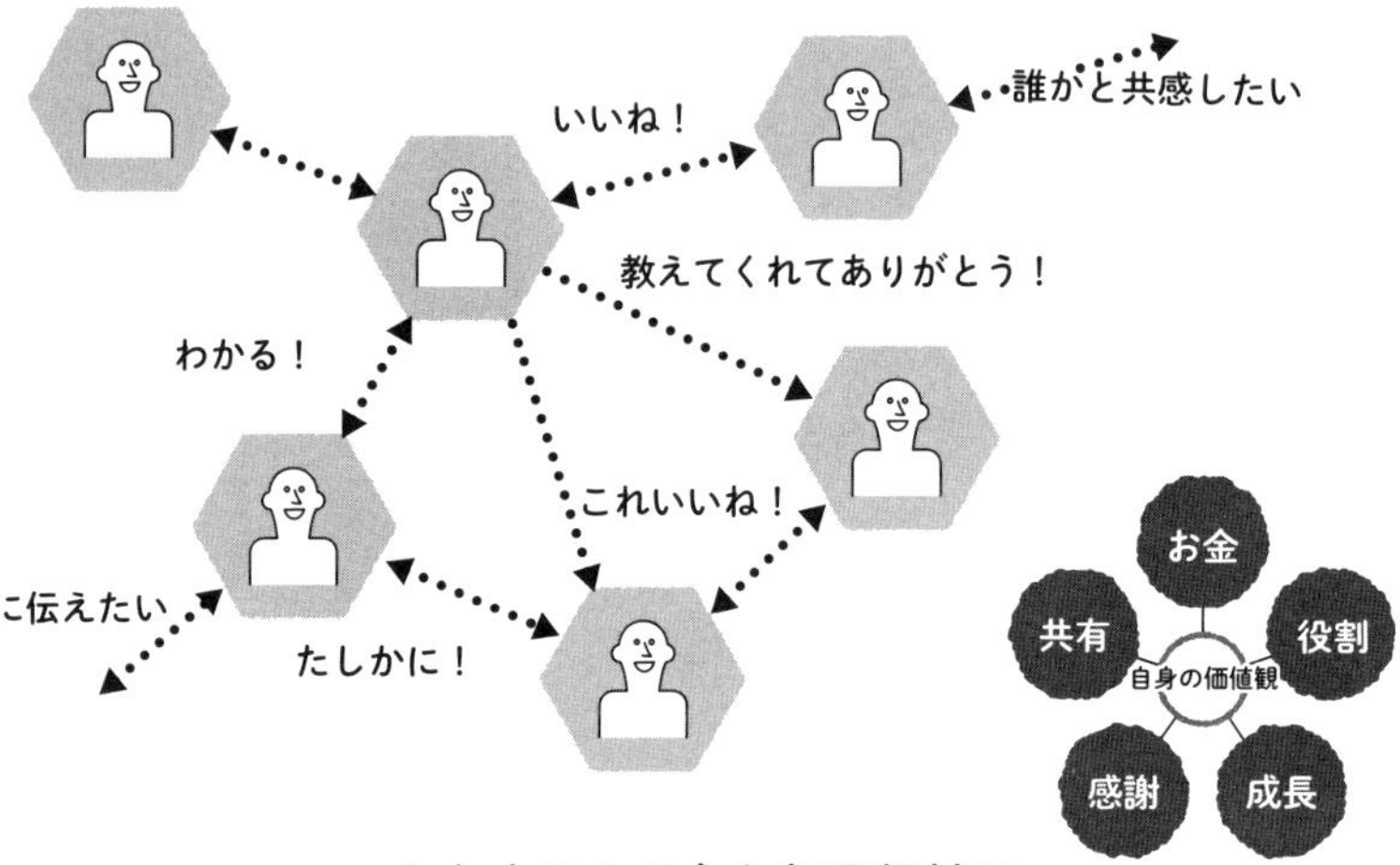

いいね！
誰かと共感したい
教えてくれてありがとう！
わかる！
これいいね！
誰かに伝えたい
たしかに！
お金
共有
役割
自身の価値観
感謝
成長

**口コミをする人の主な報酬価値は
共有、感謝、役割**

す。

印象的だったのは、書籍の口コミは圧倒的に女性が多く、男性向けの書籍は口コミでほとんど広がらないということ。つまり、女性は自己開示しながら共感を楽しめますが、男性は自己開示はあまりしないようで、秘密にしておくのだそうです。

一方で、男性は自分の評価が上がるような情報であれば進んで口コミをするそうで、「自分はこんなことを知っているんだ」という、自尊心を高めるために開示をするという打算があるそうです。ですから、たとえ良い本に出会っても、美味しい店を知っていても、教えたくない心理が働くそうです。これは、狩猟をしていた時代の名残だという説もあるようで、安易にシェアすることは獲物を獲られてしまうというDNAなのか価値観なのかが、どこかにあるのかもしれません。

ともかく新しいユーザーを獲得するために多大な

広告をかけるよりも、すでにファンになってくれているユーザーからの口コミや紹介から、圧倒的に新規のユーザーが生まれる確率が高いのです。

なぜなら、メーカーやブランドの代わりとなり、共感をベースに説明をしてくれるからです。ですから、すでに関わりのあるファンの共感を高めることを優先していくほうが、良いでしょう。

また、適度な批判もあったほうが、良い口コミだけが並んでいるよりも信憑性が増します。過度に低評価の口コミを消すということも良くないといえます。

key word●認知的不協和音　クーリングオフ　Buyer's remorse（バイヤーズ・リモース）

買った直後の、顧客の心理をサポートする

商品を買った直後、実は顧客の心の中には、期待と不安が渦巻いている状態です。「早く使いたい、見たい」と思う一方で、「自分の選択が正しかったのか」という不安に駆られるのです。

「買った」ということは、「もう他を選べない」ということですから、本当に買って良かったのか、と不安になるのです。

帰りの電車などで、他にもっと安い店があったかもしれないとか、他の選択肢の方が良かったのではないかとか、本当に使いこなせるのか…など。こんな感情の矛盾に陥っている状態です。ですから、**買ったことを肯定するための理由探し**を始めるのです。

特に、高価な買い物や契約期間が長い契約など「リスクが高い」買い物をした場合に、**後悔したくない**

購買直後の顧客心理は急降下

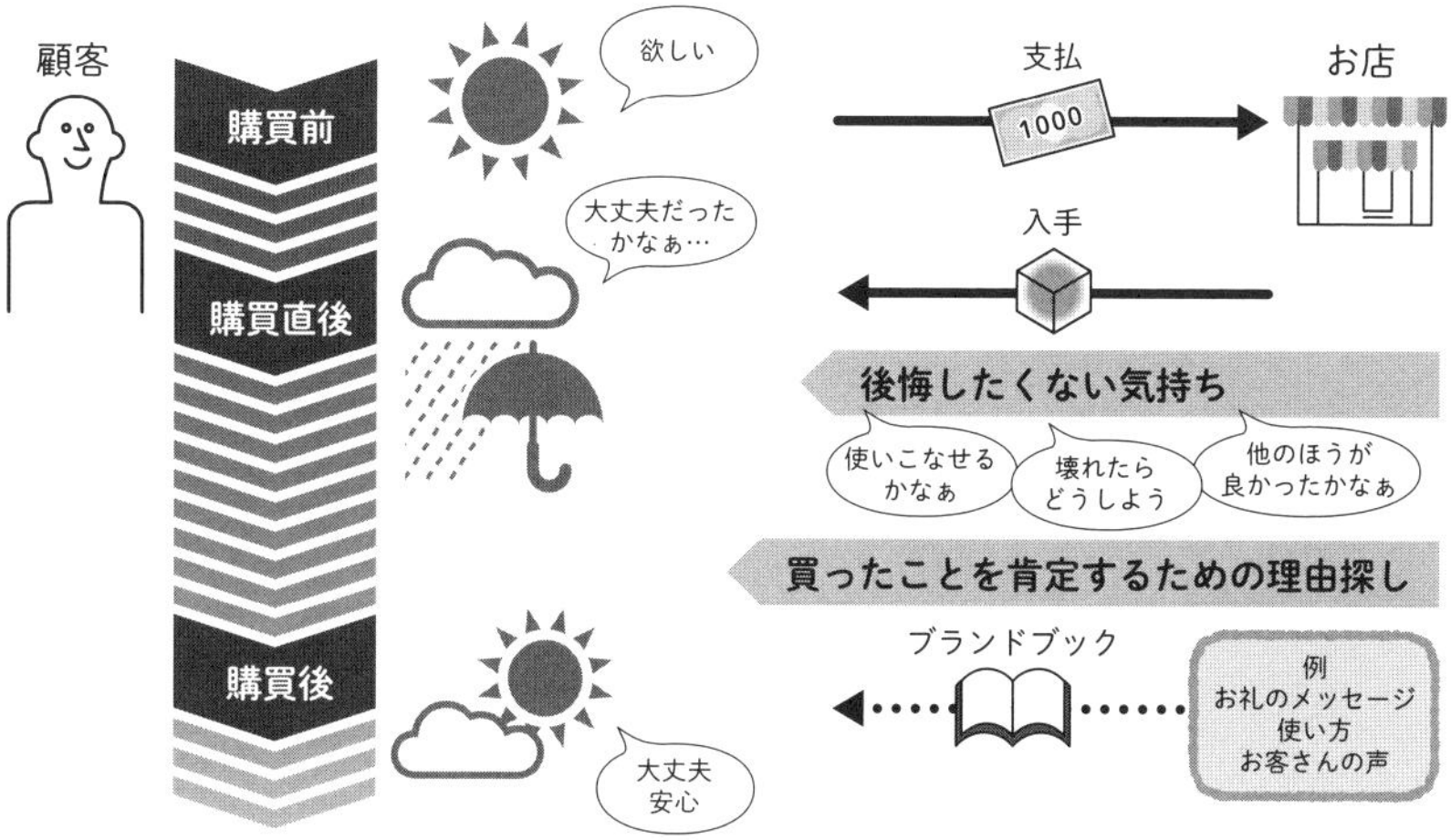

購買直前の気持ちは最高潮だが、
購買直後は急降下する心理不安をサポートすることが大切

気持ち（Buyer's remorse：バイヤーズ・リモース）が起こりやすいのです。ですから、クーリングオフなど取消しが可能だったり、お試し期間などが設定されることで、不安は解消されます。

また、お礼のメッセージを送ったり、帰りの電車で読めるようなブランドストーリーブックなどをお渡しするのも良いでしょう。買った商品に対する想いが詰まったストーリーを読むことで、「間違いなかった」と、気持ちを落ち着かせることができます。また、使い方やユーザーの声など、商品を使っているイメージに気持ちを移していくことで、早く家に帰って使いたいという気持ちを高めることもできます。こうして、相反する気持ちを落ち着けたり、共感度を高めるなど、購買を歓迎することで自らの気持ちに応える理由が見つかっていくので効果的です。

たとえばAppleの商品などは高いのですが、特別な梱包をしてあるのが特徴です。なぜ、あんな荘厳な演出をしているのか？　それは、自分がその商品を選んだことを肯定できるための演出です。「開封の儀」という言葉が登場するくらい気持ちが高まる演出は、後悔する理由を一気に消し去ってくれるのです。

そのほか、カスタマーサービスなど、相談できる窓口が用意されていて、顧客との長い関係性を続けたいという意思が伝わると、さらに安心感が高まっていきます。商品を購入した後などに「困ったことはありませんか？」というメールが送られてくるケースもありますよね。

大切なのは、販売直後。その商品を購入したことが最良の選択であった、ということを顧客が納得できるようにサポートすることが最優先です。売って終わりではなく、そこが始まりなのです。

key word●ロイヤルカスタマー　返報性　ソーシャル・インパクト

ファン重視が、結果的に新規顧客を増やす

ビジネスをしていると、新規顧客を増やそうとして、常連が逃げてしまうという現象が起こります。いろいろな原因がありますが、その多くは、ファンが自分の共感の想いが蔑《ないがし》ろにされたような気持ちになるからです。

このような状態が生まれないよう、新しい顧客は獲得しつつも、ファンをロイヤルカスタマーにすることを意識した展開をしていきましょう。

たとえば、ロイヤルカスタマー以上でなければ参加できないようなイベントに一部のファンを呼んだり、限定商品、特別なプレゼント、先行予約会、優先的な情報のお知らせ、一般公開していないバックヤードツアーなどの優遇をすることも効果的です。**これにより特別扱いを受けた、選ばれたということによって共感報酬における「役割」を得られます。**認められるということは嬉しいことですから、心の距離は近づ

新規顧客よりファン重視

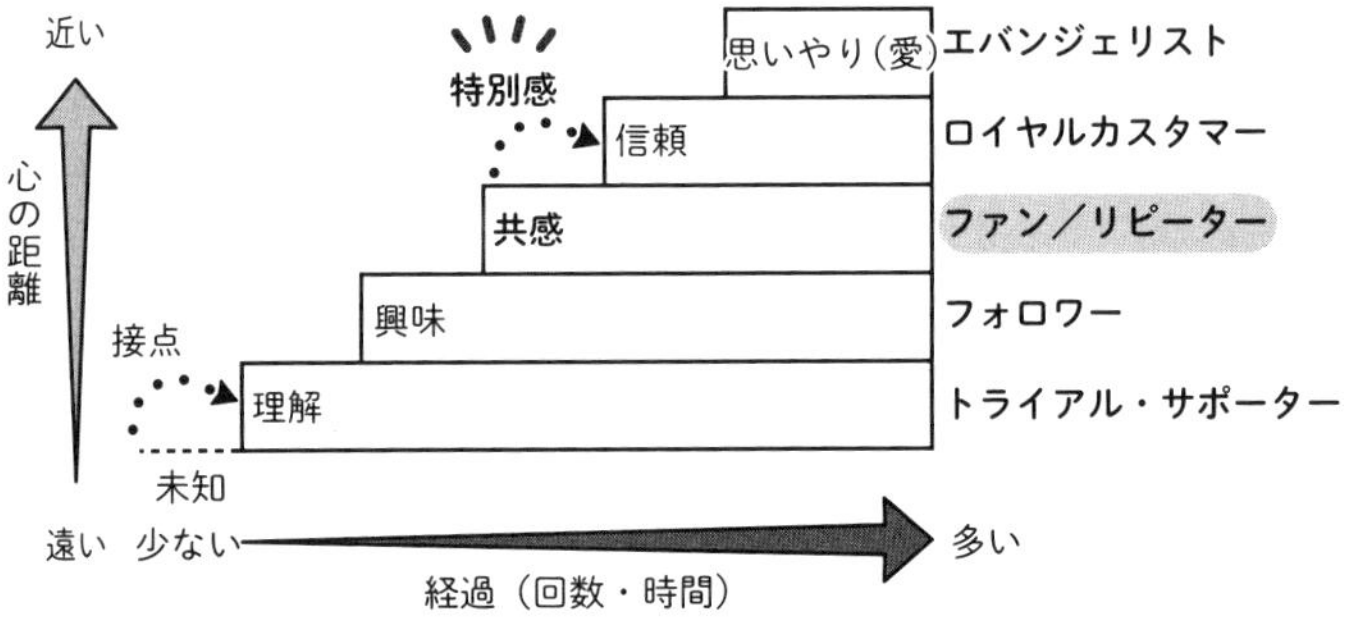

新しい顧客は、
企業とファンの関係に
注目している

き共感が深まり信頼に繋がっていきます。

この時、顧客に見返りを求めてしまうと、逆効果になるので、注意が必要です。「与えてあげたんだから、これやってください」という交換条件のように感じると冷めてしまいます。そもそも、ロイヤルカスタマーは常連さんですから、この方々がビジネスの根幹を支えてくれています。

ですからその方々への施策は「感謝であり還元」という意味合いがあり、見返りを求めるものではありません。すでに共感してくれている方の信頼をより高めて、絆をつくったり確認をすることが目的です。

そもそも人には、お返しをしたくなる気持ちが自然と生まれます。返報性と呼ばれています。

好意を受け取ったらお返しをしたくなる**好意の返報性**、相手が譲ってくれたら自分もしたくなる**譲歩の返報性**、相手がオープンに接してくれたら自分も開示したくなる**自己開示の返報性**などと言われています。

見返りを期待しなくとも、純粋に相手に対する感謝の気持

GIVEがGIVEを生む

好意の返報性

特別プレゼント
セミナーなどの特別優待

譲歩の返報性

クローズドセール
（ファミリーセールなど）
試食
テスター
お試し期間

自己開示の返報性

作り手・職人との交流会
バックヤードツアー（工場見学）
現地ツアー（生産地など）
非公開情報の開示など

敵意の返報性

信頼を裏切ることになるので注意が必要

**見返りを期待せず
日頃のお礼から始めよう**

ちとしてその想いを届けたり、譲ったり、開示することなどによって、結果は自然と返ってくるということですから、ロイヤルカスタマーを信じましょう。

新しいファンを増やすために、新しい顧客を取り込む…その前にやるべきことは、いまいるファンとの絆を深めることです。

データや数字でも、共感できる

次のような数字を見て、あなたはどう感じますか。

・1年間の食品廃棄（フードロス）は、東京ドーム5個分

（『エシカル白書2022−2023』一般社団法人エシカル協会編　山川出版社）

・9人に1人が満足な食べ物を得られていない

・毎年ジャンボジェット機5万台分のプラスチックが海に流入している

・このままプラスチックが増えると、2050年には海中プラスチックの重量が魚の重量をこえる

・日本のプラスチック消費量は、年間1人あたり70キログラム

・日本近海のマイクロプラスチックの濃度は世界平均の27倍

データや数字でも、共感できる

1年間に約612万トンの食品廃棄

（2017年度農林水産省推計値）

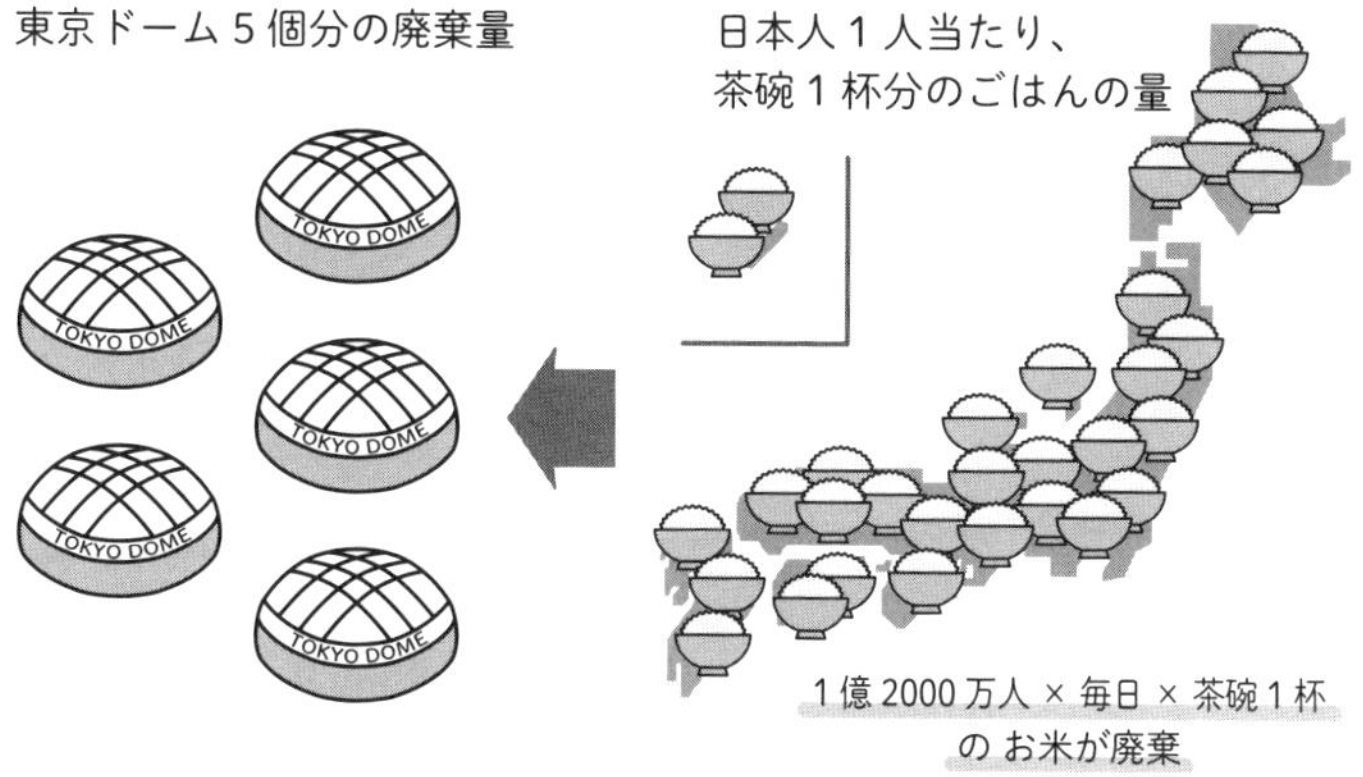

数字で、換算すると共感できる

環境問題が身近に感じるのではないでしょうか。

たとえば世界の出来事を伝えたい場合、規模が大きすぎて数字を聞いても実感が湧かないことがあります。

そんな時、想像できる小さな単位にすることで、受け手がイメージしやすくすることができます。共感してもらうためには、そもそも理解をして実感をしてもらうことが最初のステップです。

あなたの課題意識を、誰かに伝えたい時にも数字は役に立つでしょう。

あなたが持っている想いを、数字を使うことで、個人的な思い込みでないことを証明することに繋がります。

たとえば海外で、食事がまともに食べられない人たちをたくさん見かけたとしましょう。そこに映る人たちのほとんどが食べられていない状態に、

「私が出会った現地の人たちはまともな食事が摂れていない」

と言っても、あなたが見たことがたまたまなのか、極端な場所にいたからなのか実状がわかりません。

でも、「77億人のうち8億人以上の人、あるいは、9人に1人の人がまともな食事が摂れていない」と表したほうが、聞き手は、実態が掴みやすくなります。

またユニセフでは、ホームページ（URL：https://www.unicef.or.jp/100yen-journey/）で途上国支援について「100円でできること」を表現しています。

身近な数字でどんなインパクトを引き出せるのかという点も、大切です。

最近では、ソーシャル・インパクトと呼ばれる、社会貢献を数字や貨幣価値で表すことの必要性が増えてきています。

「数字なんかで表せない」

「貨幣価値で表すなんてとんでもない」

数字に対してアレルギーを持つ人もいるかもしれませんが、ビジネスという環境で何かをする場合には、数字や貨幣価値で表さないと通じないこともあるのです。

必要なのは、**数字にしないこだわりではなく、数字で伝えて共感してもらうことが重要である**ことを理解することです。抽象的（定性的）では伝わらないことも多くありますし、その逆も当然ありますよね。両方をうまく使って、想いを伝えていきましょう。

key word●原価　値決め　定価　価格

原価の10倍から考える、定価の決め方

定価を決める時によくありがちなのは、原価が高いにも関わらず競合している商品の価格と同水準の定価を設定してしまうことです。定価を高くつけることへの抵抗があったり、利益をたくさん取ることに抵抗があったり、たくさんの人に使ってもらいたいからと定価を低く設定してしまうということもあります。結果的に利益がとれる値決めができず、経営が持続せず苦しくなっていきます。

原価を下げるには限界があります。品質を落としたり、生産者など、誰かに無理を強いれば、原価を下げることはできるでしょう。

しかし価格で勝負をしていると、やはり規模が大きいメーカーに簡単に負けてしまいます。

原価の10倍から定価を考えてみる

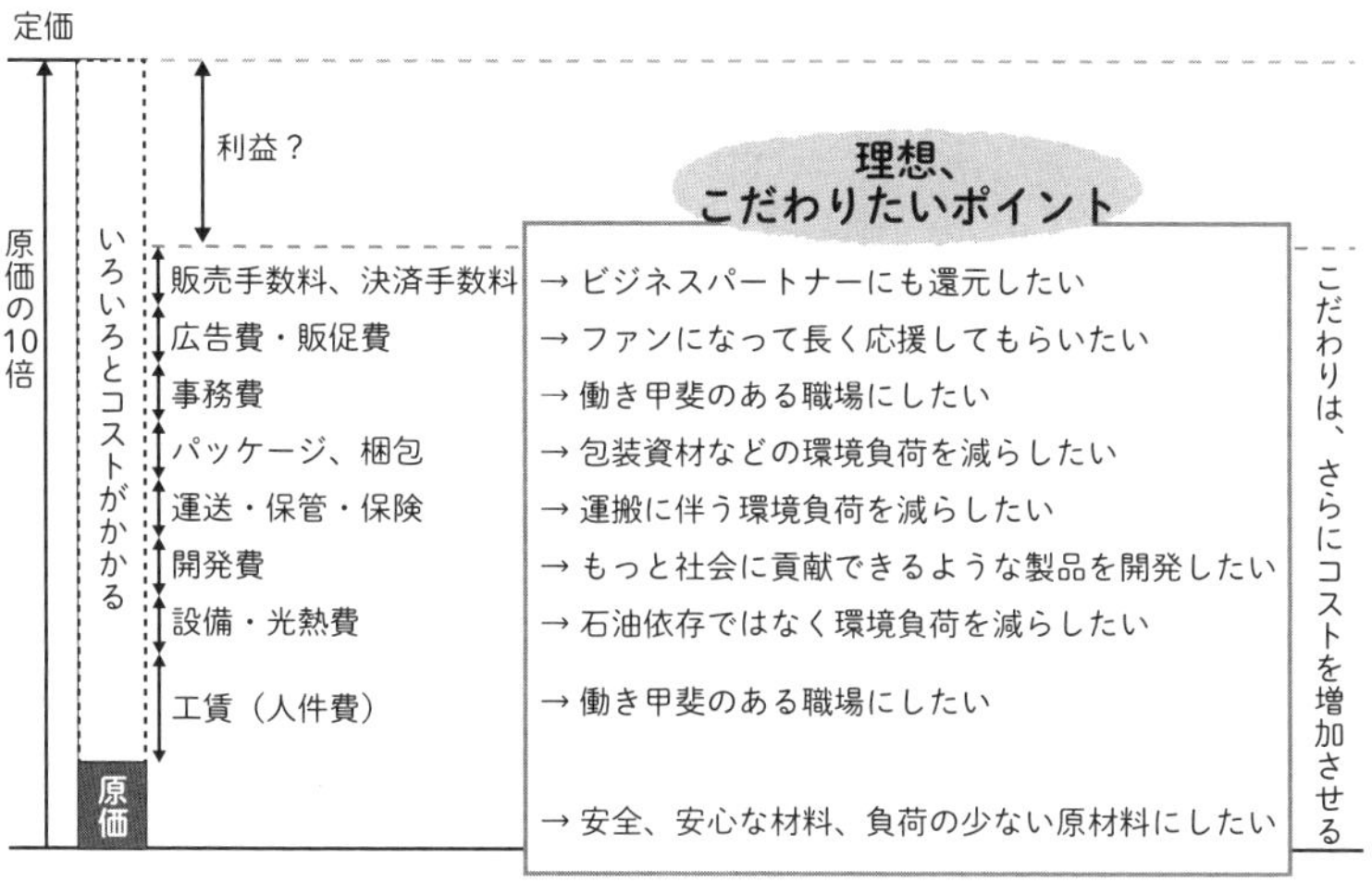

こだわりと定価のバランスを考えよう

ですからまず、ビジネスとして持続可能な定価を決めて、その定価で受け取ってもらえるような価値を感じられる物語をつくり、共感した人に買っていただくという考え方をしていきましょう。

たとえばフェアトレードチョコレートは、一般価格よりも遥かに高いです。

有名なピープルツリーのチョコレートは、50グラムで４００円弱という定価です。

コンビニで売っている一般的なチョコレートなら、50グラムで高くて１５０円くらいですから、２・７倍くらいの差があります。

ではなぜ４００円のチョコレートを買うのか。

そこには、チョコレートを通じて自分の想いを乗せていくことに共感した人が参加できるフェアトレードというストーリーがあるからです。

売る方も、ただ400円の商品を売っているというよりも、生産地を応援するための費用を商品にのせているようなものです。フェアトレードは寄付ではないものの、寄付つき商品や恩送り商品と考えるとわかりやすいかもしれません。

また、400円のチョコレートを自分で買うと考えると高いですが、人にプレゼントするものとしては安く感じることもあるでしょう。

また、売りたい商品の価格帯は、同じジャンルの商品とも限りません。

チョコレートと比較するから高いと感じるので、他のカテゴリーの商品と比較してみると良いでしょう。

私はよく、定価を決める場面において、原価の10倍（原価率10%）から考えてみようと伝えています。

たとえば原価が200円なら、2000円の定価ということです。

商品や販売形態によって原価率はいろいろ変わりますが、商品を流通や代理販売をしていく場合、販売管理費を入れて実際に計算をしてみると、ケースによってはこの原価率でなければ対応できないことがわかります。

もし10倍の価格で売れるなら、もっと選びたい素材があるから原価率を上げたいと思うかもしれませんし、もっと販促費用や広告費をかけたい、パッケージを環境配慮のものにしたいなど、いろいろとやりたいことが浮かんでくるでしょう。

つまり、一般の商品の価格に合わせて、原価を除いた残りを利益と考えようとするのでは、理想のビジネスはできないのです。

理想とする商品の原材料や販売へのこだわりを貫いた時に、その価値を顧客に感じてもらうことができれば、定価は受け入れられるでしょう。「顧客が価値を感じる共感価格」（5章）で例に挙げた1個390円の卵も、ストーリーが受け入れられているから成り立っているのです。

ただし、そのこだわりが独りよがりであったり、伝わらなければ、ただ高いだけのものになり、受け入れられることもありません。

共感を高める割引、信頼を失う割引

ビジネスにおいて難しいのが、割引／値引きの考え方です。

モノを扱う場合には、どうしても割引をせざるをえないようなことがあります。

賞味期限、流行、保管、陳列場所の問題など、様々な理由から割引をすることがあります。

少し前に買ったものが、翌日に割引になっていた…。あなたもこんな経験はないでしょうか。

複雑な気分になりますよね。「今日買えば良かった」と。

割引は、一瞬の喜びを生み出すかもしれませんが、毒にもなります。

そして、割引は「おトク」という損得で生まれる購買動機になり、中毒性があります。

割引の取扱方法

共感を高める割引、信頼を失う割引

マイナスよりプラス
原則、割引をしない
おまけで対応
（例）
・〇〇セット
・特別プレゼント

非公開で還元
表向きには割引をせず、得意客に非公開で実施
（例）
・ポイント還元、来店ポイント
・会員特別還元

数量割引
数量が多くなることで実質的な割引となるもの
（例）
ボリュームディスカウント、ホールセール、団体割引
回数割引、期間割引、定期購入割引

初回限定
新規顧客に向けて、一定期間のみ割引を実施
（例）
初回 50%割引
1ヵ月無料
紹介割引

特定条件
特定の対象者や参加条件などで割引
（例）
学生割引、障がい者割引、レディースデー、ファミリーデー、シニアデー、ハタチ割、不要品の持参

割引へのポリシーに共感／納得できれば
信頼を失う可能性は低くなる

ですから、売上が厳しいからと割引クーポンを乱発するお店は、「割引クーポンが発行されないと買われない」という矛盾が発生する可能性を高めてもいます。

ディスカウントショップやアウトレットショップのように、割引で買うことが前提である場合を除き、定価販売がデフォルトとなっているのであれば、購入者の感情を第一に考えないと、共感も信頼も失われることになります。

そこで、私がこれまでにビジネスで実践してきた、割引や特典の5つの考え方をご紹介します。

①割引（マイナス）ではなく、おまけ（プラス）を検討してみる

定価販売を原則とするのであれば、買った方に対してプレゼントなどを付加させるオマケの方で

考えてみましょう。

たとえば、道具であればお手入れセットとか、プレゼント企画とかを実施すると定価で買うという意識を持ってもらうことができます。

キャンペーンなども割引ではなく、非売品のプレゼントとか、お食事券などをプレゼントするほうが喜ばれます。もちろん、商品の内容やキャンペーンの内容に沿ったプレゼントであることは不可欠ではありますが。

②常連客や非公開（クローズド）で還元

お店にいつもセールや割引が掲げてあると、この店は割り引くことが前提であるという印象が付いて、割引を期待されてしまいます。そこで、非公開（クローズド）で割引を行うことによって、表向きには割引をしないというスタンスを見せることができます。

たとえば、常連客に対する還元という視点から、実質的な割引になっているのはポイント還元です。

また、常連客向けの特別還元商品や、従業員やその家族向けのファミリーセールなども効果的です。ファミリーセールなどの社割は福利厚生費という扱いになります。

③ボリュームディスカウント

数量割引は、数量が増えることで割引を行うというもので、3個で2個分の値段にしたり、10個買うと10％割引となるようなものです。

オンラインショップの送料無料も、結果的に一定の金額での割引に近いのでボリュームディスカウントと似ています。

数量が増えることによるディスカウントは、割引感が少なく感じるので、もの足りないかもしれませんが、安売りには見えにくいのも良い点であると思います。

④新規購買への心理的ハードルを下げる割引

使ったことのない商品やサービスをいきなり定期購入や長期契約をすることは心理的なハードルが高いものです。

ですから多くの場合、たとえば定期購入の初回50％割引など、購入リスクを下げる意味で割引をするケースは多くあります。サービスなどの場合には、1ヵ月無料などで使ってもらうこともあります。

多くのケースは初回のみディスカウントし、その後、定期購入や期間契約をすることに繋がるようなものです。

⑤特定条件の特典や割引

昔からあるのが、学生割引、障がい者割引などです。そのほか、レディースデー、ファミリーデー、シニアデー、ハタチ割など、特定の顧客を呼びたい場合に対象となる人をそのまま呼称にしているケースもあります。

単に時間単位で区切っている、タイムセール、曜日セールなどもあります。これらは比較的利用の低い時期に当てておこなうことで売上を上げたいという思惑で行われるものです。

また、変わった特典や割引もたくさんあります。

浴衣を着てくると割引になる飲食店、曜日毎に血液型で割引が変わる居酒屋さん、投票証明で割引になる選挙割、そのほかじゃんけんやメタボ割など、来店を促進するための様々な特典を用意しても面白いと思います。

Appleが買う時に下取りを勧めていたり、以前はアパレルなどでも服や靴をリサイクルで持って行くと割引券に変わるようなキャンペーンも行っていました。

いずれの場合にも、共感を高めてより長く続く関係をつくる販売促進という考えをベースにすると、安易に割引をして常連さんをがっかりさせてしまうこともなくなるはずです。

key word●ソーシャル・インパクト

ビジネスの成長とは、法則を見つけること

ビジネス法則を見つける理由はたった1つで、そこに再現性があるからです。

法則とは方程式・公式のようなもので、掛け合わせや足し算ができます。記号を変えたり、どの数字を変えると何が変わるのかといった、**変化させるための基点や変数を見つける**のです。

そして、法則は誰かが見つけてくれるものではありません。

それを見逃すのか、見つけるのか、自分次第です。そしてそれがビジネスが成長するか否かの分岐点です。

ただぼーっと眺めているだけでは見つかりません。

偶然だと思っても、同じようなことが繰り返されれば何かしらの法則がそこにあります。

いろいろな手がかりとなるような情報を見つけるためにも、現場で観察をしたり、ユーザーに声を聞いたりしながら、様々な法則を見つけるチャレンジをし続けてください。

そうすれば、自分が思ってもみなかったようなポイントで、必ずといっていいほど法則が見つかるはずです。

ビジネスを成長させるためには、法則を見つけることです。

それは顧客との小さな共感のエピソードかもしれませんし、見逃してしまうほどの小さな出来事かもしれません。ですが、その小さな動きに気づくことで、成長するきっかけを発見できることがあります。

私が10年以上運営しているメディアでは、ハーブの栽培ノウハウを紹介しています。

最初は自分の趣味で始め、記録ついでにいろいろな情報をブログ形式でアップしていました。

アクセス統計を見ているうちに1つの法則が見つかりました。それは、うまくいくための方法ではなく、失敗しない方法が書かれていたページに最もアクセスが多く集まり、長期にわたって見られていたのです。

これまでに、種を蒔く方法の記事をアップしましたが、あまりアクセスはありませんでした。

そういった記事はどこにでも書かれているでしょうし、水をあげて陽に当てれば1週間で発芽するわけですから、特に変わったコンテンツではありません。

ビジネスの成長とは法則を見つけること

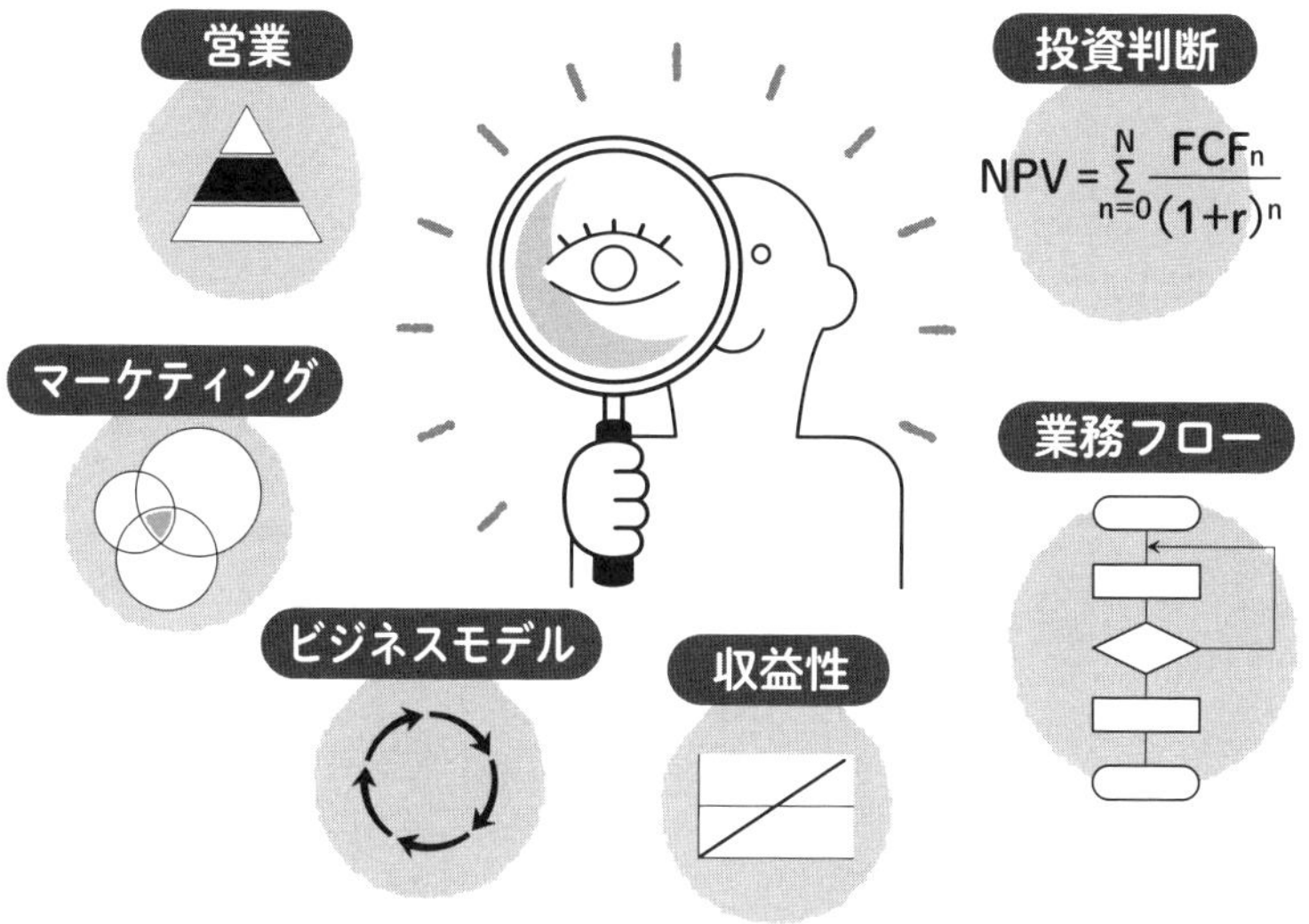

しかし、**種蒔きで発芽に失敗をしない方法**をまとめた記事は、その記事の20倍ほどのアクセスがあったのです。私が5つほどにポイントをまとめて書いたその記事にはアクセスが集まり、いろいろなメディアでも取りあげられました。種を蒔いてもそれが成功するかどうかは時間が経たないとわかりません。失敗することで、貴重な時間を無駄にしてしまうのです。ですから、この記事が読まれたのでしょう。

「損をしたくない」という人の心に応える記事にこそニーズがあるとわかった瞬間でした。

それからは、うまくいったことよりも、失敗したことをもとに記事を書くことも行い、それに応じてアクセスが伸びていきました。

第8章

「共感」でチームを強くする、仲間を広げる

1人の想いを、チームの想いにする

ビジネスを広げたい、より多くの人に届けたい、社会に応えたい、未来に繋げていきたい、そんな想いが出てきたら、いよいよ組織にするタイミングです。

1人の起業家から企業家、経営者、組織の代表になるということです。

1人でできるビジネスには限界がありますから、組織と仕組みをつくっていくことが本来のビジネスといってもいいでしょう。

そこで、起業家の想いを、組織・チームの想いへとステージを一段上げていく必要があります。

自己分析で整理したことは、起業家自身の想いであり、自分だからできること、応えられること、という範囲の限定した整理です。それをビジョンやミッションやバリューといった理念としてビジネスや組織の想いに変換をするのですが、**理念をつくる目的の1つは、個人の想いをチームの想いとして価値観を共**

1人の想いを、チームの想いにする

1人の想いを、チームの想いにする

有するためです。

ですから、**理念をつくっただけではなく、共有して同じ想いにすることが目的**でもあるのです。まずメンバーがそれぞれの価値観を整理しながら、理念という1つの軸で想いを育てていくプロセスが大切です。理念を軸にそれぞれの物語をつくり、理解を深めていくのです。組織がつくった物語をそのまま繰り返し再生するだけでは、意味がありません。

理念は、活動の根幹であり動機でもありゴールでもあります。

ですから、それはルールやマニュアルの意味はなく、考え行動するための拠り所となる価値観であり基点なのです。

これは、短時間で理解が深まるものではありません。毎週のように繰り返し理念について考える時間をつくったり、社内外に向けて代表が想いを咀嚼できるように発信をし続けるなど、根気を必要とします。

この理念の共有は、本当に大変です。

起業から間もない段階では理念がいろいろとブレることもありますから、それがメンバーに見え隠れすることで不安を与えてしまったり、起業家自身がブレているという指摘や攻撃を受けることもあります。私も役員として関わっている会社で、起業家が社員からの突き上げで憔悴している姿を、たくさん見てきました。責任感の強いスタッフによる、「組織の代表はこうあらねばならない」という指摘はごもっとも。ただ実際には、理念の中心にある軸はブレていないのですが、表現方法についてはまだまだ改善の余地があると感じることが多くあります。ですから、軸以外の部分を変えることを恐れず、その時々で最適化をしていけばいいのです。

企業という組織で、様々な判断をしていくために拠り所になるのものが理念です。組織には様々な人がいますから、組織文化として大切にする価値観や判断基準を根づかせていくためには、繰り返し理念を伝えていく以外に方法がありません。この共有は、組織が在り続けるかぎり、永遠と続きます。

きっと、理念の解釈も使われている言葉も、時代とともにそぐわなくなっていくこともあるでしょうから、大きな変更をしなくてはならないフェーズもやってきます。

ですから、何度も何度も、想いを1つずつ言語化して繰り返していくことが、起業家としての大きな役割の1つだともいえます。

1人の想いを、みんなの想いに変えていくことで、同じ想いを抱く仲間を増やして、ビジネスを広げていきましょう。

key word●アシスタント　フロントオフィス業務　隣接領域　分身

組織づくりへの第一歩

「組織をつくろうとした時、最初に参画する1人目をどのような役割にしたら良いか」という相談を受けることが多くあります。

最初の1人をどのように決めていくのかを、4つの角度から見ていきましょう。

▼アシスタント

最初は、自分がプレーヤーであることが多いでしょう。

営業や企画、セミナー講師など、現場の最前線にいることと思います。その場合には自分のサポートをしてくれるアシスタントになる人に頼り、自分が担わなくても良い役割の一部をお願いすることになりま

組織づくりへの第一歩

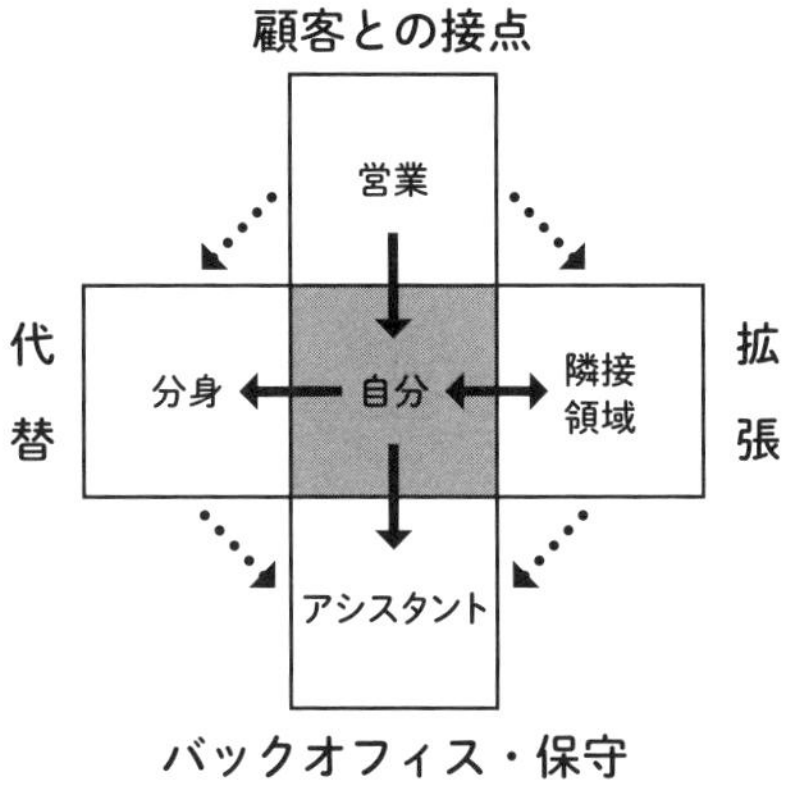

将来的に、自分を介さない業務フローをイメージする

す。

これはアウトソーシングでも良いのですが、できれば、将来的に自分の役割の一部を受け渡せることが期待できる自社の社員が良いと思います。

▼フロントオフィス業務（営業・広報など）

ビジネスはやはり営業や広報など、フロントオフィス業務が重要になってきます。顧客と商品やサービスとの接点が生まれなければ売上や利益を拡大する可能性も生み出せません。ですから、窓口や接点となる営業や広報といった役割の人を増やすことが良いでしょう。

営業や広報であれば、期間や領域を特定して複数の人に頼んだり、成果によって報酬を払ったりすることもできます。個人事業でこのような業務を引きうけている人もいると思いますから、将来的に組織に入ってもらって活躍してもらうこともできると思います。

▼隣接領域

自分でできない領域のことで、ここを担ってくれる人材も重要です。たとえば自身が企画や営業なら、技術面や管理面を担ってもらうということです。

あるいは、自分がデザイナーであれば、提案や企画、ライティングなどを担ってもらったりします。相互に補完し合うことで相乗効果が出たり、プロセスの前後などを担ってもらって、タスクやプロジェクトが進行することもあるでしょう。

アシスタントやフロントオフィス業務よりも、もう少し大きな役割を担っていただき、任せられるようになれば、ベストです。

▼分身

最後に分身です。

誰もが二言目には「自分の分身が欲しい」と考えますよね。

特に自分がプレーヤーの人は考えがちですが、これが1番ハードルが高いのです。

分身に求めることは自分と同じクオリティですが、そもそものようなクオリティが出せるのであれば、自分で起業しているかもしれません。

ですからその要求は酷です。あなたが有能な経営者から「自分の分身のようになれ」と言われても、何をしたら分身になることができるのか想像もつかないでしょう。

後継者を考えている人も、同じようなことを考えがちですから、いつまで経っても事業の担い手が見つからないのです。

いろいろな経験をふり返ると、1番良い方法は、自分の役割をどんどん変えていくことだと思います。そして「自分」の役割を他の人に担ってもらった後で、別の役割に移行します。その次の役割で実績をつくり、整備をしたあと、また違う人に役割を移していく感じです。こうすることで、**それぞれの領域の分身をつくっていく**のです。

もちろん、役割を手放した後は後任の方に自由にやってもらいましょう。そうやって自分の役割をなくしていきながら、最終的に自分がプロデューサーだけをやれば良いという状況にしましょう。

私は、ほとんどの場合でこのようにしてきました。

こうして自身の組織を大きくしたり、あるいは継承をしたり、また支援する起業家の組織の要職を担当して誰かに継承していくという役割を多数担っています。

あくまでも、**ずっとそこに居続けない**という考え方で始めることがポイントではないかと思います。

共感で、心理的安全性の高いチームをつくる

活気がなく、発言がなく、様子を見合っているチームと、一方で、何でも自由に話し合える、雰囲気の良いチーム。

あなたのチームは、どちらにしたいですか?

何でも言えるということは、そこが安全な場であるということです。
もちろん、何を言っても良いわけではありませんし、不穏な状態を生まないように発言への配慮がチームのメンバーができるような状態であることが大前提です。

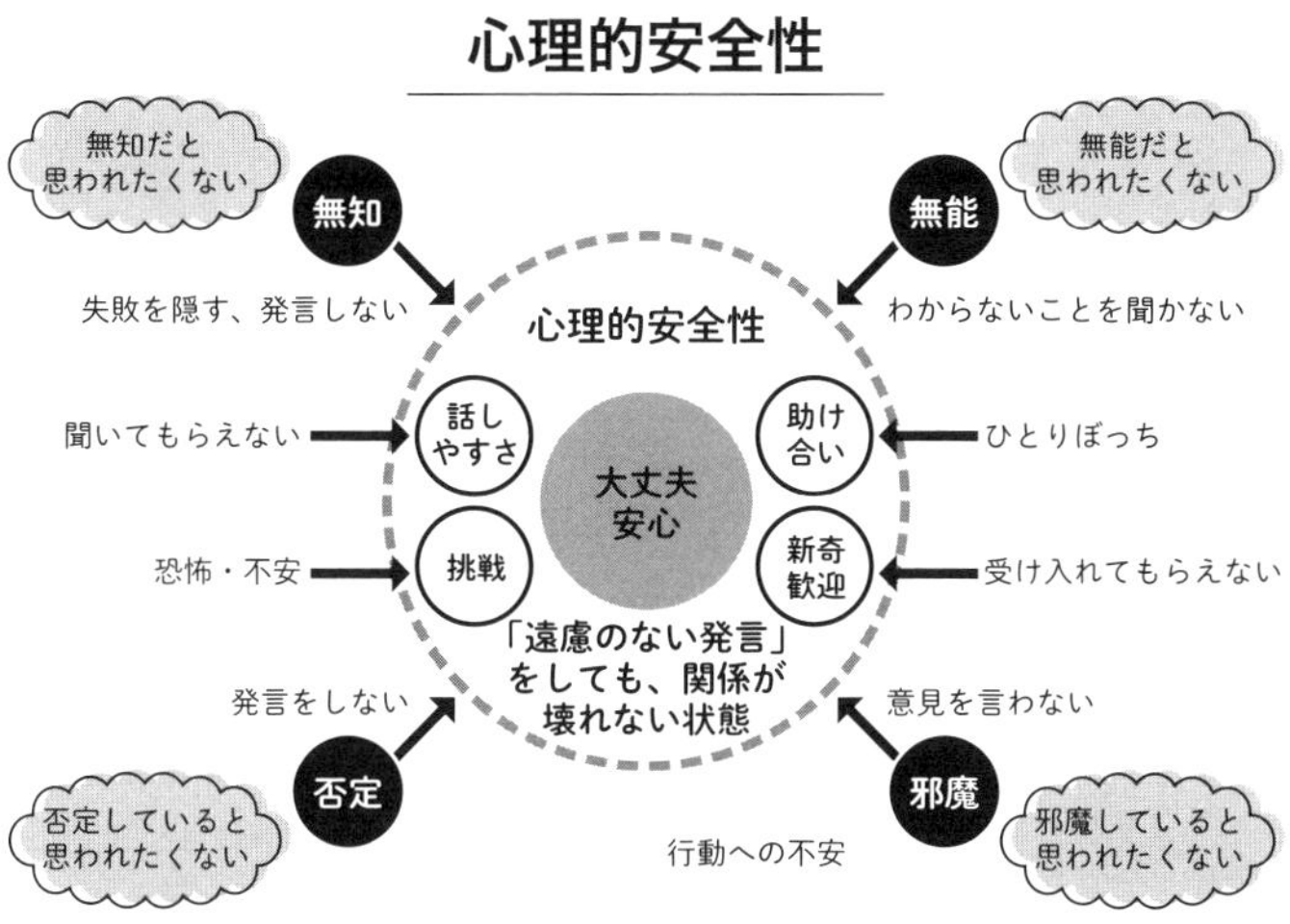

『心理的安全性のつくりかた』（石井遼介著　日本能率協会マネジメントセンター）をもとに著者作成

チーム内で何でも話し合える状態を、心理的安全性が高いといいます。

心理的安全が保たれているということは、恐怖や不安を感じることなく、安心して発言・行動ができる状態です。チームにおいて「遠慮のない発言」をしても、関係が壊れない状態かどうかということです。「〇〇の案件には同意できない」という意見を発言したり、「話の内容がわからない／知らない」という意見を発言できる状態です。あるいは根拠をうまく説明できなくとも、意見を言うことができそれが受け入れられるという状態です。

一方、周囲を気遣いすぎて、違う意見を言えないような状況は、チームとしては危険で機能していない状態です。何か発言をすれば揚げ足をとられたり、理由が曖昧だと詰められたり、批判や攻撃にさらされるような場にいるのは居心地が悪く、参加者が発言をする気持ちが失せてしまいます。

私たちが運営するコモンビートの現場では、まだ会ったことがない100人が初日に顔を合わせ、100日後にステージでパフォーマンスをするというプログラムですから、その初日が100日後の成功を左右する重要な時間となります。

そこで行われていることは、すべての不安を取り除くことです。

心理的安全性の研究では、無知だと思われる不安、無能だと思われる不安、邪魔をしていると思われる不安、ネガティブだと思われる不安の4つがあるといわれています。

そして初日は不安がMAXな状態ですから、不安であること、ネガティブな感情を持っていることを表明できるようにします。不安を無理矢理消すことのほうが無理があるわけで、全員が大小様々な不安やネガティブな感情を持っているということを共有します。

ですから「ドン引きしている人」に正直な気持ちを聞いたり、「ここに来なきゃ良かった」と思っている人に気持ちを聞いたりしながら、特にそれを解決しようという何かをするわけでもなく、何でも言える環境をつくることで、時間をかけて解決をしていくことを目指しています。

これは、NPOだからという話ではなく、社会のどんな集まりでも、どんなイベントであっても、企業でもすべて同じです。**人は安全な場所でのみ自分を発揮することができますし、安全であるからこそ人とも組める**のです。警戒しながら不安をかかえた状態で、発言をしたり協力し合うというのは現実的に不可能で、できたとしても真に協力し合ったり成果を求めることはなかなか難しいものです。**お互いがお互いを受け入れようとする価値観が根づいていれば、誰もが安全だと感じる**ことでしょう。

また当然のことですが、暴言が許されるわけではありません。それを放置することはできませんから、毅然たる態度を取る必要がある時には、リーダーがその役割を買って出ることになります。その場合には「言いにくいことをどう伝えるか」（５４２ページ）を参照し、そのチームにおける場を乱さないように対応することが大切です。

ビジネスで注目されるEQ（感情能力）

ＡＩの研究開発が活況を迎え、未来の仕事がＡＩに奪われるとさえ言われるなか、ＡＩ社会だからこそ、人間にしかない感情が注目されています。

ＡＩには感情がありません。いくらＡＩが感情表現をしたとしても、それはプログラミングされたものであり、真に湧き上がったものではないことを私たちは知っています。**ＡＩがいくら発達しようとも、人間にしかできないことの１つが感情を動かすことであり、共感は人間にしかできないのです。**

２０２０年に行われた世界経済フォーラムの年次総会（ダボス会議）のレポートで、「２０２５年に必要なスキルトップ15」の11位にランクインしているのがＥＱです

（「The Future of Jobs Report2020」URL：ttps://www3.weforum.org/docs/WEF_Future_of_

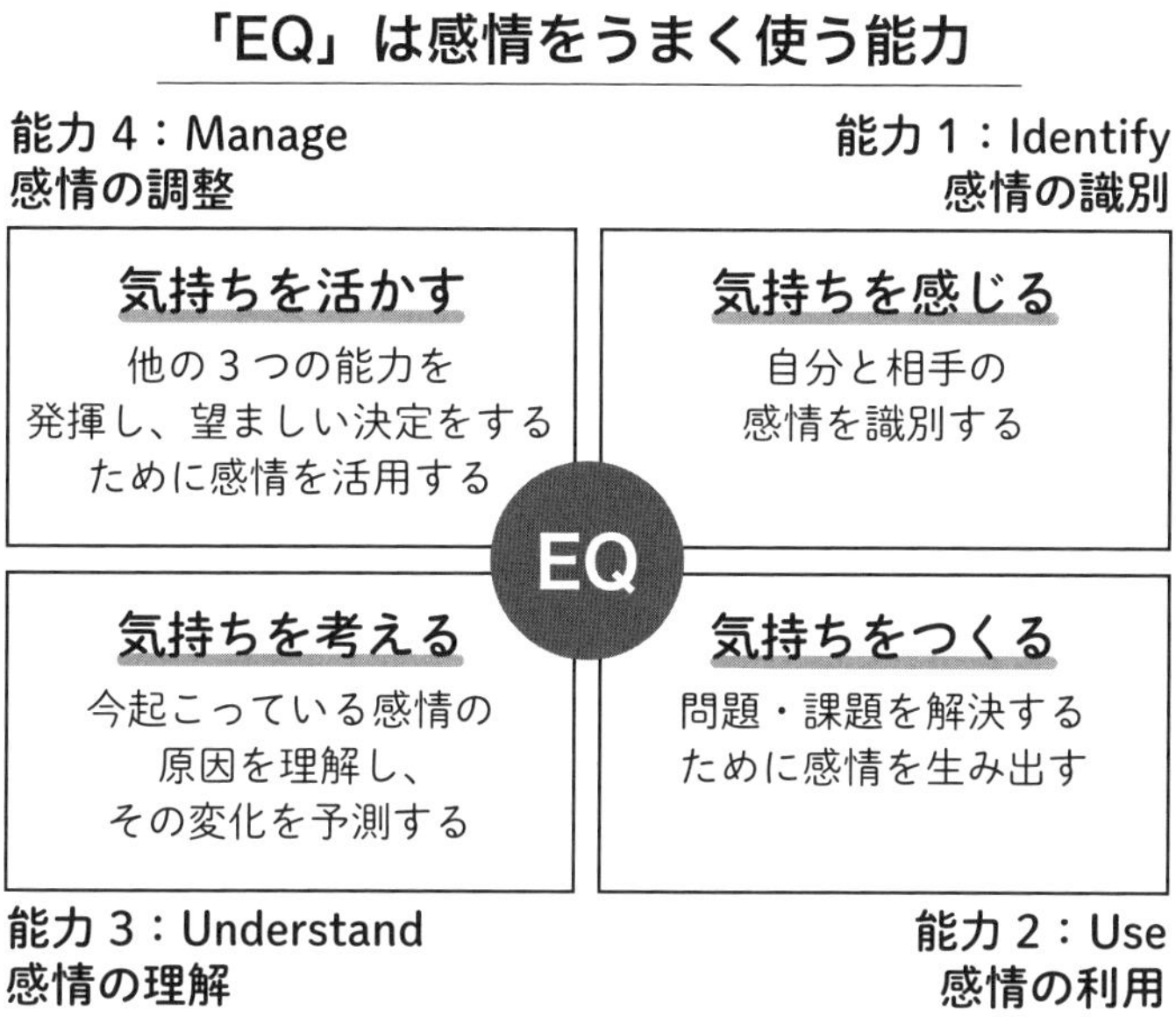
「EQ」は感情をうまく使う能力
能力4：Manage
感情の調整
能力1：Identify
感情の識別
気持ちを活かす
他の3つの能力を発揮し、望ましい決定をするために感情を活用する
気持ちを感じる
自分と相手の感情を識別する
EQ
気持ちを考える
今起こっている感情の原因を理解し、その変化を予測する
気持ちをつくる
問題・課題を解決するために感情を生み出す
能力3：Understand
感情の理解
能力2：Use
感情の利用

出典：『EQトレーニング』（高山　直著　日経文庫）をもとに著者作成

Jobs_2020.pdf)。

ＥＱとは、Emotional Intelligence Quotientの略で、「心の知能指数、感情能力」ともいわれています。

１９８９年に米国イェール大学のピーター・サロベイ博士とニューハンプシャー大学のジョン・メイヤー博士が、心理学の立場からビジネスを成功に導くための要因を研究し、発表しました。それまでは、ＩＱの高い人が成功するといわれてきましたが、成功の要因にはＩＱに加えてＥＱも関係しており、さらに、ＥＱが高い人がＩＱの高い人より成功しているという結果が出たのです。

ＥＱが職場で発揮されることは生産性を上げることに繋がります。

ギスギスした職場や、いつもキレるリーダーの元では誰も働きたくないでしょう。

感情というと「感情的」という言葉が出てくるように、ネガティブな印象がありますし、職場に感情を持ち込むなと言われた時代がありました。

しかし今では、感情によって職場の雰囲気を変えることができ、メンタルヘルス対策にも効果的といわれています。対人関係やビジネスの成果にも大きく貢献していくものとして、現場ではポジティブに受け入れられるようになってきました。

私自身も、経営をする中での組織の課題を解決しようと考え、EQにたどり着きました。そして、日本でのEQの第一人者である高山直さんと一緒に仕事をさせていただく機会がありました。EQによる人材育成や組織開発、検査開発などに携わることができ、今日もいろいろな方との良好な関係を築けているのも、EQのおかげであると心から感じています。

高山直さんの著書『EQトレーニング』（日本経済新聞出版）には、EQは開発できる能力で、「感情の識別」「感情の利用」「感情の理解」「感情の調整」の4つのブランチから構成されています。この4つの要素を理解し、利用したりコントロールしたりすることでEQを活用することができるのです。

私たちにとって、感情は制御が効きにくい厄介な存在として扱われてきました。その原因は感情が無意識で生まれることにあるため、**能力1「感情の識別　気持ちを感じる」**、つまり意識することが重要だということなのです。

たとえば、「オレは怒ってないんだよ！」とキレる上司を見ると、自分の感情に気づいていないことがわかりますよね。私たちも、イライラしていると人の話が耳に入らなかったり、歩く速度が速くなったり、運転が荒くなったりするものです。

つまり、感情に自分が乗っ取られてしまっているような状況です。

共感も同じです。いつのまにか共感が同情に変わっていたり、共感しすぎてビジネスとかけ離れてしまったり、気持ちが入り過ぎて相手と自分との気持ちの区別が付かなくなったりするのです。

頭の共感、心の共感のバランスも大切です。「気持ちをコントロールする」という言葉を聞くと少し嫌悪感を抱くかもしれません。でも自分のコントロールしきれなくなった感情をどう扱って良いのか困った場合にも、感情を冷静に扱っていくことで、少なくとも自身の感情に多少の調整をすることができ、感情による制御不能な大惨事を回避することができるのです。

これをコントロール、つまり**自分の意思を反映して調整する**ことができれば、長年蓄積してきた大切な関係を一瞬で壊したり、初対面の人と喧嘩をしてしまって二度と会えない状況をつくることを防ぐことができます。

まずは感情を知ることから始めると、相手の気持ちをちゃんと認識して受けとめることができて、適切な共感の関係性が生まれるのです。

感情は行動に表れる、そして6秒は止められないという性質

特に強い感情は、私たちを長い時間支配することがあります。

感情的という言葉に表されるように、自分の心が感情で乗っ取られてしまい、意識や自覚がない状態になることがあります。

たぶんみなさんもそうした体験をしたことがあるでしょう。

- 怒りが収まらない
- 悲しみが止まらない

そんな体験は、誰にでも必ずあるはずです。

感情の6秒ルール

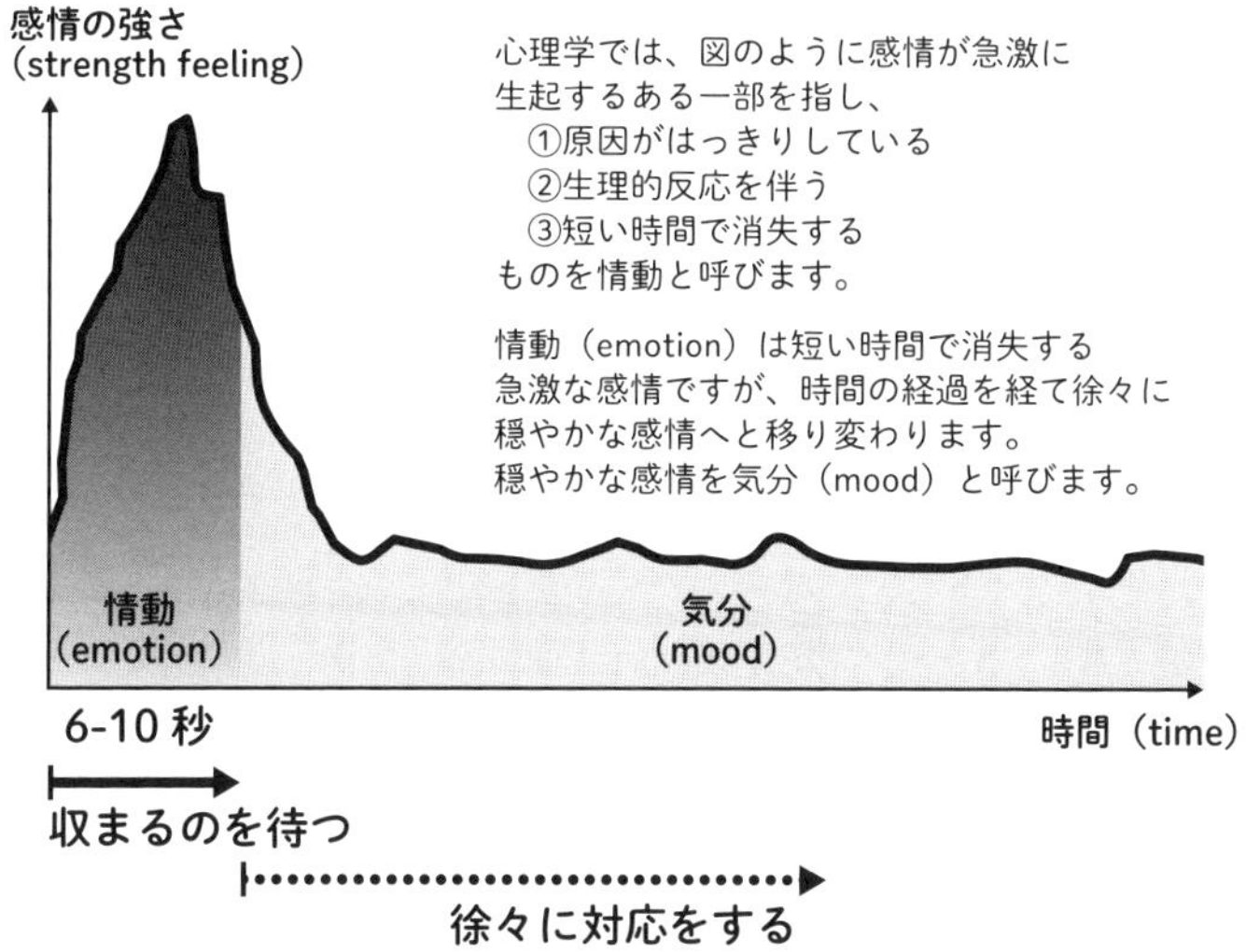
感情の強さ
(strength feeling)
心理学では、図のように感情が急激に
生起するある一部を指し、
①原因がはっきりしている
②生理的反応を伴う
③短い時間で消失する
ものを情動と呼びます。
情動（emotion）は短い時間で消失する
急激な感情ですが、時間の経過を経て徐々に
穏やかな感情へと移り変わります。
穏やかな感情を気分（mood）と呼びます。
情動
(emotion)
気分
(mood)
6-10秒
時間（time）
収まるのを待つ
徐々に対応をする

出典：『EQトレーニング』（高山　直著　日経文庫）をもとに著者作成

そして感情は行動を引き起こす元となっているので、その感情がそのまま行動に表れてしまうということが起こるのです。

・怒りが乱暴な言葉となり人を傷つけてしまった

・悲しくて涙が止まらなく震えてしまった

これは、感情が私たちの行動に影響を与えているからです。

私たちに起こる強い感情は「情動」と呼ばれ、おおよそ6秒から10秒持続すると言われています。しかし、その後は少し冷静さを取り戻し、落ち着くことが多いのです。

つまり、誰かがキレて怒りにまかせて暴言を吐いて止まらない…という状況でも、6（～10）秒待つとある程度は収まってくる、というものです。

つまり、自分が怒りを感じたと認識したら、6

つカウントをして待ってみると、少し落ち着いてきて、冷静な対応を取ることができる可能性が高くなるということです。

また、長く続いている怒りや悲しみは、次から次へと生まれる要因が繰り返されて長く続いている状況です。

炎上やヘイトスピーチなどで怒りが倍増していくような場合も、一つひとつは短いものの、新しい要因によって繰り返され続けるといった現象が起きます。他にもSNSなどによって短期間で多くの人に、情報の一部がセンセーショナルに伝わることによって、感情のスイッチが入ってしまい、動かされることになります。

嬉しい感情ももちろん同じで、共感において強い感情を受ければ、飛び跳ねたり手を叩いたりなどします。「熱狂」や「熱烈」という言葉は、狂うや強烈といった感情の強さが大きく、コントロールが効かない状況を生み出す可能性もあるので注意が必要なのです。

いずれの感情も、行動に影響をするので、感情が動いた分だけ身体は疲労をします。

特に短期間での気持ちの大きな変動は、SNS疲れを引き起こしたり、バーンアウト（燃え尽き）が発生するということも知っておく必要があります。

ビジネスにおいては、共感が集まって順調にいく場合もあれば、そうでないネガティブな感情で課題が生まれる場合も充分に考えられます。

顧客との関係だけではなく、様々な繋がりのシーンで、私たちの心（感情）は動き続けています。

少しこの感情を冷静に捉えて、いま何が起きているのか、どんな感情によって引き起こされているのかということに真摯にむきあっていくことが大切です。

共感の生まれるチームは、多様性が鍵

起業家は、万能ではありません。

むしろ不器用で、1人では何もできません。

それでも多くの起業家は、何もかも1人で抱え込んでしまったり、あるいは、自分と気の合う似た傾向の人ばかりを集めてしまうことになりがちです。

実際に私も、そんな起業家でした。全部を抱えこみましたし、会社を創業してからしばらく後も、気の合いそうな人と一緒に仕事をして、結果的に長続きしませんでした。

私自身が、本当の意味で組織の多様性が持つ可能性を実感したのは、30歳を過ぎてから設立したコモンビートで、私より10歳近く若い仲間たちと出会ってからのことです。

共感の生まれるチームは、多様性が鍵

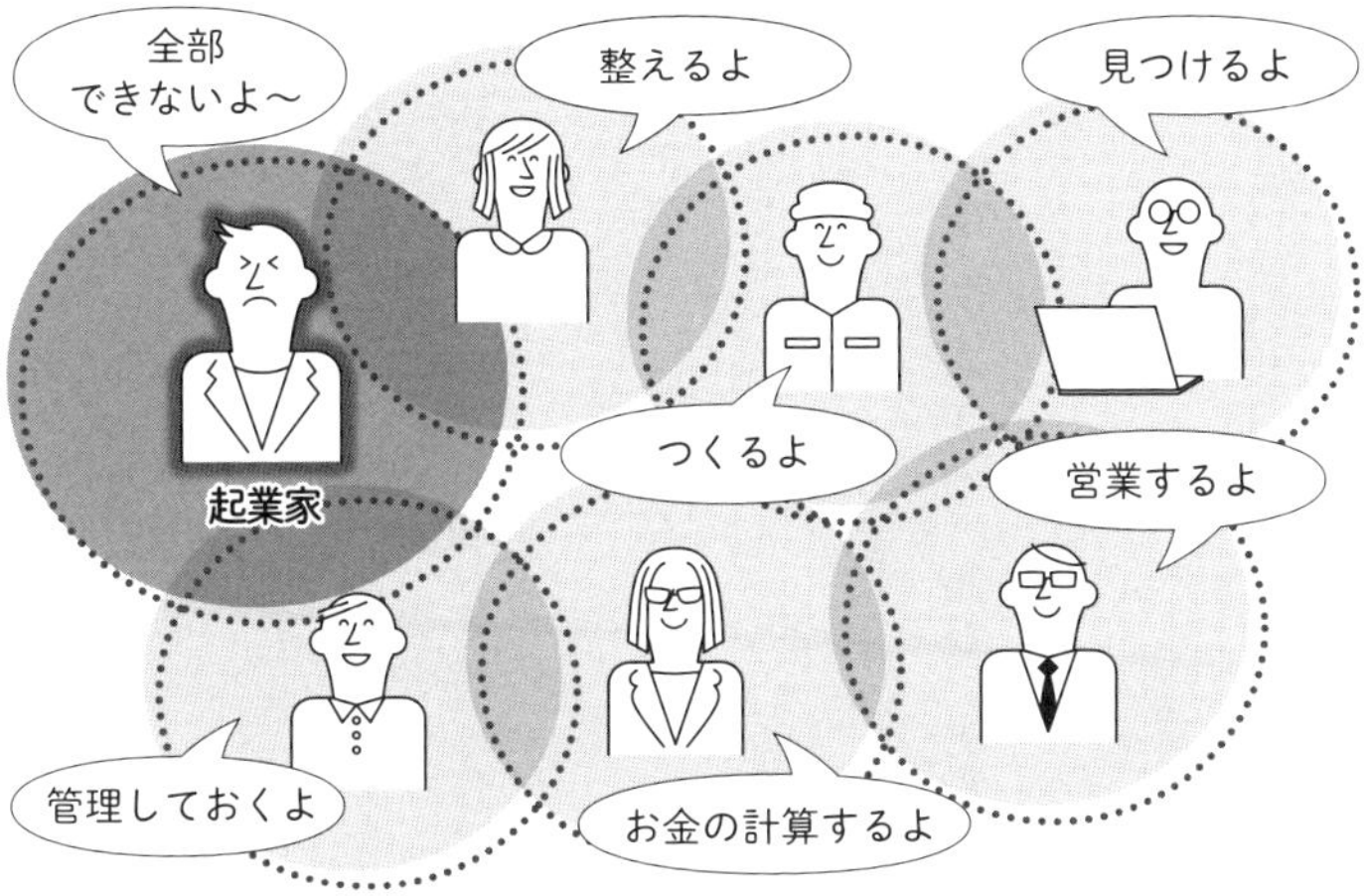

みんなの得意が、みんなの苦手をカバーする

私も含め、集まった仲間は、当然ながら万能で完璧な人間などではなく、むしろ、特定のことだけができて、苦手なことには意識を向けない人が多かったのです。だから、**苦手なことをするより、お互いを頼ったほうがうまくいく**、ということをわかり合えていました。お互いを信頼して任せたのです。

ただ、当然ながらぶつかります。そこでむやみに規則をつくらないで、とことん話をして一つひとつ越えていくという、一見遠回りでめんどくさいプロセスを重ねた結果、明文化されたルールが必要なくなり、お互いを認め合うということだけで運営が回っていったのです。

参加キャストも同じで、そもそも「講演経験3年以上」などの条件をつけることなく集めているわけですから、ミュージカルなどやったこともない人がほとんどです。ですから、自分ができない部分が多いので、お互いに頼るしかない状態です。

仮に、自分だけが最大の力を発揮したとしても、100人でつくる作品ですから、ショーは完成しません。

こんな経験をしながら、一方でベンチャーを起業し、経営していました。起業や経営は、起業家が1人で切り開き、トップダウンで経営をしていくようなイメージが一般的だったので、私もそんなイメージで孤軍奮闘していたように思います。でもこのコモンビートの経営で実感した多様性に委ねた時の爆発力というか、広がりの可能性に触れた時、自分だけで何とかしようとしていたことに、小ささを感じたのです。

それはNPOだからできるものではなく、どんな組織でもできると感じ、自分の組織でもどんどん取り入れるようになっていきました。いまではこうしたフラットな組織運営が注目されていたり、「ティール組織」とか「ホラクラシー組織」などを採用しようという企業が増えているようですが、いずれの場合にも、**多様性があるからこそ、お互いの役割を補完し、お互いを頼れる**という点が最も重要なポイントではないかと思うのです。

不動産ITメディアサービスを運営するダイヤモンドメディアを創業した武井浩三さんは、社長を投票で決めるなど、本当の意味でフラットな組織を実践し、『自然経営』（内外出版社）という本にまとめています。読めば読むほどコモンビートのような組織が実際の株式会社で運営されている様子が伝わってきます。

組織は、コントロールをしようと思えば思うほど、条件をつくりたがります。でもそれによって失うものは多様性であり、可能性を失うことになります。

条件付きで集まった人の中でも、共感は生まれるでしょう。でもその共感の深みや楽しさという意味では、多様な人が集まった時ほどのインパクトは望めません。もちろん異なる者同士ですから、お互いを理解し合うまでには多少時間がかかります。でも、**組織の理念に共感し同じ価値観を共有しているが、それぞれが異なる性格・考えの人が集まっているという状態**は、これほど心強いものはありません。

多くの経営者は、多様であることの意義はわかっていても、統制が取れなさそうで怖いというイメージを持っているようです。大切なのは、**価値観が共有されていて同じ想いを持っている共感がある**ことです。

組織を運営する方法

組織運営をする場合、事業に必要な機能を整理してみます。

「業務サイクル」をイメージしてみましょう。

いろいろなパターンはありますが、第1章の脳の共感特性で挙げた4つの枠を元に、仕事の役割を当てはめてみます。

▼脳の共感特性による、業務サイクル

①アイデアを着想し、企画、デザインする機能　（概念思考）
②実現するための設計や構築、検証する機能　（分析思考）
③顧客や営業などのコミュニケーションをとる機能　（対人思考）

「組織で事業が回る」とは？

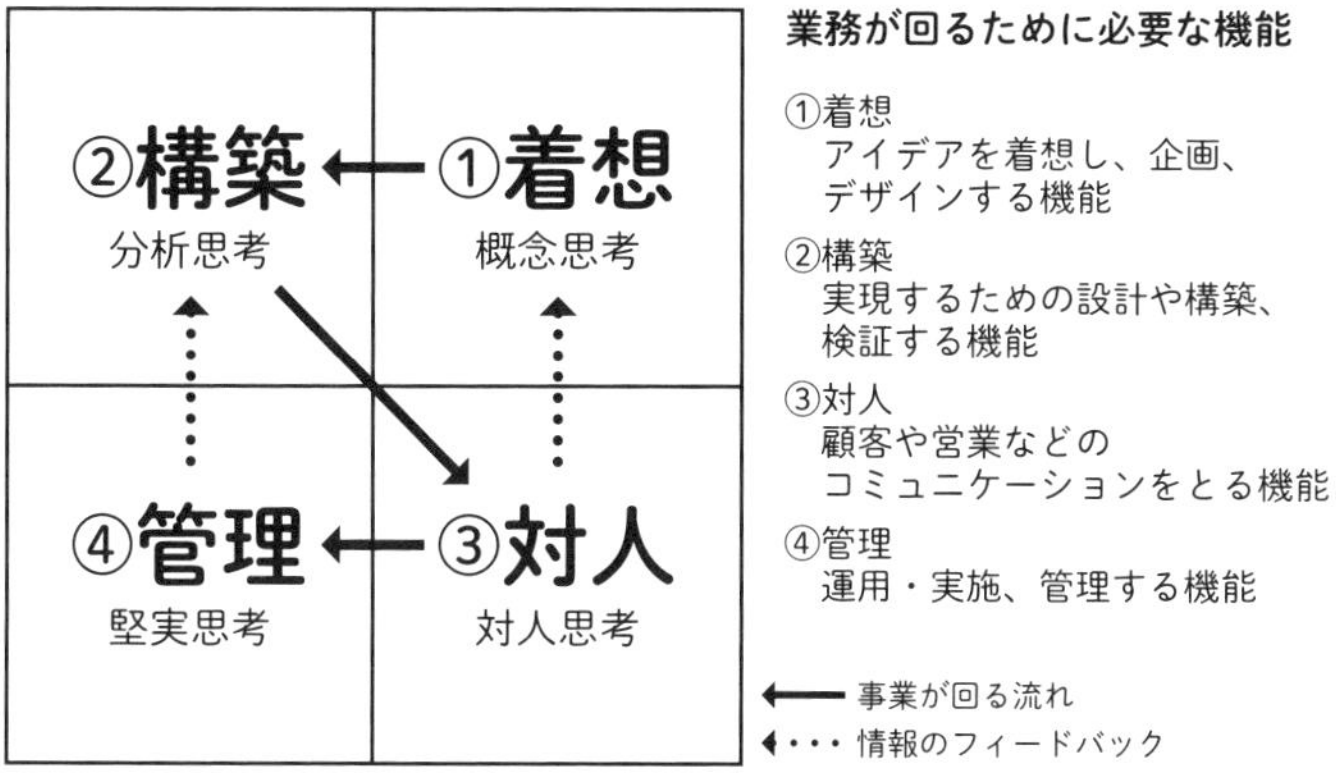

1人ですべてを担うのは難しい
自分をどこに位置づける？

④運用・実施、管理する機能（堅実思考）

このサイクルによって、①企画し、②構築し、③営業や販売、サービス提供を行い、④運用管理をする、というサイクルが回ります。

こうやって業務サイクルを考えた時、すべての機能を1人で回すのは難しいことがわかります。

どこに自分を位置づけますか？

事業を生み出す機能は、アイデアを形にするという意味で①と②になるかと思います。商品を企画して実際の商品をつくるということでもありますし、事業をつくって組織として機能させていくための仕組みつくるという点でも同様です。

スタッフ部門は③や④になりますね。ここの部分は当初は契約やアウトソースする形も考えられますし、ＩＴ

などを駆使することもできるかもしれません。

ただ、③のコミュニケーション部分については、顧客と直に接する役割でもあるため、特に注意をしていかなくてはなりません。顧客がどのような体験から共感が生み出されているのかということは、事業を大きくしていくための大切な情報となります。時々①にフィードバックをしていく必要があります。

また、④の管理運用においてその検証を行うために②に戻すということも必要になってきます。

組織づくりにおいて現場から離れるということの意味もこれでわかってもらえたかもしれません。**ビジネス環境は常に変わっていきますから、①の部分がいつも必要なのです。**ここを経営者が担わなければ、企画が生まれてきません。

みなさんの業務を、機能別に整理してみてください。どこの機能があるのかを整理して人材がいるかどうか、内部で必要か外部でも大丈夫なのかを検証してみてください。

どんなビジネスにおいても①が必須です。

ですからあなたがそれ以外のポジションを担っているとしたら、事業は成長する機会を失いかねませんから、早く代わりを見つける必要があるかもしれません。

key word●想い 発信

想いを発信したり公開しておくことで、小さな共感を積み重ねる

起業家はブログやホームページ、メルマガなどで、日頃考えていることを発信しています。

なぜ、このようなことをしているのでしょうか。

それは、日頃から自分の想いをシェアしておくことが、たくさんの意味を持つからです。ビジネスは様々な人との関係性で成り立っています。

ですから、その会社が何を考えているのかということは、いろいろな人にとって関心があります。


1つは、自社の顧客に対してメッセージを伝えるためです。

自社の顧客に対する企業としての在り方を発信していくことで、安心してもらえたり、企業の姿勢を伝えて共感してもらうためです。広く捉えれば社会に対しての発信でもあり、これから顧客になる人へのメッ

セージでもあります。

また、自社の取引先に対しても効果があります。現代では、取引先がどんな会社か、その会社と付き合って良いのかということを真剣に考える時代です。企業間での取引は大きなお金が動きますし、継続的な売買によって、複雑な権利関係や商流が発生しますから、その会社と付き合って良いのか、事前の調査が大切になります。もちろん、ブログなどの発信でそれらすべてをクリアすることはできませんが、会社同士での付き合いには、判断材料の1つになります。

最後に、一緒に働く人たちへのメッセージです。

既に働いている人たちにとっても、ビジョンやパーパスが日頃から意識されているかどうかはわかりません。言葉で書かれていても、それをどのように咀嚼し、自分事として捉えられるかは課題です。ビジョンやパーパスを作った人たちにとっては理解できているものの、作られたものを受け取った人たちにとっては、そのプロセスや背景にある想いのすべてが伝わるわけでもありません。

また、起業家自身が日頃からどのように事業に向き合っているのかを知ることによって、自社に対して共感が深まっていくはずです。そして、これから入社してくる未来の仲間に対して、企業や起業家としての姿勢やあり方を伝えるメッセージでもあります。

想いを発信したり公開する理由

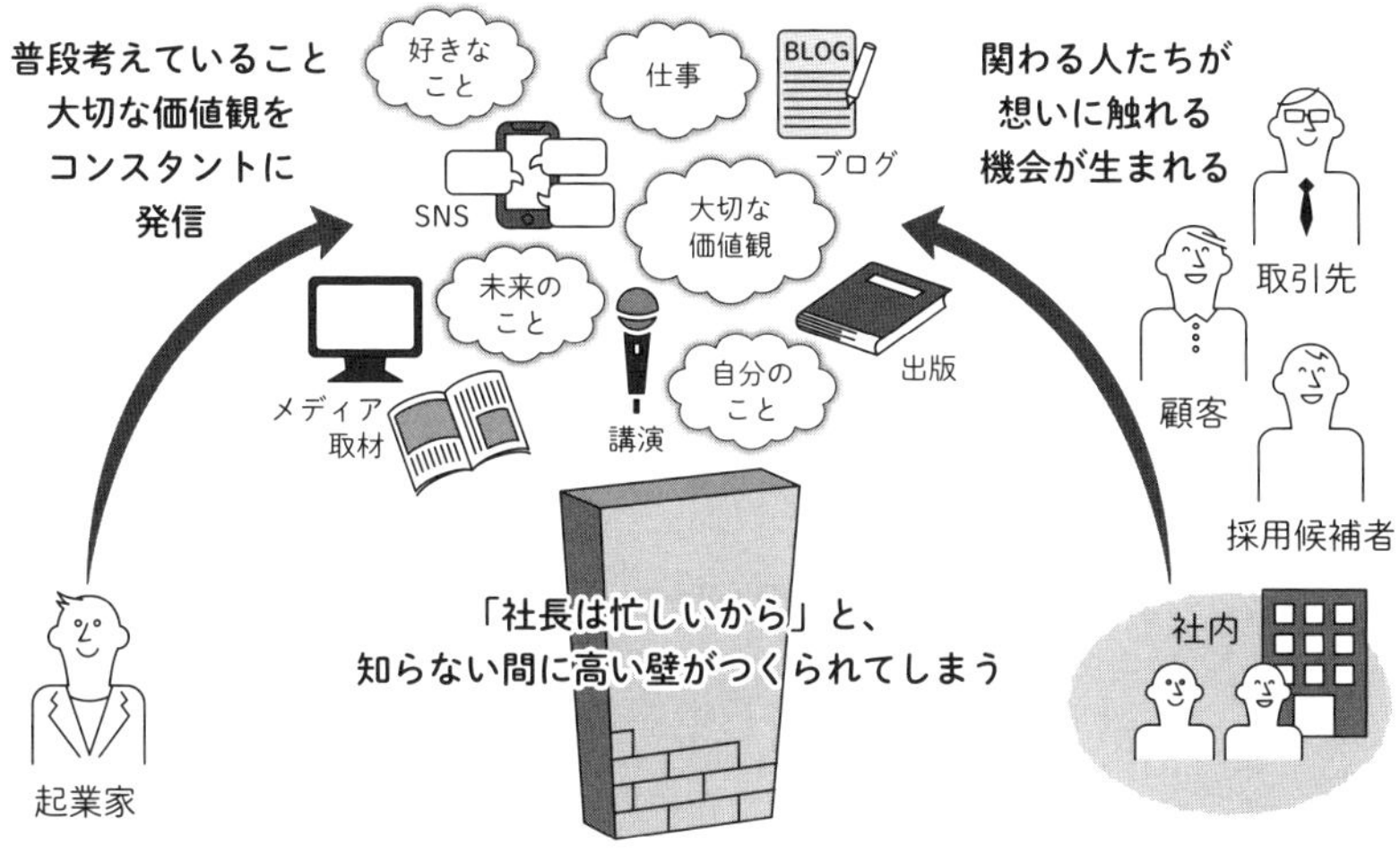

価値観を知る機会、接点をつくる

価値観に共感できるチームをつくっていくことは、難しいです。

しかし、繰り返し起業家が話し、発信し、共有していくことしか、方法はないのです。

ですから、時間をつくり、コンスタントに発信していくことが大切です。できればブログやホームページなどの活字だけではなく、直接セミナーなどで伝えるという機会を増やしていくことのほうが、より伝わる情報量や熱意が多いことは間違いありません。

結論より過程を大切にする

私はいろいろな役員会に参加をしますが、多くの場合、決まった事項すなわち結論だけ、共有されることがあります。

もちろん、意思決定機関ですから、あえて事項が決まった理由を聞く必要もないのでしょう。

しかし私は、あえて過程を共有する時間をつくることを提案することがあります。

たとえば、何ヵ月もかけて議論をして決めた決定では、その過程は共有されているからと確認を省く場合があります。でもどうでしょう。何ヵ月もかけて議論をしてきているとはいえ、他にもたくさんのことをやりながらすすめています。

結論より過程を大切にする

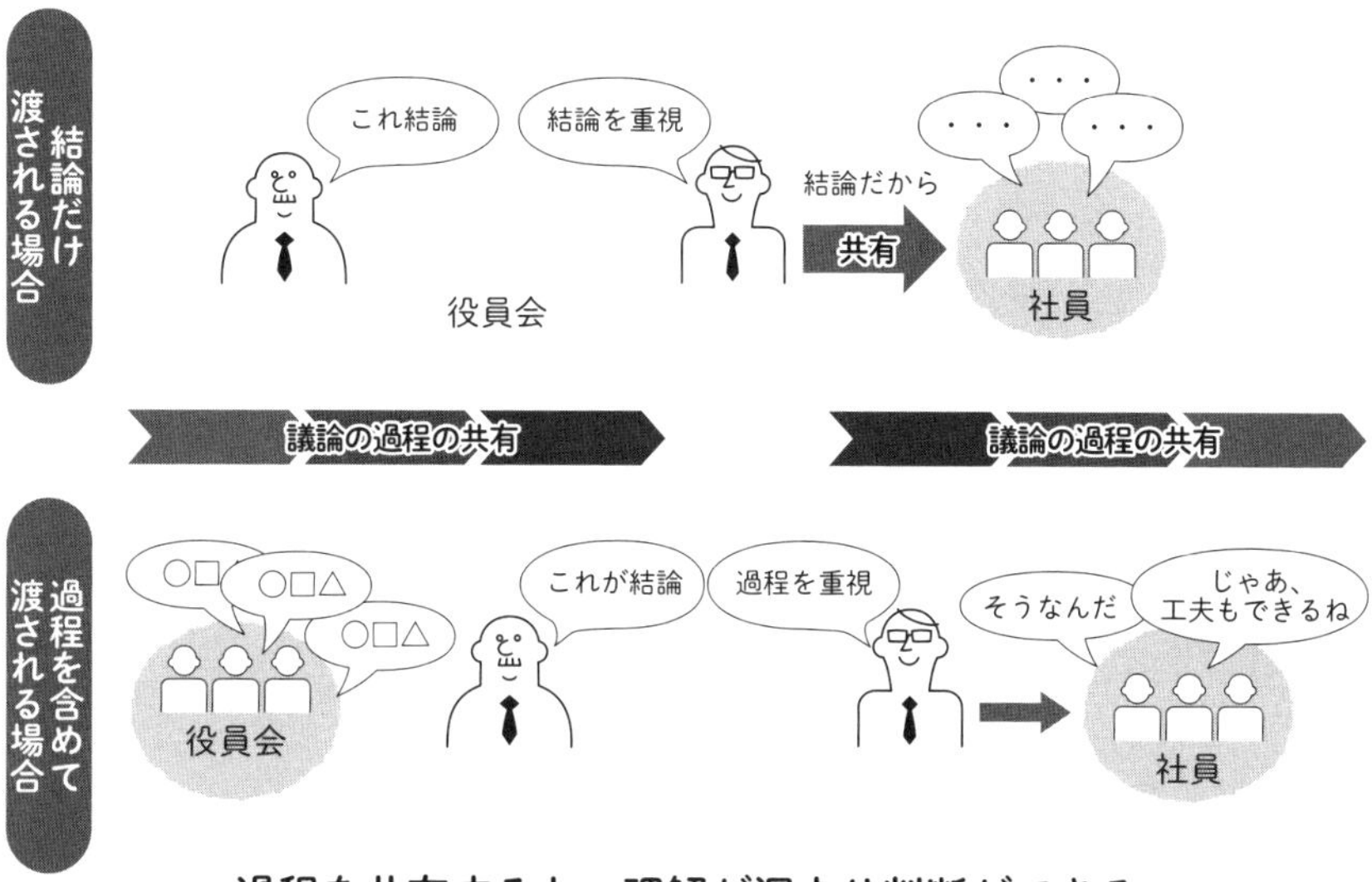

過程を共有すると、理解が深まり判断ができる

たとえば、「この議論は数ヵ月かけて行った」と言われても、毎月1回の議論で数ヵ月であれば、回数にすれば、数回でしかありません。

最初に何が議論されていたのかなど、覚えていません。

そこで私は、最後の決定の際に、経緯をふり返るというプロセスをあえて提案します。最初の提案、その後の意思決定などがどのような経緯で決まったのかを全員に共有することに意味があると思っているからです。

意思決定のプロセスは、「組織の意思」そのものです。

「判断基準がどういったものであったか」をふり返って共有することで、この団体はこのような意思決定をする組織なのだということを共有できるからです。

次にまた新しい議題があった場合、前回の意思決定の価値基準を全員が理解しておけば、それに基づいて決定ができるのです。

組織には、判断していくことではなく、判断基準をつくっていくことが必要だと思っています。よく「鶴の一声で決まる」ということがありますが、トップが決めた結論が重要なのではなく、判断を全員ができるようにしておくほうが、組織として強いのです。

そうすれば、鶴の出番は必要ありません。

また、こうした意思決定プロセスに、できるだけ多くの人を参加させるようにしています。特に次世代のリーダーたちとプロセスを共有するだけでも、価値観を共有することができます。何を大切にし、何を選択していくのか。それが会社のバリューであるわけですから、それらを見て・聞いているだけでも、人材育成の1つになるからです。

どんなに多くの人数を関わらせても、実際やってみたら、選択を間違うかもしれません。でも、**プロセスを共有していれば、どこまで立ち戻れば良いかがわかりますし、どの判断が課題かもわかります。**

結論だけ聞いていてはわからないことです。

結論よりも過程にとても価値があるのです。

key word●不可抗力

不可抗力は、誰も傷つかない

経営者や組織の代表は、決めることが仕事と言われます。

しかし、**トップが独断と偏見で決めるのではなく、結果的に最後に「よし、それでいこう」という宣言をすることが、その「決める」という行為だと捉えています。**

つまり、その宣言をする前に実際には「もう、それしかないよね」という合意がメンバーに生まれている状態をつくり、あとは宣言するだけという状態です。

私の好きな言葉に「不可抗力」という言葉があります。

「人の意思では、どうすることもできない力」です。

たとえば私はいつも会議で、進行役を買って出ます。

立場がありますから、私が発言をすることで悪い忖度が生まれます。ですから、あまり意見を言う側になりたくないのです。

これまでに、声の大きい人に場をひっくり返されたり、気を使いすぎて議論が活性化しない会議などにたくさん参加をして、「自分がそんな立場になりたくない」と感じてきました。

多くの人は、そういった強引な決め方に嫌悪感をいだき、意思決定に関われないと思ってしまいがちです。

ですから、誰もが意見を出せて、結論が導かれるようにと、本書でも解説をしている場づくりや心理的安全性で、何でも言っていい雰囲気をつくるために場をしきるのです。

そして、何か意図的な結論に寄せたいわけではなく、私自身も自分の結論に確信を持ちたいという気持ちがあります。たくさんの意見と照らし合わせて私自身の考えを検証したり、あるいは「自分の価値観を覆すような意見が出るかな」という気持ちで、ワクワクしながら進行をしています。

ほとんどの場合、意見は出し切ることで自然と集約していきます。それぞれの気持ちも意見も出し切っていますし、人の言葉も聞いていますから、全員が着地点を見つけようとします。

このプロセスの中で大切なのは、**それぞれの気持ちを共有することです。**

結論を導きだすための条件を決めていくことも大切ですが、共感したりしなかったりするその感情を知る過程が大切なのです。

こうして、何かひっかかるものがなくなったり、多少ひっかかっていても自分の気持ちは言い切ったとか、人の気持ちはひとまず受けとめたとか、そういったことで感情が落ち着きます。そこで選択される結論は、結果的にどれでも良いという状態さえ生まれることがあり、「あとは、やってみるだけ」になってきます。

気持ちを出し切ることで、自分の持っているものを自ら手放して、決定に参加ができるようになる、これも不可抗力の1つだと思います。

誰もが心の中に持っているものは大切で、手放すのは怖いものです。ですから、手放しても良いと思える環境、シーン、プロセスなどによって、**ポジティブな諦めで、未来を選択する**ということが起こるのです。

共感を得る合意形成のプロセス

リーダーは、メンバーの共感を得るためには、合意を得る機会を設ける必要があります。それは、1対1や、1対多数のメンバーなど様々な機会にあります。

合意がなければ、共感の段階に進むことができません。

リーダーは毎日、こうした会議などにおいて、意見が分かれた時にどう進めているかが大切になります。悪感情が積み重なるといつか爆発しますから、メンバーの感情がどのような状態で蓄積されているのかということに意識を向けておく必要があります。

大体10対0で物事が決まることはありません。だからこそ、全員がその決定をどのように許容できるか、お互いが思ってる感情や気持ちをどのように抱擁していくことができるのかということを考えながら合意形成をしていく必要があります。

本当に「今すぐ」決めなければならないのか。
本当に「すべてを」決めなければならないのか。

冷静に、決めるべき時間と範囲について考えてみましょう。
多くのことは、「今すぐ」に「全部」ということはないはずです。
でも、決めないと、決められない人という誤解を受けたり、逃げていると言われかねません。

そこで、**「決めるけれど、『今すぐ』決めない」**、**「決めるけれど、『全部』を決めない」**、という使える方法についてご紹介します。

▼決める時期を決める

どう考えても今決めることができない、そんなこともあると思います。でも決まらないと決まらないことがいつまで続くのかという不安が誰にもあって、中ぶらりんになってしまうことは避けたいものです。

そこで、今決めなくても、決める時期を決めるという考え方があります。「先延ばし」と捉えられてしまうこともありますが、それぞれメンバーが考える時間を持つこと、あるいはいくつか施策などを試してみてから決めるという意味も含んでいます。決めてから変更をするより、決める時期を延ばしたほうが、決めたことを覆す心理的負担もより小さいのではないかと感じました。

▼期間を決める

決定をする場合にも、**条件付き決定**をすると良いでしょう。あるいは、猶予期間、様子見の期間、再検討するポイント（たとえば、売上やコストの上限や下限の数字など）などを決めることも大切です。

「まずはこの方法で1ヵ月やってみよう」そんなふうに期限が決まっていれば、そこまでは一旦自分の気持ちは置いておいて、何か問題点がでてきたら改善できるため安心できます。

▼順番を決める

やる順番を決めるという方法もあります。1番目にやってみて、2番目にやってみるという形で、両方やってみるということです。やる／やらないで決められると、否定されたような気持ちになるので、2つ方法があれば両方とも採用してみるのも1つです。その1つが全く無意味だと感じても、やることに意味があるし、もしかしたら良い視点が見つかるかもしれません。

▼部分的合意

すべての合意ではなく、一部の合意をする部分的合意も良い方法です。たとえば、方法については合意している。あるいは3つの方法のうち、1つは合意している。そんな形で、合意しているところだけを進めるという方法です。

合意や決定というプロセスは難しいのですが、納得できない部分があっても、どれだけ肯定的に受けとめてもらえるかという点がポイントになります。そうした意味では、すべての人が参加しているという点も重要です。

すべての人が意見を言い尽くすことで、全員が参加したという気持ちになること、自分の発言には価値があると感じることが大切です。強引に決めることは、存在を認めていない、価値を認めていないことに繋がるのです。

key word●かりてきたねこ

言いにくいことを、どう伝えるか

ビジネスの現場では、どうしても伝えなければならない苦言や注意をしなければならないことも出てきます。関係性を大切にしようとすると、言わないで過ごせるならと様子を見たり、配慮するがあまり先送りしてしまったり、言うタイミングを失ってしまい、それが原因で関係性がおかしくなることがあります。時には、スタッフの言動が限度を超え組織風土を悪化させたり、何も言わない経営者の姿を見て幻滅されてしまうことさえあります。

関係性や共感がベースにありながらも、何を伝えて何を見守るべきか、またどう伝えるべきかが悩ましいものです。こんな時、メンタルヘルスの専門家である渡部卓さんが考案した「かりてきたねこ」という対応方法が参考になります。

言いにくいことを、どう伝えるか

- **か** 感情的にならない
- **り** 理由を話す
- **て** 手短に注意する
- **き** キャラクター（性格や人格）に触れない
- **た** 他人と比較しない
- **ね** 根に持たない
- **こ** 個別に伝える

出典：『明日に疲れを持ち越さない プロフェッショナルの仕事術』（渡部　卓著　クロスメディア・パブリシング）をもとに著者作成

早めの対応が大切

か＝**感情的にならない**
話を聞いてみないとわからないのに、いろいろな推測で感情が荒れてしまうことがあります。まずは冷静に聞くことから始めましょう

り＝**理由を話す**
「なぜ、伝えるのか」という理由を事実をベースに話しましょう。理由が明確でないと、気分や感情で言っているとも捉えかねられません。自分や周りへの影響、しいては本人への影響などを踏まえて伝えましょう

て＝**手短に注意をする**
いろいろと伝えたいことがつのると、長々と話をしてしまいがちです。一度にすべてを話す必要もありませんから、手短に1回にしておきましょう

き＝**キャラクター（性格や人格）に触れない**

性格や人格、性別や容姿などに触れるようなことは、ハラスメントにもなりかねません

た ＝ 他人と比較しない

誰でも他人と比較をされることほど自尊心を傷つけられるものはありません。比較するという見方を捨てて話をしましょう

ね ＝ 根に持たない

面談の場面では厳しいことを言っても、終わったらいつものように接することが大切です

こ ＝ 個別に伝える

人の前で叱咤されるようなことはプライドを傷つけます。個室などで個別の面談の時間をとりましょう

「かりてきたねこ」を参考にして、まずは普段のコミュニケーションを大切にし、お互いにうまく伝え合えるような関係や、言いにくいことを言い合える時間や機会を持つのが良いでしょう。

key word●サーバントリーダーシップ

ボスもカリスマもいらない。共感のリーダーは、サポート型

事業拡大期は、組織ばバラバラになりやすいものです。いろいろな人がそれぞれに解釈することが増えていき、統制が取りづらくなっていきます。

リーダーやリーダーシップという言葉から想像するものは、上から引っ張っていくボスのようなイメージがあるかもしれません。あるいは、カリスマのようにみんながついていく、そんなリーダー像を思い浮かべるかもしれません。

たしかに、そういう姿が当たり前だった時代もありましたし、そんなリーダーが似合うタイプの事業もあるでしょう。しかし、今は1人の価値観だけで物事が決まる時代ではありません。フラットな関係を築いた方が心理的安全性が生まれやすいものです。

コモンビートでも、プロデューサーやディレクターはいますが、現場のトップはキャプテンという名前にしています。上とか下とかではなく、みんなを引っ張る役割です。

僕らの中では、10歳下でも20歳下でも、僕のことを呼び捨てで「こうじ」と呼びます。「さん」をつける人もいますが、基本的には上の人ではないのです。

究極の雑用係であり、ワイルドカードでありジョーカーのような存在です。いざとなればなんでも相談できる人という立ち位置です。そんな安心感があると、メンバーも相談もしやすいと思います。

リーダーシップの専門用語では、このようなサポート型のリーダーを、サーバントリーダーシップといいます。サーバントというのは、召使いや使用人という意味を持っていて、みんなの役割の中で奉仕をしていく、支えることをいいます。つまり、「支えるリーダー」ですから、みんなより上という感じはないですよね。

少なくとも並列、あるいは後に回って、どうやったらみんなの力が発揮できるかを考え、それをうまく組み合わせて、全体の力を引き出すためにすべきことを探し、自分で役割を定義していくことになります。

もちろん、普段はこのような裏方ですが、緊急事態などにおいては、やはり先頭に立って、全体を統制する必要も出てきます。

ボスもカリスマもいらない

昔		今
1人のビジョン	ビジョン	みんなのビジョン
ボス・カリスマ	立ち位置	チームの一員 サポート役
リーダー依存	組織統制 リスト	分散型

一人ひとりが主役の組織

裏方に居た人が先頭に立ってその責任を果たそうとする姿は、いざという時に、頼れるリーダーであるということを示すことに繋がり、チームに安心感を与えるものとなるでしょう。

第9章

起業家は「共感」の物語を伝える代弁者

起業家は、代弁者

起業家は、ビジネスを通じて様々な課題を解決したり価値を創造していく役割を担っています。

「こうなったらいいな」
「どうにか、解決できないか」
「何とかしてくれないかな」

そんな誰かの想いを受けて、代わりとなって、形にしていくのが起業家です。

現代の起業や事業開発には、社会課題との文脈を切り離すことはできません。
そこには、誰かの想いや声があります。小さな価値観を切り捨てない。起業家はそこに耳を傾け、ビジネスという形を通じて希望に変えていくことができます。

私の場合、

- ミュージシャンの悲痛な声を聞き音楽市場を変えたいと、音楽配信事業を始めました
- 買っても積まれるだけの本や読んでも行動に繋がらない読者の声をもとに、携帯で本の内容を伝えるサービスを行いました
- 同調圧力に負けない生き方をする人の背中を押せないかと、ミュージカルによる社会教育事業を始めました
- フェアトレードに関わる人たちの想いを電子通貨で経済循環できないかと、今も挑戦をしています

社会のどんなビジネスも、「誰かの想いをビジネスという形で実現する」ことであり、起業家は、その**誰かの代弁者**です。

あなたが誰かの代弁者になれるのは、そこに共感があるからです。

そして、あなたの想いを代わりとなって話をしてくれる誰かも、共感があってのことです。これまで見過ごされてきた小さな声、そして課題が、起業家によって代弁され、ビジネスとしての形になっていくことは、当事者やそれを取り巻く人たち、そして社会にとって勇気や希望に変わっていくのです。

起業家は、アーティスト

アーティストやその作品に、私たちはなぜ共感するのでしょうか。

自分が大切にしたい想い、美しいと感じること、表現しづらい感情などが、アーティストが音楽やアートなどを通じて表現したことに重なるからです。

アートは身体にも実際の変化を引き起こすそうで、目で見たもの、聞こえる音や音楽が私たちの呼吸などをつかさどる自律神経に影響を与えるそうです。

私は小さな頃から音楽に触れる機会があり、自身で音楽をつくり、そしてたくさんのアーティストと仕事をしてきました。彼らは社会の小さな声を代弁したり、まだ見ぬ未来を描き表現することができます。

私たちが体験をしたことのない世界、言葉だけで知っている世界にまで触れる機会をつくってくれます。

２００２年、私はシンセサイザー奏者の喜多郎さんのレコーディングに同行しました。

喜多郎さんは、日本ではＮＨＫ特集でながれる「シルクロード」のテーマソングが最も有名ですが、グラミー賞には17回もノミネートされ、受賞もしている世界的なアーティストです。喜多郎さんは、２００１年9月11日、ニューヨークに向かう飛行機の中でテロの連絡を受け、ハワイに緊急着陸しました。

そこで自分にできることを考える中で、日本の四国八十八か所霊場をめぐるお遍路を通じ、「88の鐘を収録して88曲を捧げよう」という想いに至ったそうです。

私はその鐘を収録するスタッフとして、四国のお寺に同行していました。

ある夜、喜多郎さんにとっての「音楽」について尋ねたことがあります。

「未来も宇宙も、シルクロードも、誰もが行けない場所があるよね。映像では見たことがあると思うけれど。実際に撮影や録音したところで、伝わらない空気感とかイメージとかもあるよね。だから、みんなが想像しているその世界に、連れていくことができるのが音楽、とでもいうのかな」

それを聞いた時に、音楽ができる表現についての捉え方が変わったように思います。

音楽だけじゃなく、絵画でもＣＧでも、小説でも映画でも、アートって、どこでもドアのようなものかもしれません。

起業家も、まさにアーティストと同じだと思います。

未だ見ぬ未来を描くビジョン、そこに向けての想いを形にするミッション、大切な価値観であるバリュー、そしてそこに存在する理由を示すパーパス。

ビジネスという形態を通じて、見えるようで見えない未来を、商品やサービスという形に変えて表現しているのです。

社会の誰かに希望や選択肢をつくり、未だ見ぬ世界を描いてくれる。

起業家は、社会や未来を描くアーティストなのです。

key word●高い目標　動機　原体験　苦悩や挫折　小さな転機　未来を歩む仲間

共感物語を伝えるプレゼンテーション構成

起業家は、ビジネスという物語を描くストーリーテラーでもあります。

ストーリーテラーは、物語の語り手です。

進行役として物語を導く役割をしています。

ビジネスは、当然ながらすべてがうまくいくわけでもなく、もしかしたらゴールは果てしないものになります。

ですから、そこにどんな物語を描くのかは、起業家次第です。

テレビでビジネスなどの挑戦者を紹介する番組があると思います。

開発秘話、人の生きざまなどを追いかけるもので、たとえば「プロフェッショナル　仕事の流儀」、「ガイヤの夜明け」、「カンブリア宮殿」、「クローズアップ現代」などたくさんあります。こういった番組を見ているのはとても楽しいですし、多くの番組が長年続いていて人気もあります。

人の生きざま、そして起死回生の物語など、ノンフィクションでありドキュメンタリーと呼ばれるものは、どんな人にも共感や感動を与えるのです。

もちろん物語の結果はいろいろあれど、人はその物語の過程に心が動き、自分と重ね合わせて、共感や感動するのでしょう。

こういった番組を見ると、「こんなすごい人たちの物語は、自分にはない」と思うかもしれません。でも、番組には脚本家がいるように、どこをどう取りあげていくか考えると、自分にも物語があるものです。もし仮に、あなたやあなたの事業・ビジネスが「取り上げられるとしたら」人はどんな物語を期待し、共感するのか、改めて考えてみましょう。

▼高い目標

その1つは、大きな目標にチャレンジをしているかどうかです。

小さなチャレンジであれば、その人自身が努力すれば良いことです。でも、誰も成し遂げていないまたは、簡単には到達できない目標を掲げ、果敢に挑戦をしていく姿を見ると、人は応援したくなるものです。

▼動機、原体験

むやみに高い目標を立てても、空想や妄想と言われかねません。

ですから、あなたが取り組む理由を明確にすることが重要です。なぜその高い目標に取り組むのかを、あなた自身の経験や体験と合わせた物語（原体験の物語）を描くことで、人は共感し応援するのです。ここで語られた体験から、共通の感情（共感）が生まれることが大切です。小さな出来事、小さな感情、エピソードなどを踏まえて、きっかけを表現するのです。

▼苦悩や挫折

高い目標を掲げて、大変だと言うことは誰でもできます。そこにどれほどの挑戦をしてきたか、苦悩や挫折、そのためにトライをした回数や期間など、そこまでやっても諦めないというあなたの想いの強さを表す必要があります。

あるいは「敵」というものを設定できると、わかりやすくなることがあります。リアルな敵を設定するとその関係者を敵に回すことになるのでオススメしません。リアルな敵がいたとしても、その人たちを背後からあやつる仮想敵を設定するほうが、誰も傷つきません。その仮想敵の存在は、歴史かもしれませんしルールかもしれません。社会風潮かもしれませんから、本当に戦うべき相手をあなたが設定することも、あなたがつくる物語のオリジナリティになると想います。

▼小さな転機

「挑戦をし続けて、諦めかけていた時、小さな電話が一本鳴った」。ドラマで聞けば面白く感じますが、現場ではどれがその電話かもわかりませんし、その時にはそう感じず、ふり返ってみればそうだった、といったことがほとんどなのではないでしょうか。

調布の小さなマンションで30台のコンピューターに囲まれて音楽配信を夢見ていた私を見つけてくれ、最初の投資をサポートしてくれた木村さん、会社の売却でどんぞこの時に見つけた地球一周のポスター、ビジネスで社会課題を解決しようと決心に至ったリビアでの銃声、有名な著者が一言で了解をしてくれたアイデアの生まれた飲み会…など、私にも無数にあります。

あの電話、あのひと言、あの出会い、あの失敗…。

そのすべては**ふり返れば転機だった**ということばかりです。

感度を高くしてすべてを転機として捉えられるように、ひたむきに進むことしかないと思うのです。自身の体験をふり返った時にも、当時は重要と感じられなかったことも、それが転機になっていたり、何気ないきっかけがあったりするものです。その一方で私たちは多くの出来事を忘れています。

共感物語の構成

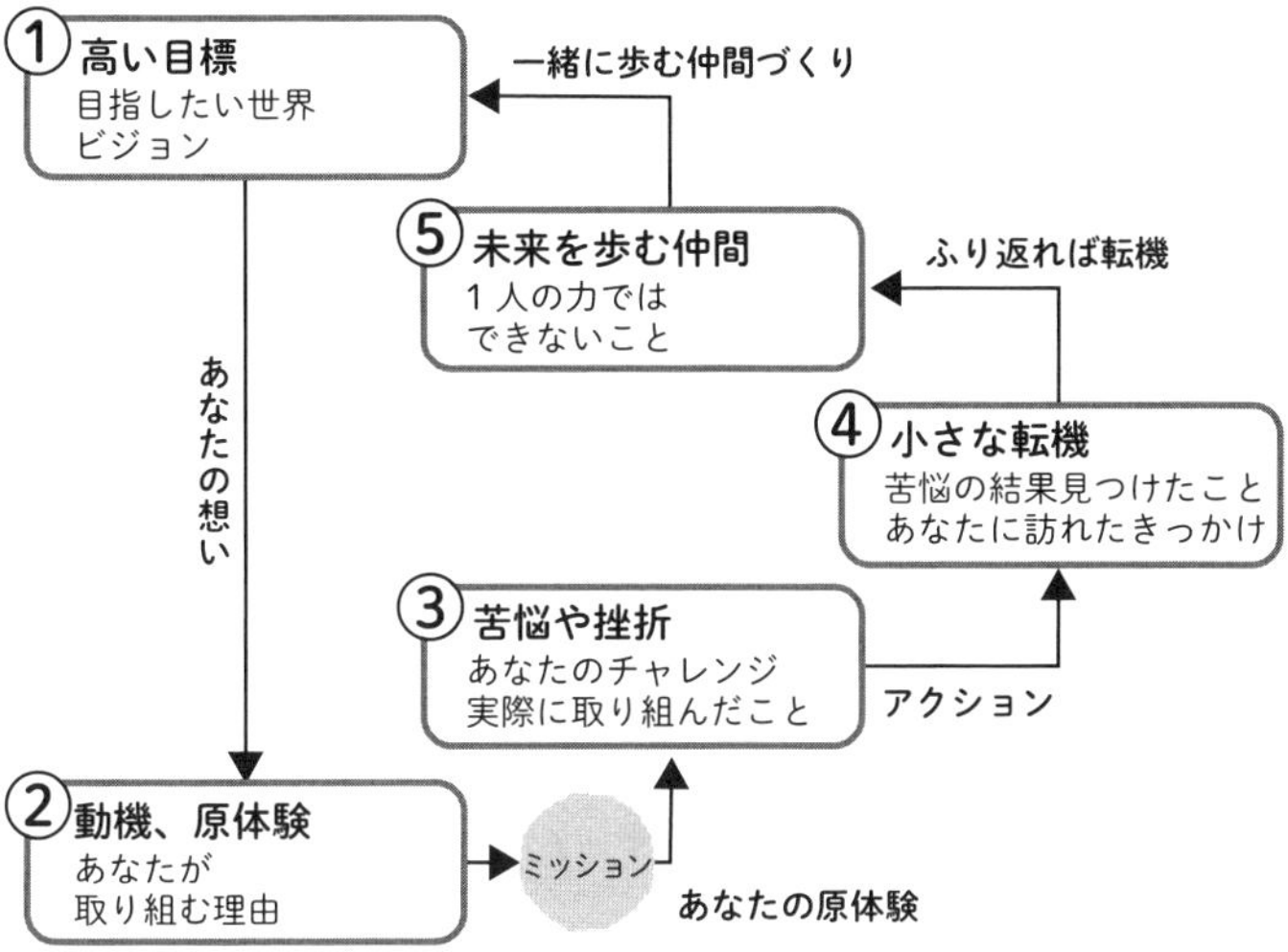

あなたの想い、あなたの苦悩が、
共感として伝わる

ですから、その当時の人と語った資料などを見返す中で、小さなエピソードを手繰って、見つけていきましょう。

▼未来を歩む仲間

これから、どんな物語が描かれるのか、それは誰にもわかりません。

だからこそ、誰もがその物語に参加し、大きな目標を達成する仲間になることができます。物語に共感した人が、スタッフとなり取引先となり顧客となっていき、物語の登場人物となって、

「物語を一緒に作っていくことができる」

これがとても大切なメッセージなのです。

多くの仲間とともに、これから大きな目標や仮想敵と対峙していく、そのために必要な知識

や知恵、技術や繫がりから勇気をもらえることでしょう。

これは1つの要素ではありますが、みなさんのプレゼンテーションにもぜひ役に立てていただければと思います。

1. 高い目標を掲げる

2. その目標を掲げることになった動機、体験

3. そのために自分がやってきた数々のチャレンジ

4. うまくいかないと諦めかけていた時に訪れた小さな転機

5. これからの未来を一緒に歩む仲間づくり

が重要です。

key word●アカデミックスマート　ストリートスマート

知識より、知恵をつける

あなたの想いをどれだけ巡らせても、頭の中にあっては、現実には起こりません。

起業や経営の勉強をしても、いくらシミュレーションをしても、現実に起こることは、それとは全く異なることばかりでしょう。

私は18歳で起業してからたくさんの起業や経験を経て、40歳を過ぎてから大学で経営を学びました。自分がやっていたことはいったい何だったのか、経営実務者として何十という会社の企業や経営に関わっても、やっぱり独学で学んだものにすぎなかったのです。

自己流ではなく、もっと多くの人の知恵に変えられないかと考え、学び直しを始めました。経営の理論はとても楽しく、自分のやってきたことをまるで解剖されるような時間があっという間に過ぎました。

しかしその一方で、この経営学を学んだところで起業や経営ができるわけでもないし、学んだほとんどのことは実際にいつ使えるかもわからない。そしてその時になっても、そのまま使えるかといえばそうでもない、ということも同時に感じたのです。

だから経営は、先に学んで使うこともできるだろうが、少しやってみてから学んだほうがもっと実感が高まるだろうし、実際に起業しながら学ばないと何も身につかないのではないかとも感じ、そんな環境を作っていきたいという想いもその時に生まれました。

「すぐやる」というテーマを中心に10冊以上もの本を出され、アジアの国々で起業をされている豊田圭一さんは、経験こそが不可能を可能にするための唯一の方法だと述べ、次のように話されています。

- アカデミック・スマート：勉強をして賢くなった
- ストリート・スマート：実践を通じて賢くなった

アカデミック・スマートは、すべてが予定通りに進めば学んだことを使える、でも予想通りに進まない時にはどうにもならない傾向にある人だということです。

一方で、ストリート・スマートのほうは、その問題の直接の解は持っていないけれど、工夫すれば解は見つかるかもしれないと、状況を乗り越えていける力を持った人だといいます。

豊田さんが最初の本を出す時のこと。

出版企画書を出して却下され、次の日にまた改良して却下され、3日目も出して却下された時、「もう

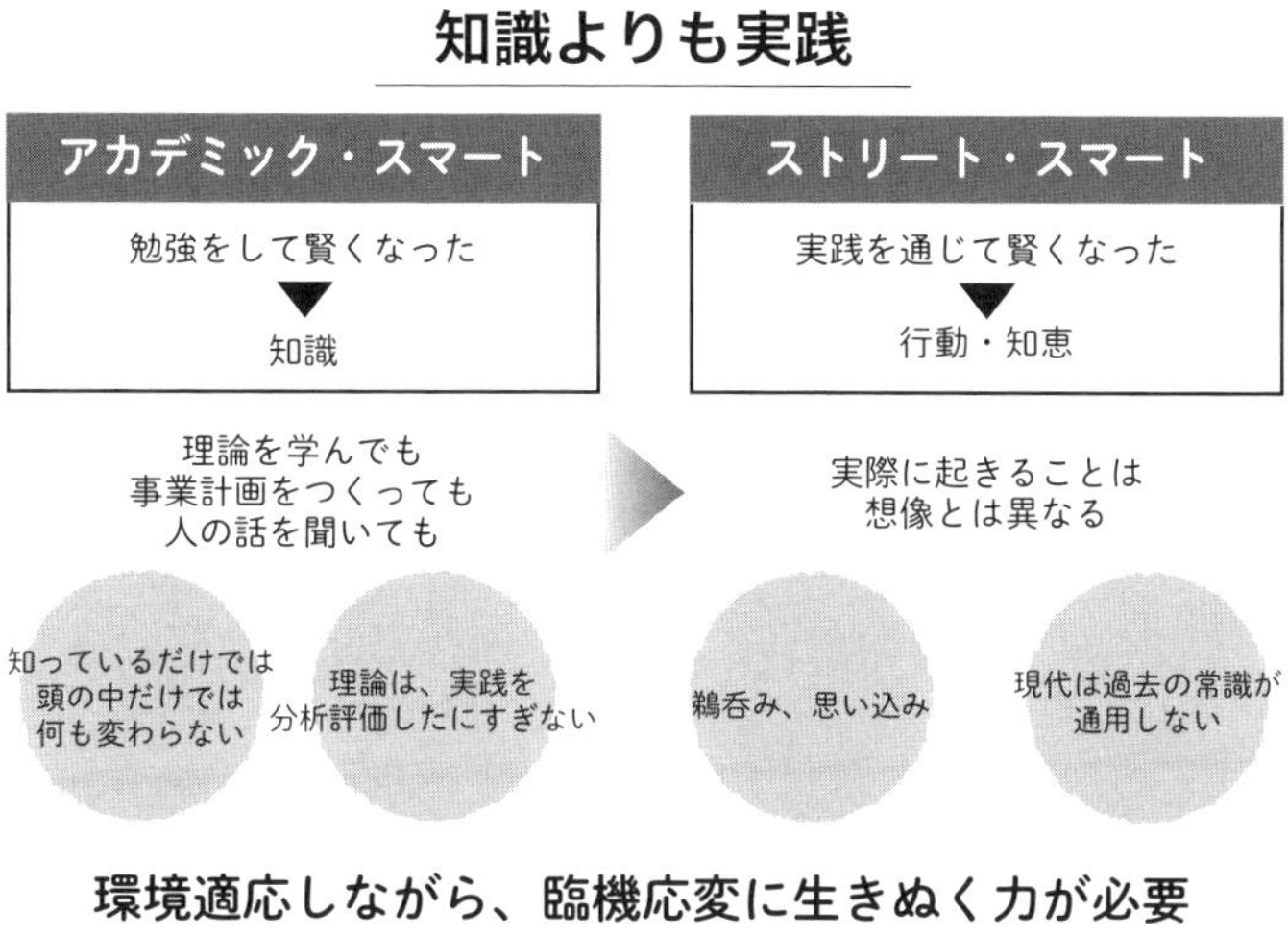
知識よりも実践
アカデミック・スマート
勉強をして賢くなった
知識
ストリート・スマート
実践を通じて賢くなった
行動・知恵
理論を学んでも
事業計画をつくっても
人の話を聞いても
実際に起きることは
想像とは異なる
知っているだけでは
頭の中だけでは
何も変わらない
理論は、実践を
分析評価したにすぎない
鵜呑み、思い込み
現代は過去の常識が
通用しない
環境適応しながら、臨機応変に生きぬく力が必要

二度と、出版企画書は出さないでください」と宣告をされます。そして続けてこう言われます。

「その代わり、豊田さんの本を出すことを決めました。却下をしても毎日出してきたのは豊田さんだけ。実行力があるから、実行力のポイントという本を書いてください」

クロスメディア・パブリッシングの社長さんは、豊田さんのその行動に共感をし、この本が『とにかくすぐやる人の考え方・仕事のやり方』（クロスメディア・パブリッシング）という本になったそうです。

人は経験からしか成長しない、やらなきゃ何も始まらない。でもやったら、絶対何かに繋がる。

そんな経験が、いま豊田さんが支援するグローバルで活躍する人材の育成事業に繋がっています。

私が直面する起業に関する相談の現場でも、同じように「状況が整ったら起業がしたい」と相談者はいいます。**むしろ私はやりたいことが見つかったら、まず会社登記をしてか**

ら考えます。

どれだけ頭の中で考えても、実際にやってみると思っていたものと違うことがほとんどです。誰かが大丈夫と思っても、自分はそう思わないかもしれませんし、その逆で、誰かがダメだといっても、自分はそう思わないことも多くあります。ですから、自分の感覚や感情という自分でしか感じ取れないセンサーで実際に受けとめて、自分の感性で判断をしていくしか、解はないのです。

まず、やってみる。もちろん、そのままやりつづけなくても、止めても、それは、やってみて決めればいいのです。でもやらないとその判断もつかないのです。

考えるよりも、やってみて、そして感じることを始めてみましょう。

key word●ビジネスの波

サーフィンのように、波を待つ

ビジネスは、サーフィンのようだなぁとつくづく感じます。

海の上はいつも揺れていて、止まることがありません。

サーフボードにまたがり、実際には何もしていないように見えても、重心を常に移動させながら、小さな波に対応しながら見極めています。そして、とても遠くに見える波を見極めて、これだと思ったらパドリングを始めます。そして、いける！　と感じたら、あとは全力でその波に乗るのです。

ビジネスにも海のように安定した日々はなく、いろいろと見極めをしながら、チャンスを伺っています。波待ちをしている時にいつも「必ず来る」と確信をしているように、ビジネスチャンスも必ず来るのです。

いつもよりも急に大きな波になったり、思っていたよりも大きな波になることがあります。でも、どんな時にも、その波に乗れるようにしておくのです。

私が創業したコモンビートも、多様な価値観を認め合える社会の実現を目指していますが、20年経って社会も企業もD&Iを取りあげるようになりました。

iモードが始まった頃、音楽などの様々なコンテンツに関わっていた際、モバイルビジネスに最適化して飛躍的に事業を伸ばしていきました。

波をビジネスでたとえるなら、経済トレンドだったり、ブームだったり、メディアで取り上げられることかもしれません。いきなり飛び火のようにやってくることもあれば、じわじわ来ることもあります。突然チャンスがやってきて、慌てて飛び乗ることもあります。ですから、乗れる波がいつきても良いような準備をし、常にアンテナを張って、うまく捉え方や解釈をして乗れるような工夫をしながら、ここぞという波に乗るのです。

何年もやってきて感じるのは、ビジネスが大きく成功するか否かは、タイミングがとても大切だということです。通り過ぎてから気づいたり、先に誰かが乗ってしまったり、実際に乗ってみたけれど思ったようなものではなかった、なんてことも多くあります。

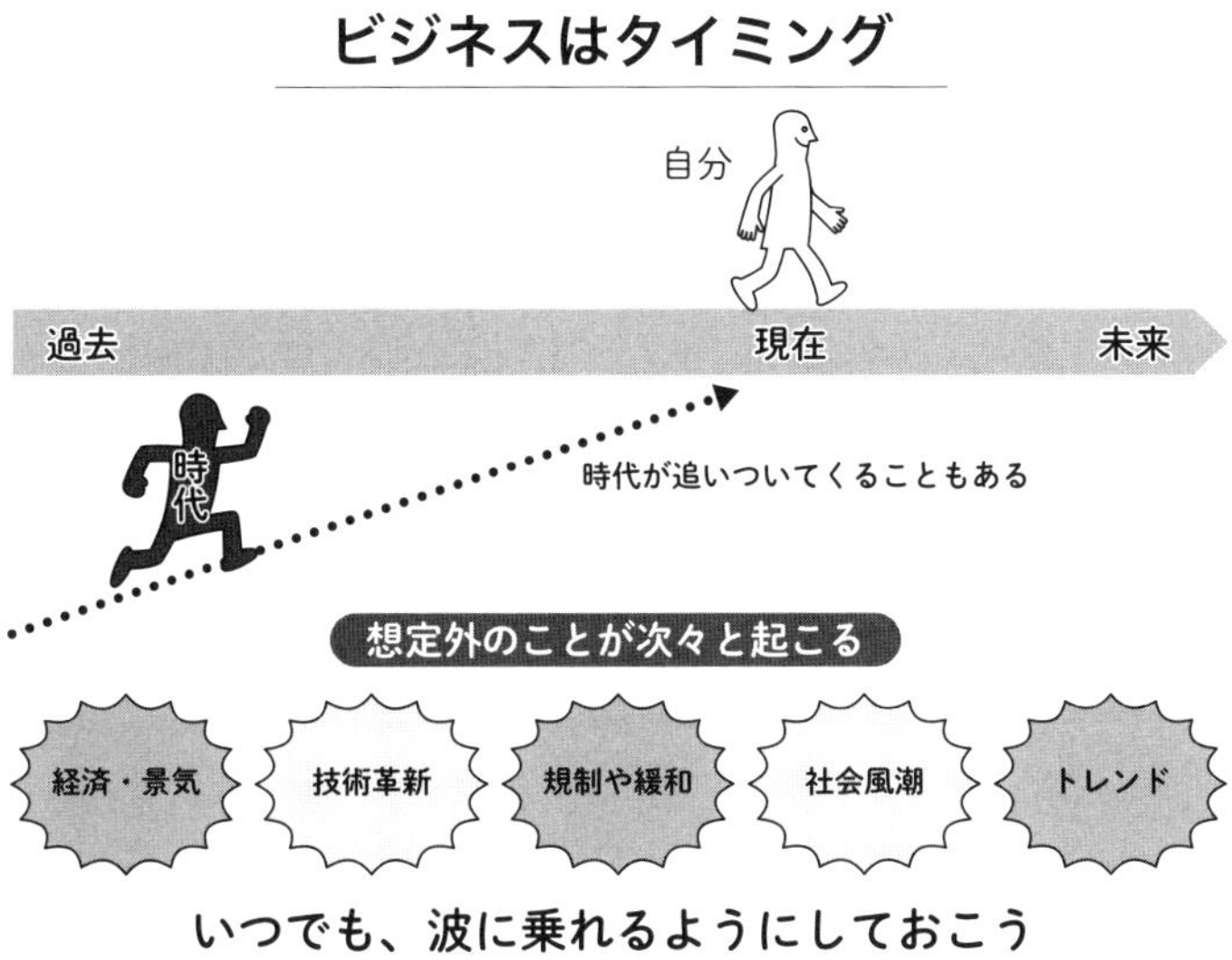
ビジネスはタイミング
自分
過去
現在
未来
時代
時代が追いついてくることもある
想定外のことが次々と起こる
経済・景気
技術革新
規制や緩和
社会風潮
トレンド
いつでも、波に乗れるようにしておこう

でも、自分たちの活動を信じて、前に進めていくことで、少しずつ大きな活動になっていき、そして時代がそのテーマに追いついてくるということもあります。

あなたが今やっていることは、すべてが波に乗る前夜であり、準備でもあるのです。

だから信じましょう。きっと波は来るのです。

安易に得られるものは、安易に失う

これは、ベンチャー経営をしていた時の、投資家からもらった言葉です。

起業や経営は簡単ではないですから、どうしても届きやすいところに手を伸ばしがちになります。もちろん、しなくてもいい苦労をする必要もありませんし、業務の効率や改善をしていくのは当然です。しかし、安易に得られるものには、いろいろな代償とがセットであるということも心の隅に留めておくことが必要です。

たとえば、ベンチャーやスタートアップの場合、出資を募る機会があります。

出資は、出資者からお金を預かり、それを元手にして事業を成長させる仕組みです。融資とは違い、返済する義務がないため、出資を安易に考えている人も多くいます。融資は返さないといけないお金、出資は返さなくてもいいお金という**都合の良い間違った解釈**をしている人もいます。

しかし、そういった考え方はすぐに見透かされてしまいます。出資者はなかなか現れないでしょうし、たとえ、出資を受けたとしても、出資者から信頼を失えば、事業の運営に協力してもらえず、すぐにとん挫するでしょう。また、思い違いなどが生まれて、結局出資者の株式を代わりに買い取らなくてはならないケースもたくさんありました。

ですから、少額だからといってたくさんの人から出資を受けることは危険ですし、特に個人の場合にはポケットマネーですから、たとえ同じ金額でも会社による出資とは感覚が大きく異なります。

株主は、会社が簡単に追い出すことはできませんし、場合によっては株式の買取請求などをされることもあるので、資金がない時には困ってしまいます。

ですから私は、最初は大変でも選択できるなら融資を選ぶように伝えます。

融資を受けても返済すれば、何も言われませんし、会社を運営する権利も持たれませんから、多少苦労してでも融資のほうが良いです。

もちろん、一気に事業を拡大するチャンスがあれば、出資してもらうほうが良いケースがあります。ただその場合にも、キャスティング（誰がどんな関与をするのか）がとても大切ですから、安易に考えてはいけないと思います。

私もたくさんの出資をしたり受けたりする中で、たくさんの苦労をしてきました。やっぱりお金は人の感情を大きく左右するものですから、慎重にならざるをえません。

だからこそ、お金と人の関係については、いつもこの言葉を肝に銘じているのです。

「安易に得られるものは、安易に失う」

key word●依存

最大のリスク回避は、依存できるたくさんの繋がりを増やすこと

経営者になるには資格も必要ありません。ですから当初は経営経験をしたことがない初心者です。

たとえると、無免許でいきなり公道を走っているようなものです。

事故を起こさないことのほうが奇跡ではないかと思います。運転は、いくら本で学んでも身につきません。腕をあげるには、やってみるしかありません。隣に乗ってもらったり、先導してもらったり、いろいろな人を頼りにしながら徐々に腕が上がっていきます。

また、今回のコロナ渦のように、経営者ですら経験をしたことのないような状況が起こります。時には災害があったり、為替で物価が変わったり、あるいは急なスタッフの退職があったり、自身の病気や事故、

また妊娠出産、介護などで一時的に現場を離れなくてはならないこともあります。

でもこれらは、あなたにとって初めての経験かもしれませんが、人類にとってはもちろん初めてのことではありません。実際に経験をしている先輩経営者や、対応する理論を利用するなどの知恵がたくさんあります。知恵をうまく活用していくことで、事前の対策や対処などもでき、少しは負担が軽減されることになるでしょう。

コロナ禍はとくに顕著でした。どうやってこの状況を切り抜けていくかということは、すべての経営者の悩みの種だったでしょう。この状況でも、経営者同士の繋がりによって、情報を共有し、支え合って生きぬいた人がたくさんいました。情報の変化が激しい中で、どれほど先読みをしながら現状の対策を練っていくのか、たとえばどのように従業員を確保したり、あるいは在庫を管理したり、はたまたこの状況だからこそ生まれるビジネスにどのように挑戦していくかなどは、起業家や経営者が1人で乗り切る課題にしては大きすぎます。

ですから、頼れる先はいくつも欲しい。

そこで必要なのは、頼れる先がたくさんある状態をつくることです。つまり**特定の依存は危ないものの、たくさん依存できる先があれば、いざとなった時に誰かに頼れるの**です。

依存という言葉はネガティブに捉えられますが、それは一箇所に依存することで、たくさんの依存先が

最大のリスク回避は、多種多様な依存

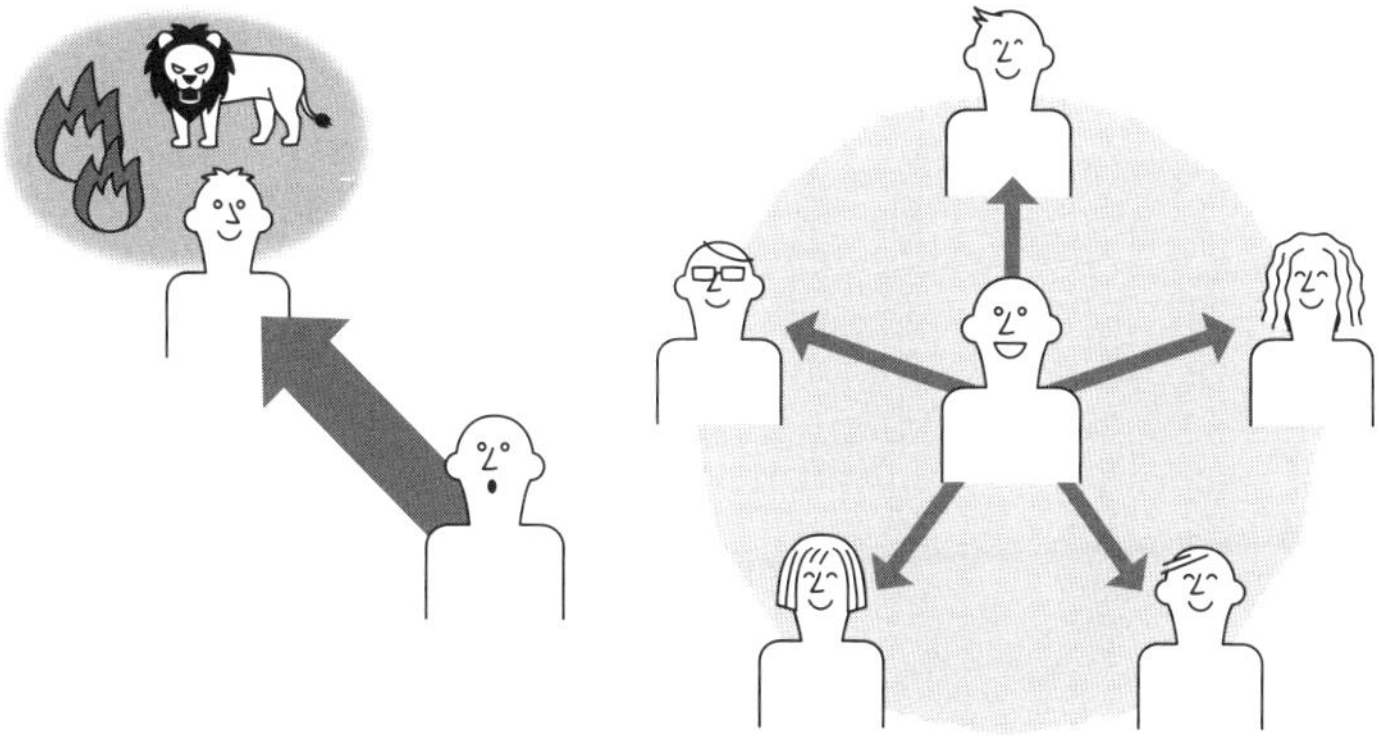
一箇所への依存は危険
たくさんの多様な人との
繋がりが頼りになる

**人もお金もビジネスも、１箇所＆同系に依存せず、
多方面にたくさん頼ろう**

あるということは、ポジティブなことです。

ですから、私は今でもたくさんの方々にお世話になっています。まだまだ返せていないこともたくさん。「貸しを作って何か期待する」くらいなら、「頼って、力を借りて、恩を返すためにがんばる」ほうが、私はいいと思っています。あなたの依存できる先を、積極的に増やしていきましょう。

起業家自身も自分の人生を大切に

起業家・経営者には、いろいろな負担がかかります。

うまく行きそうな時にも、チャンスを逃さないようにと身体に負担をかけたり、トラブルを抱えた時には、人に言えない悩みを抱え、孤独になることもあります。

私自身も、いろいろな出来事を経験しました。

資金繰りが苦しくて月末の給料が払えない時、渋谷のビルにある消費者金融のＡＴＭが並ぶフロアで、持っているカードすべてが限度額いっぱいのお金を借りた時のことは、いまでも忘れられません。

売却と合併で資金繰りがうまくいかず、社員からは経営の能力がないと思われてどん底でした。

私が起業家支援をする理由は、こんな実体験があるからです。

同じ経営者としてリスクも共有できるような存在が支えになると考えるからです。だから、コンサルタントでもなく、起業コーチでもなく、カウンセラーでもなく、メンターという役割として依頼されることが多いのです。

特に社会的な課題を解決するために、その人生をかけていく起業家の想いを、なんとか自分の経験を活かしていくことで支えたいと思っています。そして、過酷な状況の中で起業家自身が自分の人生を大切にしてもらいたいと心から願っています。

最初に起業した会社が、株主の判断で売却するという決定になった時、経営者としての経験も少なかった私は、起こっているあらゆることが理不尽のように思えました。いま思えば、頼れる人がいませんでした。

そんな私は周囲に不信感を抱き、自分では気づかないような保身的な言動をしていたのでしょう。それを見かねた当時の株主だった役員が、私の話をひととおり聞いてこう言いました。

「君の言いたいことは充分わかる。約束もあるだろうし、我々の説明も充分ではないかもしれない。でも状況は常に変わるし、これがビジネスでもあるんだ。それよりも、君はまだ若い。きっと買収された後の会社でも活躍ができるだろうし、その次の起業の機会もあるはずだ。その可能性は大きい。だが、君がこれ以上、自分の感情だけで抵抗をし続けると、その可能性を失うかもしれない。そして、いま君の味方になってくれている人も、徐々に距離を置かなくてはならない状況になり、君を応援できなくなるかもしれない。僕は君の可能性を感じるし、応援したい。他の人も僕と同じ様に君を応援することができるように、何をすべきか考えてほしい」

当時20代後半の私はこの言葉を聞いて、全身の力が抜け、そして涙が溢れて止まりませんでした。当時、もがきながらどこまでも落ち続ける沼にいるような状態だった私は、これがきっかけで、徐々に浮上していったのです。

私に未来を映してくれたあの役員に助けられました。あのまま暴れていたら、きっと今日の自分は存在してなかったと思います。

私もたくさんの起業や経営をしてきている中で、何が成功なのか失敗なのか、本当のところはわかりません。10億円くらいで会社を売却できたけれど、他の起業で10億円の売上はつくれなかったし、10億円の売上があっても経営者間で人間関係がうまくいかず会社を手放したこともあります。20年つづく事業で豊かな社会関係資本が生まれているＮＰＯ活動は、累計で10億円の売上ですが、むしろ金額に換算できない社会的価値を生み出している自負もあります。

売上があれば成功なのか、会社を高額で売却したから成功なのか、あるいは、お金じゃないのか。失敗

起業家の頭はビジネスでいっぱい

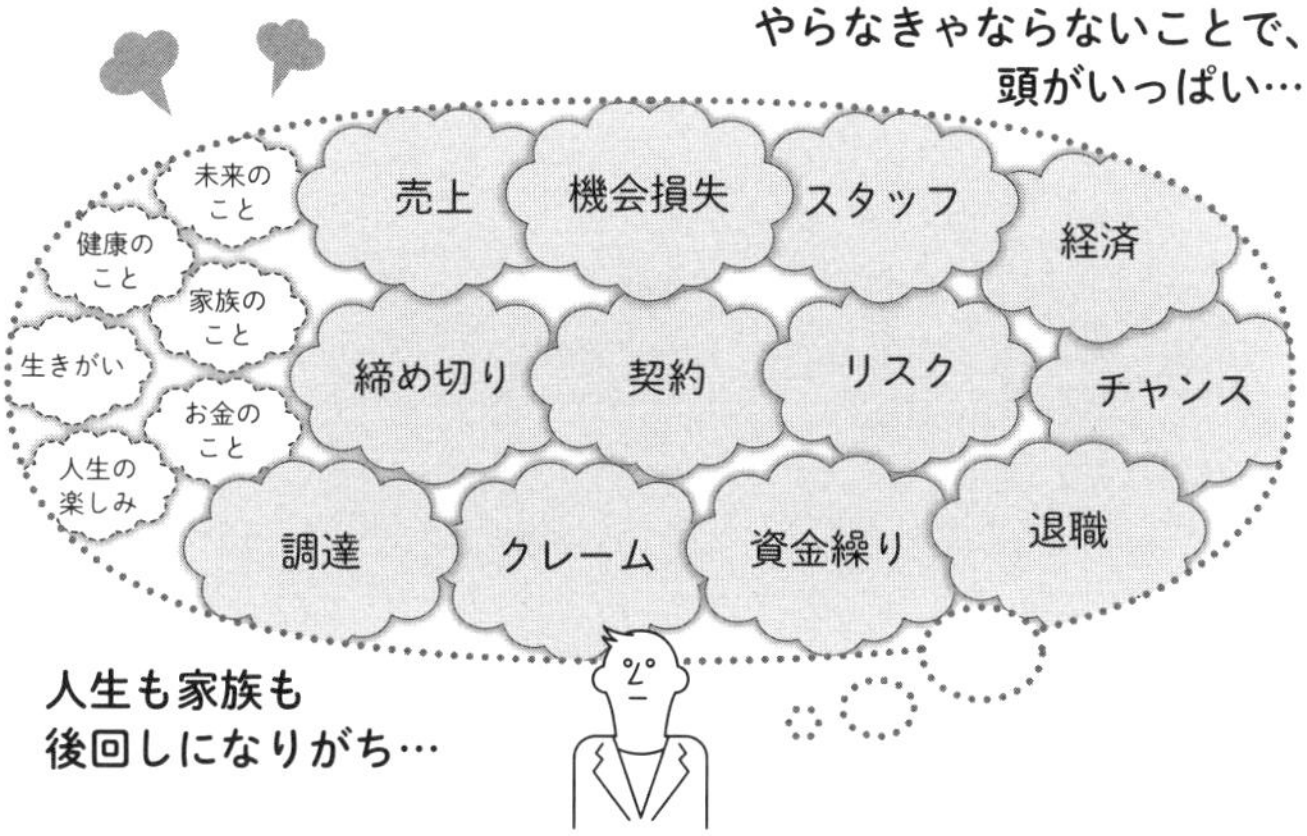

起業家も、１人の人として
人生の優先度を大切にしよう

も同じ数だけあります。

だから、成功や失敗という言葉だけでは、表せないことがたくさんあります。

長い人生の中で、私も現在の姿を過去からは想像もできませんでしたから、人生は面白いなと思います。命に関わるような事故、病気に繋がることもギリギリで未然に防げていますし、一文無しになりましたが、自己破産までには至っていません。

まだまだ人生を終わらせてくれない、何か人生の中でやらなくてはならないミッションが残っているのだと受けとめています。

起業家であるあなたも、全力で挑んでいくことでしょう。でもそれが人生のすべてではありません。ビジネスですべてを犠牲にする必要はないし、誰も犠牲にならない社会をつくる中で、起業家も犠牲になってはいけません。

起業家も、自分自身の人生を楽しんでいきましょう。

key word●退任

退任をイメージして、起業することの大切さ

きっと、これから事業を始めようとしている人にとって、辞める時のことなんて考えられないかもしれません。でも私たちの生きている時間も有限ですから、いつか私たちには辞める時がきます。

「組織は誰のものか、事業は誰のものか」

と考えることが、起業を大きく捉えるきっかけになればと思います。

私が最初に起業した時は、もちろん代表を辞めるなんてことを考えた事はありませんでした。

しかし、次の起業で、ベンチャーとＮＰＯを両方起業をした時には、ともに退任するイメージを持って始めたのです。

ＮＰＯのコモンビートは教育団体なので、１００年後の世界をイメージするところから始めました。

もちろん同じことを続けるのではありませんが、親子三代で完成するという着想から「１世紀＝１００

年」という想いがあったのです。

では、１００年事業が続くためにどうしたらいいか。

私が考えたことは、「10年で代表を辞める」ということです。

つまり、「退く時期を決めて起業した」ということです。

なぜ、始める時に、終わることを決めたのか。

当時、私が関わっていたいろいろなＮＰＯやＮＧＯは、重役に高齢の方がたくさんいました。起業後にインタビューを受けた時も、

「理事長さんと会うと聞いていたので、70歳くらいの方かと思っていました」

と言われて笑っていたのを思い出します。

当時は30歳過ぎでしたが、自分が最高の状態で最もエネルギーをかけられる時間には限りがあると感じていたのです。

ですから、期限を決めて全力を投じようと決めたのです。

そして、時代の変化とともに関わる社会や人、ライフスタイルが変化し、自分の世代との間にギャップが生じることは確実で、それをそのままにすることは自分にとって健全ではないと思ったのです。やっぱり若い世代が参加する事業は、その世代が運営した方が良いし、長く居て邪魔になったり、うっとおしく

思われるのだけは嫌でした。

実際、起業当初は全力を投じることができましたが、その後に私も結婚をして、子どもも生まれ家族ができ、ライフステージも変わりつつありました。

私自身も子育てを通じて感じる新しい社会課題のこと、コモンビートを通じてさらに感じる社会の多様性のこと、新しい課題やテーマなど、見えてくる景色も変わりつつありました。

もちろん1つの組織を拡張しながらやり続けるのも方法ですが、新しいテーマや新しい考え方を今ある会社やビジネスに持ち込むより、また新しく創業の理念やビジョン・ミッションなどを最適化して新しい組織で始めるほうが、想いの強い組織ができると考えています。

ですから、新しいことにチャレンジしたくなったら、当然ながら辞める時がくるのです。

事業承継や代表交代というのは、企業にとって難しいと言われています。

実際、日本各地で事業承継が進まず、産業が継承されないことが問題になっていたり、NPOやNGOでも次世代が育っていないので1世代で終わってしまう危険性を持った団体がたくさんあります。

普通は、経営を30年とか50年とかの単位で考えるのかもしれません。

しかし、100年後を考えた時、たとえ30歳ではじめて50年経営したとしてもすでに80歳ですから、時代についていくことは難しいでしょう。30年くらい過ぎた60歳くらいから後継者を考えたとしても、周りのスタッフも同じように30年過ぎているわけですから、若者が入りづらい状況になっていることも考えられます。

これが事業承継が難しいと言われている現実です。

多くの経営者が、「人が育ったら、引き継いで、辞めたい」といいますが、そもそも「辞める気がない環境では人は育たない」ので、結果的に理想の状態にはなりません。

だから、後継者問題が起こるのです。

日本の多くのベンチャーは、後継者問題が最大の事業継続リスクと言われてしまっています。風土の違いかもしれませんが、海外のベンチャーはどんどんとトップを変えていきますよね。

そもそも、起業家や代表が、その職を辞めなければならないタイミングはいろいろあります。

1. 年齢
2. 病気
3. 事故
4. 業績不振
5. 不祥事
6. オーナーチェンジ（株主が変わったなど）
7. 死去

ざっくりとこんなところです。

この中で、4〜6はビジネス上の都合での退任なので、代わったほうが良いと、第三者が判断している

退任をイメージして、起業する

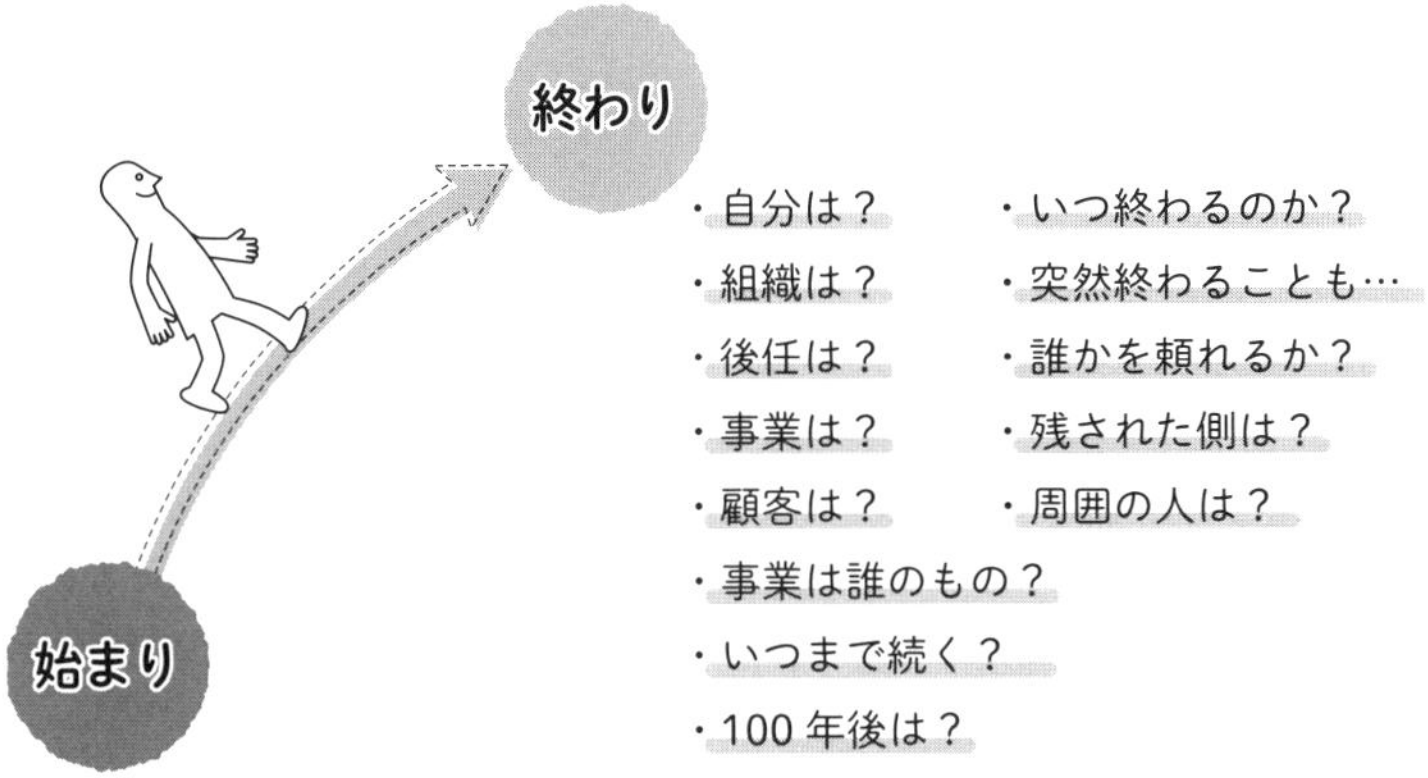
終わり
始まり
・自分は？
・組織は？
・後任は？
・事業は？
・顧客は？
・事業は誰のもの？
・いつまで続く？
・100 年後は？
・いつ終わるのか？
・突然終わることも…
・誰かを頼れるか？
・残された側は？
・周囲の人は？

人間は不死身ではないから、必ず退任の時がくる。
それは明日かもしれないし、100 年後かもしれない

ということです。

一方、1～3は、本人の問題で続けられないということです。

もちろん代わったほうが良いと第三者が判断していても、本人に変わる意思がないか、代わりがいないことで、事業が承継されないのです。

起業家や経営者から、自分の代わりとなる人がいないという話が出ると「死んだらどうするつもりですか」と尋ねます。

あなたが人生を賭けて全力を投じたせっかくの事業が、そのまま無くなってしまうのです。

ビジネスには、いろいろなハプニングやコントロールできない社会の影響もありますから、起業家が代表で居続けなければならない状況は、事業の継続性に関わる最大のリスクなのです。

そして、長く居続ければ居続けるほど、交代することが難しくなります。スタートした頃は関係がフラットであったとしても、後から入って来た人にとっては、創業者であり上司であり先輩であるので、遠い人です。

100年続く企業であっても、経営者は何代目になっても、起業家（創業者）というのは1人なのです。いくら仲間が自分から距離が近いと思っても、やっぱり遠いのです。

ですから期限を区切って、主要な役割から外れ、どんどん任せていくことです。

退任するまでのリミットの中で、早めに重要な役割から外れることで、人を育てる時間が確保できます。みんなにとっても、「辞める時期が決まっている＝自分たちが担う時期が決まっている」ということは重要ですし、仮に業務から外れたとしても、居なくなるわけではないですから、お守りのような存在として働き、安心感を持ってもらうことができます。

これを進めていくと、だんだん、自分の役割がなくなっていきますから、ちょっとずつ寂しくなっていきます。私はいつも「組織内ニート」と言っていますが、必要とされることがなくなると、どんどん不安になりますが、でもその分、自分以外の誰かが頼りにされているわけです。その人がこの組織に必要であると思われていると感じているのですから、嬉しいことですよね。

こうして、組織の経験値として10年で交代をするという事実をつくると、次の代表も10年で交代するというサイクルを意識します。多様性を謳う団体が、人の循環をトップ自らやっていくことで、組織全体が共通認識を持つことができるのも良い点です。

起業家・創業者が長く居続けると、組織としての成長のチャンスを見過ごし、誰かのチャンスを奪うことになります。本来育つ人の機会を奪い、組織が成長する機会を失うのです。いつまでも誰かが上にいて長い時間をかけてそれを受け継いだり、引き継いだりするのではなく、次の世代が自分たちの力で自由に挑戦していくほうが楽しいものです。

だから、退任する、手放すことを意識して、実行することが必要であり望まれていることなのです。

成功体験を手放すアンラーン（unlearn）、新しい世界に挑戦をし続けよう

自分自身が事業や組織を手放すことができるのは、自分の成功体験を手放すことができるか、にかかっています。

いつまでも自分を過去の成功で語らなければならない状態はやめましょう。大学卒業、資格、職歴、いろいろと過去はあったでしょうが、現在と未来で自分を語ることが大切です。

最近、アンラーン（unlearn）という言葉が話題となっています。

成功体験を手放し、学び直すことで、新しい挑戦の機会がやってくるという考え方です。

コンフォートゾーンというストレスを感じない場所よりも、そこから飛び出して新しく学びとチャレンジをしていくことは、もっと楽しいのです。

私の起業家人生をふり返ると、定期的にリセットし、新しいことに挑戦をするということを繰り返しています。

18歳で起業し、急成長したベンチャー企業を29歳で売却しました。経営の知識もなく想いだけで突っ走ったなか、時代とうまくマッチをしていったのだと思います。

その後、たくさんの企業からもお誘いをいただきましたが、当時の自分にとっては成功したことは偶然の出来事にしか受けとめられなかったこともあり、また自分には大変すぎる経験をしたので忘れることにしました。

そして、地球一周の旅に出て、世界を見渡す中で、新しい世界の課題を目の当たりにし、ビジネスを通じて社会を変えたいというテーマを見つけて帰ってきました。

帰国後に、ＮＰＯとベンチャーを起業します。

いずれも教育ですが、非営利ＮＰＯによる事業型組織と、ベンチャー企業という、両方の組織を立ち上げ挑戦することにしました。

大変でしたが、これによる私の中での結論は、どちらも運営することが可能だということ。いずれの場合もビジネスとして継続性を担保しなければならないし、かといって社会性も追求できることを証明したかったのでした。

NPOは10年で代表を交代し、ベンチャー企業も10年ほどで区切りを付けました。

ここで、社会的な起業を自分だけで増やしても、社会全体を変えることはできないことに気づきます。

そして、自身で事業をつくり続けるという成功体験を捨てようと考えます。

自分でやることは楽しいのですが、たくさんの社会課題を解決するためには、その経験を他の起業家に伝承していかないといけないと感じたのです。

そこで、大学に入り経営を学び直し、感性やアントレプレナーシップについての研究をはじめます。


その後、起業家支援のプログラムのメンター、そして様々な起業家と共同創業をしたりなど、自身の会社ではなく起業家を支援する機会を増やします。

家族ができ、起業家の支援をしていく中で、東日本大震災を機に、東京での成功体験を捨て、離れる決意をします。

25年も東京に居ると、繋がりはたくさんありますし、ビジネスはしやすいのですが、これからは各地方で起業家が生まれることが必要だと感じ、生まれ育った名古屋に戻り、地域の起業家支援事業を始めます。

愛知県、名古屋市、経済産業省などから委託された仕事なども含め、3年間で200人ほどの起業家を支援するプログラムを実施しました。


そして50歳を迎えました。これまでの自分の経験の延長では本当に成し遂げたい社会は生まれないと考

成功体験を手放すアンラーン

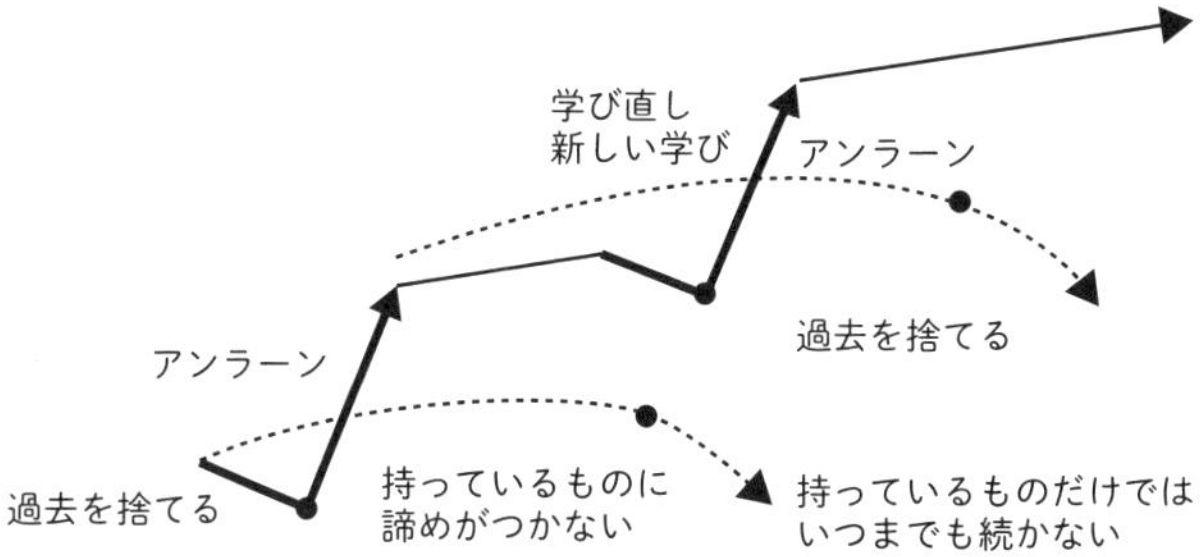

捨てるもの

- **成功体験** ▶時代背景、偶然、環境など、二度と来ない条件下での成功
- **実績** ▶実績の延長でしか語れず、チャンスの幅が広がらない
- **履歴** ▶学歴も、職歴も、ただのラベル

えて、50年間の成功体験を捨てて、今も新たにいろいろなことに挑戦しています。

きっとどこかで過去の経験は活きているのでしょうが、過去がうまくいったから現在がうまくいくとは限らないということを、たくさんの起業と起業家支援を経て経験しています。

むしろ、過去の成功体験を当てはめようとすることで、時代や環境に合っていない選択を無意識にしてしまうことのほうが怖いとさえ思います。

事業がうまくいったとしても、あるいはうまくいかなかったとしても、その時点で整理をつけて、未練を断ち切って進むことが大切なのではないかと思います。

私も時々不安になることがあります。

でも、よく考えてみれば、世界は想像以上に広いですし、まだまだ知らない人も知らないこともたくさんあります。

年齢を重ねると、変化が億劫になり、徐々に動きも鈍くなってきます。コンフォートゾーン（心理的に安全な空間）は心地良い空間で、顔見知りに囲まれ、ストレスを感じにくい環境です。きっと、動かなければ、それなりの地位やポジションも得られますが、それはそれで新しいストレスも生まれてくるはずです。変わらない自分を差し置いて、周りへの不満を口にしたり、過去の栄光にすがったり、あの頃は良かったみたいなノスタルジーに浸ってしまい、いわゆる老害扱いされることもあるでしょう。

それよりも、自らそこから飛び出し、新しい学びを通じて、新しい世界にアクセスしていくことでもっと新しい可能性が待っているのです。

key word●理想　共感

あなたは、もう、1人じゃない

ボーダレスジャパンの田口一成さんは、「生まれた時より良い社会を」というスローガンを掲げ、世界を変えるビジネスを生み出し続けています。ソーシャルビジネスと聞くだけでボランティアを想像する人も多いかもしれませんが、16カ国で49事業、年商約80億円、従業員約1500名というビジネスを展開していると聞くと、少しその捉え方も変わるのではないでしょうか。

eumoの新井和宏さんが目指す共感資本社会は、共感という貨幣換算できない価値を資本として育み、共感をベースとして経済活動を含む様々な活動をしていくことができる社会を目指しています。「いい会社」だけに投資をして日本一の運用実績を持つファンドマネージャーであった新井さんは、テクノロジーを社会のために使い、「人が幸せになる手段としてお金を再定義をしたい」と考え、株式会社eumoを起業しました。
そして、お金に色をつけ、腐らせ、そして地域やコミュニティを循環するその通貨は、2023年度中にはおよそ400店舗近くに達し、累計流通量が1億円を越えようとしています。

2024年に武蔵野大学ウェルビーイング学部長に就任する前野教授は、ウェルビーイングを専門に学ぶ世界初の学部から、組織や社会で実践できる人材の育成に取り組まれています。すでに企業理念の中心にウェルビーイングを掲げる企業も増えてきており、これを現場で実装していく専門家が必要となっています。

これまで企業が掲げてきた価値観が大きく変わりつつあるのは、社会の価値観が大きく変わっている証拠でもあります。

本気で社会を変えようと多くの人がチャレンジし、世の中を動かしつつあります。
ですから、あなたがたとえ理想を掲げたとしても、もう怖がる必要はありません。
ビジネスで理想を追い求めても、誰かそこに仲間がいるのです。

共感も、幸せも、ウェルビーイングも、すべては理想や空想ではなく、すでに現実になっているのです。

私は起業してから30年ちょっとの間、様々なビジネスに関わり、ビジネスの移り変わりを見てきました。阪神淡路大震災、東日本大震災、コロナ禍などを経て、社会の変化とともにビジネスに対する考え方も大きく変わりました。

この間に、自分でも様々な事業をつくってきましたが、たくさんの起業家も見てきました。1つ言えることは、**挑戦する人は、応援され、そしてビジネスになっていく**ということです。自分が持っている価値観を大切にして、周囲からの共感をともにしながら、新しい時代をつくっていこうとする人を、1人にはしません。

人が支え、技術が支え、時代が支えていく中で、仲間が生まれ、大きな波になっていきます。

自分の価値観を信じて、仲間をつくっていきましょう。

あなたの挑戦が、誰かの勇気となり、希望に繋がる。

一緒に挑戦していきましょう。

ウェルビーイングでつくる、共感社会

私たちは、誰もが幸せに生きたい、より良い社会で暮らしたいと考えています。

それは起業家自身も、そしてそれを支える家族も、一緒に働く仲間も、取引先もその従業員も、地球に住むすべての人がそう感じていることでしょう。

しかし、何かを得れば何かを失うことが当たり前とされ、経済と福祉、産業と環境、仕事と家庭などの両立は後回しとなり、誰かにしわ寄せがいっています。

そのしわ寄せはもう私たちの身近で起こっています。

この日本でさえ、貧困や健康被害などが発生し、社会がもう回らなくなり始めているのは誰もが実感をしています。

ウェルビーイングでつくる、共感社会

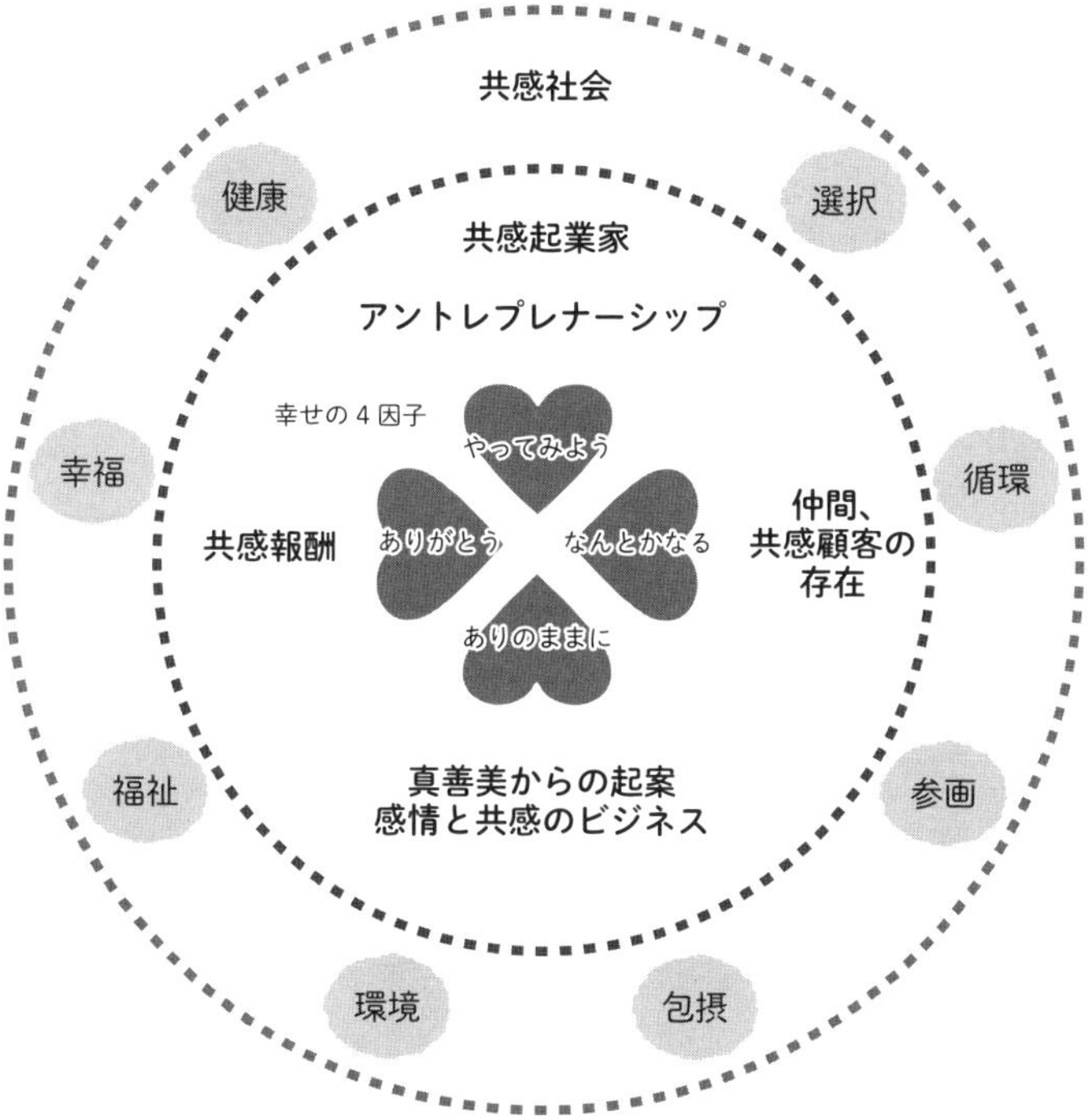

コロナ禍を過ぎて、私たちが気づいたことはたくさんあります。

人と人との繋がり、幸せの在り方など、多くの制約で閉ざされた空間の中で、本当に必要なことに日本だけでなく世界の人が気づき始めています。

社会の価値観が大きく変わろうとしているなか、その新しい価値観を社会に実装させていくことがビジネスの役割でもあるのです。

日本には、近江商人の「三方よし」という考え方があります。

売り手によし、買い手によし、世間によしという、企業と顧客が満足するだけではなく、社会に貢献できてこそ

商売というものだという考え方です。

五方よし、八方よしという考え方もでてきているように、つまりすべての人が当事者であり、誰にとってもより良いものでなくてはならないという考え方になりつつあります。


私たちは、「来た時よりも美しく」ということを小さい頃から教えられてきました。

よくスポーツなどで後片付けが賞賛されることがありますが、私たち日本人にとっては当たり前にある考え方ではないでしょうか。

ですから、私たちの社会も、この地球も、私たちが生きている時間の中で、生まれた時よりも美しくして未来に受け継いでいくことは、当たり前のことじゃないかと思うのです。


地球は先祖から譲り受けたものではない。

子孫から借りているものだ。


ネイティブ・アメリカンの教えには「7世代先を考えよ」というものがあります。

7世代先というと、400~500年先の未来です。

私たちが与える影響が未来を変えていくということを表した考え方ですが、この地球を使わせてもらっている、借りている時間の中で、どう使っていくのかは未来の子どもたちから問われているのでしょう。

この本のテーマである共感は、大切にしたい価値観をいろいろな人と共有し、そして未来へと想いを繋ぐことでもあります。

生きとし生けるもの、そのすべての関係がより良い状態になるように意識を向けていく、その価値観がウェルビーイングであり、誰も取り残さないことでもあります。

誰にも気づいてもらえない、小さな声に耳を傾け、そこに繋がりが生まれることで希望が生まれます。だから起業家は代弁者でありアーティストなのです。

これからの未来をつくるのは、起業家であるあなたです。共感起業の物語を、一緒に描いていきましょう。

おわりに

知恵とは、実践で使い、結果を出してはじめて意味をなすものだと思います。

本書には、私自身が実際に経験したこと、身近に起こったことをベースに、蓄積してきた実践録を詰め込みました。

しかしながら、この本に書かれていることがすべてのケース、すべての人に当てはまるわけではありません。そして、読んだら終わるものでもありません。

タイミングもフェーズも、あなたが持っている価値観によって、ビジネスの結果が変わります。

もし、共感起業が自分自身のやりたいこと、形にしたい理想のために役立つと思ってくれたとしたら、ぜひ共感起業を実践してください。そして、自分なりの経験や知識を加えながら、自分らしい共感起業のあり方を確立していってほしいと思います。

本書で参考にしたビジネス関連の定義や専門用語は、そのままだと難解なものも多いため、どんな人にも理解しやすいよう、できるだけわかりやすい言葉を用いて表現しました。

本来の用法や意味を拡大解釈して用いている部分もありますが、ビジネスについて関心を持ち、学びを深めるきっかけにしてもらえたらと思います。

また、共感起業を実践しても、1人勝ちしたり、大金持ちになったりすることは難しいかもしれません。でも、応援してくれる人たちとの深い繋がりや、大切にしたい価値観のもとに新しい経済循環をつくっていくことはできます。

そして、あなたのビジネスを未来に残していくことにも繋がるでしょう。

社会課題は常に変化していきます。
一人ひとりが、それぞれの思いや立場で行動し、そしてその人の感性と価値観で理論をつくっていく。
それが、日々変化する地球規模の課題に向き合っていく力になると信じています。

その意味で、私もみなさんと同じ、日々チャレンジし続けている実践者の一人です。
そして、起業家のみなさんはもちろん、起業家を支援する支援者、起業コーチ、セミナーやイベントなどで私どもが学びの機会を提供するみなさんとも一緒に、社会の価値観をアップデートしていく仲間になっていけたらと願っています。

最後に、本書に関わっていただいた皆様、そしてこれまでの事業に関わっていただいた皆様に心から感謝します。

この本の可能性を的確な言葉で表現しながら伴走してくれた、自由国民社の三田智朗編集長、想いの言語化を手伝ってくれたライターの高田ともみさん、出版のきっかけを作ってくれた英語のビジネスコミュニケーション専門家の河野木綿子さん、そのほかの多くの皆様のおかげで、出版という素晴らしい機会を得ることができました。本当にありがとうございます。

そして、豊かな人生の繋がりと経験の機会をもたらしてくれた、NPO法人コモンビートと愉快な仲間たちに、心から感謝します。

いつも一緒に苦難を乗り越えてきた2代目代表の安達亮、コモンビートをいつも紹介してくださるウェルビーイング・幸福学専門家の前野隆司教授、そしてこの20年を支え、20万人をこえる応援いただいたみなさん、私の密かな夢は、いつか「共感」の英語訳が「COMMON BEAT」となることです。

また、心と向き合うことの楽しさと大切さを教えてくれた日本メンタルヘルス協会の衛藤信之先生、いつも私のメンターとして笑顔で話を聞いてくれるeumoの新井和宏さん、一緒に経営者として素晴らしい経験をともにしてきた、HASUNAの白木夏子さん、森と未来の小野なぎささん。そして、楽しく毎日を支えてくれる家族、両親、いつも本当にありがとう。

みんなの笑顔が、私にとって最高のサポートになっています。

そして最後に、一歩踏み出した起業家のみなさん。
その強い想いが、私にとって大きな原動力となり、そして社会の希望となるはずです。
共感起業で、素敵な未来を一緒につくっていきましょう。

二〇二三年八月

中島幸志

本書をお読みくださり、誠にありがとうございます。
「応援され続ける事業をつくりたい」「社会課題を解決する起業をしたい」という方にむけて、リアリティが伝わるように、読者特典といたしまして著者が経験したリアルな「共感起業物語」をダウンロードできるようにしました。

下記QRコードよりダウンロードしてください。

ユーザー名：kyokan
パスワード：nakashima_kigyou_taizen

出典

「第18回グローバルリスク報告書　2023年版」（URL：https://www3.weforum.org/docs/WEF_Global_Risks_Report_2023_JP.pdf）

「Sustainable Japan　コーズマーケティングに関連する消費者意識調査」（URL：https://sustainablejapan.jp/2015/02/07/cause-marketing/13854）

「Report　Doing well by doing good」（URL：https://nielseniq.com/global/en/insights/report/2014/doing-well-by-doing-good/）

「Table for Two」（URL：https://jp.tablefor2.org/）

「The Future of Jobs Report2020」（URL：https://www3.weforum.org/docs/WEF_Future_of_Jobs_2020.pdf）

参考文献

『ウェルビーイング』(前野隆司著　前野マドカ著　日経BP)
『EQトレーニング』(高山直著　日本経済新聞出版)
『Compassion』(ジョアン・ハリファックス著　一般社団法人マインドフルリーダーシップインスティテュート監修　海野桂翻訳　英治出版)
『ハーマンモデル』(ネッド ハーマン著　高梨智弘翻訳　東洋経済新報社)
『ニュータイプの時代』(山口周著　ダイヤモンド社)
『世界のエリートはなぜ「美意識」を鍛えるのか?』(山口　周著　光文社新書)
『あたらしい森林浴』(小野なぎさ著　学芸出版社)
『ビジネスフレームワーク図鑑』(株式会社アンド著　翔泳社)
『自分が欲しいものだけ創る！』(野崎亙著　日経BP)
『ブランド価値共創』(和田充夫著　同文舘出版)
『心理的安全性のつくりかた』(石井遼介著　日本能率協会マネジメントセンター)
『自然経営』(武井浩三著　天外伺朗著　内外出版社)
『明日に疲れを持ち越さない』(渡部卓著　クロスメディア・パブリッシング)
『とにかくすぐやる人の考え方・仕事のやり方』(豊田圭一著　クロスメディア・パブリッシング)

著者プロフィール　中島幸志（なかしま　こうじ）

ウェルビーイング起業家／アントレプレナーシップ研究家
社会の価値観をアップデートする「共感起業」を提唱

田畑で遊ぶ幼少期、音楽に明け暮れる学生時代を過ごし、18歳で起業。その後、音楽配信ベンチャーを創業し、当時世界最大手のIT企業から出資を受け日本初となるサービスを実現。その後、ITバブルの煽りを受け会社を売却し、人生のどん底を20代で経験する。

社会の価値観に疑問を持つなか、自分の目で世界の現状を確かめたいと思い地球一周の旅に出る。そこで見た経済のしわ寄せの現実を目の当たりにし、社会課題とビジネスの両立をテーマにビジネスで再挑戦することを決意し帰国。

NPO法人コモンビート、株式会社ＨＡＳＵＮＡなど、スタートアップからNPOまで約30社の起業や経営、500人をこえる起業家を支援。

現在は、サスティナブルストーリー株式会社の代表として、起業家の支援、企業内起業家育成／人材開発、キャリア支援、プログラムの共同開発、地域通貨の運用など、ウェルビーイングに関わるビジネスの支援を行っている。また、共感アントレプレナーシップをテーマに、大学などの非常勤講師、ソーシャルベンチャーや社団／ＮＰＯなどの役員を兼任している。二児の父として、自然と健康を中心としたウェルビーイングライフを実践中。

https://kojinakashima.com/

共感起業大全

2023年10月30日　初版第１刷発行

著　　者　中島幸志
カバー　　小口翔平＋後藤司（tobufune）
本文デザイン・DTP　株式会社シーエーシー

発行者　石井悟
発行所　株式会社自由国民社
　　　　〒171-0033　東京都豊島区高田3丁目10番11号
　　　　電話　03-6233-0781（代表）
　　　　https://www.jiyu.co.jp/

印刷所　新灯印刷株式会社
製本所　新風製本株式会社
編集担当　三田智朗